建设工程工期延误法律实务与判例评析

李雪森 编著

中国建筑工业出版社

图书在版编目(CIP)数据

建设工程工期延误法律实务与判例评析/李雪森编著.
北京：中国建筑工业出版社，2013.3
ISBN 978-7-112-15191-2

Ⅰ.①建… Ⅱ.①李… Ⅲ.①建筑工期定额-延误-合同纠纷-案例-中国 Ⅳ.①D923.65

中国版本图书馆 CIP 数据核字(2013)第 038839 号

本书分为两部分。上篇为理论探讨，下篇为29个判例评析。在理论探讨中共确定了六方面内容：建设工程工期的确定，对于保证工期的各方义务，不可归责于承发包双方的导致工期延误的原因，确定当事人工期延误责任应注意的问题，工期延误民事责任的承担，规避工期延误风险的合同签订及履行策略。下篇判例分析中精选了29个判例，对于所涉及的工期延误的裁判理由、裁判结果进行了点评。

* * *

责任编辑：时咏梅 张 晶
责任设计：张 虹
责任校对：刘梦然 王雪竹

建设工程工期延误法律实务与判例评析
李雪森 编著

*

中国建筑工业出版社出版、发行(北京西郊百万庄)
各地新华书店、建筑书店经销
北京红光制版公司制版
北京世知印务有限公司印刷

*

开本：787×1092毫米 1/16 印张：18 字数：390千字
2013年6月第一版 2013年6月第一次印刷
定价：38.00元
ISBN 978-7-112-15191-2
(23049)

版权所有 翻印必究
如有印装质量问题，可寄本社退换
(邮政编码 100037)

前言 Preface

　　写作此书的动机来自于工作中的切身感受。在代理承包人索取工程款的案件中，我的大部分工作量就是应对业主方可能的关于工期延误的反诉。2005年1月1日《最高人民法院关于审理建设工程施工合同纠纷案件适用法律问题的解释》的施行，确立了若干工程诉讼的基本原则，如建设工程施工合同无效情况下的，但建设工程经竣工验收合格，承包人请求参照合同约定支付工程价款的，应予支持；如当事人对垫资和垫资利息有约定，承包人请求按照约定返还垫资及其利息的，应予支持；如建设工程未经竣工验收，发包人擅自使用后，又以使用部分质量不符合约定为由主张权利的，不予支持；如当事人约定，发包人收到竣工结算文件后，在约定期限内不予答复，视为认可竣工结算文件的，按照约定处理；如承包人请求按照竣工结算文件结算工程价款的，应予支持等等。这些原则的确立，很好地规范了工程诉讼及仲裁活动，在承包人索取工程款的诉讼或仲裁中，承包人的本诉的准备工作变得轻松了。可是，一个稳健的代理律师一定要在准备本诉材料时，充分地准备应对业主方可能的关于工期延误的反诉，而这一工作往往是复杂繁重的，很多时候其工作量远远大于本诉的工作量。

　　对于业主方的关于工期延误的反诉的充分准备并非多此一举，反而是非常必要的。在承包人索取工程款诉讼中，发包人很少不提起工期延误方面反诉的，而且反诉的数额往往都不低，有的甚至远远高于承包人起诉要求的工程款的数额。而这也并非只是发包人的虚张声势，实践中，就有工期延误损失大于工程欠款数额的判例。在很多情况下，发包人提出工期延误方面的反诉也并非仅仅是为了恶意拖欠工程款，而是其本身也因此而遭受了不同程度的经济利益损失。如果发包人是房地产开发商：在工期延误的情况下，开发商向购房者交房的时间就会延迟，因此会产生对购房者的违约责任。假设购房合同中约定的延期交房的每日违约金为房屋总价万分之五，则200万元一套的商品房每天的违约金就是1000元，一月就是30000元，一年就是360000元，这是一个可观数额了。一般购房合同中会约定，延迟交房超过一定时间，购房者有权解除合同。在这种情况下，开发商承担的违约责任就更重了：不仅要退还购房款，还要承担违约金和损失。同时，因为工期延误还有可能会造成开发商对于银行的贷款利息的增加。另外，在个人住房贷款中，根据央行"为减轻借款人不必要的利息负担，商业银行只能对购买主体结构已封顶住房的个人发放个人住房贷款。"的规定，在结构未封顶之前，银行不发放住房贷款。经济利益的损失是显而易见的。当然，工期延误也会造成承包商的损失，如人工费用的增加、机械设备费用增加等。在承包人垫资的情况下，还会直接地造成承包人对银行贷款利息的增加。如果因其过错造成工期延误，则无论是发包人，还是承包人，都应依法赔偿因此而给对方造成的损失。所以从经济利益来讲，工期延误问题，对于发包人和承包人都有重要影响，必须予以高度重视。

工期延误法律问题不仅与发包人和承包人的经济利益息息相关，而且也是工程诉讼中最棘手的问题，造成这种情况的重要原因就在于我国工程法律的不完善。如前所述，2005年1月1日《最高人民法院关于审理建设工程施工合同纠纷案件适用法律问题的解释》的施行，使得许多工程法律问题得以解决。但该解释并未过多涉及工期延误问题。这就使得许多工期延误方面的法律问题没有统一的规范，造成司法实践的无所适从，导致同样的事实不同的判决结果。例如，承包人没有按照合同中约定的期限就工期顺延事宜通知发包人，在工程完工后的工程诉讼或仲裁中，是否还有权获得工期顺延？例如，无效的工程施工合同中约定的工期条款还应否成为评判当事人是否承担责任的依据？例如，任意压缩后的工期是否应被认定为无效的合同条款？例如，多个原因造成工期延误，如何确定相应的民事责任？等等。而这些问题必须得到解决。

他山之石，可以攻玉。西方发达国家长期的工程法律实践，积累了丰富的法律规则，这些规则所规制的对象当然包括工期延误问题。而对于国外成熟的科学的工程法律规则，我们现在借鉴得远远不够。

在学术界，法官、律师以及学者们关于工期延误问题发表过很多文章。在拜读这些文章时，笔者也受益匪浅。但是，对于工期延误问题，系统地、深入地、全面地予以研究的专著并未见到。笔者希望本书能填补这样一个空白。

与北大法宝合作

本书所有裁判文书均来自北大法宝数据库

目录 Contents

前言

上篇 理论探讨

1 建设工程工期的确定 ········· 3
1.1 工期 ········· 3
1.2 开工日期 ········· 3
1.3 竣工日期 ········· 5
1.4 施工组织设计与工期 ········· 6

2 对于保证工期的各方义务 ········· 11
2.1 发包人保证工期的义务 ········· 11
2.2 承包商保证工期的义务 ········· 14

3 不可归责于承发包双方的导致工期延误的原因 ········· 15
3.1 不可抗力 ········· 15
3.2 异常恶劣的气候条件 ········· 17
3.3 不利物质条件 ········· 18
3.4 地下文物 ········· 19
3.5 情势变更 ········· 19

4 确定当事人工期延误责任应注意的问题 ········· 21
4.1 承包人对于工期延误的索赔程序 ········· 21
4.2 工期延误中的举证责任 ········· 25
4.3 多原因造成工期延误的责任划分 ········· 27
4.4 承包商的诉讼时效抗辩 ········· 29
4.5 任意工期的概念 ········· 30
4.6 无效的建设工程施工合同的工期延误 ········· 31
4.7 当事人约定工期条款无效问题 ········· 33

5 工期延误民事责任的承担 ········· 37
5.1 守约方要求解除合同 ········· 37
5.2 守约方要求对方承担违约金 ········· 39

5.3 守约方要求赔偿损失 …… 40
5.4 承包商要求顺延工期 …… 45

6 规避工期延误风险的合同签订及履行策略 …… 47
6.1 业主方 …… 47
6.2 承包商 …… 60

下篇 判例评析

判例 1 承包商举证不力，被判令支付违约金 …… 67
判例 2 承包商违约，但是一审法院判定损失有误，二审纠正 …… 71
判例 3 赔偿损失与支付违约金的选择问题，竣工验收时间、工程量增加后工期问题 …… 77
判例 4 开工日期、竣工日期争议，承包商诉讼时效抗辩 …… 87
判例 5 施工合同无效，索赔工期延误损失证据不足 …… 95
判例 6 承包人以无开工证，工期约定无效为由不担责任，未获支持 …… 101
判例 7 承包人过错，抗辩证据不成立，应当赔偿损失及违约金 …… 105
判例 8 双方对工期达成新的合意，承包商要求赔偿损失，未获支持 …… 115
判例 9 开工日期、竣工日期、损失争议 …… 129
判例 10 完工日期、竣工日期、验收合格日期差异、关于违约金争议 …… 135
判例 11 因设计变更影响工期法院酌定 …… 149
判例 12 关于主张工期延误违约金诉讼时效及违约金是否过高争议 …… 155
判例 13 开竣工日期争议，向小业主赔偿问题 …… 161
判例 14 开工日期争议、赔偿违约金 …… 173
判例 15 依照结算汇总表确定延误天数 …… 177
判例 16 合同效力争议、终审判违约金 …… 187
判例 17 施工合同无效且有变更，工期延误不成立 …… 191
判例 18 发包人付款迟延、冬季不能施工，顺延工期 …… 197
判例 19 发包人索赔 600 万元工期延误损失 …… 205
判例 20 开发商索赔逾期交工违约金 1164 万元未获支持 …… 211
判例 21 发包人以工期抗辩而不反诉被驳回 …… 217
判例 22 因雨天、桩基检测、增加工程原因，业主方索赔未获支持 …… 223
判例 23 合同无效、不能证明承包人延误 …… 231
判例 24 合同无效、工期延误违约金不支持 …… 239
判例 25 业主方主张 300 余万元工期延误经济损失未获支持 …… 245
判例 26 因装修装饰施工影响空调施工 …… 251
判例 27 延期有多个原因、反诉超时效 …… 257
判例 28 承包商支付违约金及赔偿业主方向小业主支付的违约金 …… 265
判例 29 承包商以工程款支付延迟抗辩工期延误而未获法院支持 …… 275

上篇 理论探讨

土を見る女

1 建设工程工期的确定

1.1 工期

《建设工程施工合同》(GF-1999-0201) 示范文本中对工期的定义为:"1.14 工期:指发包人承包人在协议书中约定,按总日历天数(包括法定节假日)计算的承包天数。"这里工期实际指的是约定工期。而《标准施工招标文件》(2007 年版)对工期的定义为:"1.1.4.3 工期:指承包人在投标函中承诺的完成合同工程所需的期限,包括按第 11.3 款、第 11.4 款和第 11.6 款约定所作的变更"。以上两种定义,都是工期为约定工期。

笔者认为,这种定义是不完善的。工期就是完成工程的期限,显然包括约定工期与实际工期,而实际工期比约定工期延长的时间就是工期延误。

1.2 开工日期

1. 确定开工日期

实践中,一般有两种方式确定开工日期。

第一、在合同中明确约定开工日期。如《建设工程施工合同》(GF-1999-0201) 约定:"三、合同工期:开工日期:＿＿＿＿,竣工日期:＿＿＿＿,合同工期总日历天数＿＿＿＿天。"

第二、在合同中约定以某个文件载明日期为开工日期。

如 FIDIC《施工合同条件》(1999 年第一版) 约定:"8.1 工程的开工 工程师应在不少于 7 天前向承包商发出开工日期的通知。除非专用条件中另有说明,开工日期应在承包商收到中标函后 42 天内。承包商应在开工日期后,在合理可能的情况下尽早开始工程的实施,随后应以正当速度,不拖延地进行工程。"《标准施工招标文件》(2007 年版) 的约定为:

"11.1 开工 11.1.1 监理人应在开工日期7天前向承包人发出开工通知。监理人在发出开工通知前应获得发包人同意。工期自监理人发出的开工通知中载明的开工日期起计算。承包人应在开工日期后尽快施工。"

确定实际工期的前提是确定开工日期，开工日期的重要法律意义在于它是工期的起算时间。许多工期延误纠纷的焦点就在于如何确定实际的开工日期。

2. 值得关注的问题

关于开工日期，有以下两个问题值得关注：

（1）施工许可证与开工日期关系。

施工许可证俗称开工证，是建设工程开工的必备手续，没有该证，建设工程不得施工。

《建筑法》规定："第七条 建筑工程开工前，建设单位应当按照国家有关规定向工程所在地县级以上人民政府建设行政主管部门申请领取施工许可证；但是，国务院建设行政主管部门确定的限额以下的小型工程除外。

按照国务院规定的权限和程序批准开工报告的建筑工程，不再领取施工许可证。第八条 申请领取施工许可证，应当具备下列条件：（一）已经办理该建筑工程用地批准手续；（二）在城市规划区的建筑工程，已经取得规划许可证；（三）需要拆迁的，其拆迁进度符合施工要求；（四）已经确定建筑施工企业；（五）有满足施工需要的施工图纸及技术资料；（六）有保证工程质量和安全的具体措施；（七）建设资金已经落实；（八）法律、行政法规规定的其他条件。建设行政主管部门应当自收到申请之日起十五日内，对符合条件的申请颁发施工许可证。"

从理论上讲，施工许可证发放在先，开工在后，只有具备施工许可证的施工才是正常合法的施工。但是在实践中，往往不是这样，一般都是先开工，后办施工许可证，甚至有工程竣工了，施工许可证还未办理的极端情况。

在确定实际开工日时，发包人一般主张以承包人实际进场施工日为实际开工日，而承包人会认为应以施工许可证确定的日期为准。

在确定实际开工日时，发包人一般主张以承包人实际进场施工日为实际开工日，而承包人会认为应以施工许可证确定的日期为准。

承包人的理由一般有如下几种：①有数个证据证明不同的开工时间的，应以开工许可证记载的时间为准，因为这一时间是经批准的合法有效的开工时间；②因没有施工许可证，承包人无法施工；③因无施工许可证，施工合同无效，因此无违约问题。

针对理由①，法院及仲裁机构一般会认为，实际开工日期系一客观事实，应以客观发生为准，施工许可证记载的开工日期与实际开工日期不一致的，应以实际开工日期为准。针对理由②，法院及仲裁机构一般会认为，承包人应举证证明因没有施工许可证而使其施工受到影响的证据，没有相关证据的，对承包人的主张不予支持。针对理由③，法院及仲裁机构一般会认为，建筑法关于施工许可证的规定不属于效力性规范，且颁发施工许可证的前提条件之一就是"已经确定建筑施工企业"，显然此时施工合同已经签订，因此没有施工许可证并不会导致建设施工合同无效。

所以，如果承包人以没有施工许可证或施工许可证颁发延迟这一事实作为工期延误反诉抗辩的话，他还需要进一步举证。例如：因没有施工许可证进行施工，导致建设主管部门责令停工的文件；再如：因不具备条件，导致无法申领施工许可证，而这些条件的不具备也使得施工无法正常进行，又没有满足施工需要的施工图纸及技术资料等。

（2）约定开工日期或开工报告记载的开工日期与实际开工日期不同时：在实践中经常会出现约定开工日期或开工报告记载的开工日期与实际开工日期不同的问题。在这种情况下，裁判机构一般会以实际的开工日期为准。

1.3 竣工日期

1. 竣工日期的确定

确定实际工期的另一个重要工作就是确定竣工日期。在实践中这也是经常发生争议的问题。《最高人民法院关于审理建设工程施工合同纠纷案件适用法律问题的解释》规定："第十四条当事人对建设工程实际竣工日期有争议的，按照以下情形分别处理：（一）建设工程经竣工验收合格的，以竣工验收合格之日为竣工日期；（二）承包人已经提交竣工验收报告，发包人拖延验收的，以承包人提交验收报告之日为竣工日期；（三）建设工程未经竣工验收，发包人擅自使用的，以转移占有建设工程之日为竣工日期。"这一规定，很好地规范了实践中的争议。

2. 值得关注的问题

在适用此规定时应注意以下三个问题：

（1）单位工程验收与分部工程验收的不同

建筑工程的质量验收分为单位（子单位）工程、分部（子分部）、分项工程和检验批验收。从时间顺序讲，先有分项工程和检验批验收，后有分部工程验收，最后是单位工程验收。而在工程实际中，一个单位工程可能有数个分部工程由分包单位实施。这样，分包单位施工的分部工程验收时间与单位工程验收时间是不同的。在界定分包单位承包工程的竣工时间是以分部工程验收时间为准呢？还是以单位工程验收时间为准呢？显然应以分部工程验收时间为准。如果以单位工程验收时间作为分部工程竣工时间，对于分部工程承包方是不公平的。例如，一座大厦，其最终竣工验收时间为 2008 年 5 月 1 日，而其中幕墙工程于 2008 年 4 月 1 日就完工并验收了，则幕墙施工单位的竣工日期应为 2008 年 4 月 1 日，而不应是 2008 年 5 月 1 日。

（2）竣工日期与完工日期的区别

竣工与完工的概念是不同的。《建筑工程施工质量验收统一标准》（GB 50300—2001）规定："6.0.3 单位工程完工后，施工单位应自行组织有关人员进行检查评定，并向建设单位提交工程验收报告。"显然，在验收之前的是完工而非竣工。《建设工程施工合同》（GF-1999-0201）约定："32.4 工程竣工验收通过，承包人送交竣工验收报告的日期为实际竣工日期。工程按发包人要求修改后通过竣工验收的，实际竣工日期为承包人修改后提请发包人验收的日期。"这里对竣工日期的阐述也是非常明确的。上述《最高人民法院关于审理建设工程施工合同纠纷案件适用法律问题的解释》第十四条的规定，也以司法解释的形式进行了明确的规定。所以，建设工程施工合同约定的竣工日期系竣工验收合格日期，而非完工日期。

而《中华人民共和国合同法》第二百七十九条规定，"建设工程竣工后，发包人应当根据施工图纸及说明书、国家颁发的施工验收规范和质量检验标准及时进行验收。验收合格的，发包人应当按照约定支付价款，并接收该建设工程。建设工程竣工经验收合格后，方可交付使用；未经验收或者验收不合格的，不得交付使用。"可见，合同法上的"竣工"是指工程完工，与验收合格并非同一意义。毫无疑问，对于完工与竣工的关系，《中华人民共和国合同法》与《最高人民法院关于审理建设工程施工合同纠纷案件适用法律问题的解释》、《建筑工程施工质量验收统一标准》(GB 50300—2001)以及工程惯例是有区别的。对于这种区别的处理，有待于以后立法的完善。

（3）承包人应提交完整的技术档案、施工管理资料等文件

对《最高人民法院关于审理建设工程施工合同纠纷案件适用法律问题的解释》第十四条第二款应有正确完整的认识。该款规定为："承包人已经提交竣工验收报告，发包人拖延验收的，以承包人提交验收报告之日为竣工日期"。而实际上，承包方应当提交的不仅是验收报告，还应包括其他很多文件。《建设工程质量管理条例》第十六条规定："建设单位收到建设工程竣工报告后，应当组织设计、施工、工程监理等有关单位进行竣工验收。建设工程竣工验收应当具备下列条件：（一）完成建设工程设计和合同约定的各项内容；（二）有完整的技术档案和施工管理资料；（三）有工程使用的主要建筑材料、建筑构配件和设备的进场试验报告；（四）有勘察、设计、施工、工程监理等单位分别签署的质量合格文件；（五）有施工单位签署的工程保修书。建设工程经验收合格的，方可交付使用。"因此，如果承包方仅仅提供一份竣工验收报告，不提供或不按规定提供完整的技术档案和施工管理资料（其中包括竣工图）、工程使用的主要建筑材料、建筑构配件和设备的进场试验报告、工程质量保修书，将不符合验收条件，由此而导致的竣工合格日期延后的责任应由承包方承担。

1.4 施工组织设计与工期

1. 施工组织设计对于工期有重要意义

施工组织设计是以施工项目为对象编制的，用以指导施工的技术、经济和管理的综合性文件。按照编制对象的不同，可分为施工组织总设计、单位工程组织设计和施工方案。施工组织设计的内容为（以单位工程组织设计为例）：工程概况、施工部署、施工进度计划、施工准备与资源配置计划、主要施工方案、施工现场平面布置。在施工组织设计中的施工进度计划就是确认如何保证工程如期完成的直接文件。施工单位应按照施工进度计划进行施工，发包人及监理单位通过审批承包人报

送的施工组织设计并对其实施进行监督,来控制工程进度。施工组织设计中的施工进度计划是基于施工准备与资源配置计划、施工方法及工艺要求等而制定的。当合同约定的技术准备、现场准备、资金准备、劳动力配置计划、物资配置计划、施工方法和工艺要求有变化时,施工进度计划就有可能改变,工期就有可能改变。所以,通俗地讲,施工组织设计中包含了如何使工程如期完成、工程如期完成需要什么样的条件等重要内容。显而易见,施工组织设计对于建设工程合同工期是有非常重要的意义的。

2. 施工组织设计的重要性未被充分认识

施工组织设计是建设工程施工合同文件的重要组成部分,对于保证工程建设顺利进行有重要意义。但是在实践中,施工组织设计的重要性并未被充分认识,主要表现在:

(1) 编制的随意

有的承包人在招投标阶段,为了中标,不考虑自身履约能力,不考虑工程实际,随意编制施工组织设计,导致有的施工组织设计概念不清、内容含糊、无针对性、无可操作性。有的工程为了应付竣工归档,在快到竣工时才开始编制施工组织设计。有的照工艺标准抄,有的照以前组织设计套。这些施工组织设计,徒有其名,根本不能起到其应有作用。有时不仅承包人走形式,发包人、监理单位也不予以认真审核,使虚假的施工组织设计大行其道。之所以产生这种情况,究其原因,还是对于施工组织设计的重要法律作用没有清醒的认识。

(2) 忽视施工组织设计在诉讼中的作用

在很多工程诉讼中,发包人和承包人在陈述事实时很少会结合承包商提交的施工组织设计,举证时也很少提交施工组织设计作为证据。实际上,在工程诉讼中,特别是涉及工期延误的诉讼中,施工组织设计的作用是非常重要的。在工期延误的案件中,承包人提出的工期顺延的理由是否成立,与其提交的施工组织设计的相关内容就有非常密切的关系。

例如,承包人有时会认为由于低温、雨、雪、大风等恶劣天气原因影响,工期应顺延,但是在其施工组织设计中一般会有"制定切实可行的季节性施工措施,保证连续施工,确保施工进度"等内容,还会详细列举雨期施工、冬期施工等具体措施。在这种情况下,法院或仲裁机构就会认为,有些恶劣天气是承包人签订合同时已经预见到的并确信能够克服的,因此不应成为工期顺延的理由。如,承包人有时会认为是由于施工现场其他单位的施工影响了其施工,因此,工期应予顺延,但是在其施工组织设计中,一般会有"充分利用时间、空间,合理安排施工顺序,组织立体交叉作业、平行作业"的内容。在这种情况下,法院或仲裁机构就会认为,对于现场存在的多家施工单位共同作业的情况,承包人应当是已经预见到的并确信能够克服的,因此承包人不能简单地认为现场其他施工单位影响其施工,其工期就应顺延。又如,施工组织设计中一般有关于工期的横道图或网络图,发包人会在施工过程中检查承包商的施工进度,一旦发现承包人未能达到横道图或网络图约定的节点,就会认为承包人违约,应承担违约责任。同时,合同约定工期,是以施工组织设计约定的施工方法及条件为基础的，如果这一基础受到非承包人因素影响，承包人将无法保证合同工期。例如，在施工组织设计中，承包人明确了材料的采购、加工、运输的周期，如果发包人在施工过程中临时改变材料种类却不支持承包人顺延工期的要求时，承包人就可以指出施工组织设计中的上述规定，以证明材料的采购、加工、运输的周期是发包人知道的，工期顺延的幅度是有依据的。

从上述举例可以看出，施工组织设计对于在诉讼中确定双方责任有非常重要的意义。因此，承包人应认真编制切实可行的施工组织设计，发包人应予以认真审核，只有这样才不至于在诉讼中陷入被动。

3. 正确认识施工组织设计的性质和作用

施工组织设计首先是作为工程建设项目的管理方法而长期存在和发展的。2006年10月8日原北京市建设委员会申请备案的《建设工程施工组织设计管理规程》(J 10877—2006)是国内首次颁布的关于施工组织设计的管理性标准。2009年10月1日实施的《建筑施工组织设计规范》(GB/T 50502—2009)第一次以国家标准的形式对施工组织设计的编制进行了规范和指导，使得施工组织设计的编制有章可循。同时，施工组织设计又是建设工程施工合同文件的重要组成部分，对合同双方均有约束力。

《建设工程施工合同》(GF-1999-0201)示范文本中约定："三、施工组织设计和工期 10 进度计划 10.1承包人应按专用条款约定的日期，将施工组织设计和工程进度计划提交工程师，工程师按专用条款约定的时间予以确认或提出修改意见，逾期不确认也不提出书面意见的，视为同意。10.2群体工程中单位工程分期进行施工的，承包人应按照发包人提供图纸及有关资料的时间，按单位工程编制进度计划，其具体内容双方在专用条款中约定。10.3承包人必须按工程师确认的进度计划组织施工，接受工程师对进度的检查、监督。工程实际进度与经确认的进度计划不符时，承包人应按工程师的要求提出改进措施，经工程师确认后执行。因承包人的原因导致实际进度与进度计划不符，承包人无权就改进措施提出追加合同价款。"

《标准施工招标文件》(2007年版)约定："10 进度计划 10.1合同进度计划承包人应按专用合同条款约定的内容和期限，编制详细的施工进度计划和施工方案说明报送监理人。监理人应在专用合同条款约定的期限内批复或提出修改意见，否则该进度计划视为已得到批准。经监理人批准的施工进度计划称合同进度计划，是控制合同工程进度的依据。承包人还应根据合同进度计划，编制更为详细的分阶段或分项进度计划，报监理人审批。10.2合同进度计划的修订不论何种原因造成工程的实际进度与第10.1款的合同进度计划不符时，承包人可以在专用合同条款约定的期限内向监理人提交修订合同进度计划的申请报告，并附有关措施和相关资料，报监理人审批；监理人也可以直接向承包人作出修订合同进度计划的指示，承包人应按该指示修订合同进度计划，报监理人审批。监理人应在专用合同条款约定的期限内批复。监理人在批复前应获得发包人同意。"同时，该招标文件约定的招标文件组成中包括施工组织设计。

FIDIC《施工合同条件》(1999年第一版 国际咨询工程师联合会中国工程咨

询协会编译　中国工业出版社出版）中约定："8.3 进度计划　承包商应在收到根据第8.1款［工程的开工］规定发出的通知后28天内，向工程师提交一份详细的进度计划。当原定进度计划与实际进度或承包商义务不相符时，承包商还应提交一份修订的进度计划。每份进度计划还应包括：（a）承包商计划实施工程的工作顺序，包括设计（如果有）、承包商文件、采购、生产设备的制造、运到现场、施工、安装和试验各个阶段的预期时间安排；（b）由各指定的分包商（按第5条［指定的分包商］定义）从事的以上的各个阶段；（c）合同中规定的各项检验和试验的顺序和时间安排；以及（d）一份支持报告，内容包括（ⅰ）在工程实施的各主要阶段和承包商拟采用的方法和各主要阶段一般描述；以及（ⅱ）承包商对工程各主要阶段所需各级承包商人员和各类承包商设备合理估计数量的详细情况。除非工程师在收到进度计划后21天内向承包商发出通知，指出其中不符合合同要求的部分，承包商即应按照该进度计划，并遵守合同规定的其他义务，进行工作。雇主人员应有权依照该进度计划安排他们的活动。……如果任何时候工程师向承包商发出通知，指出进度计划（在指明的范围）不符合合同要求，或与实际进度和承包商提出的意向不一致时，承包商应按本款向工程师提交一份修订进度计划。"同时，该合同文本8.6工程进度也约定了进度计划的修订。

从以上合同范本的约定看出，各个合同文本均将进度计划作为合同条件的一部分，各个合同文本都约定进度计划应经过承包商提交和发包方审核确认的程序。FIDIC《施工合同条件》和《标准施工招标文件》（2007年版）还强调了进度计划的动态属性，即需要根据工程实际情况进行修改。虽然用语不同，但是三个合同文本都强调承包商提交的不仅是一个时间进度表，还包括施工方案，强调了时间进度与施工方案的密切关系。

4. 一个值得重视的问题——各阶段施工组织设计的一致性

在《标准施工招标文件》（2007年版）约定的投标文件中包含了"施工组织设计"，而在合同通用条款中约定了"承包人应按专用合同条款约定的内容和期限，编制详细的施工进度计划和施工方案说明报送监理人……"。也就是说，承包商要在招投标阶段和合同签订后分别提交施工组织设计。《建设工程施工组织设计管理规程》（J 10877—2006）与《建筑施工组织设计规范》（GB/T 50502—2009）对此也有不同的规定。

《建设工程施工组织设计管理规程》（J 10877—2006）规定施工组织设计应满足工程建设项目招投标阶段和施工阶段不同的需求。不同阶段的施工组织设计的名称和内容应有区别，招投标阶段的施工组织设计名称为施工组织纲要，施工阶段的施工组织设计名称为施工组织总设计、施工组织设计和施工方案。而《建筑施工组织设计规范》（GB/T 50502—2009）虽然也指出了实际操作中存在招投标阶段和施工实施阶段的施工组织设计存在不同侧重点，但没有分别规定不同阶段的施工组织设计内容。

实际上招投标阶段和施工实施阶段的施工组织设计的不同，隐含了一定的法律风险。承包人中标后就意味着其提交的施工组织设计被发包人认可，成为双方共同确认的合同文件，对此双方已无异议。但是，在合同签订后提交的施工进度计划和施工方案就有可能不能被双方确认。虽然合同工期是确定的，但是施工进度计划和施工方案的不同也会导致双方权利、义务的差异。在实践中也出现了因投标时的施工组织设计技术措施与实际实施的施工组织设计技术措施不同而引起的合同双方法律争议。同时，如果片面强调招投标阶段和施工实施阶段的施工组织设计的不同目的和侧重，进而导致两个阶段的施工组织设计巨大差异，还会使合同双方涉嫌违反《招标投标法》第四十六条："招标人和中标人应当自中标通知书发出之日起三十日内，按照招标文件和中标人的投标文件订立书面合同。招标人和中标人不得再行订立背离合同实质性内容的其他协议。"的规定，招致主管机关责令改正、处中标项目金额千分之五以上千分之十以下的罚款的处罚。

笔者认为，应强调招投标阶段和施工实施阶段的施工组织设计一致性。对于合同签订后承包人重新提交施工组织设计的合同条款设置的必要性应进行重新思考。或者应在招标文件中明确约定，合同签订后承包商提交施工组织设计目的、注意事项以及与招投标阶段施工组织设计的关系，防止法律纠纷的出现。

2 对于保证工期的各方义务

保证工程如期完成不仅是承包人的责任，而且也是包括发包人在内的建设工程参与者共同的责任。与建设工程施工有关的民事主体一般有：发包人、承包人、设计单位、监理单位、材料及设备供应商、分包商、政府部门、其他单位或个人。其中，设计单位、监理单位、勘察单位的义务可视为发包人义务，特殊情况除外；材料及设备供应商、分包商的义务应视为承包人（业主购买材料设备及业主指定分包的情况除外）；政府部门、其他单位或个人属于第三方义务。根据法律法规的规定以及建设工程惯例，建设施工合同双方应承担以下义务。

2.1 发包人保证工期的义务

1. 正确制定工程工期

契约自由，当事人可以自主约定权利义务关系，但是当事人的契约自由并不是没有限制的，它不能够违反法律的强制性规定。建设工程招标文件中应包含工期要求内容。发包人有权自主编制工程招标文件，有权自主确定工期要求，但是这种自主权也是要受到法律规制的。发包人在制定招标文件的工期要求时应该依据法律、行政法规、工期定额以及具体工程情况，不得随意压缩合理工期。业主要求施工工期小于定额工期时，必须在招标文件中明示增加费用，压缩的工期天数不得超过定额工期的30%。

2. 办理工程施工必备的法律手续

工程建设从立项开始就受到行政法规的规制。法律规定了建设工程合法开展的一系列程序和法律文件。只有履行相应程序并取得相应法律手续，工程建设才能正常合法进行。在开工之前，建设单位应取得建设用地规划许可证、建设工程规划许可证、建设工程施工许可证。从法律逻辑上讲，只要取得了建设工程施工许可证,就意味着在土地取得、规划审批等程序取得了合法手续。在取得了建设工程施工许可证后,建设工程仍应取得其他施工证件,如:临时占用道路许可证、施工现场消防许可证、城市排水许可证、爆破作业许可证、夜间施工许可证等。

在讨论发包方应提供施工法律手续的义务对工期的影响时,应注意以下几方面:

(1) 应具体分析发包方在办理上述施工证件时的义务

以办理建设工程施工许可证为例。《建筑工程施工许可管理办法》规定:"第四条 建设单位申请领取施工许可证,应当具备下列条件,并提交相应的证明文件:(一)已经办理该建筑工程用地批准手续。(二)在城市规划区的建筑工程,已经取得建设工程规划许可证。(三)施工场地已经基本具备施工条件,需要拆迁的,其拆迁进度符合施工要求。(四)已经确定施工企业。按照规定应该招标的工程没有招标,应该公开招标的工程没有公开招标,或者肢解发包工程,以及将工程发包给不具备相应资质条件的,所确定的施工企业无效。(五)有满足施工需要的施工图纸及技术资料,施工图设计文件已按规定进行了审查。(六)有保证工程质量和安全的具体措施。施工企业编制的施工组织设计中有根据建筑工程特点制定的相应质量、安全技术措施,专业性较强的工程项目编制了专项质量、安全施工组织设计,并按照规定办理了工程质量、安全监督手续。(七)按照规定应该委托监理的工程已委托监理。(八)建设资金已经落实。建设工期不足一年的,到位资金原则上不得少于工程合同价的50%,建设工期超过一年的,到位资金原则上不得少于工程合同价的30%。建设单位应当提供银行出具的到位资金证明,有条件的可以实行银行付款保函或者其他第三方担保。(九)法律、行政法规规定的其他条件。"从上述规定来看,办理建设工程施工许可证是发包方和承包方共同的义务,其中发包方承担主要义务。而承包人的义务在于编制合格的施工组织设计。因此,在涉及工期延误的诉讼中,如果工期延误的原因是建设工程施工许可证未办下来,其责任并不绝对由发包方承担,如果是未能办下建设工程施工许可证的原因是承包人没有编制合格的施工组织设计,则责任应由承包人承担。

在施工中,有时还有其他的批准手续需要履行,如《建筑法》第四十二条规定:"有下列情形之一的,建设单位应当按照国家有关规定办理申请批准手续:(一)需要临时占用规划批准范围以外场地的;(二)可能损坏道路、管线、电力、邮电通讯等公共设施的;(三)需要临时停水、停电、中断道路交通的;(四)需要进行爆破作业的;(五)法律、法规规定需要办理报批手续的其他情形。"发包方应履行相应的批准手续。

(2) 承包人以发包方未办理施工证件作为工期延误的司法裁判现状

① 发包人未办下建设工程施工许可证,承包人有权拒绝开工,如果因此导致纠纷,此时法律肯定会支持承包人的。但是如果发包人未办下建设工程施工许可证,而承包人仍然开工建设的,在发生工期延误时,承包人不能仅以没有建设工程施工许可证而进行工期延误的抗辩。

② 承包人主张因发包人未办理相应施工证件，而导致工期延误的，应提供相应证据，如有关部门的处罚决定、停工通知等，否则其主张不会得到支持。

3. 提供施工场地及施工条件

由于发包人与承包人身份的不同种类，会导致施工场地概念的不同。当发包人与承包人的身份分别是业主与施工总承包商时，施工场地就是进行了三通一平的红线图范围内的土地；而当发包人与承包人的身份分别是施工总承包商和装修装饰分包商、屋面工程分包商、建筑给排水及水暖分包商等时，施工场地不仅是进行了三通一平的红线图范围内的土地，更主要的是已完成的建筑主体结构。因此，由于发包人与承包人身份的不同种类，发包人所应履行的使施工场地具备施工条件的具体内容也不同。

① 当发包人与承包人的身份分别是业主与施工总承包商时，施工场地具备施工条件一般为"三通一平"，即路通、电通、水通和施工现场内的场地平整。

② 当发包人与承包人的身份分别是施工总承包商和分包商时，施工场地具备施工条件的具体内容，不仅是三通一平，还有其他内容。例如，在玻璃幕墙分包合同中，玻璃幕墙施工场地施工条件还应包括：安装玻璃幕墙的主体结构应符合有关结构施工质量验收规范；玻璃幕墙与主体结构连接的预埋件应在主体结构施工时按设计要求埋设，预埋件位置偏差不应大于20 mm；采取相应措施调整妨碍幕墙施工安装的主体结构施工偏差；提供脚手架和起重运输设备等。保证不被外界干扰，现场内不会窝工，不使各工序互相干扰。

4. 施工图纸及技术资料的提交

① 有满足施工需要的施工图纸及技术资料，施工图设计文件已按规定进行了审查；

② 向承包商提供施工现场的工程地质和地下管线资料，对资料的真实准确性负责；

③ 确定水准点与坐标控制点。

5. 按约定支付工程预付款和工程进度款

工程款是工程建设能够进行的经济保证，按约定支付工程款是业主的主要义务。《合同法》第二百八十三条规定："发包人未按照约定的时间和要求提供原材料、设备、场地、资金、技术资料的，承包人可以顺延工程日期，并有权要求赔偿停工、窝工等损失。"因此，依法取得工程款是承包人重要的权利，在发包人未按约定支付工程款的情况下，承包人可以顺延工程日期，并有权要求赔偿停工、窝工等损失。

6. 组织设计交底、图纸会审

（1）设计交底

《建设工程勘察设计管理条例》第三十条规定："建设工程勘察、设计单位应当在建设工程施工前，向施工单位和监理单位说明建设工程勘察、设计，解释建设工程的勘察、设计文件。"《建设工程质量管理条例》第二十三条规定："设计单位应当就审查合格的施工图设计文件向施工单位作出详细说明。"上述规定，就是"设计交底"的法律依据和原则内容。施工图完成并经审查合格后，设计文件的编制工作已经完成，但并不是设计工作的完成，设计单位仍应就设计文件向施工单位作详细说明，这就是设计交底。设计交底的内容一般为设计单位将设计的意图、特殊的工艺要求以及建筑、结构、设备等各专业在施工中的难点、疑点和容易发生的问题等向施工单位说明，并负责解释施工单位对设计图纸的疑问。

(2) 图纸会审

图纸会审是指工程各参建单位（建设单位、监理单位、施工单位）在收到设计院施工图设计文件后，对图纸进行全面细致的熟悉，审查出施工图中存在的问题及不合理情况并提交设计单位进行处理的一项重要活动。

图纸会审的法律依据如下：《中华人民共和国建筑法》第三十二条规定："……工程监理人员发现工程设计不符合建筑工程质量标准或者合同约定的质量要求的，应当报告建设单位要求设计单位改正。"《建设工程质量管理条例》第二十八条规定："施工单位必须按照工程设计图纸和施工技术标准施工，不得擅自修改工程设计，不得偷工减料。施工单位在施工过程中发现设计文件和图纸有差错的，应当及时提出意见和建议。"《建设工程勘察设计管理条例》第二十八条规定："……施工单位、监理单位发现建设工程勘察、设计文件不符合工程建设强制性标准、合同约定的质量要求，应当报告建设单位，建设单位有权要求建设工程勘察、设计单位对建设工程勘察设计文件进行补充、修改。"《建设工程监理规范》5.2.1规定："在设计交底前，总监理工程师应组织监理人员熟悉设计文件，并对图纸中存在的问题通过建设单位向设计单位提出书面意见和建议。"

相对于施工单位来说，组织设计交底、图纸会审应当是建设单位的义务。如果建设单位不履行这一义务导致工期延误，应承担相应的违约责任。

7. 及时提供所需的指令、批准

在建设工程施工合同履行的过程中，有许多时候，承包商的工作有赖于业主方的指令或批准。业主方应当按照合同约定的期限和程序完成相应的指令或批准。否则，造成工期延误，业主方应承担相应责任。

8. 设计变更和工程量增加时，应公平协商确定对原工期的影响

在设计变更和工程量增加时一般会造成工期的延长。在这种情况下，业主方应与承包商平等协商，不应利用主导地位拒绝承包商的合理要求。

2.2 承包商保证工期的义务

承包商应当按照合同的约定完成工程建设义务。为此，承包商应当在人员、资金、设备、技术等方面做好充分准备和投入，否则工期就难以保证。在实践中，承包商造成工期延误的原因也主要体现在上述几个方面。

3 不可归责于承发包双方的导致工期延误的原因

3.1 不可抗力

1. 不可抗力的内容

《民法通则》第一百五十三条规定:"本法所称的"不可抗力",是指不能预见、不能避免并不能克服的客观情况。"《合同法》第一百一十七条规定:"因不可抗力不能履行合同的,根据不可抗力的影响,部分或者全部免除责任,但法律另有规定的除外。当事人迟延履行后发生不可抗力的,不能免除责任。本法所称不可抗力,是指不能预见、不能避免并不能克服的客观情况。"具体哪一种情况属于不可抗力,法律没有明确规定。根据学理解释、司法实践、国际惯例,不可抗力一般包括下列内容:(1)自然灾害,如地震、火山、海啸等;(2)政府行为,如征收、征用等;(3)社会异常事件,如战争、罢工、骚乱等。因不可抗力造成的工期延误应予顺延,这是毫无争议的。但是,不同合同文本中,对于不可抗力的约定是不相同的。《标准施工招标文件》(2007年版):"21.1.1不可抗力是指承包人和发包人在订立合同时不可预见,在工程施工过程中不可避免发生并不能克服的自然灾害和社会突发事件,如地震、海啸、瘟疫、水灾、骚乱、暴动、战争和专用条款约定的其他情形。"FIDIC《施工合同条件》(1999年第一版):"…不可抗力可包括但不限于下列各种特殊事件或情况:(i)战争、敌对行为(不论宣战与否)、入侵、外敌行为;(ii)叛乱、恐怖主义、革命、暴动、军事政变或篡夺政权,或内战;(iii)承包商人员和承包商及其分包商的其他雇员以外的人员的骚动、喧闹、混乱、罢工或停工;(iv)战争军火、爆炸物资、电离辐射或放射性污染,但可能因承包商使用此类军火、炸药、辐射或放射性引起的除外;以及(v)自然灾害,如地震、飓风、台风或火山活动。"《建设工程施工合同》(GF-1999-0201) 示范文本:"39.1 不可抗力包括因战争、动乱、空中飞行物体坠落或其他非发包人承包人责任造成的爆炸、火灾,以及专用条款约定的风雨、雪、洪、震等自然灾害。"

2. 约定内容用语的分析

(1) "包括但不限于" 句式
(2) "在工程施工过程中" 句式
(3) 不用 "瘟疫" 而是情势变更

比较上述合同条款,可以看出,FIDIC《施工合同条件》(1999年第一版)约定的内容是更科学的。首先是使用了"包括但不限于"这一句式,这就避免了由于列举不够详细,所可能造成的遗漏。《标准施工招标文件》(2007年版)的表述方式也应该是这种意思,但是未刻意强调。《建设工程施工合同》(GF-1999-0201)示范文本的规定完全不可取,它用"包括"一词限定了范围,而列举又非常简单,这样会使许多本应属于不可抗力的情形被排除在合同之外。

《标准施工招标文件》(2007年版)使用了"在工程施工过程中"这一限定语。这显然是总结了实践经验后提出的。这一规定是有见地的。因为,无论何种不可抗力,只有切实地影响了施工合同的履行才能成为施工合同中约定的不可抗力,否则则不构成。例如汶川地震,影响范围极广,波及数省,但是并非数省范围内的施工都因此而无法进行。

《标准施工招标文件》(2007年版)将"瘟疫"作为不可抗力,这是值得探讨的。FIDIC《施工合同条件》(1999年第一版)、《建设工程施工合同》(GF-1999-0201)示范文本并未将"瘟疫"作为不可抗力。同时从民法理论上讲,"瘟疫"也不属于不可抗力。从不可抗力的定义上看,不可抗力指当事人订立合同时不可预见,它的发生不可避免,人力对其不可克服的客观情况。而瘟疫是可控、可防、可治愈的,例如非典。因此,瘟疫不应属于不可抗力,而应当属于情势变更。最高人民法院关于适用《中华人民共和国合同法》若干问题的解释(二)第二十六条规定:"合同成立以后客观情况发生了当事人在订立合同时无法预见的、非不可抗力造成的不属于商业风险的重大变化,继续履行合同对于一方当事人明显不公平或者不能实现合同目的,当事人请求人民法院变更或者解除合同的,人民法院应当根据公平原则,并结合案件的实际情况确定是否变更或者解除。"这是从法律上对情势变更原则的明确阐述。运用这一原则完全可以解决瘟疫对工程施工的影响问题。

3. 如何具体适用合同约定的不可抗力条款

合同中约定了不可抗力条款只是第一步,如何能够在具体案件中运用这一条款,解决纠纷,还需要做很多工作。

(1) 不可抗力与工程停工的规定

从施工规范层面上,并没有对因不可抗力而影响施工进行全面的规定。《建筑施工土石方工程安全技术规范》规定:"3.1.8 遇到下列情况之一应立即停止作业。发生大雨、雷电、浓雾、水位暴涨及山洪暴发等情况"。《液压活动模板施工安全技术规程》规定:"第2.0.7条:滑模施工中应经常与当地气象台、站取得联系,遇到雷雨、六级和六级以上大风时，必须停止施工。"《建筑施工模板安全技术规范》规定："8.0.20 当遇到大雨、大雾、沙尘、大雪或 6 级以上大风等恶劣天气时，应停止露天高处作业，5 级以上风力时，应停止高空吊运作业。"《建筑施工高处作业安全技术规范》规定："第 2.0.7 条……遇有六级以上强风、浓雾等恶劣气候，不得进行露天攀登与悬空高处作业。"在上述规范规程中列举的自然现象绝大多数都是指的恶劣气候条件，而非不可抗力。可以说对于在发生什么样的不可抗力情况下建设工程应当停工，在规范规程层面并没有明确全面具体的规定。

（2）不可抗力的证据收集与保存

证明不可抗力的证据收集：施工合同因不可抗力而受到影响的，当事人应注意搜集和保存相应的证据。有关机关的文件、通知、预报、证明，例如，地震发生后，建设主管部门会发出停工和复工的通知。"5.12"汶川特大地震发生后，四川省建设厅于 5 月 12 日当天发出紧急通知，要求全省所有建筑施工现场立即停止施工（厅应指办［2008］2 号）；随着地震影响的减弱，5 月 16 日，四川省建设厅通知要求各地根据实际情况恢复施工（厅应指办［2008］12 号）。例如，为应对台风，沿海地区建设主管部门都会在台风来临之前，下达工程施工停工的通知。又如，水灾发生后，水利部门出具的证明能够证实水灾程度、持续时间等。公证机关的公证文件。在发生不可抗力事件后，当事人可以委托公证机关对于不可抗力事件造成的现状进行证据保全。

3.2 异常恶劣的气候条件

《标准施工招标文件》（2007 年版）在不可抗力之外规定了"异常恶劣的气候条件"，具体内容如下："由于出现专用合同条款规定的异常恶劣气候的条件导致工期延误的，承包人有权要求发包人延长工期。"FIDIC《施工合同条件》（1999 年第一版）第 19 条专门规定了不可抗力，而在第 8.4 款竣工时间的延长中又规定了"异常不利的气候条件"可以成为承包商要求延长竣工时间的理由。自然因素可以形成不可抗力，也可以形成异常恶劣的气候条件。异常恶劣的气候条件与不可抗力中的自然灾害是有区别的。从严重程度上讲，不可抗力中的自然因素应当达到自然灾害的程度，而异常恶劣的气候条件未达到自然灾害的程度，但是对于工程施工有重大不利影响。不可抗力是由法律专门规定的，其构成条件清晰明确。而异常恶劣的气候条件未见于法律的明确规定，应当属于当事人自主约定的内容。在司法实践中处理有关异常恶劣的气候条件与工期延误纠纷时，应遵照下列原则：

1. 在合同中，当事人将"异常恶劣的气候条件"作为可以工期顺延的情况，而且对于"异常恶劣的气候条件"的范围和评判标准有明确约定的，应当依照合同的约定来处理。例如，可以约定下列情况属于异常恶劣的气候条件：（1）日降雨量大于_____ mm 的雨日超过_____ 天；（2）风速大于_____ m/s 的_____ 级以上台风灾害；（3）日气温超过_____ ℃ 的高温大于_____ 天；

(4) 日气温低于_____℃ 的严寒大于_____天；(5) 造成工程损坏的冰雹和大雪灾害：_____；(6) 其他异常恶劣气候灾害。

2. 在合同中，当事人将"异常恶劣的气候条件"作为可以工期顺延的情况，但是对于"异常恶劣的气候条件"的范围和评判标准等未进行明确约定，裁判机关将根据规范规程、行业惯例、工程实际情况公平确定在工程施工过程中是否存在异常恶劣的气候条件以及异常恶劣的气候条件对工期的具体影响。此时，应注意以下原则：

① 依据国家关于建设工程施工规范规程中的有关规定，确定恶劣气候条件影响工程施工的具体内容。如《建筑施工土石方工程安全技术规范》规定："3.1.8 遇到下列情况之一应立即停止作业。3、发生大雨、雷电、浓雾、水位暴涨及山洪暴发等情况。"《液压活动模板施工安全技术规程》规定："第2.0.7条：滑模施工中应经常与当地气象台、站取得联系，遇到雷雨、六级和六级以上大风时，必须停止施工。"《建筑施工模板安全技术规范》规定："8.0.20 当遇到大雨、大雾、沙尘、大雪或6级以上大风等恶劣天气时，应停止露天高处作业，5级以上风力时，应停止高空吊运作业。"《建筑施工高处作业安全技术规范》规定："第2.0.7条……遇有六级以上强风、浓雾等恶劣气候，不得进行露天攀登与悬空高处作业。"上述各规范规程明确规定了应停工的恶劣气候条件的具体情况，可以据此确定实际施工中因恶劣气候条件而顺延的工期天数。

② 异常恶劣的气候条件中的"异常恶劣"，应当是与施工现场以往长期的气象水文平均数据相比较而得出的，这里的长期，应当是十年或更长时间。

③ 如果在承包商提交标书前，发包方把相关的水文、气候数据提供给承包商，承包商根据已得到的气象水文数据能够预见到的恶劣气候条件，也不应视为"异常恶劣的气候条件"。

④ "异常恶劣的气候条件"对于施工的影响，表现在关键路径上，而不是在次要工序上。

3.3 不利物质条件

不利的物质条件作为影响工期的因素，也是建筑工程合同所独有的。《标准施工招标文件》(2007年版) 规定："4.11 不利物质条件　4.11.1 不利物质条件，除专用合同条款另有规定外，是指承包人在施工现场遇到的不可预见的自然物质条件、非自然的物质障碍和污染物，包括地下和水文条件，但不包括气候条件。4.11.2 承包人遇到不利物质条件时，应当采取适应不利物质条件的合理措施继续施工，并及时通知监理人。监理人应及时发出指示，指示构成变更的，按第15条约定办理。监理人没有发出指示的，承包人因采取合理措施而增加的费用和（或）工期延误，由发包人承担。"FIDIC《施工合同条件》(1999年第一版) 第4.12条专门规定了不可预见的物质条件："本款中的'物质条件'系指承包商在现场施工遇到的自然物质条件、人为的及其他物质障碍和污染物，包括地下和水文条件，但不包括气候条件。如果承包商遇到他认为不可预见的不利物质条件，应尽快通知工程师。此通知应说明物质条件，以便工程师进行检验，并应提出承包商为何认为不可预见的理由。……"。FIDIC《施工合同条件》（1999年第一版）的约定与《标准施工招标文件》（2007年版）的约定相比，更加强调了承包商对于不利物质条件的不可预见。《建设工程施工合同》（GF-1999-0201）示范文本中没有规定专门"不利物质条件"，而是在第44条中约定了"文物和地下障碍物"，其中的"地下障碍物"应属于"不利物质条件"的一种。常见的不利物质条件如：进场道路遇见塌方、遇见已废弃的地下管道、隧道掘进遇瓦斯突出等等。

需要注意的是，FIDIC《施工合同条件》（1999年第一版）中约定的不可预见是指"一个有经验的承包商在提交投标书日期前不能合理预见"。因此，在这一合同条件下，虽然存在不利的物质条件，但是这一不利物质条件是一个有经验的承包商应该能够预见的，则这一不利物质条件不能作为承包商的免责理由。这里的关键在于如何界定"有经验的承包商"这一概念。对此，国内尚无相关的法律规则予以规范。

笔者认为，我国也应引入"有经验的承包商"这一概念。这样能更好地保护业主权益，也会促使承包商提高责任心，最终必须会有利于工程建设的顺利实施。

3.4 地下文物

《标准施工招标文件》（2007年版）、FIDIC《施工合同条件》（1999年第一版）、《建设工程施工合同》（GF-1999-0201）示范文本中都对施工中遇到化石文物的情形进行了约定。三个文本均约定，对于因地下文物而导致的工期延误应予顺延。

3.5 情势变更

情势变更原则是民商法领域里的重要法律制度。但是在《最高人民法院关于适用〈中华人民共和国合同法〉若干问题的解释（二）》出台之前，情势变更原则还没有以成文法的形式出现。该解释首次确立了成文法形式的情势变更原则。该解释第二十六条规定："合同成立以后客观情况发生了当事人在订立合同时无法预见的、非不可抗力造成的不属于商业风险的重大变化，继续履行合同对于一方当事人明显不公平或者不能实现合同目的，当事人请求人民法院变更或者解除合同的，人民法院应当根据公平原则，并结合案件的实际情况确定是否变更或者解除。"在这里。无法预见、非不可抗力、非商业风险这三点是界定情势变更的关键点。实践中常见的构成情势变更的事件有：法律变化、瘟疫、物价暴涨暴跌等。在发生情势变更后，当事人所签订的合同并不是一概终止履行，而是由人民法院根据公平原则决定变更或解除。工程施工合同范本中一般不将情势变更原则明确地完整地表述在合同中，而是散见于合同各个条款中。例如《标准施工招标文件》（2007年版）16.2

条规定:"在基准日后,因法律变化导致承包人在合同履行中所需要的工程费用发生除第16.1款约定以外的增减时,监理人应根据法律、国家或省、自治区、直辖市有关部门的规定,按照第3.5款商定或确定需调整的合同价款。"这就是情势变更原则在合同条款中的体现,在FIDIC合同条件中也有类似规定。因情势变更,造成工期延长的双方当事人均不应承担违约责任。

4 确定当事人工期延误责任应注意的问题

4.1 承包人对于工期延误的索赔程序

在建设工程施工合同的各种示范文本中,都对承包人就工期延误的索赔程序进行了约定。在司法实践中,往往发生的争议是:虽然发生了设计变更、工程量增加、而发包人拖延支付工程款等承包人可以要求工期顺延的事由,但是承包人未按合同约定的程序提出索赔,或无法提供按程序索赔的有力证据,而发包人认为,承包人关于工期延长的理由不成立。从裁判结果来看,在发生上述争议时,法院的裁判结果也是不统一的。有的判决认为,虽然发生了设计变更、工程量增加、发包人拖延支付工程款、不可抗力等影响工期的事由,但是承包人没有提供在上述事件发生时,其向发包人提出要求工期延长的书面证据,因此,承包人关于工期应顺延的理由不成立,承包人应当承担工期延误的违约责任。而另外的判决认为,在合同履行过程中确实发生了影响工期的事由,工期应予以相应顺延。这种同类的事实,不同的判决结果,损害了法律的严肃性,也让民事活动的当事人感觉无所适从,因而是急需改变的。造成这种同类的事实,不同的判决结果的原因是多样的,而毋庸讳言的是,工程法律规则的亟待完善和统一是其中的重要原因。

1. 不同示范文本对于承包人工期索赔程序的约定

(1)《建设工程施工合同》(GF-1999-0201)示范文本中约定

"13.2 承包人在13.1款情况发生后14天内,就延误的工期以书面形式向工程师提出报告。工程师在收到报告后14天内予以确认,逾期不予确认也不提出修改意见,视为同意顺延工期。

36.2 发包人未能按合同约定履行自己的各项义务或发生错误以及应由发包人承担责任的其他情况,

造成工期延误和（或）承包人不能及时得到合同价款及承包人的其他经济损失，承包人可按下列程序以书面形式向发包人索赔：

1）索赔事件发生后28天内，向工程师发出索赔意向通知；

2）发出索赔意向通知后28天内，向工程师提出延长工期和（或）补偿经济损失的索赔报告及有关资料；

3）工程师在收到承包人送交的索赔报告和有关资料后，于28天内给予答复，或要求承包人进一步补充索赔理由和证据；

4）工程师在收到承包人送交的索赔报告和有关资料后28天内未予答复或未对承包人作进一步要求，视为该项索赔已经认可；

5）当该索赔事件持续进行时，承包人应当阶段性向工程师发出索赔意向，在索赔事件终了后28天内，向工程师送交索赔的有关资料和最终索赔报告。索赔答复程序与（3）、（4）规定相同。"

（2）《标准施工招标文件》（2007年版）约定

"23. 索赔

23.1 承包人索赔的提出

根据合同约定，承包人认为有权得到追加付款和（或）延长工期的，应按以下程序向发包人提出索赔：

1）承包人应在知道或应当知道索赔事件发生后28天内，向监理人递交索赔意向通知书，并说明发生索赔事件的事由。承包人未在前述28天内发出索赔意向通知书的，丧失要求追加付款和（或）延长工期的权利；

2）承包人应在发出索赔意向通知书后28天内，向监理人正式递交索赔通知书。索赔通知书应详细说明索赔理由以及要求追加的付款金额和（或）延长的工期，并附必要的记录和证明材料；

3）索赔事件具有连续影响的，承包人应按合理时间间隔继续递交延续索赔通知，说明连续影响的实际情况和记录，列出累计的追加付款金额和（或）工期延长天数；

4）在索赔事件影响结束后的28天内，承包人应向监理人递交最终索赔通知书，说明最终要求索赔的追加付款金额和延长的工期，并附必要的记录和证明材料。

23.2 承包人索赔处理程序

1）监理人收到承包人提交的索赔通知书后，应及时审查索赔通知书的内容、查验承包人的记录和证明材料，必要时监理人可要求承包人提交全部原始记录副本。

2）监理人应按第3.5款商定或确定追加的付款和（或）延长的工期，并在收到上述索赔通知书或有关索赔的进一步证明材料后的42天内，将索赔处理结果答复承包人。

3）承包人接受索赔处理结果的，发包人应在作出索赔处理结果答复后28天内完成赔付。承包人不接受索赔处理结果的，按第24条的约定办理。

23.3 承包人提出索赔的期限

23.3.1 承包人按第17.5款的约定接受了竣工付款证书后,应被认为已无权再提出在合同工程接收证书颁发前所发生的任何索赔。

23.3.2 承包人按第17.6款的约定提交的最终结清申请单中,只限于提出工程接收证书颁发后发生的索赔。提出索赔的期限自接受最终结清证书时终止。"

（3）FIDIC《施工合同条件》（1999年第一版）约定

"20.1 承包商的索赔：如果承包商认为，根据本条件任何条款或与合同有关的其他文件，他有权得到竣工时间的任何延长期和（或）任何追加付款，承包商应向工程师发出通知，说明引起索赔的事件或情况。该通知应尽快在承包商察觉或应已察觉该事件或情况后28天内发出。

如果承包商未能在上述28天期限内发出索赔通知，则竣工时间不得延长，承包商应无权获得追加付款，而雇主应免除有关该索赔的全部责任。……"

上述三个文本约定的索赔程序显然是不同的，FIDIC合同条件、标准施工招标文件（2007版）明确约定了，承包人未按照约定期限索赔将丧失该权利，而1999建设工程施工合同示范文本虽然约定了索赔程序，但是没有约定承包人未按照约定程序索赔程序的后果。同时在实践中，当事人自行创制合同文本的情况也很多，在这些文本中，对于工期延误与顺延问题约定得比较简单，大多没有明确约定承包商索赔工期的具体程序。

2. 不同约定内容的不同处理争议方式

不同的合同约定内容决定了不同的权利义务关系，不同的合同内容也导致了不同的裁决结果。

（1）如果当事人关于承包人索赔工期约定的程序的文字表述是与FIDIC合同条件、标准施工招标文件（2007版）约定相同的，而承包人没有充分证据证明其严格按照该程序履行的，承包人关于工期应顺延的主张不应得到支持。对此，并无太大争议。因为当事人关于索赔期限的约定应该属于除斥期间。除斥期间是指权利人在此期间内不行使相应的民事权利，则在该法定期间届满时导致该民事权利的消灭。除斥期间是学理名词而非法典名词，在民法及其他相关法律中，尚无除斥期间或预定期间的专门用语。关于除斥期间的规定在《合同法》中有多处。其中第一百五十八条规定："当事人约定检验期间的，买受人应当在检验期间内将标的物的数量或者质量不符合约定的情形通知出卖人。买受人怠于通知的，视为标的物的数量或者质量符合约定。……"

除斥期间的核心在于，权利人在一定期间内不行使相应的民事权利，则在该期限届满导致该民事权利消灭。

（2）如果当事人关于承包人索赔工期约定的程序的文字表述与1999建设工程施工合同示范文本相同，承包人未能提供在施工过程中向发包人提出顺延工期申请的，在诉讼或仲裁中承包人提出由于种种原因工期应予顺延时，应如何处理？理论界是有争议的。一种观点认为，既然当事人约定了索赔程序，就应严格遵守。工程款延迟支付、设计变更不可抗力等并不必然导致工期延长。只有承包商提出工期延长申请，经发包人确认的情况下才产生工期顺延，否则视为工期不受影响。另一种观点认为，承包商不按合同约定的程序提出工期索赔，并不必然导致其以后永远丧失这一权利，因为当事人合同条款并没有明确约定承包人不按索赔程序索赔的法律后果。而在判例中多认定承包人应履行索赔程序，否则其工期顺延理由不予支持，即倾向于第一种观点。案例如下。

例一：《福建省高级人民法院 民事判决书》(2000) 闽民终字第 18 号

该案为承包人起诉主张剩余工程款并要求赔偿工地误工、设备停滞费，发包人反诉要求承包人承担延误工期违约金及损失。据该判决书载："……《施工合同》中关于开、竣工的约定：开工日期为 1995 年 11 月 18 日，竣工日期为 1997 年 5 月 11 日（以质监站核定质量等级的单位工程评定表盖公章为准），总日历天为 540 天；合同中的第 12 条约定：对以下造成竣工工期推迟的延误，经甲方代表确认，工期相应顺延：①工程量变化和设计变更；②一周内，非乙方原因停水、停电、停气造成停工累计超过 8 小时；③不可抗力；④合同中约定或甲方代表同意给予顺延的其他情况；乙方在以上情况发生后 5 日内，就延误的内容和因此发生的经济支出向甲方代表提出报告，甲方代表在收到报告 5 日内予以确认、答复，逾期不予答复，乙方即可视为延期要求已被确认；非上述原因，工程不能按合同工期竣工，乙方承担违约责任。"发包人、承包人于施工合同之外，还签署了《会议纪要》，对××大厦工期作了重新约定，双方同意工期顺延至 1998 年 7 月 30 日。该工程于 1999 年 7 月 2 日竣工，工程逾期 332 天。承包人认为造成工程逾期的原因在于××大厦主体设计变更、发包人自行发包的消防工程延误和冷却塔甩项验收导致综合评定表未能及时取得等。该判决书判定："……《会议纪要》重新确定竣工日期，《会议纪要》之后，虽有项目设计变更和施工更改，但四建公司（承包人——笔者注）没有按合同约定办理工期顺延的签证，其主张顺延工期，不予支持……"。

例二：《云南省昆明市中级人民法院 民事判决书》(2008) 昆民一终字第 10 号

该案为承包人起诉主张剩余工程款，发包人反诉要求承包人承担延误工期违约金及损失。该工程逾期 107 天。承包人主张工程逾期的原因在于发包人未按期支付工程预付款、工程进度款等义务。该工程所使用合同为《建设工程施工合同》(GF-1999-0201) 示范文本。一审法院对于工期延误原因的认定为："被告未按期支付工程预付款、工程进度款等义务和原告未按期履行安装、竣工及交付等义务时，双方均未按合同约定向对方提出违约和工期顺延等要求和通知，并且在工程施工和竣工验收期间，双方来往的信函中，亦未就此提出异议，故导致工期延误的责任在双方，其责任应由原、被告双方共同承担。"二审法院判定："……二建公司（发包人——笔者注，下同）于 2005 年 3 月 21 日支付该期工程进度款 34 万元的付款行为亦构成违约。但对于上述违约行为是否必然导致网架公司（承包人——笔者注，下同）工期延误并最终导致其逾期竣工的相应事实，网架公司未提交证据予以证实。相反，根据双方合同《通用条款》第 13 条及第 14 条关于'发包人未能按约定日期支付工程预付款、进度款，致使施工不能正常进行的，承包人应提交书面报告，并经工程师确认后工期相应顺延以及承包人必须按照协议书约定的竣工工期或者工程师同意顺延的工期竣工。因承包人原因不能按照协议书约定的竣工日期或工程师同意顺延的工期竣工的，承包人承担违约责任'的约定，因网架公司不能举证证实二建公司的前述逾期付款行为客观上已导致其工期延误，其已按约要求工期顺延并得到确认的情况下，网架公司认为其工期合理延误的主张亦不成立，所涉工程仍应在合同约定期限内竣工。综上所述，本案网架公司主张二建公司未按约支付工程预付款及进度款导致其工期延误，并拒绝承担逾期竣工违约责任的抗辩理由不能成立，本院不予支持。"

笔者认为，当事人的这种约定是不完整的，可以理解为约定不明。因为承包人不按期提出工期顺延申请的后果可以有多种。如可以理解为，承包人不按期提出工期顺延申请，导致事后无法对于工期是否应顺延进行确认的，承包人承担此不利后果；还可以理解为，承包人不按期提出工期顺延申请的，工程是否延期，最终按照双方约定的争议解决方式予以解决等等。《合同法》对于当事人约定不明如何处理有明确约定。《合同法》第六十一条规定："合同生效后，当事人就质量、价款或者报酬、履行地点等内容没有约定或者约定不明确的，可以协议补充；不能达成补充协议的，按照合同有关条款或者交易习惯确定。"同时，当事人的这种约定，还可以理解为，当事人对合同条款理解有争议。《合同法》第一百二十五条规定："当事人对合同条款的理解有争议的，应当按照合同所使用的词句、合同的有关条款、合同的目的、交易习惯以及诚实信用原则，确定该条款的真实意思。"不论是理解为约定不明，还是理解为当事人对合同条款理解有争议，都在客观上赋予了法院较大的自由裁量权。

(3) 在当事人合同文本中没有明确约定承包商索赔工期的具体程序，裁判机关最终会酌情考虑各种因素对工期的不利影响，作出适当延长的判决。

例如:《上海市第一中级人民法院民事判决书》(2004) 沪一中民四（商）终字第308号：该案为承包人起诉主张剩余工程款，发包人反诉主张工期延误损失。对于工期顺延，双方合同约定："拖延工期按总包合同执行，因重大变更设计而影响正常工期、未按合同期限支付工程款、非人力能抗拒的自然灾害、业主方面供应的设备未能及时按期到位，工期应酌情顺延；……"。显然这种约定是笼统的，没有具体的程序和期限要求。一审法院判定："根据乙公司（承包人——笔者注）提供的技术核定单，可以认定部分工程的设计进行了改动，合同约定因重大变更设计内容而影响工期的可酌情顺延工期，但未明确约定何种情况属于重大变更设计，乙公司因实际发生的变更内容而顺延了工期，不能认定为违约，故对甲公司（发包人——笔者注）要求乙公司承担因工期延误而遭受的损失之反诉请求不予支持。"二审法院维持一审判决。

4.2 工期延误中的举证责任

谁主张谁举证，这是一条基本的民事诉讼举证原则。发包方、承包方在关于工期的纠纷中各自的主张应当是这样的：发包方认为，合同约定的工期明确具体，承包方完成工程的时间晚于合同约定的竣工日期；承包方认为，合同约定的工期并不明确或虽然明确，但是由于存在不可归责于承包方的事由，导致工期延长，承包方对此不承担责任。围绕这样的主张，双方应当各自提交相应证据：发包方首先应当证明合同约定工期具体明确，其次发包方应当证明工程实际竣工日期。承包方应证明工期延长的原因在于不可归责于己方的自然因素、人为因素。从道理上讲，似乎双方的举证责任划分明确，不易产生分歧，但是仍有以下问题值得注意。

1. 合同未约定工期或约定工期不明确时的举证责任

《合同法》第六十一条规定："合同生效后，当事人就质量、价款或者报酬、履行地点等内容没有约定或者约定不明确的，可以协议补充；不能达成补充协议的，按照合同有关条款或者交易习惯确定。"第六十二条规定："当事人就有关合同内容约定不明确，依照本法第六十一条的规定仍不能确定的，适用下列规定：（一）质量要求不明确的，按照国家标准、行业标准履行；没有国家标准、行业标准的，按照通常标准或者符合合同目的的特定标准履行。（二）价款或者报酬不明确的，按照订立合同时履行地的市场价格履行；依法应当执行政府定价或者政府指导价的，按照规定履行。（三）履行地点不明确，给付货币的，在接受货币一方所在地履行；交付不动产的，在不动产所在地履行；其他标的，在履行义务一方所在地履行。（四）履行期限不明确的，债务人可以随时履行，债权人也可以随时要求履行，但应当给对方必要的准备时间。（五）履行方式不明确的，按照有利于实现合同目的的方式履行。（六）履行费用的负担不明确的，由履行义务一方负担。"发包人承包人对于工期未约定或约定不明确，属于上述法律规定的范畴，应依照上述法律规定处理。此时发包方应当提请人民法院对合理工期进行鉴定。

2. 注意工程变更与增加的不同性质对于举证责任承担的影响

（1）工程变更

例如，建筑物增加门窗的数量、建筑材料的变更、工艺方法的变化等，这些应属于原有合同内容的变更。在诉讼中，发包人提交合同和竣工验收资料以说明承包人延误工期，承包人提交类似上述工程变更的相关证据，以证明工期的延长是由于工程变更造成的，此时以何种思路来确定双方的举证责任呢？

一种观点认为，原合同约定的工期，是以原合同约定的工程内容为基础的，既然工程内容发生大量变更，原工期必然发生变化，因此，发包方除了提交合同、工程验收单之外，还应举证证明，上述工程变更对于工期并无影响，只有这样发包人的举证责任才完成。

另一种观点认为，这些变更对工期是否有影响，如果有影响，其影响的后果是延长工期还是减少工期，延长或减少的数量是多少？都不是想当然就能确定的。工程的变更有可能会延长工期，也可能会减少工期，具体情况如何，需要专业机构的鉴定，才能确定。在发包人否认工程变更导致工期延长的情况下，承包人应承担举证责任，证明工程变更导致工期延长。

笔者同意第二种观点。在这种情况下，承包人应承担相应的举证责任。

（2）工程内容增加

例如，原合同约定承包人负责建设教学楼，合同签订并开始履行后，发包人又将实验楼交予承包人施工，这就应属于工程内容增加。从法律上讲，工程内容增加属于双方订立了一个新的合同关系，有关价款、工期等内容应重新约定。在这种情况下，发包方举证证明承包方造成工期延误，只举出原合同、工程验收单就不够了，它还应举证证明完成工程增加内容的合理工期。

3. 工期鉴定的提请

在工期纠纷中，承包方往往会举出很多证据，证明导致工期延长的原因在于自然因素，在于发包方原因等。但是多数情况下，双方并没有一个明确的工期顺延天数的签证。如何确定这些因素导致工期延长的天数？在司法实践中，有的法院依职权进行酌定。笔者认为这是不妥当的，正确的做法是由专业机构对这些因素导致工期延长的天数进行司法鉴定。

在这种情况下，提请工期司法鉴定的责任在于承包方。而民事诉讼法对于提请司法鉴定的时间是有规定的。《最高人民法院关于民事诉讼证据的若干规定》第二十五条规定："当事人申请鉴定，应当在举证期限内提出。符合本规定第二十七条规定的情形，当事人申请重新鉴定的除外。对需要鉴定的事项负有举证责任的当事人，在人民法院指定的期限内无正当理由不提出鉴定申请或者不预交鉴定费用或者拒不提供相关材料，致使对案件争议的事实无法通过鉴定结论予以认定，应当对该事实承担举证不能的法律后果。"

在仲裁或诉讼时，仲裁机关或人民法院都会指定举证期限，一般举证期限会截止于开庭前。因此，承包方在进行工期延误举证时一定注意，不能仅仅举出影响工期各种因素存在的证据，多数情况下还应考虑提交工期鉴定申请，要求对于这些因素影响工期的具体天数进行鉴定。同时应注意，这一鉴定申请应在举证期限内提出。

4.3 多原因造成工期延误的责任划分

1. 由不同民事主体承担相应责任

在实践中造成工期延误的原因往往不是单一的，工期延误是多个原因共同作用的结果。例如，工期延误有不可抗力的影响，也有发包方变更设计的影响，还有承包方施工组织不力的影响，在这种情况下，如何确定每个原因对整体工期延误造成的影响？显然需要加以认真分析。从法律上讲，这涉及因果关系的确认。在我国民事法律规范中，对于多个原因共同造成一个法律后果的处理原则，有一些规定。如《合同法》第一百一十九条规定："当事人一方违约后，对方应当采取适当措施防止损失的扩大；没有采取适当措施致使损失扩大的，不得就扩大的损失要求赔偿。当事人因防止损失扩大而支出的合理费用，由违约方承担。"《最高人民法院关于审理人身损害赔偿案件适用法律若干问题的解释》第三条规定："……二人以上没有共同故意或者共同过失，但其分别实施的数个行为间接结合发生同一损害后果的，应当根据过失大小或者原因力比例各自承担相应的赔偿责任。"这些规定虽然注意到了由于多个原因产生同一个法律后果，应由造成各个原因的不同民事主体各自承担相应责任，但是对于如何确定不同原因所占比重，并未规定切实可行的规则。在工程司法实践中，遇到这种情况，一般由仲裁庭或法庭酌定。这种酌定虽然便捷，但有时不免造成偏颇。

2. 责任划分原则

多原因造成工期延误的责任划分问题，是工程实践中的疑难问题，到现在为止，也没有形成法律层面的规范。而在理论方面，有很多学者注意到了这一问题，并有许多文章发表，比较有代表性的如《共同延误工期下索赔事件的研究》（杨飞雪 洪传君）、《同期延误情况下的工程索赔原则探讨》（李红敏 张勇）、《共同延误索赔事件研究》（洪传君）、《含浮动时间的多交叉事件干扰索赔研究》（叶吉庆 李锦飞）等。这些文章介绍了国外工程索赔惯例，归纳出了多原因造成工期延误的责任归属和划分的原则。这些原则是不利于承包商原则、初始事件原则、责任分摊原则等。

（1）不利于承包商原则

根据不利于承包商原则，将工期延误划分为可原谅延误和不可原谅延误。凡是非承包商原因造成的工期延误称为可原谅延误，凡是由于承包商原因造成的工期延误称为不可原谅延误。而可原谅延误又分为可补偿延误和不可补偿延误。由于业主或设计人员原因造成的工期延误，应对承包商进行经济补偿，称为可补偿延误；由于不可归责于任何一方的客观原因造成的工期延误称为不可补偿延误，此时对承包商进行工期补偿，不能进行经济补偿。当不同性质的工期延误同时发生时，根据具体情况确定责任：可补偿延误与不可原谅延误同时发生时，延误责任由承包商承担；不可补偿延误与不可原谅延误同时发生时，延误责任由承包商承担；不可补偿延误与可补偿延误同时发生时，只能进行工期补偿；两项可补偿延误同时发生时，只能进行一项可补偿延误索赔。

（2）初始事件原则

根据初始事件原则，如果在不同原因交叉时段之前业已发生的初始延误事件，则引起该事件的一方承担交叉时段内的全部责任。

（3）责任分摊原则

根据责任分摊原则，凡是在同一时间发生的两种以上的工期延误，应按照各工序延误对总工期造成的影响来分摊共同延误责任。

对上述原则的评价：

① 上述原则来源于国外，特别是英国工程法律实践当中。但是由于资料的匮乏，无法得知这些原则在当地的适用状况。

② 从中国法律视角来分析，上述原则中有的原则显然缺乏合法性。如不利于承包商原则、初始事件原则，显然不符合中国法律规则。

③ 在现阶段，很有必要确立一些规则。因为在实践中，在涉及多原因导致工期延误时，一般都由法院酌定或由鉴定机构来鉴定。如果使用不同规则，鉴定结果是不同的。显然，现在没有统一规则的，这就决定了鉴定结果不可避免会出现

偏差。

4.4 承包商的诉讼时效抗辩

承包商在起诉业主要求给付工程款时会遇到业主方提出工期延误的反诉，承包商如何行使诉讼时效的抗辩权，值得深入研究。例如，承包商与业主签订合同约定的竣工日期为2008年11月30日，而实际上竣工日期为2009年4月30日。从绝对时间上讲，工期延误5个月。在2011年2月份承包商起诉业主要求其支付剩余工程款时，业主方提出反诉，要求承包商赔偿其因工期延误而给业主造成的经济损失。承包商可以以业主方的反诉超过诉讼时效期间进行抗辩。可以想见，业主方的反驳意见不外乎两点：(1) 应当从2009年4月30日开始起算诉讼时效期间，而2009年4月30日距离2011年2月不足两年，业主的反诉未超过两年的诉讼时效期间；(2) 业主方会举证证明在诉讼期间内多次提出过主张，诉讼时效应当中断。案件的焦点就是这两点。

首先，关于工期延误的诉讼时效应当从何时起计算？《民法通则》第一百三十五条规定："向人民法院请求保护民事权利的诉讼时效期间为二年，法律另有规定的除外。"第一百三十七条规定："诉讼时效期间从知道或者应当知道权利被侵害时起计算。"显然法律规定是明确的。业主与承包商签订施工合同，约定了竣工日期，其民事权利在于应于约定竣工日取得合格工程。在约定的竣工日到来时，工程尚未竣工，其民事权利受到损害，这一点确定无疑，业主方应当在此时开始要求保护其民事权利，诉讼时效应开始计算。业主方会反驳说：虽然约定的竣工日到来，承包商未完成工程构成违约，但是由于工程并未最终完成，难以确定承包商违约所造成损失的最终数额，因此无法提起工期延误违约之诉。业主方的这一观点是不正确的。虽然工程最终竣工日期未确定，最终的全部损失是多少确实无法确定，但是部分损失是能够确定的，业主方应该就已经确定的损失主张权利，后续再产生损失，可以另行起诉。所以，业主提出工期延误违约之诉的诉讼时效应当从约定竣工日的第二日开始计算。如果超过两年才起诉，视为超过诉讼时效期间，丧失胜诉权。

其次，业主方举证证明诉讼时效中断问题。可以想见，业主方会提出很多证据，证明就工期延误事宜向承包商提出过意见。但是，提出意见不等于就一定会造成诉讼时效的中断。《民法通则》第一百四十条规定："诉讼时效因提起诉讼、当事人一方提出要求或者同意履行义务而中断。从中断时起，诉讼时效期间重新计算。"《最高人民法院关于贯彻执行〈中华人民共和国民法通则〉若干问题的意见》173条规定："诉讼时效因权利人主张权利或者义务人同意履行义务而中断后，权利人在新的诉讼时效期间内，再次主张权利或者义务人再次同意履行义务的，可以认定为诉讼时效再次中断。"显然，这里的主张权利是有特指的。业主方起诉要求的是承包商赔偿其因工期延误而造成的损失。因此，业主方向承包商发出的书面文件应当明确要求承包商赔偿其损失，才构成诉讼时效的中断。如果，业主方的书面文件仅仅是指出承包商已经造成工期延误，要求其赶工，尽快完成工程，则并不构成诉讼时效的中断，因为其并未明确要求承包商赔偿其损失。

所以，业主方要求承包商承担工期延误的违约责任，并不一定非得等到工程竣工后，那样有可能会导致诉讼时效过期的风险。承包商在遇到业主方工期延误反诉时也要冷静，分析一下，可否利用诉讼时效的武器来反击。

4.5 任意工期的概念

任意工期是指："在合同没有规定确定新的竣工机制的情况下，在无法确定新的竣工日期时，则承包商应在合理的时间内竣工。如果承包商没有采取不合理或者存在错误的行为，尽管发生了他无法控制的延误，承包商仍可在合理的时间内完成工程。"任意工期是英国工程法律中的重要概念，也是承包商对于业主方工期延误违约赔偿之诉的重要抗辩理由。

承包商主张工期成为任意工期的理由主要有两种：第一种是合同约定的竣工日之前发生了非承包商原因导致的工期延误，而业主方没有给予工期延长，或者给予的工期延长不合理；第二种是在合同约定的竣工日期之后，发生了非承包商原因造成的工期延误。

《施工合同索赔》一书中引述了这样一个案例来阐述上述第二种情况：一个工程，合同约定竣工日期为1989年5月9日。1988年10月11日，建筑师同意将竣工日期延长至1989年5月9日。截止到1990年2月，承包商Balfour Beatty已经拖延了几个月的工期。经协商，建筑师同意由承包商Balfour Beatty完成相关配套工程，并于1990年2月12日至1990年7月12日发出一系列指示，而上述指示构成了对原始工作范围的变更。1990年10月12日，承包商Balfour Beatty完成了主体工程，并于1991年2月25日完成了配套工程。对于额外配套工程，建筑师先后两次批准了承包商延长工期。建筑师于1990年12月8日作出了第一次决定，将工期从原始竣工日期向后延长了126天（截止到1989年9月12日）。1991年5月14日，建筑师作出了第二次工期延长的决定，在已经延长的工期基础上又将工期延长了73天（截止到1989年11月24日），即在第一次变更指示发出之前，建筑师作出了延期决定。在业主方起诉承包商要求其承担误期损害赔偿费时，承包商Balfour Beatty提出抗辩理由之一就是：建筑师对配套工程发出的变更指示具有使原合同工期成为任意工期的性质。在这种情况下，承包商可以在任何合理的时间内完成工程，而业主方因此丧失追索误期损害赔偿费的权利。

在我国的建设工程立法及司法中并没有任意工期的概念，但是在实践中却大量存在相关的问题。

例如笔者代理的一个工程诉讼中，原合同约定竣工日期为2008年11月30日，而在补充合同中约定"鉴于本工程在奥运期间施工等客观因素及增加补充项目，相应工期顺延。"该工程最终于2009年2月竣工。在这里，由于有补充合同的约定，按照原合同中约定的竣工时间来要求承包商显然不合理，而对于新的确定的竣工日期，双方又没有明确约定，合同工期显然是任意工期，承包商只要在合理工期内完工就不构成违约。

再例如笔者代理的另一个工程诉讼中，合同约定工期总日历天数120天，实际开工日期为2006年12月2日。根据合同约定的竣工日期应为2007年4月2日。但该工程因各种原因，未能在原定竣工日期完工。此工程的工程变更和工程内容增加非常频繁，贯穿工程施工始终。至2007年7月20日合同内大部分工作基本完成。从2007年7月20日至2008年4月28日这270天时间里基本上都是在进行合同内变更及合同外增加工程的施工工作。该工程最终竣工日期为2008年4月28日，总工期512天。如果将512天减去合同约定的120天所得到的392天作为承包商延误的工期显然是不公平的。在合同约定的竣工日期之后，业主方进行大量变更，由此而造成的工期延误不应由承包商承担责任。此合同工期也可以视为任意工期。

由此可以看出，英国工程诉讼中的任意工期概念，确实有其存在客观需要。我国工程法律迫切需要引入这一概念。

4.6 无效的建设工程施工合同的工期延误

在建设工程施工合同无效的情况下，是否还应存在工期索赔？对此，在司法实践中有较大争议。

1. 无效合同有无工期正误索赔之争

合同无效后，合同关系不再存在，合同条款对缔约当事人不再具有约束力。当事人不得基于合同而主张权利和承担义务。同样，合同中关于工期的约定也因合同的无效而丧失对当事人的约束力。工期延误、工期索赔是基于合同中工期约定而产生的，既然合同中关于工期的约定都不再有约束力，则工期延误、工期索赔也就无从谈起了。这是顺理成章的推论。但是，也有人认为，如果一概认定无效的建设工程施工合同下无工期延误及工期索赔问题会造成不公平的情况：在工期严重拖延的情况下，经济损失往往巨大，造成工期拖延的责任非常清楚，如果对这些损失，责任方不进行任何赔偿，全部由受损失方承担，显然有违法律规定的公平原则。

研究建设工程施工合同无效的工期延误问题的现实意义还在于，相对于其他民事合同来讲，造成建设工程施工合同无效的因素非常多，被认定为无效合同的概率非常大。《合同法》对于无效合同的具体情形进行了规定。认定建设工程施工合同无效时自应遵守合同法的有关规定。除此之外，《最高人民法院关于审理建设工程施工合同纠纷案件适用法律问题的解释》又专门规定了建设工程施工合同无效的具体情形：承包人未取得建筑施工企业资质或者超越资质等级的、没有资质的实际施工人借用有资质的建筑施工企业名义的、建设工程必须进行招标而未招标或者中标无效的、承包人非法转包或违法分包建设工程、没有资质的实际施工人借用有资质的建筑施工企业名义与他人签订建设工程施工合同的。从土地取得环节，到建设工程规划许可证颁发环节，到招投标环节，到承发包环节都存在导致建设工程施工合同无效因素。如果严格来认定，很多建设工程施工合同都是无效合同。但从实践来看，审判机关对于建设工程施工合同效力的审查并不严格，很多时候审查与否决定于当事人是否提出相应的诉讼请求或抗辩。可是无论如何，建设工程施工合同被认定为无效合同的风险大量地客观存在。

因此，对于在建设工程施工合同无效的情况下，是否还应存在工期延误、工期索赔确有深入研究的必要。

2. 无效合同处理是难点

对于无效合同的处理，《合同法》第五十八条规定："合同无效或者被撤销后，因该合同取得的财产，应当予以返还；不能返还或者没有必要返还的，应当折价补偿。有过错的一方应当赔偿对方因此所受到的损失，双方都有过错的，应当各自承担相应的责任。"在这里，法律规定了三种方式即返还财产、折价赔偿和赔偿损失。工期索赔显然不属于返还财产、折价赔偿。

工期索赔是否属于《合同法》第五十八条规定"赔偿损失"呢？《合同法》第五十八条规定"……有过错的一方应当赔偿对方因此所受到的损失，双方都有过错的，应当各自承担相应的责任。"这里的赔偿责任产生的前提是当事人的过错，这种过错专指导致合同无效的过错，而并非违反合同约定的过错。通常认为，合同无效后赔偿责任属于缔约过失责任。"由于缔约过失行为所造成的损失一般都是信赖利益的损失，在合同无效的情况下，此种信赖利益的损失是指无过错的一方当事人信赖合同有效，在订立和履行合同中支出了一定的费用和代价，从而在合同被确认无效或撤销以后，当事人便蒙受了损失。"所以，无效合同下的损失，是与合同无效有因果关系的，即因为合同无效而产生的损失。例如，在租赁合同中，承租人对租赁房屋进行了修缮装饰，一旦租赁合同被认定为无效合同，租赁合同将无法履行，则承租人所支付的修缮装饰费用就变为损失，对租赁合同无效有过错的一方应对此损失承担赔偿责任。在租赁合同中，延期支付租金的违约金显然不属于无效合同的损失，出租人无权主张。工期索赔的前提是当事人违反合同的约定造成工期延误，即合同当事人存在违约责任，而合同无效后就不存在违约责任问题。显然，工期索赔不属于《合同法》第五十八条规定"赔偿损失"。

既然《合同法》第五十八条的规定无法解决无效合同下的工期延误与工期索赔问题，是否就意味着无效合同下就不应该有工期延误与工期索赔问题，还是我国的合同法不完善呢？对此我们可以举例分析。假设一没有资质承包人与发包人签订工程施工合同，约定工期为100天，而实际工期500天，造成工期延误的责任在承包商。现发包人起诉至法院要求承包人承担工期延误，承包人认为其不具备资质，其与发包人所签合同为无效合同，既然是无效合同，就不存在违约问题，所谓工期延误的索赔不成立。如果法官支持承包人观点，判定合同无效，承包人不承担工期延误责任，显然是非常不公平的。在上述例子中，如果承包人具备相应资质，则合同有效，则承包人应承担工期延误违约责任，而承包人无资质反而无需承担工期延误责任，这岂不是在鼓励违法？而如果法官不支持承包人观点判定合同有效，则明显违反了《最高人民法院关于审理建设工程施工合同纠纷案件适用法律问题的解释》的规定，该解释第一条规定："建设工程施工合同具有下列情形之一的，应当根据合同法第五十二条第（五）项的规定，认定无效：（一）承包人未取得建筑施工企业资质或者超越资质等级的"。在这里，法官似乎遇到了两难的境地。

这种法官的两难，实际上反映了，我国合同法立法方面缺陷，《合同法》第五十八条的规定，无法解决现实法律生活中复杂的问题。在关于无效合同的理论方面有许多有益的探索。例如禁止利用无效合同进行恶意抗辩制度、例如借鉴英美法系的允诺禁反言制度等。但是这些探索只是学理分析，并没有成为法官断案的依据。在我国合同法没有明显完善的情况下，只能依照现有法律制度，解决实践中的问题。

3. 笔者观点

笔者认为，在现有法律制度下，法院或仲裁机构可以依据公平原则，来处理无效的建设工程施工合同中的工期延误问题。公平原则是我国民事活动的基本原则。《民法通则》第四条规定："民事活动应当遵循自愿、公平、等价有偿、诚实信用的原则。"《合同法》第五条规定："当事人应当遵循公平原则确定各方的权利和义务。"人民法院、仲裁机构在审理案件时可否直接依据民法基本原则判案呢？答案应该是肯定的。有学者认为："在司法实践中，民法基本原则成为法官弥补现行法律规范漏洞和空白、衡平个案正义与公平的基准，成为连接法官自由裁量与成文法框架的桥梁，法官适用民法基本原则进行创造性司法是司法自身价值的体现，是法官司法活动的最高境界，也是现代司法的重要特征。"对此，笔者深表赞同。在建设工程施工合同无效后，人民法院或仲裁机构运用公平原则处理工期延误问题时，应对合同中约定的工期、工期顺延的事由及程序等进行评判，既要考虑双方在合同中的约定，又要兼顾公平原则，综合确定工期是否延误及责任的承担。

4.7 当事人约定工期条款无效问题

在实践中发现，很多工期延误的原因在于，工期约定不合理。一个工程本应300天完成，而发包人却要求100天完工，实际上100天根本无法完工。但是由于建筑市场是卖方市场，竞争非常激烈，承包人有时就先签下合同再说，结果造成工期的延误。当事人约定工期是否应受到法律的约束呢？当事人约定工期的条款是否有可能会被认定为无效呢？

1. 关于工期约定的有效性

关于工期约定无效问题很早就被人提出过。1988年贵州省高级人民法院曾就一个案件的工期约定是否无效问题向最高人民法院进行请示，最高人民法院以电话答复。下面是请示及答复的原文记录："最高人民法院经济审判庭关于建筑工程承包合同纠纷中工期问题的电话答复（1988年9月17日）。贵州省高级人民法院：你院（88）黔法经请字第3号请示报告收悉。关于重庆市铜梁县第二建筑公司诉贵州省息烽县酒厂建筑工程承包合同纠纷一案工期问题，根据来文所提供的情况，经研究答复如下：贵州省息烽县酒厂与重庆市铜梁县第二建筑公司签订息烽县酒厂粮库、半成品库建筑工程承包合同约定的工期，是在《建筑安装工程工期定额》规定的工期之内。合同是经招标投标之后签订的，故不应以违反《建筑安装工程工期定额》规定为理由，确认合同约定的工期无效。如招标投标有违反主管部门主观规定之情形，则另当别论。息烽县酒厂窖酒车间建筑工程工期，《建筑安装工程工期定额》无明确规定。对双方当事人在承包合同中约定的工期，应认定为有效。此复。"

附：

贵州省高级人民法院关于重庆市铜梁县第二建筑公司诉贵州省息烽县酒厂建设工程承包合同纠纷一案中工期问题的请示报告

(88) 黔法经请字第3号

最高人民法院：现将我省安顺地区中级人民法院受理的重庆市铜梁县第二建筑公司诉贵州省息烽县酒厂建设工程承包合同纠纷一案中有关工期的问题汇报请示如下：1985年初，贵州省息烽县酒厂（以下简称酒厂）将本厂窖酒车间、粮库、半成品库的建设工程公开进行招标，同年8月28日，酒厂与中标方重庆市铜梁县第二建筑公司（以下简称二建司）签订了《息烽县酒厂窖酒车间、粮库、半成品库建筑工程承包合同》。合同规定：预算金额为82万元、窖酒车间、粮库、半成品库的建筑面积分别为 $2702.14m^2$、$1030m^2$、$2960.24m^2$；工期分别为120天、105天、178天。窖酒车间、粮库如因特殊情况，可延长工期10日。逾期1日，赔偿经济损失1000元，半成品库如遇人力不可抗拒的情况，可延长工期15日。逾期1日，赔偿经济损失1000元，合同签订后，窖酒车间、粮库工程如期开工，半成品库工程因场地腾整，双方同意顺延至同年11月中旬开工。窖酒车间、粮库、半成品库工程分别施工234日、220日、377日后竣工。竣工后，二建司依据贵州省安顺地区（83）定额要求工程款应按116万元结算，酒厂则认为双方签订的合同有效，应按合同规定的82万元结算。为此，双方发生争议，二建司遂向安顺地区中级人民法院起诉，要求酒厂按安顺地区（83）定额进行结算工程款，酒厂则反诉提出二建司逾期完工，应依合同规定赔偿损失29.7万元。对此，二建司辩称双方在合同中规定的工期违反了1985年国家城乡建设环境保护部的《建筑安装工程工期定额》，应属无效。经查，按《建筑安装工程工期定额》的规定，除窖酒车间因建筑面积超过 $2000m^2$ 没有工期规定外，粮库工期应为135天，半成品库工期应为295天，故双方当事人在合同中对粮库、半成品库工程的工期规定与《建筑安装工程工期定额》的规定不一致。对合同规定的工期条款是否有效的问题，经我院讨论有两种意见。一种意见认为：《建筑安装工程承包合同条例》第九条规定"合同工期，除国务院另有规定者外，应执行各省、自治区、直辖市和国务院主管部门颁发的工期定额。暂时没有规定工期定额的特殊工程，由双方协商确定，工期一经确定，任何一方不得随意变更。"该案双方当事人在合同中对粮库、半成品库工期的规定违反了《建筑安装工程工期定额》的规定，应属无效。窖酒车间工期，因《建筑安装工工期定额》无明确规定，对该双方当事人协商确定的工期应认定为有效。另一种意见认为：目前建筑工程实行招标投标，是鼓励竞争、提高效益的一种积极手段。对本案招、投标双方关于工程工期的规定，只要确出于双方当事人自愿，不损害双方当事人的利益和公共利益，就应着眼于有利于改革的大局，认定为有效。上述意见，何为恰当，请批示。

上述请示及答复说明在司法实践中，很早之前就有对工程施工合同工期约定认定无效的意见了。在当时《建筑法》、《建设工程质量管理条例》尚未颁布，认定工期约定无效法律依据不明确。而现在的情况不同了，法律依据非常充分，认定工期约定无效无法理障碍。

2. 工期约定不合理的社会危害性

建筑工程质量与社会安全息息相关。虽然国家对于工程质量安全高度重视、严格管理，但是造成人身损害、财产损失的建设工程质量事故却屡禁不止，时有发生。造成建设工程质量事故的原因很多，其中一个很重要的原因就是任意压缩工期，盲目赶进度，造成施工质量下降。造成7人死亡，3人受伤的南京在建高架坍塌事故，就是由于盲目赶工期引起的。由于南京快速内环西线南延工程的工期较紧，为了赶上在元旦前通车的进度，承包商的管理人员决定冒险改变项目设计的施工程序，因为配重用的材料——铁砂混凝土几经周折才找到，混凝土公司要求一次性浇筑，如果等到B13和B15钢箱梁顶升后统一做配重，再进行防撞墙施工，时间上会有所延误，索性先进行防撞墙的施工由此埋下了事故隐患。上海闵行"6·27"莲花河畔景苑7号楼倾倒事故、杭州地铁塌陷事故等事故发生的原因也都与压缩工期有关。

正因为如此，国家发展改革委、工业和信息化部、住房城乡建设部、交通运输部、铁道部、水利部、安全监管总局联合发布的《关于加强重大工程安全质量保障措施的通知》将严格执行合理工期作为保障工程质量安全的首要措施。该通知规定："工程安全质量关系人民生命财产安全。近年来，各地区、各部门普遍加强了工程安全质量管理，工程安全质量水平不断提高。但在重大工程领域，仍有一些项目前期工作准备不足、深度不够，不顾客观条件盲目抢时间、赶进度，安全质量管理不严，责任制未真正落实，造成工程质量下降，安全隐患增加，包括城市地下工程、油气水电等生命线工程和水利、能源、交通运输等大型基础设施在内的重大工程安全质量形势面临严峻挑战和考验。对此，必须引起高度重视，采取有效措施切实加以解决。为深入贯彻落实科学发展观，保证重大工程安全质量，促进国民经济又好又快发展，经国务院批准，现就有关事项通知如下：一、科学确定并严格执行合理的工程建设周期 合理的工程建设周期是保证工程安全质量的重要前提。有关方面对此要高度重视，科学确定并严格执行合理工期。（一）科学确定合理工期。建设单位要根据实际情况对工程进行充分评估、论证，从保证工程安全和质量的角度，科学确定合理工期及每个阶段所需的合理时间。要严格基本建设程序，坚决防止边勘察、边设计、边施工。（二）严格执行合理工期。在工程招标投标时，要将合理的工期安排作为招标文件的实质性要求和条件。要严格按照施工图招标，不能预招标或边设计边招标。与中标方签订的建设工程合同应明确勘察、设计、施工等环节的合理周期，相关单位要严格执行。（三）严肃工期调整。建设工程合同要严格规定工期调整的前提和条件，坚决杜绝任何单位和个人任意压缩合同约定工期，严禁领导干部不顾客观规律随意干预工期调整。确需调整工期的，必须经过充分论证，并采取相应措施，通过优化施工组织等，确保工程安全质量。"

3. 认定工期约定无效的法律依据

《合同法》第五十二条规定："有下列情形之一的，合同无效：（五）违反法律、行政法规的强制性规定。"《建设工程质量管理条例》第十条规定："建设工程发包单位不得迫使承包方以低于成本的价格竞标，不得任意压缩合理工期。……"第五十六条规定："违反本条例规定，建设单位有下列行为之一的，责令改正，处20万元以上50万元以下的罚款：（一）迫使承包方以低于成本的价格竞标的；（二）任意压缩合理工期的"。显然任意压缩合理工期，是违反行政法规强制性规定的行为，而违反行政法规的行为属于无效的民事行为。因此，认定任意压缩合理工期条款为无效条款，有充分的法律依据。

4. 认定工期约定条款无效具有可操作性

人民法院及仲裁机构认定当事人工期约定条款无效具有可操作性。首先，国家工期定额对建设工程工期标准进行了详细规定。工期定额指在一定的生产技术和自然条件下，完成某个单位（或群体）工程平均需用的标准天数。原城乡建设环境保护部1985年颁布了《建筑安装工程工期定额》，建设部以建标（2000）38号文发布《全国统一建筑安装工程工期定额》，建设工程的合理工期，根据国家定额标准可以计算出来。其次，如何"任意压缩合理工期"也有章可循。

例如京建发［2010］255号文件——《关于贯彻执行2009年（北京市建设工程工期定额）和2009年（北京市房屋修缮工程工期定额）有关问题的通知》规定："一、工期定额是编制工程招标文件、签订工程施工合同、合理确定工期的依据；也是施工企业编制施工组织设计、确定投标工期，安排施工进度的参考依据。二、工期定额的工期天数（以下简称定额工期）是指工程自开工之日起至完成合同约定的全部工程内容，符合合同约定竣工验收条件，提交竣工验收申请报告之日止的全部施工日历天数。三、招标人应当依据工期定额计算施工工期，并在招标文件中注明。招标人要求施工工期小于定额工期时，必须在招标文件中明示增加费用，压缩的工期天数不得超过定额工期的30%。超过30%视为发包人任意压缩合理工期，依照《建设工程质量管理条例》处理。"也就是说，一个建设工程的约定工期低于定额工期30%以上的，即可视为任意压缩合理工期，应该被认定为无效条款。所以，认定不合理的工期约定条款为无效条款有充分法律依据、有很强操作性，同时也是非常必要的。实践中对此应当予以借鉴。

5 工期延误民事责任的承担

保证工程的工期，是承包商和业主方的共同义务，任何一方造成工期延误均属于违约行为，应当向守约方承担违约责任。根据合同法的规定，当事人一方不履行合同义务或者履行合同义务不符合约定的，应当承担继续履行、采取补救措施、赔偿损失以及承担违约金等违约责任。但是通常情况下，通过诉讼方式要求违约方对于工期延误承担继续履行和采取补救措施违约责任的实际意义不大。因此常见的救济方式就是：作为业主一方一般要求承包商赔偿损失以及承担违约金；作为承包商一方一般要求顺延工期、赔偿损失以及承担违约金。同时，当违约方造成工期延误时，守约方还有权解除合同。

5.1 守约方要求解除合同

1. 建设工程领域中的解除合同一定要慎之又慎

因为建设工程施工合同的金额一般都比较大，合同的解除对于当事人经济利益的影响也是巨大的。另一方面，因一方违约而解除的前提是违约事实客观存在并且证据充分，同时要求解约方本身无违约行为。而在建设工程施工合同关系中，双方的义务非常多，非经专业律师仔细、全面的判断，难以确定双方违约行为是否存在，如果当事人要求解除合同而理由不充分，则法律后果是非常严重的。因此，依照法律规定行使解除权是必须的。

2. 合同法对于合同的解除有如下规定

第九十四条　有下列情形之一的，当事人可以解除合同：（一）因不可抗力致使不能实现合同目的；（二）在履行期限届满之前，当事人一方明确表示或者以自己的行为表明不履行主要债务；（三）当事人一方迟延履行主要债务，经催告后在合理期限内仍未履行；（四）当事人一方迟延履行债务或者有其他违约行为致使不能实现合同目的；（五）法律规定的其他情形。第九十五条　法律规定或者当事人约定解除权行使期限，期限届满当事人不行使的，该权利消灭。法律没有规定或者当事人没有约定解除权行使期限，经对方催告后在合理期限内不行使的，该权利消灭。第九十六条　当事人一方依照本法第九十三条第二款、第九十四条的规定主张解除合同的，应当通知对方。合同自通知到达对方时解除。对方有异议的，可以请求人民法院或者仲裁机构确认解除合同的效力。法律、行政法规规定解除合同应当办理批准、登记等手续的，依照其规定。涉及双方违约而解除合同的是上述（二）、（三）、（四）项规定。综合上述三条规定可以看出，只有在违约方不履行主要义务，致使合同目的不能实现，即存在根本违约的情况下才能依法解除合同。如果只是部分违约，守约方不能解除合同，而可以要求对方承担违约责任。建设工程施工合同中，业主方的合同目的在于取得合格工程，并且在约定工期内取得合格工程。业主无论是工厂主、酒店经营者还是房地产开发商，工程能否按期完工，对其利益的影响是非常大的，其中的道理不言自明。而工期对于承包商同样重要。承包商中标一个1000万元的工程，这个工程是半年完成还是三年完成，其经济后果有时是完全不同的。本应半年完成的工程结果三年才完成，承包商也许不仅不赚钱，有可能还要赔钱。所以说造成工期延误的违约行为，对于业主方和承包商来说都属于根本违约，守约方都有权利解除合同。

3. 并非所有造成工期延误的行为都是违约行为，并导致合同的解除

在工程实践中，工程变更是很普遍的，同时工程变更又经常会造成工期延误。但是工程变更并不是一种违约行为。《建设工程施工合同》（GF-1999-0201）29.1规定："施工中发包人需对原工程设计变更，应提前14天以书面形式向承包人发出变更通知。变更超过原设计标准或批准的建设规模时，发包人应报规划管理部门和其他有关部门重新审查批准，并由原设计单位提供变更的相应图纸和说明。承包人按照工程师发出的变更通知及有关要求，进行下列需要的变更："《标准施工招标文件》（2007年版）规定："15.2变更权　在履行合同过程中，经发包人同意，监理人可按第15.3款约定的变更程序向承包人作出变更指示，承包人应遵照执行。"FIDIC《施工合同条件》（1999年第一版）约定："13.1变更权　在颁发工程接收证书前的任何时间，工程师可通过发布指示或要求承包商提交建议书的方式，提出变更。承包商应遵守并执行每项变更。……"很显然，变更是业主方的一项权利。当业主方提出大量的工程变更时，承包商可以要求增加合同价款、延长竣工时间，但是不能以此为理由要求解除合同，因为变更并非违约行为，而是业主方的权利。

4. 建设工程施工合同中因工期延误而解除合同的一般做法

不同的合同文本，对于因工期延误而解除合同的约定是有差异的。

《建设工程施工合同》（GF-1999-0201）约定得简单，并未区分业主方行使解除权和承包商行使解除权的不同情况。该合同文本规定："44.4 有下列情形之一的，发包人承包人可以解除合同：（1）因不可抗力致使合同无法履行；（2）因一方违约（包括因发包人原因造成工程停建或缓建）致使合同无法履行。44.5一方依据44.2、44.3、44.4款约定要求解除合同的，应以书面形式向对方发出解除合同的通知，并在发出通知前7天告知对方，通知到达对方时合同解除。对解除合同有争议的，按本通用条款第37条关于争议的约定处理。"

《标准施工招标文件》（2007年版）规定得更加详细，其规定的核心为：①承包商未能按合同进度计划及时完成合同约定的工作，已造成或预期造成工期延误的，业主方有权解除合同，但是应该先发出整改通知，在发出整改通知28天后，承包商仍不纠正违约行为的，业主方有权解除合同；②在业主方违约造成工期延误时，除非特殊情况，承包商应当先向业主方发出通知，要求业主方采取有效措施纠正违约行为。业主方收到通知后28天内仍不履行合同义务，承包商有权暂停施工。在承包商暂停施工28天后，业主方仍不纠正违约行为的，承包商可以向业主方发出解除合同通知。可见在这一合同条件下承包商和业主方以对方造成工期延误为由解除合同的都有严格程序规定，权利人必须遵守，否则不仅达不到目的，还有可能造成违约，有理变没理。

FIDIC《施工合同条件》（1999年第一版）的规定：①在承包商造成工期延误时，业主方有权提前14天向承包商发出通知终止［FIDIC《施工合同条件》（1999年第一版）中所述的"终止"，应该属于我国合同法所规定的合同解除］合同，而无需先发出整改通知。②在业主方违约造成工期延误时，承包商终止合同：A. 在业主方未能支付约定款项情况下，承包商有权暂停施工或放慢工作速度，在暂停一定时间后业主方仍无改进，承包商有权解除合同；B. 在业主方发出指令要求暂停施工超过84天，而这一暂停影响到了整个工程进度，承包商有权终止合同；业主方实质上未能根据合同规定履行其义务的承包商有权终止合同。

5.2 守约方要求对方承担违约金

《合同法》第一百一十四条规定："当事人可以约定一方违约时应当根据违约情况向对方支付一定数额的违约金，也可以约定因违约产生的损失赔偿额的计算方法。约定的违约金低于造成的损失的，当事人可以请求人民法院或者仲裁机构予以增加；约定的违约金过分高于造成的损失的，当事人可以请求人民法院或者仲裁机构予以适当减少。当事人就迟延履行约定违约金的，违约方支付违约金后，还应当履行债务。"违约金是一种重要的违约责任形式，是在实践中广泛应用的。在建设工程施工合同中一般都会约定工期延误后，承包商应向业主方支付一定数额的违约金。有约定为每延迟一天承担违约金5000元、10000元等，也有约定为每延迟一天承担违约金的数额为合同总价的1‰等。在工期延误诉讼中，守约方要求违约方承担违约金时应注意以下问题：

1. 主张违约金时不仅要提交合同，还应提交实际损失的证据

违约金是合同约定数额或根据合同约定方式就可以计算出来的，但是，法律对于违约金的数额是有限定的，即合同法中约定的"约定的违约金低于造成的损失的，当事人可以请求人民法院或者仲裁机构予以增加；约定的违约金过分高于造成的损失的，当事人可以请求人民法院或者仲裁机构予以适当减少。"如果要求巨额违约金，而未提交有相应损失的证据，即使有约定，违约金也不会全额得到支持。

2. 应使用"违约金"这一标准术语，不应使用"罚金"、"罚款"等术语

在施工合同中约定承包商在一定情况下向业主方付"罚金"、"罚款"是非常常见的，但是这是不规范的。"罚金"、"罚款"等是行政机关的处罚手段，而不应存在于民事主体之间。在业主方主张"罚金"、"罚款"时，承包商一般会抗辩认为，"罚金"、"罚款"属于行政处罚手段，合同中约定"罚金"、"罚款"属于无效条款，业主方的主张不应得到支持。在英美法系的工程诉讼或仲裁中，针对业主方的违约赔偿之诉，承包商一般也会提出罚金无效的抗辩。而在裁决结果中不乏认定罚金约定无效的情况。而在中国大陆审判实践中一般会认为，当事人约定的"罚金"、"罚款"属于违约金，不认定为无效条款。但是，毕竟会引起歧义，因此合同中应约定为违约金而不应约定为"罚金"、"罚款"。

3. 违约金与赔偿损失的关系

《合同法》第一百一十四条约定："当事人可以约定一方违约时应当根据违约情况向对方支付一定数额的违约金，也可以约定因违约产生的损失赔偿额的计算方法。约定的违约金低于造成的损失的，当事人可以请求人民法院或者仲裁机构予以增加；约定的违约金过分高于造成的损失的，当事人可以请求人民法院或者仲裁机构予以适当减少。"根据上述规定，违约金与赔偿损失不能并存。当实际损失大于违约金时，当事人的救济途径是要求增加违约金，而不是再另行主张赔偿损失。作为例外，如果当事人在合同中明确约定，当实际损失大于违约金时，守约方还有权要求赔偿损失。则当事人除违约金之外，还可要求赔偿损失。

5.3 守约方要求赔偿损失

赔偿损失是违约责任的重要形式之一。在违约方造成工期延误的情况下，无论是业主方还是承包商均有权要求赔偿损失。

1. 违约损失赔偿的原则

《合同法》关于违约损失赔偿规定了具体原则，因工期延误而要求赔偿损失时应当遵守以下这些原则：

（1）完全赔偿原则

根据此原则，守约方有权要求违约方赔偿其全部损失。这里的全部损失不仅包括实际损失，还包括可得利益损失。合同法对此有明确规定。合同法第一百一十三条规定："当事人一方不履行合同义务或者履行合同义务不符合约定，给对方造成损失的，损失赔偿额应当相当于因违约所造成的损失，包括合同履行后可以获得的利益,但不得超过违反合同一方订立合同时预见到或者应当预见到的因违反合同可能造成的损失。"

(2) 损害的可预见性原则

合同法第一百一十三条规定:"……但不得超过违反合同一方订立合同时预见到或者应当预见到的因违反合同可能造成的损失。"

(3) 损失减轻原则

《合同法》第一百一十九条规定:"当事人一方违约后,对方应当采取适当措施防止损失的扩大;没有采取适当措施致使损失扩大的,不得就扩大的损失要求赔偿。当事人因防止损失扩大而支出的合理费用,由违约方承担。"例如当承包商延误工期并擅自离场的,业主方应当重新选定承包商,尽快进行建设,而不应听任工程搁置下去,否则由此而增加的损失,也不会获得支持。

2. 业主方要求赔偿损失

业主方的损失有以下各种:

(1) 贷款利息

对于业主方如何在工期延误的诉讼或仲裁中主张利息损失,需要根据项目的不同性质,资金的不同来源进行详细分析。

① 无论是以自有资金,还是以外部融资资金进行的公共建筑或其他非营利建筑项目,在发生归责于承包商的工期延误时,业主方均不应主张利息损失。承包商的过错导致建筑物延期投入使用,但是这一延期并不会导致利息的增加,因为这些建筑是非赢利的,其投入使用后并不会产生经济收益,并不能偿还投资。

② 以自有资金或外部融资进行的经营性建筑项目,在发生归责于承包商的工期延误时,业主方可主张利息损失。

(2) 业主盈利损失

1) 这一项损失属于可得利益损失。违约方赔偿守约方的可得利益损失,是1999年10月1日施行的《合同法》首次确立的法律规则,在此之前,对于赔偿可得利益损失一直停留在学理层面。虽然《合同法》确立了这一规则,但是在违约赔偿实践中如何确定可得利益,仍然有许多争议。因此,业主方要求可得利益损失,应当非常充分地举证,只有这样才能确保诉讼请求得到裁决机构的支持。业主方特别应注意以下两方面的举证:

① 这一利益是承包商正常履行合同的情况下,业主方可以获得的利益,既不是可能性微乎其微的,也不是遥不可及的。例如,业主方建设一座写字楼,因承包商的原因,工期延误1年。业主方要求可得利益损失时应举证证明:在同样地段在合同约定的竣工时间,相同档次写字楼的租金和出租率状况;在工程项目建设过程中已经有人预定写字楼等。再例如,业主方建设一个焊丝生产车间,因承包商的原因,工期延误1年。业主方要求可得利益损失时应举证证明:业主方有成熟的焊丝生产技艺和长时间的生产历史;业主方有充分的原材料供应;业主方有成熟稳定的客户;客户有购买焊丝的意向;业主方现有产能与客户需求的缺

口等。

②这一利益是承包商在签订合同时能够预见到的。业主方可以提交合同作为证据,以证明在合同中已经对建筑物的性质、用途、各项经济指标进行了详细约定。业主方还应提交招标书等文件,在有的时候,这些文件的规定比合同更为详细。

2) 因建设项目性质不同,可得利益的具体内容也有不同。例如,业主方建设写字楼、酒店,其可得利益就是出租物业的租金收入;业主方建设工厂,其可得利益就是工业生产利润等。不同的业主方,再举证证明可得利益损失时,举证的具体内容也是不同的。业主方建设的建筑项目是公共建筑或其他非营利建筑项目的,不存在经济上的可得利益,业主方不应提出相应的诉讼仲裁请求。

(3) 增加的监理费、律师费、工程咨询费等

中国推行建筑工程监理制度,有许多工程项目还要求实行强制监理,因此监理费对于很多业主方来说都是要发生的。建设工程监理与相关服务收费根据建设项目性质不同情况,分别实行政府指导价或市场调节价。依法必须实行监理的建设工程施工阶段的监理收费实行政府指导价。其他建设工程施工阶段的监理收费和其他阶段的监理与相关服务收费实行市场调节价。建设工程监理的收费金额以及支付方式,由发包人和监理人在监理与相关服务合同中约定。在由于承包商原因造成工期延误的情况下,监理单位的监理工作量显然是增加了。《建设工程监理与相关服务收费管理规定》第十条规定:"由于非监理人原因造成建设工程监理与相关服务工作量增加或减少的,发包人应当按合同约定与监理人协商另行支付或扣减相应的监理与相关服务费用。"因此,在工期延误的情况下,业主方支付的监理费有时是会增加。而增加的监理费也应属于业主方经济损失的范畴,有权要求承包商予以赔偿。

同样,业主方有时会聘请律师事务所为其工程项目提供专项法律服务,还会聘请工程咨询公司为其提供工程咨询服务,而这些服务都是需要业主方支付费用的。同样,在工期延误的情况下,业主方支付的服务费用有时是会增加。而增加的费用也应属于业主方经济损失的范畴,有权要求承包商予以赔偿。

当然,业主方要求承包商承担监理费、律师费、工程咨询费增加这一损失,是要充分举证的。就监理费来说,可以分为两部分:强制监理和非强制监理。强制监理是国家法律法规规定必须实行的监理,其费用也是实行政府指导价。因此,对于强制监理费用,承包商在签订合同时就应预见到的。对于非强制监理费、律师费、工程咨询费,业主方应当在与承包商的合同中予以明确,否则,在发生纠纷后,要求承包商承担相应的损失,难以得到支持。

(4) 建筑物租赁费

例如,在业主方建设的建筑物为仓库、冷库、办公楼、宿舍等用途时,由于承包商造成的工期延误,使得工程无法按期完工,业主方不得不多支付相应租赁费。这些费用应由承包商予以赔偿。当然,业主方能够得到充分赔偿的前

提之一还在于合同中有明确约定，使这些损失是承包商在签订合同时能够预见的。

(5) 向其他承包商的损失

在平行发包的情况下，业主方将分部工程发包给不同的承包商进行施工，各个承包商之间存在交叉施工。在这种情况下，由于一个承包商违约，造成工期延误，就有可能会影响其他承包商的施工，而这种影响视为业主方对该其他承包商的违约，应承担相应的违约责任。业主方在对于其他承包商进行赔偿后，有权对造成工期延误的承包商进行追偿。

在此时，业主方的举证应当为：

① 业主方首先应证明，承包商甲造成的工期延误影响了承包商乙、丙、丁等的工作，导致了他们工期的延误。在这里仅仅有承包商乙、丙、丁的陈述或证明是不够的，因为承包商乙、丙、丁的工期延误既有可能是由于承包商甲造成的，也有可能是他们自己造成的，他们证言的证明力是要打折扣的。业主方应要求专业机构进行鉴定，以确立承包商甲造成的工期延误与承包商乙、丙、丁等的工期延误之间的因果关系。

② 业主方还应证明损失的客观存在：业主方与其他承包商之间签署的赔偿协议，支付赔偿款的凭证并不能充分地证明业主方应承担损失的准确数额。因为业主方和其他承包商有相互串通、夸大事实的可能。最稳妥的方法是其他承包商对业主方提出诉讼或仲裁，通过判决书或仲裁书来确定业主方的应赔偿额，业主方在赔偿其他承包商后，就该赔偿额向造成工期延误的承包商追偿。

(6) 土地出让金

建筑物是建筑在土地上的，而土地使用权是有年限的。《城镇国有土地使用权出让和转让暂行条例》第十二条规定："土地使用权出让最高年限按下列用途确定：(一)居住用地七十年；(二)工业用地五十年；(三)教育、科技、文化、卫生、体育用地五十年；(四)商业、旅游、娱乐用地四十年；(五)综合或者其他用地五十年。"而承包商工期延误的后果之一就是使业主方取得的土地使用权的年限减少，造成业主方的损失，对此承包商应予以赔偿。业主方可以提交土地出让合同、土地出让金交付凭证等作为证据。

(7) 材料价格上涨损失

如果合同中约定，由业主方提供材料，则在承包商违约造成工期延误的情况下，有时业主方会遭受材料价格上涨造成的损失。对于此项损失，承包商可要求承包商予以赔偿。

(8) 施工设备、临时设施租赁费

如果合同中约定，由业主方提供施工设备、临时设施，则在承包商违约造成工期延误的情况下，业主方有权要求承包商赔偿因工期延误而增加的租赁费。

(9) 管理费

虽然工程建设任务由承包商完成，但是业主方作为发包人也有大量的协助、管理工作，需要支付相应的人员工资等支出。在承包商违约造成工期延误的情况下，业主方此项支出必然会增加。业主方有权要求承包商赔偿因此而增加的费用。

（10）保险费用

业主方购买工程保险的，如果被保险工程在保险单规定的保险期限内不能如期完工，为了得到保障，业主方必须要求延长保险期限，保险人会为此而加收保险费。对于此项支出，业主方可要求承包商予以赔偿。

（11）其他损失。

3. 承包商要求赔偿损失

承包商的损失有以下各种：

（1）人工费

工期延误造成人工费用增加会有以下几种情况：

① 工程完全停工，承包商照常支付的人工工资；

② 窝工（低效率施工损失），即工程虽未停工，但是由于业主方原因，造成相同的人工，不能完成相应的工作量；

③ 为减少损失，将工人调至其他工地所发生的调离现场和再次调回费。

承包商主张因工期延误造成的人工费损失的关键在于如何举证证明实际的人工数量。如果仅仅有承包商单方面的施工日志是不行的，这种单方面记录的证明力是很低的。应当多方面搜集证据，如监理会议纪要、有业主方签认的工程量审批表、出入证、证人证言等。

（2）设备及设施费

在施工过程中使用的施工设备、临时设施等，如果是承包商租用的，则在工期延误的情况下，承包商将多支付租赁费，这些费用应由业主方赔偿。如果施工设备、临时设施为承包商自有，在工期延误情况下，承包商可主张折旧费。

（3）物价上涨损失费

在工期延误后，如果发生物价上涨，则承包商在人工费、材料费、施工设备、临时设施租赁费等方面都有可能增加支出，对此承包商可要求业主方赔偿。

（4）管理费

在工期延误后，承包商的管理费也会增加。

（5）贷款利息

在承包商垫资施工情况下，工期延误会增加其利息支出。

（6）向他人承担的违约损失

在承包商进行分包的情况下，由于业主方原因造成的工期延误，会导致承包商对分包商的违约，产生相应的违约赔偿责任。业主方对此应予以赔偿。

（7）保险费用

承包商购买工程保险的，如果被保险工程在保险单规定的保险期限内不能如期完工，为了得到保障，承包商必须要求延长保险期限，保险人会为此而加收保险费。对于此项支出，承包商可要求业主方予以赔偿。

(8) 其他损失。

5.4 承包商要求顺延工期

1. 顺延工期是承包商单独享有的权利救济方式，它具有以下特点

(1) 顺延工期是承包商的一种特殊权利

从表面上看，顺延工期属于合同内容的变更。业主与承包商签订施工合同后，双方对于工期、价款等内容已经协商一致并通过书面形式确定下来。而在合同履行过程中由于业主方原因或不可归责于双方的其他原因，造成工程无法按约定期限完成，双方通过协商方式确定客观合理的新的工期。但是，认真分析就会发现，将工期顺延认定为合同变更是不正确的。《合同法》第七十七条规定："当事人协商一致，可以变更合同。法律、行政法规规定变更合同应当办理批准、登记等手续的，依照其规定。"《合同法》第七十八条规定："当事人对合同变更的内容约定不明确的，推定为未变更。"显然，根据法律规定，合同的变更是双方当事人自由协商的结果，任何一方没有强迫对方必须进行合同变更的权利。在双方未就合同变更达成一致前，双方应当按照原合同履行。而顺延工期的产生并非仅仅通过双方的友好协商。固然，承包商向业主提出工期顺延报告从表面上看也是一种协商，但是这种协商是特殊的，其有特殊的法律基础。

顺延工期不属于合同变更的理由：

① 顺延工期是法律赋予承包商的权利。《合同法》第二百八十三条规定："发包人未按照约定的时间和要求提供原材料、设备、场地、资金、技术资料的，承包人可以顺延工程日期，并有权要求赔偿停工、窝工等损失。"既然，顺延工期属于承包商的一项权利，那么，不管业主方是否同意，都不影响顺延工期的实现。

② 顺延工期在很多时候是因为业主方存在违约行为。而合同变更并非基于一方当事人违约，而是基于双方平等协商。因此，顺延工期属于承包商的一项特殊权利。

③ 工期顺延发生的前提在于，双方签署的合同已无法正常履行，造成这一结果的原因可以是业主方违约，也可以是不可规则于双方的客观情况。而合同变更并非如此。合同变更的前提并不一定是合同无法正常履行，只要双方协商一致，就可以进行合同变更，不需要影响合同履行的情况发生。

(2) 顺延工期是在工程履行过程中的救济手段

只有在合同履行过程中，在工程建设正在进行中，承包商要求顺延工期才有现实意义。虽然，在工程完工后，在确定双方在合同履行过程中权利义务时，也会涉及判断造成工期延长的责任问题，但是这与工期顺延属于不同性质的问题了。

2. 顺延工期与费用赔偿的关系

根据工程惯例,顺延工期与费用赔偿有时是并存的,有时是只能要求工期顺延而不能要求费用赔偿。对于由于业主方原因、不利物质条件原因造成的工期延误,承包商可以要求工期顺延和费用赔偿;对于由于不可抗力、异常恶劣气候条件引起的工期延长,承包商可以要求工期顺延,不能要求费用赔偿。

6 规避工期延误风险的合同签订及履行策略

6.1 业主方

1. 选择适合自身条件的发包方式

工程发包的方式有多种，对于业主方来说，不同的发包方式也会造成工期控制的不同侧重点。从控制工期的角度讲，业主方应当选择符合自身管理水平的发包方式。

（1）平行承发包模式

平行承发包模式是指业主将建设工程的设计、施工以及材料设备采购的任务经过分解分别发包给若干个设计单位、施工单位和材料设备供应单位，并分别与各方签订合同。各单位之间的关系是平行的，相互之间没有合同关系。这种发包方式最显著的特点就是业主方要面对众多承包商，要签署多个合同。这种承发包方式对于业主方控制工期最不利的就是，业主方要就各单个承包商对于工期延误的过错向其他承包商承担违约责任。

例如，业主方将工程的勘察设计、基础、主体钢结构、幕墙、内装修、机电设备安装等工程发包给不同的承包商，就形成了业主方与这些承包商各自独立的合同关系，如果由于勘察设计承包商的过错影响了基础施工承包商的工期，则这一违约责任首先由业主方向基础承包商承担。合同法对此有明确规定，该法第一百二十一条规定："当事人一方因第三人的原因造成违约的，应当向对方承担违约责任。当事人一方和第三人之间的纠纷，依照法律规定或者按照约定解决。"显然，这种承发包方式对于业主方的合同管理、工程管理能力的要求是非常高的。业主方选择这种承发包方式的前提要么是其本身就是高水平建筑企业或项目管理公司，要么是聘请了高水平的工程咨询（监理）公司进行工程项目全过程的项目管理。

(2) 总承包方式

总承包又分为工程总承包（EPC）和施工总承包。

工程总承包是指从事工程总承包的企业（以下简称工程总承包企业）受业主委托，按照合同约定对工程项目的勘察、设计、采购、施工、试运行（竣工验收）等实行全过程或若干阶段的承包。最彻底的工程总承包方式是 EPC 方式，也就是工程项目全过程的总承包。实行工程总承包（EPC）的发包方式对于业主方控制工期有利的一点在于，业主方只面对总承包商一家承包单位，只签订一个合同，设计与施工之间及施工与采购之间的交叉对于工期不利影响的风险和责任由总承包商自行承担，与业主方无关。

施工总承包，是指建筑工程发包方将全部施工任务发包给具有相应资质条件的施工总承包单位。与工程总承包（EPC）不同的是，施工总承包商不负责勘察设计和设备采购。同样，实行施工总承包的发包方式对于业主方控制工期有利的一点在于，业主方在工程施工方面，只面对总承包商一家承包单位，只签订一个合同，施工中的基础与主体结构、主体结构与幕墙等之间的交叉施工对于工期不利影响的风险和责任由总承包商承担，与业主方无关。

可以看出，无论是工程总承包（EPC）还是施工总承包，都减少了业主方的管理工作量，对于降低业主方在工期延误方面的责任是有积极意义的。当然，总承包方式对于承包商的能力要求是非常高的，对于业主来讲，总承包商的资信风险非常大。在业主方选择这种发包方式后，要选择高水平的总承包商，要注意对总承包商的宏观管理。

所以，业主方要根据自身的管理水平和条件，选择适合自身水平和条件的承发包方式，在宏观控制工期方面使自身处于有利位置。

2. 确保所签署施工合同有效

如本书 4.6 节所述，在无效合同情况下，合同中约定的工期条款以及与之相关联违约责任承担条款是否还对合同双方有约束力，这是一个有争议的问题。既然有争议，在司法实践中就有可能会出现同样的事实不同的裁判结果。而对于业主方最不利的裁判结果就是认定工期约定因合同无效而无效，业主方因工期延误而承受的损失得不到赔偿，并且有时这种损失是非常巨大的。因此，业主方应避免建设工程施工合同被确认为无效的风险，一定要签一份有效合同。

《合同法》第五十二条规定："有下列情形之一的，合同无效：（一）一方以欺诈、胁迫的手段订立合同，损害国家利益；（二）恶意串通，损害国家、集体或者第三人利益；（三）以合法形式掩盖非法目的；（四）损害社会公共利益；（五）违反法律、行政法规的强制性规定。"同时，《最高人民法院关于审理建设工程施工合同纠纷案件适用法律问题的解释》也列举了几种建设工程施工合同无效的形式。

根据上述法律的规定和建设工程的特点，现列举几项常见的业主方应多加注意的建设工程施工合同无效形式：

(1) 承包商未取得建筑施工企业资质或者超越资质等级的

《最高人民法院关于审理建设工程施工合同纠纷案件适用法律问题的解释》明

确规定,承包人未取得建筑施工企业资质或超越资质等级的合同无效。《建筑业企业资质管理规定》、《建筑业企业资质等级标准》规定了我国建筑业企业资质的具体内容。根据该规定和该标准,我国建筑业企业资质分为施工总承包、专业承包和劳务分包三个序列。施工总承包企业资质又分为房屋建筑工程施工总承包企业资质、公路工程施工总承包企业资质等12类;专业承包企业资质又分为地基与基础工程专业承包企业资质、土石方工程专业承包企业资质、建筑装饰装修专业承包企业资质等60类;劳务分包企业资质又分为木工作业分包企业资质、砌筑作业分包企业资质等13类。实践中,应将拟发包工程、企业资质、资质标准具体内容相互比较,确定承包商是否具有实施某项工程的资质。

值得注意的是工程总承包(EPC)资质问题。原《设计单位进行工程总承包资格管理的有关规定》(建设[1992]805号)规定了设计单位进行工程总承包应当取得工程总承包资格证书,并对该证书取得条件、申领程序进行了详细规定。但是建设部颁布的《关于培育发展工程总承包和工程项目管理企业的指导意见》(建市[2003]30号)废止了《设计单位进行工程总承包资格管理的有关规定》。而国家对于工程总承包资质重新进行规定。建设部办公厅建办市函[2003]573号《关于工程总承包市场准入问题的复函》规定"具有工程勘察、设计或施工总承包资质的企业可以在其资质等级许可的工程项目范围内开展工程总承包业务。因此,工程设计企业可以在其工程设计资质证书许可的工程项目范围内开展工程总承包业务,但工程的施工应由具有相应施工承包资质的企业承担"。根据这一公函可以这样理解工程总承包资质问题:承包商具备施工总承包资质的,可以在其资质等级许可的工程项目范围内开展工程总承包业务;工程勘察、设计企业可以在其资质等级许可的工程项目范围内开展工程总承包业务;承包商以施工总承包资质开展工程总承包业务时应将勘察设计工作交由具有相应资质的勘察设计企业进行,承包商以勘察设计资质开展工程总承包业务时应将工程施工工作交由具有相应资质的施工企业进行。但是这一公函的效力等级是很低的,国家还是应对工程总承包资质问题进行具体、直接、明确的规定。

(2) 没有资质的实际施工人借用有资质的建筑施工企业名义的

这实际上就是承包商不具备资质。

(3) 违法招投标的

《最高人民法院关于审理建设工程施工合同纠纷案件适用法律问题的解释》明确规定建设工程必须进行招标而未招标或者中标无效的合同无效。《中华人民共和国招标投标法》对于哪些工程属于必须进行招标的进行了明确规定。同时,《工程建设项目招标范围和规模标准规定》又对应进行招标的工程范围进行了进一步细化。因此,根据上述法律法规的规定,完全能够明了应招标工程的范围,应招标而未招标的而导致合同无效的范围也就清楚了。中标无效的内容比较多,根据《中华人民共和国招标投标法》的规定,中标无效有以下情形:招标代理机构违反本法规定,泄露应当保密的与招标投标活动有关的情况和资料的,或者与招标人、投标人串通损害国家利益、社会公共利益或者其他合法权益的,依法必须进行招标的项目的招标人向他人透露以获取招标文件的潜在投标人的名称、数量或者可能影响公平竞争的有关招标投标的其他情况,或者泄露标底的,上述所列行为影响中标结果的,中标无效。投标人以他人名义投标或者以其他方式弄虚作假,骗取中标的,投标人相互串通投标或者与招标人串通投标的,投标人以向招标人或者评标委员会成员行贿的手段谋取中标的,招标人在评标委员会依法推荐的中标候选人以外确定中标人的,依法必须进行招标的项目在所有投标被评标委员会否决后自行确定中标人的,中标无效。凡属中标无效的,所签订的工程施工合同无效。

(4) 工程项目未取得建设工程规划许可证的

《中华人民共和国城乡规划法》第四十条规定:"在城市、镇规划区内进行建筑物、构筑物、道路、管线和其他工程建设的,建设单位或者个人应当向城市、县人民政府城乡规划主管部门或者省、自治区、直辖市人民政府确定的镇人民政府申请办理建设工程规划许可证。"建设工程未取得建设工程规划许可证,就不存在合法基础。就未取得建设工程规划许可证的工程而签署的建设工程施工合同应属于无效合同。

当然,导致建设工程施工合同无效的情形并不限于上述所列举的范围,上述内容是经常遇到的合同无效的情形。业主方签订施工合同时应注意审查是否存在上述情形,避免合同无效。

3. 科学、有利地设置合同条款

当事人签署工程施工合同时,一般都选择标准文本。标准文本的好处在于方便快捷,权利义务的设置相对较均衡,内容全面等。但是,原封不动地将标准文本运用于工程实践也是不可取的,相对于具体工程项目来说,标准文本总有些不适应的地方。所以,无论选择何种标准文本,都面临着对合同条款进行删减、增加、完善的问题。同时,在工程发包中,业主方处于主动地位,为了保护自身的利益,有条件设置科学、有利、可行的合同条款。因此,业主方要保障自己工程项目的工期,重要的,也是首先要做的,就是科学、有利地设置合同条款。

所谓科学设置合同条款,最重要的含义就在于合同条款清晰明确,具有可操作性。在有些时候这一点比利益均衡更重要。实践中,有很多纠纷不是由于利益约定不均衡造成的,而是由于合同条款不清晰不明确,不具有可操作性造成的。例如《建设工程施工合同》(GF-1999-0201) 示范文本约定:"13. 工期延误 13.1 因以下原因造成工期延误,经工程师确认,工期相应顺延:……13.2 承包人在 13.1 款情况发生后 14 天内,就延误的工期以书面形式向工程师提出报告。工程师在收到报告后 14 天内予以确认,逾期不予确认也不提出修改意见,视为同意顺延工期。"如果承包人未在情况发生后 14 天内,就延误的工期以书面形式向工程师提出报告,会是什么后果?是丧失了工期索赔的权利,还是可以在以后再提出?对此,会产生歧义。因为不同的理解会导致不同的行为,纠纷就此产生了。如果,在此明确约定"承包人未在情况发生后 14 天内,就延误的工期以书面形式向工程师提出报告,则丧失要求工期顺延的权利",法律后果清晰明确,会促使承包人积极按合同办事,最终反而会减少纠纷。

所谓有利地设置合同条款，就在于业主方可以利用主动地位，设置有利于自身利益的条款。契约自由，只要不违反强制性法律规定，当事人自由设置权利义务，法律并不干涉。例如，业主方不希望将工程款支付与工期挂钩，就是说在业主方不能按时支付工程款时，承包商可以要求延期付款利息，不得要求工期顺延，这种约定也并非不可以。

　　所谓的有利与公平并无矛盾。诚然，合同得以完美履行的前提之一就是均衡地约定双方权利义务关系。业主方利用其主动地位，设置霸王条款，完全不顾承包商利益，合同的履行最终会受到影响，业主的利益也会受损。新西兰上诉法院处理工程案例的著名法官 McKay 的论述更清楚地表明了上述道理，他说："咨询专家很容易地错误认为保护其业主的最佳利益是将所有风险尽量推给承包商。他可能会通过制定一些特别条件来扭转以往对己不利的仲裁决定或法院判决来竭力使自己正确。如果他这样做了，它实际上是在给他的顾客添麻烦。"但是业主方对于工期准确有特殊要求时，在合同中设立严格的合同条款，是特殊利益所在，不存在不公平问题。承包商知晓业主方的特殊要求而接受合同条款完全是其自由，其权利并不会受到损害。相反，无视业主特殊要求，为片面追求公平不允许业主方设置特殊条款，恰恰是不利于工程实践的。因为，业主方无法实现其特定的合同目的。

　　在订立合同阶段，业主方为确保工程按期完成，应该设置如下合同条款：
　　(1) 对于工期延误可能造成的损失应明确约定
　　因承包商违约造成工期延误后，业主方有时会遭受巨大的损失。作为受损失方，业主方自然希望这些损失都能由承包商予以赔偿。但是在合同法中对于因违约而赔偿损失的规定是很严格的。其中有很重要的一条就是损害的可预见性原则。合同法第一百一十三条规定："当事人一方不履行合同义务或者履行合同义务不符合约定，给对方造成损失的，损失赔偿额应当相当于因违约所造成的损失，包括合同履行后可以获得的利益，但不得超过违反合同一方订立合同时预见到或者应当预见到的因违反合同可能造成的损失。"在业主方要求承包商因工期延误而赔偿损失时，承包商会以这些所谓损失是在签订合同时无法预见的为由进行抗辩。一方面，业主方认为其确有损失，而且损失还非常大，即使索要损失的诉讼请求都得到支持，也不足以抵偿实际损失。另一方面，承包商还觉得非常不合理，辛辛苦苦进行工程建设，最终不仅没有得到利润，还赔偿巨额损失。造成这种结果的原因之一就在于，业主方没有在合同中，对于工期延误后会造成的损失进行明确约定。因业主方各自情况的不同，因业主方所属行业的不同，每一个工程施工合同中工期延误后造成损失的范围和数额都是不同的，业主方应当在合同中予以明确约定。

　　【例一】　业主方是房地产开发商
　　① 工期延误可能造成的损失类型
　　◆ 取得预售许可证的时间延迟
　　开发商在取得预售许可证后才能够进行商品房的预售。而取得预售许可证的重要条件之一就是开发商应提交开户银行出具的投入开发建设的资金达到工程建设总投资的25%以上的证明。同时建委要进行审查，要对拟预售楼栋进行现场勘查，核实现场施工进度。因此，承包商的工期延误会影响业主方预售许可证的申领，进而影响业主方的商品房预售。

◆ 向购房者支付违约金

在工期延误的情况下，开发商向购房者交房的时间就会延迟，因此会产生对购房者的违约责任。购房合同中通常都会约定的延期交房的违约金。一般购房合同中会约定，延迟交房超过一定时间，购房者有权解除合同。在这种情况下，开发商承担的违约责任就更重了：不仅要退还购房款，还要承担违约金和损失。

◆ 贷款利息损失

在个人住房贷款中，根据央行"为减轻借款人不必要的利息负担，商业银行只能对购买主体结构已封顶住房的个人发放个人住房贷款"的规定，在结构未封顶之前，银行不发放住房贷款。同时北京市从2010年12月1日起施行《北京市商品房预售资金监督管理暂行办法》。该办法规定，包括购房人按照商品房预售合同约定支付的定金、首付款、购房贷款以及其他形式的全部购房款商品房预售资金，应当全部存入商品房预售资金监管专用账户，由有关部门监管。只有在商品房达到地下结构完成、结构封顶、竣工验收、完成初始登记并达到购房人可单方办理转移登记的条件等四资金使用节点，才可以申请使用商品房预售资金。开发商在资金使用节点申请使用监管资金的，应当分别持《地基与基础分部工程质量验收记录表》、《主体结构分部工程质量验收记录表》、《单位工程质量竣工验收记录表》等文件。因此，承包商造成工期延误，会影响业主方对商品房预售资金的使用，造成开发商贷款利息损失。

② 约定赔付损失

对于上述损失的承担，业主方应当在施工合同中予以明确约定。业主方可以这样设置合同条款：对于由于工期延误造成其延迟领取商品房预售许可证造成的损失，由于难于计算具体的损失额，可以采用约定损失方式；对于由于工期延误造成业主方向购房者支付违约金的损失，可以约定据实赔偿；对于贷款利息损失，可以约定一个利率标准和计息基数，根据实际延误天数，计算损失。

③ 条款示例

◆ 承包商知晓业主方委托给其施工建设的工程是最终向购房者出售的商品房。业主方计划于___年___月___日向××住房和城乡建设委员会递交商品房预售许可证申领材料，承包商应完成如下工程进度_____，如果因为承包商的工期延误，致使业主方无法按期申报材料并领取商品房预售许可证，承包商应赔偿因此而给业主方造成的经济损失。双方约定业主方经济损失为每天30000元。此款由业主方从应向承包商支付的工程款中扣除。

◆ 承包商知晓业主方委托给其施工建设的工程是最终向购房者出售的商品房。业主方向购房者承诺的交房日期为___年___月___日。同时，业主方与购房者在《商品房预售契约》中约定的延期交房违约金是每日万分之五。如果因为承包商的工期延误，致使业主方无法按照承诺的日期向购房者交房的，承包商对于业主方向购房者支付的违约金予以赔偿。

这种赔偿不以业主方向购房者实际支付违约金及购房者向业主方主张权利为前提。此款由业主方从应向承包商支付的工程款中扣除。

◆ 如果因为承包商的原因造成工期延误，承包商应赔偿因此而给业主方造成的利息损失。损失计算方式为：利息损失＝合同总算价款×6%÷365天×实际延误天数。

【例二】 业主方是酒店经营者

他租赁一栋大楼，用于酒店经营，与承包商签订施工合同对该大楼进行改造和装修。

① 工期延误可能造成的损失

如果承包商造成工期延误，则该业主方的损失包括以下几方面：

◆ 房屋租赁损失：由于承包商造成的工期延误，使业主方延迟开业，造成房屋租金损失。

◆ 贷款利息损失：业主方投入工程建设的资金，无论是自有资金，还是贷款资金，都会由于工期延误，产生利息损失。

◆ 营业损失：由于承包商造成的工期延误，使业主方延迟开业，造成营业损失。

② 赔付条款示例

◆ 承包商知晓业主方委托其进行结构改造和装修的建筑物是业主方向××公司租赁的，租金标准为每年50万元。如果由于承包商的原因造成工期延误，承包商应赔偿因此而给业主方造成的租金损失。损失计算方式为：租金损失＝年租金50万元÷365天×实际延误天数。此款由业主方从应向承包商支付的工程款中扣除。

◆ 如果因为承包商的原因造成工期延误，承包商应赔偿因此而给业主方造成的利息损失。损失计算方式为：利息损失＝合同总算价款×6%÷365天×实际延误天数。此款由业主方从应向承包商支付的工程款中扣除。

◆ 承包商知晓业主方委托其对建筑物进行结构改造和装修的目的在于将该建筑物作为酒店进行经营。如果因为承包商的原因造成工期延误，承包商应赔偿因此而给业主方造成的经营损失。双方约定，每延误一天，业主方的营业损失为5万元。此款由业主方从应向承包商支付的工程款中扣除。

（2）对于工期索赔程序的明确约定

工期延误的索赔程序是非常重要的，业主方应当在合同中明确约定。《建设工程施工合同》（GF-1999-0201）示范文本、《标准施工招标文件》（2007年版）、FIDIC《施工合同条件》（1999年第一版）中对于工期延误的索赔程序约定不同。从业主方利益出发，应考虑使用《标准施工招标文件》（2007年版）、FIDIC《施工合同条件》（1999年第一版）的约定，即承包人应在知道或应当知道索赔事件发生后28天内，向监理人递交索赔意向通知书，并说明发生索赔事件的事由。承包人未在前述28天内发出索赔意向通知书的，丧失要求追加付款和（或）延长工期的权利。

(3) 承包商不得以工程款延迟支付而顺延工期

实践中，在业主方对承包商进行工期延误索赔时，承包商多数情况下会以业主方延迟付款导致工期延误作为抗辩理由。而合同中约定"承包商不得以工程款延迟支付而顺延工期"条款，使得承包商丧失了这一有力抗辩理由，这对业主方是非常有利的。

业主方不按合同的约定支付工程预付款和进度款，承包商有权要求工期顺延并增加费用，这是建设工程合同惯例。《合同法》第二百八十三条规定："发包人未按照约定的时间和要求提供原材料、设备、场地、资金、技术资料的，承包人可以顺延工程日期，并有权要求赔偿停工、窝工等损失。"因此，在业主方不按期支付工程款时承包商要求顺延工期，又是合同法赋予承包商的法定权利。既然如此，约定"承包商不得以工程款延迟支付而顺延工期"条款，是否属于违反法律的无效条款或属于显失公平的可撤销条款呢？

回答是否定的。首先，虽然《合同法》中明确规定了在发包人未按照约定的时间和要求提供原材料、设备、场地、资金、技术资料的，承包人可以顺延工程日期，但是这是赋予承包人的权利，承包人可以行使这一权利，也可以放弃这一权利，当事人对于自身权利的处分不损害他人权益的，法律不会干涉。其次，"承包商不得以工程款延迟支付而顺延工期"并不比"垫资"对承包商更不利。在工程实践中，一度曾经严格禁止垫资施工。但是，《最高人民法院关于审理建设工程施工合同纠纷案件适用法律问题的解释》中明确肯定了垫资的法律效力。既然垫资行为都得到法律的准许，则承包商不得以工程款延迟支付而顺延工期的约定更无法律不允许的道理。既然如此，这一约定的效力是肯定的。

(4) 承包商不得以工程变更中价款未确定为理由暂停施工或放缓施工速度

建设工程施工合同内容的变更是非常常见的。一个并不是很大的工程有一二十项变更是很正常的。造成工程变更的原因有很多，如因业主的指令，因设计错误，因客观情况的变化等等。而工程变更往往带来工程价款的变更和工期的变更。在实践中，经常发生这样的情况：双方对于工程变更的造价迟迟不能达成一致，承包商以此为理由暂停施工或放缓施工速度，这对于业主方是非常不利的。而承包商的做法是不正确的。现有工程合同标准文本中对于工程变更中造价争议的解决的约定是非常明确的。例如《标准施工招标文件》（2007年版）规定："15.3.2 变更估价（1）除专用合同条款对期限另有约定外，承包人应在受到变更指示或变更意向书后的14天内，向监理人提交变更报价书，报价内容应根据15.4约定的估价原则，详细开列变更工作的价格组成及其依据，并附必要的施工方法说明和有关图纸。……（3）除专用合同条款对期限另有约定外，监理人收到承包人变更报价书后的14天内，根据15.4款约定的估价原则，按照第3.5款商定或确定变更价格。"而3.5款约定的总监理工程师确定后，双方如有争议，应暂按总监理工程师的确定执行，同时按照合同约定的争议解决条款进行解决。实际上，这种规定的核心就在于，双方不应因价格的争议而影响工程进展。《建设工程施工合同》（GF-1999-0201）也有类似的约定。所以，如果当事人使用的合同文本不是上述标准文本，业主方应注意合同文本中应有本条约定。

(5) 对于恶劣气候条件的限定

在《标准施工招标文件》(2007年版)和FIDIC《施工合同条件》(1999年第一版)都规定了出现"异常恶劣的气候条件",承包商可以要求顺延工期。如果业主方选择了这些标准文本作为发包工程的施工合同文件,就要面对"异常恶劣的气候条件"条款。

① 业主方可以不把"异常恶劣的气候条件"作为承包商要求工期顺延的理由,在合同中取消该条款。因为,合同法理论上,有"不可抗力"这一概念,而没有"异常恶劣的气候条件"这一概念。不可抗力的后果是合同无法履行,而异常恶劣的气候条件的后果是给合同的履行造成困难,但是并非不能履行。在出现异常恶劣的气候条件后,承包商加大人力物力财力的投入,也是有可能保证合同正常履行的。既然如此,在合同中不设置这一条款,并不违反法律规定,也不会产生不公平的问题,完全属于当事人意思自治的范围。

② 如果业主方将合同中设置"异常恶劣的气候条件"条款,就应在专用条件中,准确限定"异常恶劣的气候条件"的范围,避免造成双方理解上的差异。

(6) 应设置"有经验承包商"概念

国际工程实践中有一个重要的概念,就是"有经验的承包商"。在确定工程建设中民事责任的承担时,首先确认一个前提,即承包商是否尽到一个"有经验承包商"应进行的警示和注意。这实际上加重了承包商的责任,减轻了业主方的风险。

在法国家的工程判例中,法官的详细论述使得这一概念更加具体清晰。例如纽约法官Geismar在一个案件中阐述:"多次裁决表明,即使承包商遵照固定的设计文件,承包商仍负有责任检查该设计文件和判断其充足性;承包商须发现那些应容易被发现的或显而易见的缺陷;当承包商知道或有理由相信设计文件是有缺陷的,并按照缺陷履行而没有向业主或建筑师指出该缺陷,则承包商无权得到赔偿。如果建筑物证明是不充足的就是因为该缺陷。"

在FIDIC合同文本中,较多地表达了"有经验的承包商"的这一概念。例如在FIDIC《施工合同条件》(1999年第一版)的第1.1.6.8条款、1.8条款和4.7条款等。在这些条款中,"有经验的承包商"这一概念有时是直接写明的。如第1.1.6.8款明确说,"不可预见"系指一个有经验的承包商在提交投标书日期前不能合理预见。有时是体现了这一含义,并未直接写明"有经验的承包商"这一术语。

在我国有关的法律规范中也能够找到与之相类似规定。如《合同法》第六条规定:"当事人行使权利、履行义务应当遵循诚实信用原则。"根据这一法律规定:承包商根据自己经验,在发现业主方提供的设计文件中的错误时,应向业主方主动指出;对于根据自己经验能够预见到的不利事件应采取相应的补救措施。这实际上就是国际工程设立"有经验的承包商"的初衷。《建设工程质量管理条例》第二十八条规定:"施工单位必须按照工程设计图纸和施工技术标准施工,不得擅自修改工程设计,不得偷工减料。施工单位在施工过程中发现设计文件和图纸有差错的，应当及时提出意见和建议。"这一规定相对于合同法来说就更加明确具体了。但是即使如此，如果当事人不在合同中具体明确约定，在解决纠纷时也不容易得到运用。

合同中设置"有经验的承包商"这一概念，能够在合同工期方面，降低业主方的法律风险。例如，当因设计错误而进行设计变更时，承包商会提出因此而耽误的工期应予顺延。而业主方可以指出，这一设计错误是承包商作为一个"有经验的承包商"应当知道并应主动向业主方提出的，这是承包商的一项义务，承包商违反了这一义务，无权要求工期顺延。再例如，当不利地质条件、异常恶劣的气候条件出现而承包商要求工期顺延时，业主方同样可以指出，这些不利地质条件、异常恶劣的气候条件是承包商作为一个"有经验的承包商"应当预见到的，因此承包商无权要求工期顺延。如果业主方发包工程时，选用FIDIC合同文本，则"有经验的承包商"这一条款已经存在。如果业主方选用其他文本时，一定要注意查阅合同文本中是否有"有经验的承包商"这一概念，如果没有，应在确定合同条款时加入。

(7) 应当明确通讯联络方式

在建设工程施工合同履行过程中，指令的发出与回复，通知的发出与回复，资料的送达与接收是非常频繁的。而这些工作又在诉讼或仲裁中对双方权利义务造成重要影响。特别是，在合同中，业主方有及时发出指示的义务，否则将产生不利的后果。因此，业主方应在合同中约定具体可行的通讯及联络方式。

① 邮寄

邮寄的方式有特快专递、普通信件邮寄等方式。但是，在极端的情况下，收件人说他收到的是空的信封，里面并无文件。此时，邮寄人应承担举证义务，证明他确实在信封中放置了文件。一般情况下，寄件人是很难举证的。所以，至关重要的文件的邮寄，应当通过公证邮寄的方式进行。但是公证邮寄方式的缺点是成本高、手续繁琐。因此，业主方在设置条款时可以这样约定："双方可以采用特快专递的方式送达文件，如果接收方发现信封中没有相关文件，或文件名称与信封上标明的名称不一致，应于当日向邮寄人提出书面异议，否则，邮寄人签收邮寄单就视为已经收到该邮寄单上标明的文件。"

② 电子邮件

业主方可以在合同中约定以电子邮件方式作为联络方式，并在合同中列明电子邮箱号码。电子邮件的好处是节约纸张、发送与接受简便。

③ 手机短信

手机短信方式同样方便快捷。业主方可以在合同中约定接收短信的手机号。

(8) 设立工期奖励条款

在合同中订立工期奖励条款能够激励承包商，促使它提高效率，提高质量、进行技术创新，努力提前竣工。因此，设立工期奖励条款，也是保障工程工期的一个不错的方法。业主方应当特别注意的是：合同中约定工期奖励条款后，业主方更应该避免因自身的违约造成工期延误，因为在这种情况下，虽然未能按期完工，承包商仍有权要求工期奖励。

4. 履行合同中业主方应注意的问题

(1) 聘请专业律师做项目专项法律顾问

业主方在发包工程时会聘请监理公司、工程咨询公司等中介机构，为其在工程质量、造价、进度等方面提供咨询或帮助，这是完全必要的。但是，业主方往往忽略专业律师的作用，在发包工程时有时并不聘请律师作为法律顾问，这是不正确的。在工程合同履行的过程中，专业律师的作用是其他中介机构无法替代的。咨询工程师、监理工程师也都有一定的法律知识，但是其对法律的理解和运用是无法与律师相比的。当然，也并非是任何一个律师都能胜任工程建设法律服务的要求。工程建设活动涉及的法律非常多，合同文件庞杂，对于经验的要求高，只有专业的工程律师才能够胜任。业主方要想工程建设顺利进行，特别是合同工期得到很好的履行，就必须聘请专业律师为其提供法律帮助。

(2) 法律交底

工程建设中有图纸会审、技术交底等制度。设立这些制度的目的在于保证合同更好地履行及工程的顺利完工。但是，法律交底却没有被充分重视。"法律交底"是借鉴"技术交底"而产生的一个术语。其含义是：在签订合同后，由专业律师和公司法务人员，对合同进行总体分析，将合同的具体法律特点、履行注意事项向工程参与人进行解释、说明和警示。

① 建立法律交底制度

建立法律交底制度，对于业主方控制合同工期是非常必要的。首先，工程施工合同本身就是一个复杂的合同体系，而关于工期的条款又非常多，散见于各个章节，没有专业人员提纲挈领、归纳总结，普通施工管理人员是难以掌握其中要领的。其次，在施工过程中，在发生事关工期的情形后，业主方不可避免要采取相应的措施和发出相应的文件，而如果不了解相关法律规定或司法裁判惯例，就有可能使得这些措施和文件不适当，甚至可能产生适得其反的效果。例如，如果合同中约定了承包商造成工期延误后，业主方享有合同解除权。工程管理人员应该了解合同解除权的法律含义、行使条件、相关后果。《合同法》第九十五条规定："法律规定或者当事人约定解除权行使期限，期限届满当事人不行使的，该权利消灭。法律没有规定或者当事人没有约定解除权行使期限，经对方催告后在合理期限内不行使的，该权利消灭。"显然，如果合同对于解除权约定期限了，业主方未按期限行使权力的，将丧失该权力。再例如，在发生工期延误后，业主方往往会发出指令，要求承包商加快进度，必须于某年某月某日完成工程。而这一指令在审判实践中有可能会被认定为当事人对合同工期新的约定，而这样在客观上减轻了承包商的责任，而这完全不是业主方的本意。

② 法律交底的方法

首先、由专业律师将合同中有关工期的条款归纳总结出来，将其作为一个整体，告知工程管理人员。以《标准施工招标文件》（2007年版）为例，涉及工期问题的主要有以下条款：1.1.4 日期；1.6 图纸和承包人文件；1.7 联络；1.10 化石、文物；2 发包人义务；3.4 监理人的指示；3.5 商定；4.1 承包人的一般义务；4.10 承包人现场勘查；4.11 不利物质条件；5 材料和设备；8 测量放线；10 进度计划；11 开工和竣工；12 暂停施工；13 工程质量；14 试验和检验；15 变更；17.2 预付款；17.3 工程进度款；18 竣工验收；21、不可抗力；22 违约；23 索赔等。

其次，应进一步将上述条款的法律含义、与之相关的法律规定和司法惯例、实施条款应注意的问题，向工程管理人员详细讲述。例如，合同条款 1.1.4 约定："竣工日期：……实际竣工日期以工程接收证书中写明的日期为准。"

而《最高人民法院关于审理建设工程施工合同纠纷案件适用法律问题的解释》第十四条规定："当事人对建设工程实际竣工日期有争议的，按照以下情形分别处理：（一）建设工程经竣工验收合格的，以竣工验收合格之日为竣工日期；（二）承包人已经提交竣工验收报告，发包人拖延验收的，以承包人提交验收报告之日为竣工日期；（三）建设工程未经竣工验收，发包人擅自使用的，以转移占有建设工程之日为竣工日期。"也就是说，虽然合同中对于竣工日期有约定，但是法律对于竣工日期有明确具体规定，工程管理人员对此也应充分了解。再例如，合同中约定了承包商的索赔程序和期限，承包商未按照合同约定的期限索赔的，将丧失索赔权，这一点清晰明确。一般工程管理人员都好理解。但是应注意的是，业主方向承包商索赔的也有相同的约定，即"发包人提出索赔的期限和要求与第 23.3 款的约定相同……"。

因此应使业主方工程管理人员知晓，业主方向承包商索赔也应按此期限进行，否则也将丧失权利。实践中，业主方习惯于在工程完工后，在结算时，再解决工期延误问题。这是危险的，根据上述条款约定，业主方已经丧失了该权利。

（3）严格按合同约定履行义务

业主方应该按照合同的约定履行自己的义务，这是确保工期的前提条件，也是法律常识。在有能力按照合同约定的时间和条件履行合同义务的情况下，业主方应当积极履行合同义务，这也是保证合同工期的最基本的条件。

（4）应高度重视文件的发出和回复，要明了相应的法律后果

① 业主方应当充分了解合同约定的关于文件指令的时限性，并严格遵守相关的时限约定。在不同合同文本中对于业主方未遵守发出指示、回复文件期限所将导致的法律后果规定得非常明确。

例如，《建设工程施工合同》（GF-1999-0201）示范文本 13.2 约定："承包人在 13.1 款情况发生后 14 天内，就延误的工期以书面形式向工程师提出报告。工程师在收到报告后 14 天内予以确认，逾期不予确认也不提出修改意见，视为同意顺延工期。"再例如《标准施工招标文件》（2007 年版）12.3.2 约定："由于发包方的原因发生暂停施工的紧急情况，且监理人未及时下达暂停施工指示的，承包人可先暂停施工，并及时向监理人提出暂停施工的书面请求。监理人应在接到书面请求后的 24 小时内予以答复，逾期未答复的，视为同意承包人的暂停施工请求。"类似的规定还有很多。业主方应当严格遵照约定的时限发出指示或文件，否则将承受不利的法律后果。

② 业主方应当清晰准确地了解所发出文件的法律后果，否则不仅实现不了自己发出文件的初衷，有时还会适得其反。

例如，在承包商违约造成工期延误后，业主往往会发出督促文件，要求承包商务必于某年某月某日完工，而这个日期要迟于合同约定的竣工日期。业主方的本意是告知承包商：你的行为已经违约，造成工期的延误，我公司并不放弃追究你违约责任的权利。如果你在新的日期到来时仍然不能完成工程，你将承担更加严重的法律后果。但是，如果这份文件行文不严谨、不严密，就有可能被视为业主方确定了新的竣工日期，谅解了承包商以前的造成工期延误的违约行为。这无疑与业主方的本意背道而驰的。这样的文件对于业主来说还不如不发。

(5) 承包商拒绝撤场，业主方可要求先予执行

撤场并不是一个严格的法律术语，在合同法中的建设工程施工合同篇中也没有相关概念。撤场是一个工程施工过程中的一个习惯用语，其直接含义就是承包商撤离现场。撤场既包括工程完工后撤场，也有包括提前撤场。在提前撤场中既有业主方因承包商违约要求其撤场，也有承包商因业主方违约而主动撤场。

工程实践中，经常出现这样的情况：承包商施工组织不力，工期严重滞后，业主方要求承包商撤场。但是承包商提出无理要求，漫天要价，拒不撤场，纠纷旷日持久，业主方损失惨重。如何解决这一问题？

首先，业主方无法强制将承包商赶出工地，因为这容易造成严重冲突，而且也违反法律规定。

其次，业主方可以通过法律诉讼要求法院判令承包商撤场。但是法律程序的时间相对于争分夺秒的建设工程工期来说，是过于漫长了。民事诉讼审限一审简易程序是三个月，普通程序程序是半年，还有可能发生的二审程序，全部走下来，将近一年时间，业主方无论如何是拖不起的。

在这种情况下，业主方可以要求法院先予执行。

民事诉讼法中规定了先予执行的制度。《中华人民共和国民事诉讼法》规定："第九十七条　人民法院对下列案件，根据当事人的申请，可以裁定先予执行：（一）追索赡养费、扶养费、抚育费、抚恤金、医疗费用的；（二）追索劳动报酬的；（三）因情况紧急需要先予执行的。第九十八条　人民法院裁定先予执行的，应当符合下列条件：（一）当事人之间权利义务关系明确，不先予执行将严重影响申请人的生活或者生产经营的；（二）被申请人有履行能力。人民法院可以责令申请人提供担保，申请人不提供担保的，驳回申请。申请人败诉的，应当赔偿被申请人因先予执行遭受的财产损失。第九十九条　当事人对财产保全或者先予执行的裁定不服的，可以申请复议一次。复议期间不停止裁定的执行。"

最高人民法院于1991年给广东省高院的《最高人民法院关于在实体处理合同纠纷案件以前可以依法裁定终止合同履行的复函》法（经）函［1991］61号中也明确表达了这个意思。该函称："……对案件事实清楚，权利义务关系明确，原承包合同确无履行必要、情况紧急，不先行终止合同履行，将会造成更大经济损失的，人民法院可以依照《中华人民共和国民事诉讼法》第九十七条（三）项、第

九十八条之规定，裁定终止原承包合同履行。"

在司法实践中也经常有施工合同发包方要求法院强制执行。例如，京沪高速铁路线中的管线改移施工要临时占用某地停车场遭到拒绝，北京铁路局将停车场出租方及使用方北京环三环至正商业管理有限公司告上丰台法院，要求排除对施工的妨碍，并提出先予执行要求，法院支持了其要求[11]。再例如，地处宝安区龙华街道的"某某花园"项目，开发商与施工单位之间的纠纷致使工程从2005年底停工至今2006年年底，两施工单位既不开工续建又拒绝撤离施工现场。开发商起诉后，法院采用强制先予执行方式解决问题，即由开发商提供现金担保，在法院对被告是否违约作出两审终审判决（按一般程序进行需要耗时一年）前，强制施工方撤离施工现场，开发方另行聘请资质好的建筑商继续施工，确保工程顺利完工[12]。从上面的案例，可以看出，在建设工程司法实践中，先予执行也是不乏先例的。业主方完全可以采取这种方式快速合法地使承包商离场，避免造成更大的损失。

6.2 承包商

1. 订立合同阶段

承包商相对于业主来说，在订立合同阶段，是处于比较被动的地位，其原因不言自明。因此，在订立合同阶段，为了规避工期延误的风险，承包商不可能像业主方那样，在选择承包方式、选择合同文本、设置合同条款等方面具有强大的自主性。但是，这也并不是说，承包商在订立合同阶段无事可做，任人宰割，它也可以积极地与业主方磋商，争取自身权益。同时，在实践中，问题更多地体现在能够平等协商的情况下，承包商仍无法根据工程具体特点，订立公平的合同条款，以保护自己在工期方面的合法权益。原因主要在于，承包商在订立合同时没有专业律师参与。

承包商这一概念的范围非常广。不同的承包商，在订立合同阶段，规避工期延误风险的侧重点和具体内容是有很大差别的。从承包方式的不同来划分，承包商可以有以下分类：工程总承包商、施工总承包商、分包商、劳务分包商；从工程具体内容来划分，承包商又可分为：地基承包商、主体结构承包商、机电承包商、装修承包商等。工程实践中，双方一般多会使用合同示范文本，进行一定的增减，作为签约文本。但是，有时合同示范文本并未涵盖工程的具体特点，或者本应是适用于施工总承包的合同被用于专业分包中，这就会导致合同条款并未根据工程具体特点进行设计，造成双方责任不清晰，影响工程的顺利进行。因此，承包商应明了不同工程中影响工期的关键点，以及如何在合同中进行明确约定。

例如钢结构承包商在签订合同时，就应该注意对以下内容在合同中明确约定。

①基础交接

基础交接是钢结构安装的前提。工程基础能否符合钢结构施工要求，对于钢结构工期有重要影响。因此，钢结构承包商应当在施工合同中对于基础交接事宜进行明确约定：首先应明确，发包方在承包方进场前按图纸要求做好本工程符合钢结构安装要求的混凝土基础和预埋螺栓的安装埋置，并提供全套土建交工资料及发包方验收数据及结论。其次应明确，承包商为保证工程质量及安装工作顺利进行，需要进行建筑物测量验线。同时还应明确出现误差时的处理方法。第三应明确发包方没有按时提交土建基础合格资料或经复测达不到钢结构安装作业规程要求标准的，工期顺延。

② 气候因素

气候因素对于钢结构工程施工有重要影响。例如《建筑钢结构防腐蚀技术规程》第4.3规定："1. 施工环境温度宜为5～38℃，相对湿度不宜大于85%；2. 钢材表面温度应高于露点3℃以上；3. 在大风、雨、雾、雪天、有较大灰尘及强烈阳光照射下，不宜进行室外施工；……"。第4.4条规定："4.4.5 表面处理与热喷涂施工之间的间隔时间，晴天不得超过12h，雨天、有雾的气候条件下不得超过2h。4.4.6 工作环境的大气温度低于5℃，钢结构表面温度低于露点3℃和空气相对湿度大于85%时，不得进行金属热喷涂施工操作。"再例如，《建筑钢结构焊接技术规程》第6.1.6规定："焊接作业环境应符合以下要求：……2. 焊接作业区的相对湿度不得大于90%；"再例如《钢结构工程施工质量验收规范》第14.1.4条规定："涂装时的环境温度和相对湿度应符合涂料产品说明书的要求，当产品说明书无要求时，环境温度宜在5～38℃之间，相对湿度不应大于85%。涂装时构件表面不应有结露；涂装后4h内应保护免受雨淋。"由此可见，温度、湿度、大风、雨、雾、雪、灰尘、强烈阳光等气候因素，都会对钢结构工程的施工进度造成影响。因此承包商应当根据工程具体特点、根据不同的建筑气候区，评估上述气候因素对工程可能造成的影响，与业主方协商，拟定具体合同条款，充分地维护自身的权益。

③ 图纸因素

钢结构工程的图纸流程一般是这样的：业主方委托的设计单位提供钢结构设计图，承包商根据钢结构设计图制作施工详图，承包商将施工详图提交设计单位审核后付诸实施。在这一过程中，属于业主方原因，有可能影响工程工期的因素有：钢结构设计图提交不及时或不完备；设计单位对施工详图审核不及时。因此，承包商应当争取在合同中，对于这两方面的内容进行具体的有针对性的并切实可行的约定。

④ 场地条件

钢结构安装需要各种类型的起重设备，同时，钢构件需要在现场存放和拼装，这些都需要相匹配的场地条件，否则钢结构安装工作将受到影响，进而影响整个钢结构工程工期。因此，承包商应当争取在合同中，对于施工场地条件进行具体明确约定。

2. 履行合同阶段

（1）法律交底

如前所述，业主方在履行合同过程中，控制工期延误风险的一个重要手段就是建立法律交底制度。而对于承包商来说，这一制度建立更加必要。关于如何进行法律交底，在本书"业主方规避工期延误风险的合同签订及履行策略"中已有阐述，在此不再重复。在这里要着重强调的是：法律交底对于承包商来说，相对于业主方，有更加重要的意义，承包商应该对此予以高度重视。

在从事工程诉讼时，往往会遇到承包商一方缺乏相应证据的情况。在此时，承包商工作人员往往会说：业主方太强势没办法。其实我认为，更主要的还在于承包商项目经理没有充分地了解合同的具体内容，没有接受过法律交底，对于合同的履行没有从法律上有一个全面的把握。在这种情况下即使面对一个很配合的业主，承包商也不一定能够制造和留存下充分的有利的证据。而通过法律交底却能够改变这一现象。法律交底，在工期延误方面，能够对于承包商有以下重要作用：

①了解法律诉讼的特殊要求，了解客观事实与法律事实的不同，了解证据的重要性：在法律交底的过程中，专业律师一定会向承包商方面的工程施工管理者讲述合同中容易发生纠纷的地方以及一旦发生诉讼后需要举证的具体内容。而施工管理者也会向律师提出问题。这样双方互动，能够使工程施工管理者了解法律诉讼的特殊要求。

法律事实与客观事实是不同的，只有能够被证据证明的客观事实才是法律事实。而法官判案依照的是法律事实而非客观事实。而将客观事实变为法律事实是需要通过举证来完成的，而举证是要遵守证据规则的。有的时候，因为没有证据，即使确实是客观事实也无法转化为法律事实。例如，施工现场发生了一场火灾，这是任何一个施工参与者都亲眼目睹的，是一个客观事实。但是对于一个在此事件后很长时间地坐在法院审判庭里的法官来说，要认定确实有一场火灾发生过，却需要充分的证据予以证明。这些证据可以是证人证言，可以是书证，还可以是视听资料等。

归根结底，通过法律交底使施工管理者明了证据的重要性，如何取得相应证据，为日后可能的纠纷未雨绸缪。

② 充分地了解在工期延误发生后的索赔程序

不同的施工合同对于工期延误后的索赔程序的约定是有不同的，相应的法律后果也是不同的。通过法律交底，使得施工管理者明白具体合同中的工期索赔程序及相应的后果，有针对性地采取行动。

例如，在《建设工程施工合同》（GF-1999-0201）示范文本中约定："13.2 承包人在13.1款情况发生后14天内，就延误的工期以书面形式向工程师提出报告。工程师在收到报告后14天内予以确认，逾期不予确认也不提出修改意见，视为同意顺延工期。……"这一约定对于承包商是有利的。在以后的诉讼中只要承包商举证证明了他在有关情况发生后14天内，就延误的工期以书面形式向工程师提出报告了，则举证责任据转移到了业主方，如果业主方无法证明提出过修改意见，就视为承包商主张的工期顺延成立。施工管理者往往最关心的是，工期顺延申请能否得到业主方的同意，而律师关心的是承包商是否按照程序提出过顺延工期的请求，而业主方是否同意并不重要。

再例如，《标准施工招标文件》（2007年版）约定："23. 索赔 23.1 承包人索赔的提出根据合同约定，承包人认为有权得到追加付款和（或）延长工期的，应按以下程序向发包人提出索赔：承包人应在知道或应当知道索赔事件发生后28天内，向监理人递交索赔意向通知书，并说明发生索赔事件的事由。承包人未在前述28

天内发出索赔意向通知书的，丧失要求追加付款和（或）延长工期的权利……"这一约定对于承包商的要求是很严格的，这里边明确约定了不按期提出索赔将丧失这一权利。如果不按照合同约定办事，想当然地认为，工程竣工后仍有权提出相应索赔，则有可能会遭受巨大损失。

通过法律交底，上述索赔程序的法律后果会被施工管理者充分认识，从而减少相应的法律风险。

③ 充分地了解承包商有权要求工期顺延的各种情况

不同版本的施工合同对于应予顺延工期的事由的规定是有差异的。

例如：《标准施工招标文件》（2007年版）中将"异常恶劣的气候条件"作为承包商有权要求延长工期的原因之一，而在《建设工程施工合同》（GF-1999-0201）示范文本中就没有这一概念。

例一：《标准施工招标文件》（2007年版）、FIDIC《施工合同条件》（1999年第一版）中将不可预见的物质条件作为承包商可以要求工期顺延的理由，而在《建设工程施工合同》（GF-1999-0201）示范文本中就没有这一概念。

例二：很多施工合同中将业主方不按时付款作为承包商有权顺延工期的理由之一，而有的施工合同中没有这样的规定，甚至规定在业主方未能按时付款的情况下，承包商也应保证工期。

施工管理者应当了解具体合同中对于承包商有权要求顺延工期事由的具体约定。否则，一方面发生了承包商有权要求工期顺延的事由而不知道去主张权利，另一方面，有一些事由不是合同约定的承包商有权要求工期顺延的理由，而以之为依据放缓施工速度或停工，这一切都会使承包商遭受不应有的风险或损失。而法律交底工作，可以让施工管理者充分地了解要求合同中规定的工期顺延的各种情况，避免上述损失或风险的发生。

（2）在发生合同约定的可以顺延工期的事由时，应当严格按照合同约定的程序进行索赔并取得相应的证据。

对于承包商应当按照合同约定的索赔程序提出工期索赔的重要性，在前面已有论述，在此不再重复。这里需要强调的是，承包商不仅应及时提出索赔，更要保存证明其提出过索赔的证据，同时证据的内容和形式不应存在瑕疵。而实践中经常会出现的瑕疵有：

① 无法确认文件的签收人是业主方人员

在合同中载明的业主方代表无疑是可以代表业主方签收文件的。但是实践中由于人员变动频繁等原因，经常会出现业主方文件签收人不是合同中载明的业主方代表的情况。在日后的诉讼中，业主方律师就有可能否认该签字人是业主方人员，而此时承包商一方就有义务证明该签字人是业主方人员，而此时的证明难度是很大的。要避免这一情况的发生，可以采取以下措施：a 向业主方索取该签字人的授权委托书；b 搜集有该签字人及业主方公章的其他文件；c 争取在合同中约定以电子邮件方式互相送达文件等。

② 无法确认业主方签收的文件就是关于工期索赔的文件

实践中经常在签收本上看到"文件"、"致函"等名称,这些名称不是特定的,并不能证明该文件就是承包商发出的关于工期索赔的文件。因此,在承包商发函时应该写明文件的具体名称,如"关于……的函",这样才能够避免不必要的风险。

③ 文件的内容含糊不清

在实践中经常会出现这样的情况:承包商给业主方的文件中要求业主方尽快完成某项工作,但是对于由于业主未完成该项工作而给承包商造成工期延误天数并未说明;对于某一项变更,承包商只要求增加费用未明确要求顺延工期等。这些问题都会影响到最终的诉讼,而这些问题完全可以避免。

下篇 判例评析

判例 1 承包商举证不力，被判令支付违约金

[基本案情]

原告：北京清风餐饮有限公司
被告：南京凤翔建筑装饰有限责任公司

1. 起诉与答辩

原告清风公司诉称：清风公司与凤翔公司就位于北京市海淀区中关村东街8号安吉大厦6、7层餐厅的内部装修事宜，于2005年11月5日签订了《建设工程施工合同》。依据施工设计图纸的要求，此工程的总造价本应为280万元，但由于清风公司要求对相关工程主材进行把关，因此，双方签订的《建设工程施工合同》约定：工程的合同总价款为183万元，主材由清风公司提供，工期至2005年11月30日止，凤翔公司应当于2005年11月30日完成施工，否则应当承担违约责任。在施工过程中，凤翔公司没有任何施工计划和工作安排，截至2005年11月30日，凤翔公司仅完成全部工程量的将近一半左右，严重违反合同工期的约定。2006年1月9日，清风公司对凤翔公司的工程质量进行质量检查时发现凤翔公司存在偷工减料及安装有误等严重情况，凤翔公司在工程量尚余10%未完工的情况下，带领全体施工人员撤离施工现场，且拒不继续施工。清风公司在凤翔公司拒不继续履行合同，拒不完工的情况下，为减少和避免损失扩大，本着友好协商的态度与凤翔公司进行商谈，但凤翔公司要求多付工程款，否则不予施工。为此，清风公司向北京市海淀区建委投诉，但凤翔公司在2006年2月4日春节结束至今仍然不予完工，造成清风公司损失加重，合同目的无法实现。故清风公司诉至法院，要求解除清风公司与凤翔公司签订的《建设工程施工合同》，判令凤翔公司承担违约金36.6万元（按照合同价款183万元的20%计算），并由凤翔公司承担本案诉讼费。

凤翔公司辩称：清风公司接受并使用了凤翔公司装修的工程，合同已经履行完毕，清风公司接受并使用的行为已经表明凤翔公司所做的施工工程已经被其全部接受，故清风公司据此要求解除合同的依据是不存在的；关于违约金问题，凤翔公司认为是不成立的，合同约定时间是在合同原报价及原图纸范围内进行施工的工程量，而事实上，该工程存在有大量的增项工程，并且还存在其他导致工期延误的情况，都是由于清风公司所造成的，具体表现为清风公司交付的施工现场有其他的土建工程尚在施工，导致凤翔公司不具备施工条件。该施工场地是6、7层，清风公司无法提供垂直运输系统，也就是说凤翔公司施工无电梯可用，装修的物资都是人工运输的，导致材料不能到达现场，工程量增大，工程款的增加及垃圾不能及时清运，还由于该大厦施工条件有特殊性以及设施不完善，比如排风和消防系统存在问题，导致6、7楼无法封顶，也导致工期的延误，并且天然气管道、顶棚部分一直在等待验收，一直到12月12日才验收结束。凤翔公司可以对该部分进行分版施工。由于清风公司的厨房设计不够合理，致使凤翔公司多次修改直到2005年12月20日该工程仍然没有完成，对凤翔公司提出的上述原因，安吉大厦的实际股东也签字确认过，因此，清风公司提出的违约责任是不成立的。

2. 法院认定

经法院审理查明：2005年11月5日，清风公司作为发包人与凤翔公司作为承包人签订《建设工程施工合同》（以下简称合同一），约定：承包人承包安吉大厦6、7层的全聚德烤鸭店所属范围，开工日期为2005年10月1日，竣工日期为2005年11月30日，合同价款183万元；由承包方于2005年9月30日向发包方提供图纸两套，施工场地及所需的水、电、电讯线路、施工场地、公共道路、发包人办理的施工所需证件、批件的完成等条件，在开工前一周已具备施工条件；如发包人提出对现有施工图纸进行更改可酌情延期，由于施工中其他部门影响施工进程则由承包人书面提出，但延期日期应事先由承包人提出具体日期得到发包方的书面确认才生效；合同价款采用固定方式确定，合同价款中包括的风险由承包方负责；对现有图纸以外的工程双方协商，所定合同内项目一次性包干，凡属全聚德内装修已包含；发包人在合同签订起付30%，刷漆涂料前付到70%，定做物品取货时付10%，工人撤场付10%，验收后付5%，其余尾款两年内分两次付清；承包方提供材料由发包方书面确认，发包方自购石材、花板、铂金材料、地毯、洁具、灯具。合同补充条款为：合同以总价包干方式一次包干为人民币183万元，主材由发包人提供，承包人负责安装调试；双方本着公平友好合作原则，工期为2005年10月1日至2005年11月30日，如承包方未能保质按期竣工，则每延误一天，罚款1万元整；图纸中如有更改，必须由发包人签字确认。清风公司在发包人处加盖金贵公司的合同专用章。凤翔公司也在承包人处加盖印章并签字予以确认。

凤翔公司于2005年10月开始进场施工。期间，双方因工程款项问题发生争议。2006年1月10日，凤翔公司撤场，尚有10%的工程量未完成。双方均认可清风公司应当支付的工程进度款为80%，现清风公司已支付工程款149万元，凤翔公司撤场后未继续进行施工。

凤翔公司主张在施工过程中发生了增项562 373.78元，但未提交有效证据证明，并提出清风公司应支付的80%的工程款的基数应当包括增项价款，而非合同价款183万元。清风公司对此不予认可，提出双方合同约定的价款为总价包干方式，如果发生增项应双方进行确认，现凤翔公司未提交双方进行确认增项的证据。

诉讼中，凤翔公司提出申请要求对增项的工程量进行鉴定，因合同中明确约定为"总价包干方式，一次包干为人民币183万元，图纸中如有更改，必须由发包人签字确认"，现凤翔公司未提交有效证据证明在合同履行中发生了增项，清风也不予认可，故本院对凤翔公司该鉴定申请不予准许。

[裁判理由及结果]

裁判理由： 法院认为，清风公司与凤翔公司于2005年11月5日签订的《建设工程施工合同》系双方当事人真实意思表示，不违反法律行政法规的强制性规定，合法有效，本院予以确认。双方当事人应当依据合同约定全面履行义务。现凤翔公司在合同约定的竣工日期未完成施工任务，也未提交工期顺延的相关证据，因此，凤翔公司违反合同约定，且双方对继续履行合同存在争议，合同目的无法实现，故清风公司要求解除合同并要求凤翔公司承担违约责任的诉讼请求，具有事实依据和法律依据，本院予以支持。

裁判结果： 一、解除北京清风餐饮有限公司与南京凤翔建筑装饰有限责任公司于二〇〇五年十一月五日签订的《建设工程施工合同》；二、南京凤翔建筑装饰有限责任公司于本判决生效之日起十日内给付北京清风餐饮有限公司违约金三十六万六千元；……

[法律评析]

本案中，承包商凤翔公司因工期延误，被判令向业主方清风公司支付违约金366000元，此金额为合同价款的20%，损失是非常大的。造成这一结果的原因在于承包商凤翔公司在诉讼中未能就工期应予顺延进行举证。

谁主张，谁举证，这是基本的民事诉讼规则。在司法实践中，有关工期延误的举证做法是：发包方只需证明合同约定的工期、开工日期、竣工日期即可，承包商需对工期顺延的情况负有举证责任。

而答辩不等于举证。在本案中，承包商的答辩理由是：一、有大量的增项；二、现场不具备施工条件。双方在合同中对于工期顺延的约定为："……如发包人提出对现有施工图纸进行更改可酌情延期，由于施工中其他部门影响施工进程则由承包人书面提出，但延期日期应事先由承包人提出具体日期得到发包方的书面确认才生效。"显然，承包商凤翔公司所述的理由是属于合同中约定的应予顺延工期的情况的。但是由于凤翔公司仅仅进行了答辩并未进行举证，业主方清风公司对此又不予认可，法院不支持凤翔公司的答辩理由是正确的。

另外，双方在合同中约定的"但延期日期应事先由承包人提出具体日期得到发包方的书面确认才生效"条款也是不科学、不公平、不完整的。合同条款是双方平等协商的结果，双方经协商无法达成一致的，交由争议解决机构解决，这是正常合理的程序。而双方的上述约定将工期顺延的决定权交给业主方，又没有规定在该方不能公平决定时的处理程序，这样极易在实践中造成纠纷。在本案中，如果承包商已经向业主方提出了要求顺延工期的书面文件，而该要求又是合理的，则不管业主方是否进行书面确认，最终裁决机构都会认定应相应顺延工期。

判例 2

承包商违约,但是一审法院判定损失有误,二审纠正

[基本案情]

上诉人(原审被告,反诉原告):崇义县鑫创建筑安装工程总公司

被上诉人(原审原告,反诉被告):赣州市章贡区红旗大道中心小学。

1. 一审法院查明认定

原审法院经审理查明:被告通过招标方式,取得承建赣州市章贡区红旗大道中心小学教学楼的承建资格,并于2006年6月26日与原告签订建筑工程施工合同,约定:工程地点在赣州市章贡区红旗大道建金路以北,工程内容为三层框架、建筑面积2852平方米,合同价款1374152.42元,开工日期为合同签订后3天,竣工日期为2006年9月26日。双方在合同专用条款中约定,原告方应完成施工许可证、规划两证、质量监督申报、环保申报等证件和批件的办理事宜;工期顺延的情况为因发包方原因签证顺延或按合同通用条款和招标文件执行;发包方违约责任按合同通用条款第24条"实行工程预付款的,双方应当在专用条款内约定发包人向承包人预付工程款的时间和数额,开工后按约定的时间和比例逐次扣回。预付时间不迟于开工日期前7天。发包人不按约定预付,承包人在约定预付时间7天后向发包人发出标示预付的通知,发包人收到通知后仍不能按要求预付,承包人可在发出通知后7天停止施工,发包人应从约定应付之日起向承包人支付应付款的贷款利息,并承担违约责任",第26.4条"发包人不按照合同的约定支付工程款(进度款)双方又未达成延期付款协议,导致施工无法进行,承包人可停止施工,由发包人承担违约责任";承包方的违约责任按通用条款14.2条"因承包人原因不能按照协议书约定的竣工日期或工程师同意顺延的工期竣工的,承包人承担违约责任"。……

双方在通用条款中还约定了发生争议后,除非出现单方违约导致合同确实已经无法履行,双方协议停止施工或协调、仲裁、法院要求停止施工的情形外,双方都应继续履行合同,保持施工连续,保护好已经完成的工程。双方在合同中还详细约定了其他相关条款。合同签订后,被告向原告交纳了130000元的履约保证金,并于2006年6月28日开始进场开工。2006年7月上旬,被告施工出现偷工减料和施工不符合设计要求的现象,被监理部门责令现场整改。中旬期间,施工现场的孔桩出现护壁脱落和渗水、施工方提出孔内出现流沙的问题(经设计、勘察和业主现场认定,不属于流沙),造成工程进度缓慢。至8月中旬期间,被告方出现施工组织管理混乱、施工人员和现场管理人员素质不高的问题,被业主单位要求施工方停止施工,进行整顿,后经重新更换了施工队伍,于8月底9月初才恢复施工,此后,因施工方人员和资金组织不力、停工待料、工程进度款迟延到位等问题,造成工程进度一直处于缓慢状态。原告多次催促并商请建设主管部门协调,要求被告加快施工进度未果,直至2007年2月11日工程停工,故而成讼。

2. 二审查明事实

诉讼期间,经本院主持双方进行了先行调解,双方于2007年2月19日先行达成一致意见:同意解除双方之间的施工合同,并由法院根据合同的约定和双方的责任,确定合同解除后的责任承担;原告方并同意先行支付60000元工程款给被告;由双方认可的鉴定机构对被告已经完工的工程量进行鉴定,待鉴定结论作出后十五日内,原告方应支付给被告的工程款额应达到已经完成工程的85%。经本院委托江西赣州祁泰会计师事务所有限公司进行鉴定,被告已完成工程的造价为1085555.97元。

另查明,在合同履行期间,原告分别于2006年的10月、11月、12月和2007年1月、2月共计支付被告工程进度款917329.03元,按合同的约定,时有拖延现象。2007年3月11日,经本院调解后,原告又向被告方支付了60000元工程款,原告共计支付被告工程款合计977329.03元,根据鉴定结果,原告仍有108226.94元的工程款未支付给被告。此外,原告还将被告所交的130000元中的65000元退回给了被告。

另查明,原告方由2006年12月5日取得施工许可证,但在2006年8月24日,赣州市城市规划建设局开发区分局向原告下发了一份施工通知书,规定施工期限为2006年8月24日至2006年12月31日。在原被告双方同意解除合同,被告撤出工地清场后,原告另行组织了施工队伍就未完工程进行了施工,于2007年8月才完成全部工程,总计支付工程款562719.42元。根据原被告双方所签订的施工合同约定的工程造价(另外还有增加的工程量18836.28元)和被告已经完成工程的工程造价、已经支付给被告的工程款,原告为完成学校的工程建设多支出了工程款255286.69元。此外,按合同约定的工期,因该项工程的迟延完工,原告为教学活动多支付了房屋租金23000元(两个学期,每学期11000元,另含税1000元)。

3. 原审法院认定及处理

原审法院认为,原被告双方依法签订的建筑工程施工合同应受保护。双方在诉讼期间，同意解除合同的协议系双方真实意思表示，法院予以确认，由此造成的法律后果由过错方承担责任。在施工合同中，双方约定了工程的竣工日期，虽然开工时原告未办理施工许可证，但施工许可证的问题并未影响施工的进程，即使按建设规划主管部门重新确定了施工日期，该项工程也已经严重延期。在工程施工过程中，被告方人员组织不力、资金不到位、施工管理不科学等是造成工期延误的主要原因，原告迟延支付工程进度款对工期的延误也带来一定的影响，双方应按各自的过错承担相应的责任。按照建设划主管部门规定施工期限为2006年8月24日至2006年12月31日，工程的延期只造成原告的教学活动在外多租一个学期的场所，原告为此多支付的租金只能计算一个学期，即11500元（含500元税收）。由于本案所涉工程尚未竣工验收，无法确定是否属于合格工程，法院就双方认可的工程款数额和鉴定结论确定工程款数额，如在竣工验收时出现有质量不合格的情形，当事人可另行主张权利。据此，原审法院判决：一、解除原告（反诉被告）赣州市章贡区红旗大道中心小学与被告（反诉原告）赣崇义县鑫创建筑安装工程总公司签订的建筑工程施工合同；二、被告（反诉原告）崇义县鑫创建筑安装工程总公司应当赔偿原告（反诉被告）赣州市章贡区红旗大道中心小学因工期延误所造成的损失240108〔(255286.69＋11500)×90％〕元；三、原告（反诉被告）赣州市章贡区红旗大道中心小学应当支付被告（反诉原告）崇义县鑫创建筑安装工程总公司108226.94元；四、以上两项相抵，余额131881.06元，限被告（反诉原告）崇义县鑫创建筑安装工程总公司在本判决生效后十日内付清……

4. 当事人上诉及答辩

上诉人崇义县鑫创建筑安装工程总公司不服原审判决，提出上诉，其上诉理由及请求为：工期延误的直接原因是由于被上诉人修改设计变更图纸、增加工程量等造成，应由被上诉人承担全部责任。一审判决简单地将后续工程款视为损失，与事实不符，应当分清后期工程款及损失，损失应该由鉴定机构鉴定，由双方当事人确认。根据双方在建筑施工合同中的约定，即使上诉人违约，承担违约责任的赔偿费总额不超过合同总价的2％。本案中被上诉人亦存在违约行为，其应当承担相应的违约责任。双方在法庭主持下签订了一份调解协议，该调解协议的前提条件是上诉人对后续工程不承担任何责任，而不是上诉人不能履行合同的约定，在调解中上诉人承诺有能力在3月底将剩余工程全部完工，但被上诉人未同意。综上所述，被上诉人的诉讼请求没有事实和法律依据，请求二审法院在正确认定事实的基础上准确适用法律，依法撤销一审判决，驳回被上诉人的诉讼请求。

被上诉人赣州市章贡区红旗大道中心小学辩称：建筑施工合同未能依约完成，是上诉人违约所致，被上诉人没有任何过错。一审判决是根据原来所签订合同工程款是1374152.42元，由于上诉人违约造成双方解除合同，后续工程款是562719.42元，造成被上诉人多支付20多万元，这就是原告的经济损失。被上诉人在一审时已经提供了相关证据证明被上诉人支付后续工程款的合理性和合法性，所有合同都经过有关部门进行鉴证，包括开发区建设局、监察局、教育局等，使用的材料都是根据国家采购规定进行采购的，如果上诉人认为被上诉人的损失有问题，根据谁主张谁举证的原则，上诉人应该向法院举证证明工程款是否合理合法。关于合同的违约责任赔偿问题，对双方来说，有法律约束力的是施工合同，合同对于违约条款均采用的是按通用条款的规定来履行。虽然招标文件在工期延误中对赔偿费有提到不超过合同总价的2%，该条款并没有用在施工合同中，这是指延误工期并且在完成工程的情况下。但本案双方是解除了合同，不适用该条款，应该按照施工合同来履行。在调解协议第一条已明确双方同意解除施工合同，合同解除的法律后果由过错方承担，这足以说明上诉人与被上诉人都没有放弃合同解除后应追究双方应承担的责任，虽然约定了被告方不承担后续工程的责任，这与第一条有点冲突，但这是指后续工程的质量、保修问题，由于不是上诉人承建的，因此才这样约定。原审判决认定事实清楚，处理正确，请求二审驳回上诉，维持原判。

5. 二审法院认定及处理

二审法院审理查明：在上诉人与被上诉人2006年6月26日所签订《建设工程施工合同》中，双方对组成合同的文件约定为：本合同协议书、本合同专用条款及通用条款等。在该合同第二部分专用条款中，双方约定招、投标文件亦为合同的组成文件。对于上诉人不能按照协议约定的竣工日期竣工，双方约定上诉人应承担违约责任，但未约定如何承担该责任。招标文件中则规定上诉人应向被上诉人支付赔偿费，赔偿费支付办法按合同工期每延误一天赔偿合同价格的500元，但总额不超过合同总价的2%。2007年3月11日，上诉人与被上诉人在原审法院主持下，签订了一份调解协议，该协议第一项约定：双方同意解除《建设工程施工合同》，合同解除的法律后果由过错方承担。第四项约定：后续工程，上诉人方不承担任何责任。协议签订后，上诉人撤出工地。二审认定的其他事实与原审法院查明的事实一致。

[裁判理由及结果]

二审认为：上诉人鑫创建筑安装工程总公司与被上诉人赣州市章贡区红旗大道中心小学在调解协议中已约定对于被上诉人的后续工程，上诉人方不承担任何责任。协议的其他条款均已履行完毕，此条款亦应按约履行。原审判决由上诉人承担被上诉人后续工程款255286.69元90%的赔偿责任不当，应予纠正。本案对于上诉人违约金的计算，应依据招标文件的规定，即对上诉人工期延误的赔偿总额不超过合同总价的2%，为27483元（1374152.42元×2%），此违约金应按双方的违约责任进行分担。上诉人方人员组织不力、资金不到位、施工管理不科学等是造成工期延误的主要原因，其应承担主要违约责任。被上诉人迟延支付工程进度款亦应承担相应的违约责任。原审判决认定部分事实不清，对违约金的处理不当。

裁判结果：一、维持赣州市章贡区人民法院（2007）章民二初字第019-2号民事判决第一项、第三项、第五项、第六项、第七项；二、撤销赣州市章贡区人民法院（2007）章民二初字第019-2号民事判决第二项、第四项；三、由上诉人崇义县鑫创建筑安装工程总公司支付给被上诉人赣州市章贡区红旗大道中心小学违约金19238.10元（27483元×70%）。上述应支付款项相抵，被上诉人赣州市章贡区红旗大道中心小学应支付给上诉人崇义县鑫创建筑安装工程总公司工程款88988.84元（108226.94元－19238.10元）……

[法律评析]

《合同法》第一百一十三条规定："当事人一方不履行合同义务或者履行合同义务不符合约定，给对方造成损失的，损失赔偿额应当相当于因违约所造成的损失，……"。法律的这一规定包含两方面含义：首先守约方的损失应当与违约方的违约行为有因果关系，也就是说，该损失是由违约方的违约行为造成的；其次，损失赔偿额应当与损失相当，不应大于或小于损失。

本案原审法院判令崇义县鑫创建筑安装工程总公司应当赔偿赣州市章贡区红旗大道中心小学因工期延误所造成的损失240108元中，包含了两部分：一部分是原告为完成学校的工程建设多支出的工程款，另一部分是因该项工程的迟延完工，赣州市章贡区红旗大道中心小学为教学活动多支付了房屋租金。

原审法院将原告为完成学校的工程建设多支出的工程款作为赔偿损失的内容是不正确的，理由如下：

（1）并没有充分证据证明，原告为完成学校的工程建设多支出的工程款与被告违约行为之间存在因果关系。实际造价高于合同约定价款在工程建设中是非常常见的，造成此情况的原因是多方面的，并不一定是违约方延误工期造成的。如果原告方能够举证证明多支付的工程款是由于合同约定竣工日期后，材料价格、人工成本上涨造成的，则这种多支出的价款与被告违约行为之间存在因果关系。

（2）违反双方在合同中的"总额不超过合同总价的2‰"赔偿限额约定：

建设工程施工合同并不仅仅指的是协议书、通用条件、专用条件，还包括组成合同的其他文件。同时双方合同中明确约定"工期顺延的情况为因发包方原因签证顺延或按合同通用条款和招标文件执行"。对于上诉人不能按照协议约定的竣工日期竣工，双方约定上诉人应承担违约责任，但未约定如何承担该责任。因此，本案中，在确定被上诉人赔偿数额时应遵守招标文件中的"总额不超过合同总价的2‰"赔偿限额约定。合同总价是1374152.42元，其2‰是27000余元。而原审法院判令被告赔偿原告损失额为240108元，远远高于双方对于赔偿限额的约定，该判决结果是不正确的。

原审法院将赣州市章贡区红旗大道中心小学为教学活动多支付的房屋租金作为损失数额是正确的。这里也体现出，建设工程施工合同因工期延误造成的损失与建筑物的使用功能有很大关系。如果本案中的建筑物为商业用房、工业厂房等则损失计算方式，守约方证明损失的举证内容就有很大不同了。

判例 3

赔偿损失与支付违约金的选择问题，竣工验收时间、工程量增加后工期问题

[基本案情]

申请再审人（一审原告，二审被上诉人）：新疆嘉韵房地产开发有限公司

被申请人（一审被告、二审上诉人）：新疆成道第一建筑工程有限责任公司

1. 新疆维吾尔自治区乌鲁木齐市中级人民法院一审查明的案件事实

2000年3月28日，新疆嘉韵房地产开发有限公司（以下简称嘉韵公司）与新疆成道第一建筑工程有限责任公司（以下简称成道建筑公司）签订《建设工程施工合同》，约定：嘉韵公司将本公司嘉韵大厦续建工程发包给成道建筑公司承包施工，承包范围为：施工图纸的9—30层范围内的土建、水暖、卫通、电器等，框架结构22层，建筑面积22,000平方米；按图施工、质量等级为优良；工程造价暂定2200万元，2000年3月28日开工至同年12月31日竣工；工程竣工后按施工图纸、设计变更、经济签证、工程洽商、现行预算定额、单位估价表、国有企业相应工程类别取费标准与同期结算文件结算。如因嘉韵公司原因造成工期延误，则工期顺延，并承担成道建筑公司因此造成的经济损失。如因成道建筑公司原因造成工期延误，每延误一天由嘉韵公司扣罚合同总造价的万分之一；如工期提前一天，则奖励成道建筑公司合同总造价的万分之一；如工程量变化和设计变更、一周内非成道建筑公司原因停水停电造成停工累计超过8小时、不可抗力、合同中约定或嘉韵公司代表同意予以顺延的其他情况等，成道建筑公司在以上情况发生后5日内，就延误的内容和因此发生的经济支出向嘉韵公司提出报告。嘉韵公司在收到报告后5日内予以确认答复。过期不予答复，可视为延期要求已被确

认。非上述原因工程不能按时竣工，成道建筑公司应承担违约责任。嘉韵公司按时交付工程进度款，余3％为质量保修金。工程竣工验收之日起20天内由成道建筑公司向嘉韵公司提交工程结算报告，嘉韵公司收到竣工结算报告之日起30日内审核批准完毕。如一方违约，应向对方承担违约责任。

合同签订当日，双方又签订补充合同，约定：本工程的续建工程从地面以上第15层起开始，嘉韵公司向成道建筑公司支付工程进度款，按嘉韵公司审核后的已完工程月报表的80％在5日内支付。如嘉韵公司资金短时间暂不到位，成道建筑公司保证当月工程进度不停工。工程交工验收，嘉韵公司支付总造价的85％以上，余款一年内付清。合同签订后，双方开始履行各自义务。施工期间，嘉韵公司依约支付工程进度款。

2000年11月8日，成道建筑公司与嘉韵公司又签订一份补充合同，约定：因工程竣工日期临近，各类安装项目尚多，为了确保施工进度和质量，需要专业施工单位安装，以确保工期，双方同意由嘉韵公司单独分包给相关专业施工单位，并按成道建筑公司要求提供质量验收资料，成道建筑公司提供现场配合，组织交叉施工并收取配合费。

嘉韵公司依该合同约定将空调、电梯、消防、智能化综合布线，地板采暖工程分包给他人施工。施工期间，嘉韵公司设计变更增加了工程量，该工程竣工日期顺延，但成道建筑公司未能向嘉韵公司提出顺延工期报告。

2002年1月16日，施工、建设、设计、监理单位四方盖章认可的《竣工报告》中载明：计划开工日期2000年3月28日，竣工日期2000年12月31日；实际开工日期2000年5月1日；竣工日期2002年1月16日。2002年11月18日，该工程整体竣工，并经验收达到使用标准，交付给嘉韵公司使用。之后，成道建筑公司将工程施工图纸及资料全部移交给嘉韵公司。

2002年12月2日，成道建筑公司与嘉韵公司签订工程质量保修书，约定：成道建筑公司对承包施工的嘉韵大厦续建工程的屋面防水、土建、装修、（成道建筑公司施工部分）电气管线、土建主体列入决算取费的项目予以质量保修，其中屋面防水工程与有防水要求的卫生间、房间、外墙面的防渗漏质量保修期为5年，装修工程与电气管线为2年。

2003年6月23日，嘉韵公司与成道建筑公司签署会议纪要，确认：成道建筑公司施工的嘉韵大厦续建工程存在外墙墙体贯通裂缝、渗漏热桥、外墙抹灰空鼓、酥松、裂缝，以致坠落等工程质量缺陷，由成道建筑公司高层分公司牵头，拿出准确的施工方案报请设计院和监理公司审批后实施，保证彻底根除隐患，做好质保与防水处理。关于工程量决算问题，凡是嘉韵公司供料应从工程决算中扣除，嘉韵公司为本工程建设的相应投入列出目录给成道建筑公司，清算后从决算中扣除……后成道建筑公司制订"嘉韵大厦回访修补方案"，并对该工程存在的质量问题进行了返工维修。因工程外墙抹灰空鼓、剥落、热桥、防水渗漏、裂缝、起皮等现象未能返工修复达到合同约定的优良等级标准，嘉韵公司向新疆建设工程质量安全检测中心（以下简称检测中心）申请工程质量鉴定。

赔偿损失与支付违约金的选择问题，竣工验收时间、工程量增加后工期问题

2003年9月8日，检测中心作出鉴定报告，结论为：该工程存在质量问题，应对外墙抹灰空鼓部位、窗套、理德板抹灰、防水涂料脱皮、屋面压檐、热桥等现象进行返工处理。一审法院审理期间，嘉韵公司又申请法院对质量问题进行鉴定，法院即委托检测中心进行鉴定，检测中心于2004年10月19日作出鉴定报告，结论为：该工程存在裂缝、空鼓、热桥等质量问题。成道建筑公司对该鉴定结论不持异议。

嘉韵公司于2004年5月26日向乌鲁木齐市建设委员会和工程质量监督站反映上述质量问题。乌鲁木齐市建设委员会主持召开会议，由成道建筑公司、嘉韵公司、新疆新恒监理公司、乌鲁木齐市国恒建筑设计研究院、工程质量监督站等单位参加，形成关于处理嘉韵大厦墙体工程质量与安全隐患的会议纪要，要求成道建筑公司对嘉韵大厦工程出现的质量问题认真进行回访，按设计院提供的整改方案与合同约定内容，对出现的质量问题进行彻底的维修返工，消除安全隐患，避免再次出现安全事故，并做好双方的工程量结算工作。

此后成道建筑此公司仍未予返工维修。因成道建筑公司认为工程质量问题系设计原因造成，一审法院遂向设计单位乌鲁木齐市国恒建筑设计院调查。该院答复认为：嘉韵大厦出现的部分质量问题不属设计所致。

2. 当事人一审起诉与答辩

2004年5月26日，嘉韵公司起诉至新疆维吾尔自治区乌鲁木齐市中级人民法院称，嘉韵公司与成道建筑公司签订《建设工程施工合同》后，依照合同约定履行了义务，并超付了工程款，而成道建筑公司违反合同约定，拖延工期，致使嘉韵公司遭受重大损失。据此请求：（1）要求成道建筑公司对严重质量问题返工维修至合同约定的优良标准并承担相关责任；（2）对已完工程造价进行决算和出具发票；（3）赔偿延误工期造成的经济损失8,394,540元；（4）违约金1,555,400元；（5）支付检测费和公证费15,000元；（6）将完整的竣工图纸和资料移交。

成道建筑公司答辩称，在工程施工期间，嘉韵公司变更增加工程量，故不存在延期交工或延误工期问题，嘉韵公司请求赔偿无事实依据。工程量问题应由双方进行核算或审计。工程图纸及资料已全部移交嘉韵公司。

3. 新疆维吾尔自治区乌鲁木齐市中级人民法院一审认定与处理

新疆维吾尔自治区乌鲁木齐市中级人民法院一审认为，成道建筑公司与嘉韵公司签订的嘉韵大厦续建工程施工合同及补充合同是双方的真实意思表示，且符合法律规定，合法有效，双方均应严格遵守和履行。成道建筑公司施工的工程在质量保修期内存在部分墙体裂缝、空鼓、热桥等质量问题，经当庭举证、质证和播放音像资料及委托鉴定属实，且成道建筑公司未表示异议，应视为认可。为此，成道建筑公司应承担返工维修责任，将出现的工程质量问题返工维修至合同约定的优良标准，否则成道建筑公司应向嘉韵公司承担相应的返工维修款。成道建筑公司所述该工程出现的部分质量问题是设计原因所致非施工技术问题的抗辩理由没有充分证据证明，且设计院也予否认，故不能成立。关于工程量决算问题，因在本案审理期间双方共同核算确认成道建筑公司已完工程量造价为3400万元，双方应照此决算。

嘉韵公司已支付成道建筑公司工程进度款 27,315,887.09 元；垫付材料款等计 7,770,428.39 元，均有成道建筑公司相关人员签字认可的票据、单据为凭，成道建筑公司拒绝质证，且不能提供相反证据，应视为对该项事实与金额的认可。为此，两项合计嘉韵公司已付款为 35,086,315.48 元，已超付工程款为 1,086,315.48 元，成道建筑公司占有此款无法律依据，应予退还。关于延期交工违约金问题，双方合同约定施工面积为 22,000 平方米，从 2000 年 3 月 28 日开工至同年 12 月 31 日竣工，实际施工期限为 9 个月计 270 天，平均每日应完成工程施工量为 81.48 平方米，后工程量变更增加到 31,400 平方米，即变更增加工程量为 9400 平方米，应相应延长竣工期限为 115.37 天，应至 2001 年 7 月 26 日止（扣除冬季不能施工的 1 至 3 月底计 3 个月，从 2001 年 4 月 1 日起开始计算），而实际竣工日期为 2002 年 11 月 18 日，工程延期交工 477 天，为此，成道建筑公司应依约向嘉韵公司偿付延期交工违约金 1,621,800 元（工程总价款 3400 万元×0.1‰×477 天）。但嘉韵公司主张 1,555,400 元低于应付金额，故从其主张和请求。关于嘉韵公司要求成道建筑公司赔偿延期交工所造成的预期经济损失 8,394,540 元问题。除了按照违约条款处理外，因逾期交工给发包人造成损失的，还应当按照发包人的实际损失进行赔偿，如逾期交付商品房的，应当按照逾期交付期间的房租确定发包人的预期损失。本案中根据乌鲁木齐市住宅房屋租金标准，嘉韵大厦地处本市二类地区，依据该标准每平方米月租金为 16.59 元，双方所签施工合同建筑面积为 22,000 平方米，按房屋租赁的使用面积折算 75% 计算为 16,500 平方米，成道建筑公司实际延期交工 477 天计 15.9 个月，按每月每平方米租金 16.59 元计算，嘉韵公司实际经济损失 4,352,386.50 元，应由成道建筑公司予以赔偿。关于检测费、公证费承担问题，新疆海方工程造价事务所审计鉴定后，嘉韵公司支付审计鉴定费 10,000 元，嘉韵公司为证据保全进行公证支付公证费 3000 元，应由成道建筑公司承担。关于移交全部施工竣工图纸与工程资料问题，在本案庭审中已查明成道建筑公司已移交全部竣工图纸及施工资料，故嘉韵公司诉请移交无理，不予支持。据此，新疆维吾尔自治区乌鲁木齐市中级人民法院于 2005 年 4 月 4 日作出（2004）乌中民一初字第 94 号民事判决：(1) 成道建筑公司对承包施工的嘉韵大厦建设工程出现的墙体裂缝、空鼓、热桥、酥松等质量问题在判决生效后三个月内无偿返工维修至合同约定的优良标准，否则赔偿嘉韵公司返工维修费用 1,287,312 元；(2) 成道建筑公司退还嘉韵公司超付工程款 1,086,315.48 元；(3) 成道建筑公司支付嘉韵公司延期交工违约金 1,555,400 元；(4) 成道建筑公司赔偿嘉韵公司经济损失 4,352,386.50 元；(5) 成道建筑公司给付嘉韵公司检测费、公证费、审计费 13,000 元；(6) 驳回嘉韵公司要求成道建筑公司移交竣工图纸与资料的诉讼请求。

4. 当事人上诉与答辩

成道建筑公司不服一审判决，向新疆维吾尔自治区高级人民法院提起上诉称，一审法院对嘉韵公司未请求的"退还超付工程款"及"赔偿返工修理费"问题进行审理，违反"不告不理"的民事诉讼原则；工程质量问题系设计和材料原因造成，与施工单位无关，成道建筑公司不应承担质量责任；工程建筑面积增大，难度增大，工期应顺延，一审判决成道建筑公司承担逾期交工违约金不当。

嘉韵公司答辩称，一审判决程序合法，事实清楚，适用法律正确，应予维持。

5. 新疆维吾尔自治区高级人民法院二审认定与处理

新疆维吾尔自治区高级人民法院二审查明的事实与一审查明的事实一致。

新疆维吾尔自治区高级人民法院二审认为，嘉韵公司与成道建筑公司签订的嘉韵大厦续建工程施工合同、补充合同及会议纪要，均系双方当事人的真实意思表示，且不违反法律、行政法规的禁止性规定，应认定有效。（1）关于工程质量问题。依据双方签署的会议纪要、成道建筑公司制订的嘉韵大厦回访修补方案、检测中心出具的报告书及当事人自认等可以证实，在工程质量保修期内，工程质量存在问题，且该质量问题系施工原因所致。故成道建筑公司应当依照合同约定，履行维修义务。如不维修，应支付维修费用。费用金额应以新疆海方工程造价事务所鉴定结论1,287,312元为准。成道建筑公司称工程质量问题，系由设计单位设计有误及使用理德板材料不当等原因造成的，事实依据不足，不予支持。（2）关于退还超付工程款问题。嘉韵公司起诉请求中未明确要求返还超付工程款，故不应审理，其可另行主张，一审判决对此予以支持不当。成道建筑公司要求改判此项，理由成立，予以支持。（3）关于逾期交工问题。《竣工报告》可以证实实际开工日期为2000年5月1日，竣工日期2002年1月16日。一审判决以合同约定的2000年3月28日为开工时间，以工程整幢大楼（成道建筑公司只承包施工了9—30层）的竣工时间2002年11月8日为竣工时间，显属不当，应予纠正。成道建筑公司的施工面积比合同约定面积增加了9400平方米，在这种情况下双方未对增加工程量工程顺延的期限作出具体约定，且根据《嘉韵大厦图纸目录》证实该工程系边设计边施工，加之嘉韵公司将部分工程分包给其他施工单位，需要成道建筑公司提供现场配合，组织交叉施工，在交叉施工的情况下，成道建筑公司的工期亦受到影响。嘉韵公司与成道建筑公司签署的《会议纪要》中载明："自双方确立合同关系以来，都能够严格执行合同约定，总体效果较好"，说明嘉韵公司对工期延长是认可的。因此，延期交工的责任不在成道建筑公司，一审法院判决成道建筑公司支付延期交工违约金并赔偿延期交工的经济损失，缺乏事实依据，应予纠正。据此，新疆维吾尔自治区高级人民法院于2005年12月6日作出（2005）新民一终字第111号民事判决：（1）维持乌鲁木齐市中级人民法院（2004）乌中民一初字第94号民事判决第一、五、六项，即成道建筑公司对承包施工的嘉韵大厦建设工程出现的墙体裂缝、空鼓、热桥、酥松等质量问题在判决生效后3个月内无偿返工维修至合同约定的优良标准，否则赔偿嘉韵公司返工维修费用1,287,312元；成道建筑公司给付嘉韵公司检测费、公证费、审计费13,000元；驳回嘉韵公司要求成道建筑公司移交工程图纸与资料的诉讼请求；（2）撤销原判二、三、四项，即成道建筑公司退还嘉韵公司超付工程款1,086,315.48元；成道建筑公司偿付嘉韵公司延期交工违约金1,555,400元；成道建筑公司赔偿嘉韵公司经济损失4,352,386.50元。

6. 当事人申请再审与答辩

嘉韵公司申请再审称，（1）二审判决认定事实错误，成道建筑公司应退还嘉韵公司超付工程款；二审判决对成道建筑公司逾期交工违约责任未追究不当；判决书断章取义引用会议纪要不当。(2) 二审判决适用法律错误。

成道建筑公司答辩称，(1) 本案一审时嘉韵公司的诉讼请求未包含超付工程款内容，且新疆维吾尔自治区高级人民法院判决生效后，成道建筑公司已另案起诉嘉韵公司，嘉韵公司也提出反诉，请求成道建筑公司退还嘉韵公司超付工程款。(2) 工程逾期竣工主要责任在嘉韵公司，嘉韵公司未按约提供施工条件、变更设计、增加建筑面积等。因此，成道建筑公司不应承担违约责任。

7. 最高人民法院再审认定与处理

最高人民法院再审查明，本案在新疆维吾尔自治区高级人民法院二审判决生效后，成道建筑公司于2006年9月向新疆维吾尔自治区乌鲁木齐市中级人民法院提起诉讼，请求嘉韵公司支付工程款，对此，嘉韵公司提出反诉，请求成道建筑公司退还嘉韵公司超付工程款。该案正在审理中。

最高人民法院再审查明的其他事实与二审判决认定的事实一致。

[裁判理由及结果]

裁判理由： 最高人民法院再审认为，本案当事人争议焦点为：成道建筑公司是否应退还嘉韵公司超付工程款；本案工程竣工日期应如何确定；成道建筑公司在本案中是否应承担逾期交工的违约责任。

1. 关于成道建筑公司是否退还嘉韵公司超付工程款问题。根据本院再审查明的事实，嘉韵公司就此问题已另案主张。据此，嘉韵公司提出的该项再审请求本案不再予以审理。

2. 关于本案工程竣工日期应如何确定问题。最高人民法院认为，成道建筑公司施工工程是续建工程，即建设工程的9—30层。成道建筑公司在工程施工完成后，由建设、监理、设计、施工单位盖章确认的竣工时间为2002年1月16日，该时间应认定为成道建筑公司施工工程的竣工日期。而嘉韵公司主张的2002年11月18日竣工时间，是整个建设工程竣工验收的时间，它不仅包括成道建筑公司施工工程，还包括了案外人的施工工程。因此，2002年11月18日不能作为成道建筑公司施工工程的竣工时间。嘉韵公司该项请求，不予支持。

3. 关于成道建筑公司是否应承担逾期交工的违约责任问题。双方当事人签订的《建设工程施工合同》约定，工期延误一天，成道建筑公司应承担合同总价款万分之一的违约金。最高人民法院认为，该约定系双方当事人的真实意思表示，不违反法律及行政法规的强制性规定，应认定为有效。根据双方当事人合同约定，成道建筑公司应交付工程的时间为2000年12月31日，而实际交付时间为2002年1月16日，逾期交付工程405天，故成道建筑公司应承担逾期交付工程的违约责任。在本案一审时双方共同确认成道建筑公司已完工程总造价为3400万元，以双方当事人合同约定的，每延误一天，成道建筑公司应承担合同总造价万分之一的违约金计算，成道建筑公司应向嘉韵公司支付137.7万元（工程总价款3400万元×0.1‰

赔偿损失与支付违约金的选择问题，竣工验收时间、工程量增加后工期问题

×405天)违约金。关于双方当事人《建设工程施工合同》约定建筑面积为22,000平方米，实际工程建筑面积为31,400平方米，超出合同约定9400平方米问题。最高人民法院认为，双方当事人约定工程开工的时间为2000年3月28日，实际开工日期为2000年5月1日，而2000年4月成道建筑公司在用于施工的《安全施工组织设计》中明确载明：嘉韵大厦续建工程建筑面积为30,000平方米。虽然该面积与实际工程面积31,400平方米不完全一致，但可以证明成道建筑公司在工程开工之前，已明知建筑工程实际面积超出了合同约定施工面积。而且成道建筑公司对逾期交付工程将承担违约责任的后果是清楚的。但成道建筑公司在施工过程中，未向嘉韵公司提出延长工期的申请，据此，成道建筑公司提出的该项主张，理由不成立。

关于一审法院在判决成道建筑公司承担违约责任的同时又判决其承担赔偿责任问题。最高人民法院认为，在存在双方当事人约定因违约产生的损失赔偿额的计算方法的时候，即每延误一天，承担合同总价款万分之一的违约金，相当于支持每年36.5%的利息，嘉韵公司提出再依据租金标准计算损失，认为约定的损失低于成道建筑公司给其造成的损失，由于租金标准既与合同约定不符，又无法律依据，故该项请求不能成立。如果成道建筑公司既赔偿约定的违约金，又赔偿依据租金计算出来的损失，就会导致违约金重复计算，加重成道建筑公司的责任。因此，嘉韵公司该项请求，不予支持。

裁判结果：(1)维持新疆维吾尔自治区高级人民法院(2005)新民一终字第111号民事判决第一项；(2)撤销新疆维吾尔自治区高级人民法院(2005)新民一终字第111号民事判决第二项；(3)撤销新疆维吾尔自治区乌鲁木齐市中级人民法院(2004)乌中民一初字第94号民事判决第二、四项；(4)变更新疆维吾尔自治区乌鲁木齐市中级人民法院(2004)乌中民一初字第94号民事判决第三项为：新疆成道第一建筑工程有限责任公司支付新疆嘉韵房地产开发有限公司逾期交付工程违约金137.7万元，自本判决生效之日起10日内给付……

[法律评析]

1. 关于竣工验收时间的问题

原被告双方合同中约定承包范围为：施工图纸的9-30层范围内的土建、水暖、卫通、电器等。因此，被告方的竣工时间应当是上述合同内工程的完工时间。被告成道建筑公司在工程施工完成后，由建设、监理、设计、施工单位盖章确认的竣工时间为2002年1月16日，该时间应认定为成道建筑公司施工工程的竣工日期。而一审法院将该工程整体竣工日期2002年11月18日作为被告施工工程的竣工日期显然是不正确的。

2. 关于工程量变更后的工期问题

本案中，双方在合同中约定的建筑面积为22,000平方米实际工程建筑面积为31,400平方米，超出合同约定9400平方米，显然增加了工程量。而合同中约定的

可以顺延工期的情况为:"如工程量变化和设计变更、一周内非成道建筑公司原因停水停电造成停工累计超过8小时、不可抗力、合同中约定或嘉韵公司代表同意予以顺延的其他情况等。"显然工程量增加,属于应顺延工期的情形。

而双方在合同中约定的承包商要求工期顺延的程序为,被告在以上情况发生后5日内,就延误的内容和因此发生的经济支出向原告提出报告。原告在收到报告后5日内予以确认答复。过期不予答复,可视为延期要求已被确认。

现在的问题是,被告未提出要求工期顺延的报告,会有怎样的法律后果。而这一问题恰恰是处理工期延误的疑难问题。如本书前面所述,在这种情况下,裁判机构有很大的自由裁量权。正因为如此,本案的一审、二审、再审法院作出了截然不同裁判结果。一审法院认定增加工程量就应顺延相应工期;二审法院认为施工面积比合同约定面积增加了9400平方米,在这种情况下双方未对增加工程量工程顺延的期限作出具体约定,因此,延期交工的责任不在成道建筑公司;再审法院认为,被告在开工之初已知道建筑面积增加的实施,而且未向原告提出工期顺延申请,因此被告以此为理由认为应顺延工期不成立。上述法院认定的差异从学理角度讲,完全属于人民法院的自由裁量范围。同时,这也表明,在工程法律实践中迫切需要统一裁判规则,尽量避免不同法院对同样事实的不同裁判结果,也尽量降低当事人对于裁决结果的不可预知性。

3. 关于赔偿损失与支付违约金问题

一审法院既认定违约金,又认定损失,再审法院只认定了违约金。这里涉及违约金与赔偿损失能否并存问题。《合同法》第一百一十四条约定:"当事人可以约定一方违约时应当根据违约情况向对方支付一定数额的违约金,也可以约定因违约产生的损失赔偿额的计算方法。约定的违约金低于造成的损失的,当事人可以请求人民法院或者仲裁机构予以增加;约定的违约金过分高于造成的损失的,当事人可以请求人民法院或者仲裁机构予以适当减少。"根据上述规定,违约金与赔偿损失不能并存。当实际损失大于违约金时,当事人的救济途径是要求增加违约金,而不是再另行主张赔偿损失。作为例外,如果当事人在合同中明确约定,当实际损失大于违约金时,守约方还有权要求赔偿损失。则当事人除违约金之外,还可要求赔偿损失。本案中,双方在合同中并未进行类似的约定,因此原告既要求违约金,又要求赔偿损失,再审法院对此不予支持是完全正确的。

原告是否可以另案起诉,要求增加违约金的数额呢?显然不行。《民事诉讼法》第一百一十一条规定:"人民法院对符合本法第一百零八条的起诉,必须受理;对下列起诉,分别情形,予以处理:……(五)对判决、裁定已经发生法律效力的案件,当事人又起诉的,告知原告按照申诉处理,但人民法院准许撤诉的裁定除外;"。这就是常提到"一事不再理"原则。所以,原告在诉讼中,应当要求增加违约金,而不是要求另行赔偿损失。

4. 损失可预见问题

《合同法》第一百一十三条规定:"当事人一方不履行合同义务或者履行合同义务不符合约定,给对方造成损失的,损失赔偿额应当相当于因违约所造成的损失,包括合同履行后可以获得的利益，但不得超过违反合同一方订立合同时预见到或者应当预见到的因违反合同可能造成的损失"，根据这一规定，违约方赔偿因违约造成的损失的一个重要前提，就是这一损失是其签订合同时预见或者应当预见的，否则即使有损失存在，违约方也不应承担相应损失。

本案中，原告方的经济损失为租金损失，而在合同中双方并未约定损失的具体内容，即使不存在违约金与经济损失并存问题，被告方也可以以损失不可预见为由进行抗辩。

通过上述分析可以看出，双方当事人，特别是业主一方，在约定工期延误违约责任时一定要注意两点：一是要约定当违约金不足以补偿损失时，守约方有权主张损失；二是要对损失的范围进行约定。只有这样才能在违约发生时更好地保护守约方合法权益。

判例 4

开工日期、竣工日期争议，承包商诉讼时效抗辩

[基本案情]

上诉人（原审被告）：恒创建设（南京）有限公司

被上诉人（原审原告）：哈尔滨市华菱建筑工程公司

1. 一审法院认定事实

原审认定，哈尔滨市华菱建筑工程公司（以下简称华菱公司）将其承包的上海卡拉斯试验中心的中央空调管道安装工程分包给恒创公司，合同总价为4,325,000元（人民币，下同）。为此，华菱公司与恒创公司先后两次签订承包合同书。2005年7月9日的承包合同书中约定，开工时间为2005年7月15日，完工时间为2005年9月15日，合同金额为4,000,000元，工期延误违约金按照合同金额的每天0.3‰计算，如遇不可抗力，华菱公司工程变更及政府重大活动引起的停工指令等原因造成的工期延误，合同工期可以顺延，这时因顺延发生的费用不在于华菱公司。2005年9月28日的承包合同书中约定，开工时间为2005年10月7日，完工时间为2005年10月27日，合同金额为325,000元。

华菱公司认为恒创公司逾期完工，要求恒创公司支付逾期竣工违约金，双方协商未果，华菱公司遂诉至法院，请求判令恒创公司支付逾期竣工违约金1,464,000元。

原审审理中，华菱公司与恒创公司确认该分包工程是安装在上海卡拉斯试验中心新建工程主厂房中，恒创公司的分包工程需在主厂房主体结构完成后才能进行施工。该主厂房属于钢结构，根据主厂房钢结构子分部工程质量验收证明书记载，华菱公司于2005年8月10日自评钢结构子分部工程施工质量合格、符合设计及规范要求，主厂房钢结构于2005年9月

8日经建设单位上海卡拉斯汽车零部件有限公司验收合格,华菱公司于2005年12月30日出具了主厂房竣工报告。

华菱公司为证明恒创公司开工时间,向法院提供了2005年8月20日华菱公司向恒创公司支付工程款的收据,认为根据合同约定,每月按当月工程量拨一次工程款,工程进度款是根据每月25日止的工程量计算和确定,恒创公司应在每月27日以前把工程款申请书提交华菱公司,故上述付款实际是支付至7月25日止的工程款,所以恒创公司是于2005年7月15日开工。恒创公司认为该收据是预付款凭证,不是工程进度款的支付凭证。恒创公司为证明其开工时间为2005年10月16日,向法院提供了主厂房的竣工报告,说明主厂房的主体结构于2005年10月15日完工,其于2005年10月16日才具备开工条件。

华菱公司为证明恒创公司分包工程完工时间为2006年1月16日,向法院提交了华菱公司与恒创公司签署的验收记录,该材料显示最早验收记录发生在2005年9月6日,2006年1月16日华菱公司与恒创公司对该分包工程进行了总验收。恒创公司对该证据的真实性没有异议,但认为2006年1月16日的验收是为配合业主而出具的,分包工程于2005年12月5日已完工验收,在上海市杨浦区城建档案馆存档的2005年12月5日单位(子单位)工程质量控制资料核查记录中载明通风与空调分部工程验收记录为39份。

原审审理中,恒创公司明确若法院认定成恒创司存在逾期完工行为应承担违约责任,则以违约金过高为由要求法院予以调整。

原审另查明,恒创公司的分包工程完工后,华菱公司与恒创公司曾就该分包工程进行工程决算,后因工程款纠纷,恒创公司于2008年5月8日向上海市浦东新区人民法院提起诉讼,要求华菱公司支付工程款及逾期付款的利息,案号为(2008)浦民三(民)初字第1336号,上海市浦东新区人民法院于2008年8月4日作出一审判决:判令华菱公司支付恒创公司工程款及相应的利息。该判决经(2008)沪一中民二(民)终字第2459号审理维持,已经生效。在该案审理中,华菱公司与恒创公司口头确认该分包工程于2005年10月开始安装,2005年12月调试验收完毕,但华菱公司与恒创公司均未提供证据证明。

2. 原审法院裁判理由及结果:

(1)原审法院裁判理由

原审认为,合同是当事人之间设立、变更、终止民事权利义务关系的协议,其本质是一种合意。依法成立的合同,对当事人具有法律约束力,受法律保护。华菱公司与恒创公司就上海卡拉斯试验中心工程先后签订的两份合同合法有效,对当事人均有约束力,法院予以确认。

本案的争议焦点有四:一是系争工程的总施工工时;二是系争工程的实际开工日期;三是系争工程的实际竣工日期;四是华菱公司的诉讼请求是否已超过诉讼时效。

关于争议焦点一,华菱公司与恒创公司间存在两份合同,华菱公司认为两份合同相互独立,恒创公司认为两份合同均是针对同一分包工程,后一合同是前一合同的变更和补充。由于恒创公司就上海卡拉斯试验中心工程仅分包了主厂房的通风与空调的分部工程，而华菱公司未能提供证据证明后一份合同是华菱公司将其他分部工程分包给恒创公司施工，故法院认定该两份合同均是针对主厂房的通风与空调的分部工程而签订，该分包工程的工期应当是两份合同约定工期的总和。2005年7月9日承包合同书中约定的工期为2005年7月15日至2005年9月15日，实际施工日为63日；2005年9月28日承包合同书中约定的开工时间为2005年10月7日，完工时间为2005年10月27日，实际施工日为21日，故法院认为系争工程的总工时应为上述两份合同约定的施工日之和，即为84日。

关于争议焦点二，双方于2005年7月9日签订的合同中约定，如遇华菱公司工程变更的原因造成工期延误，合同工期可以顺延。审理中，华菱公司与恒创公司均确认该分包工程需在主厂房主体结构完工后才能进行施工。该主厂房结构为钢结构，钢结构完工即为主体结构完工，根据质量验收证明书记载，2005年8月10日华菱公司自评主厂房钢结构施工合格、符合设计要求，2005年9月8日主厂房钢结构通过建设单位验收，因此华菱公司称系争工程于2005年7月15日开工的意见，与上述事实不符，法院不予认可。同样，鉴于华菱公司与恒创公司之间于2005年9月6日已存在风管与配件制作（空调风系统）分项工程质量验收记录，故恒创公司认为系争工程于2005年10月16日开工的意见，与上述事实不符，法院同样不予确认。在此情况下，综合"2005年8月10日华菱公司自评主厂房钢结构施工合格、符合设计要求，2005年9月8日主厂房钢结构通过建设单位验收，华菱公司与恒创公司之间于2005年9月6日已存在风管与配件制作（空调风系统）分项工程质量验收记录"三项事实，故法院认为将系争工程的开工时间确定为2005年8月11日，即华菱公司自评主厂房钢结构施工合格的第二日开始施工较为合理。

虽然（2008）浦民三（民）初字第1336号案件的判决书审理查明部分有"华菱公司于2005年10月开始安装、2005年12月调试验收完毕"的表述，但考虑到该案的审理中就上述事实均为华菱公司与恒创公司的口头陈述，未有其他证据加以证实，故在该表述与现有证据不相符的情况下，应予以推翻。

关于争议焦点三，由于华菱公司已于2005年12月30日出具了包括恒创公司分包工程在内的主厂房竣工报告并向城建档案部门进行了备案，华菱公司出具主厂房竣工报告的行为实质是对恒创公司分包工程的认可，无论华菱公司因何缘故拖延至2006年1月16日才对恒创公司分包工程进行验收，如果法院采信华菱公司的陈述，显然有违公平原则，故法院认定恒创公司的分包工程于2005年12月30日完工。恒创公司辩称2005年12月5日已存在通风与空调的验收记录，由于该记载不是对恒创公司分包工程的总验收，法院不予认可。

综合上述分析，恒创公司应当在2005年11月2日完工，但实际完工时间为2005年12月30日，恒创公司逾期竣工了58天。根据合同约定，逾期完工违约金按照合同金额每天0.3‰计算，现华菱公司主张的合同金额为4,000,000元，恒创公司认为该违约金约定过高，要求法院调整。因华菱公司未能提供因恒创公司的逾期竣工给其造成损失的证据，法院综合本案情况，调整违约金的标准为每日0.1%，故恒创公司应承担的逾期完工违约金为232,000元（4,000,000元×58×0.1%）。

关于争议焦点四，法院认为，在恒创公司分包工程完工后，华菱公司与恒创公司曾进行工程结算，恒创公司又于2008年5月向法院提起工程款诉讼，所以有理由认为在恒创公司分包工程完工后华菱公司与恒创公司曾就逾期完工事宜进行过磋商，故对恒创公司就诉讼时效提出的抗辩意见不予采信。

(2) 原审法院裁决结果

一、恒创建设（南京）有限公司于判决生效之日起十日内支付哈尔滨市华菱建筑工程公司逾期完工违约金232,000元；二、驳回哈尔滨市华菱建筑工程公司其余的诉讼请求。

3. 当事人上诉及答辩

原审判决后，恒创公司不服，上诉于二审法院，诉称，恒创公司承建的中央空调管道安装分包工程必须在主厂房主体结构，即钢结构完工后才能进行施工。而主厂房钢结构的完工时间为2005年9月8日，因而本案系争工程的开工时间应在2005年9月8日之后。虽然存在2005年9月6日进行的风管与配件制作（空调风系统）分项工程质量验收记录，但该验收是为了保证工程质量及安全，是开工前的准备工作，所以该验收记录并不能说明本案系争工程已开工。华菱公司于2005年8月20日支付的款项是预付款，并不是工程进度款，所以该付款事实不能证明开工时间在2005年8月。原审法院认定本案系争工程于2005年8月11日开工是错误的。按工程惯例，分项工程不通过验收，总包工程不可能通过验收，现总包工程于2005年12月30日通过验收，所以本案系争工程应于该日前竣工。华菱公司对本案系争工程验收的时间是2005年12月5日，而原审法院以总包工程验收的时间来确定本案系争工程竣工的时间是错误的。综上，恒创公司于2005年9月8日开工，于同年12月5日竣工，并未逾期竣工，恒创公司不应承担逾期竣工的违约责任。华菱公司在与恒创公司达成结算协议后，另行提起本案诉讼，不应得到支持。且华菱公司不会因本案系争工程是否逾期完工而产生任何实际损失，所以其诉讼请求不应得到支持。故要求撤销原审判决，依法改判驳回华菱公司的原审诉讼请求。

被上诉人华菱公司辩称，原审法院认定的本案系争工程的开、竣工日期是正确的。原审法院在考量了双方当事人约定的违约金过高的基础上，已对违约金的数额作了调整，恒创公司以华菱公司没有损失为由提起上诉，无法律依据。双方当事人在本案诉讼之前，就工程款的支付进行过多次磋商，且恒创公司于2008年5月向上海市浦东新区人民法院提起诉讼，要求华菱公司支付工程款，所以华菱公司提起本案诉讼并未超过诉讼时效。原审法院判决正确，故要求驳回上诉，维持原判。

4. 二审法院认定

经二审法院审理查明，原审法院认定事实无误，本院依法予以确认。

二审法院另查明，恒创公司与华菱公司签订的承包合同书约定"工程款根据每月25日为止的工程量计算和确定，恒创公司应在每月27日以前把工程款申请书提交给华菱公司，华菱公司审核施工单位的工程款申请书后，在下月10日支付进度款"。

[二审法院裁判理由及结果]

裁判理由：二审法院认为，依法订立的合同受法律保护，合同各方当事人均应按约履行。虽然本案系争工程主厂房钢结构的完工时间为2005年9月8日，但恒创公司施工的风管与配件制作（空调风系统）分项工程于2005年9月6日进行了质量验收，所以恒创公司必然于2005年9月6日之前已开工，恒创公司认为2005年9月6日的分项质量验收系开工前的准备，无事实依据，本院不予采信。华菱公司于2005年12月5日就恒创公司施工的工程出具了质量检查记录，但该些记录只是针对恒创公司施工的部分工程，并非针对恒创公司施工的全部工程，所以恒创公司以该些证据为由主张本案系争工程于2005年12月5日竣工，无事实依据，本院亦不予采信。由于华菱公司与恒创公司在履约期间，未就工程的开、竣工制作规范的开、竣工报告，原审法院根据双方当事人提供的相关证据，结合本案实际情况，所认定的开工和竣工日期，并无不妥。

根据《中华人民共和国合同法》第一百一十四条规定，当事人可以约定一方违约时应当根据违约情况向对方支付一定数额的违约金，也可以约定因违约产生的损失赔偿额的计算方法。恒创公司与华菱公司间的合同已约定了逾期竣工的违约金，现由于恒创公司未按约竣工，所以其应当按照合同约定承担相应的违约责任。原审法院综合本案实际情况，已对违约金作了适当调整。而恒创公司以华菱公司并未因逾期竣工而受损为由，主张不承担违约责任，无事实和法律依据，本院不予支持。

由于双方当事人在本案诉讼之前，就工程款的支付等问题长期磋商不成，且在本案诉讼之前，恒创公司又就工程款提起诉讼，所以华菱公司提起本案诉讼，并未超过诉讼时效。原审法院对本案的判决理由已作了充分阐述，本院在此不再详述。原审判决正确，应予维持。

裁判结果：驳回上诉，维持原判。

[法律评析]

1. 关于开工日期

开工日期可以由双方在合同中明确具体约定，也可以由业主方发出的开工通知中确定，同时施工许可证上也会载明开工日期。因此，从理论上讲，合同文件、开工日期、施工许可证都可以作为证明开工日期的证据。同时，其他的一些文件也可以用来证明开工日期。由于种种原因，这些证据对于开工日期的证明有时是不一致甚至是相互矛盾。人民法院在审理案件时会根据证据规则，综合评判各个证据的证明力，独立地认定客观合理的开工日期。

华菱公司为证明恒创公司开工时间，向法院提供了2005年8月20日华菱公司向恒创公司支付工程款的收据，认为根据合同约定，每月按当月工程量拨一次工程款，工程进度款是根据每月 25 日止的工程量计算和确定，恒创公司应在每月 27 日以前把工程款申请书提交华菱公司，故上述付款实际是支付至 7 月 25 日止的工程款，所以恒创公司是于 2005 年 7 月 15 日开工。华菱公司的这一理由是不成立的，因为从逻辑上讲是不严密的。在每月恒创公司上报工程量后，华菱公司应当按照合同约定支付工程款，这一逻辑是严密的。而反过来，华菱公司付款了并不能绝对证明恒创公司上报工程量或开始施工了，因为从逻辑上并不能必然得出这一结论。所以，一审、二审法院对于华菱公司用工程款收据证明开工日期应当是 2005 年 7 月 15 日不予支持是完全正确的。

同时，对于开工日期，还有其他几份证据：主厂房的竣工报告，证明主厂房的主体结构于 2005 年 10 月 15 日完工，恒创公司于 2005 年 10 月 16 日才具备开工条件；一份生效判决书认定，在该案件审理中华菱公司与恒创公司口头确认该分包工程于 2005 年 10 月开始安装，2005 年 12 月调试验收完毕；华菱公司于 2005 年 8 月 10 日自评钢结构子分部工程施工质量合格；华菱公司与恒创公司之间于 2005 年 9 月 6 日已存在风管与配件制作（空调风系统）分项工程质量验收记录。上述四份证据对于开工时间的证明是不一致的。《最高人民法院关于民事诉讼证据的若干规定》第六十四条规定："审判人员应当依照法定程序，全面、客观地审核证据，依据法律的规定，遵循法官职业道德，运用逻辑推理和日常生活经验，对证据有无证明力和证明力大小独立进行判断，并公开判断的理由和结果。"在审核证据方面，法律赋予了法官独立判断的权利。

在本案中，华菱公司与恒创公司之间的 2005 年 9 月 6 日的风管与配件制作（空调风系统）分项工程质量验收记录这一证据无可争议地证明了在 2005 年 9 月 6 日之前诉争工程已经开工，恒创公司认为诉争工程于 2005 年 10 月 16 日开工的说法显然不成立。同时，存在华菱公司于 2005 年 8 月 10 日自评钢结构子分部工程施工质量合格的证据，综合上述证据情况，一审法院将开工日期确定为 2005 年 8 月 11 日是公允的。

2. 关于竣工日期

华菱公司已于 2005 年 12 月 30 日出具了包括恒创公司分包工程在内的主厂房竣工报告并向城建档案部门进行了备案，同时华菱公司为证明恒创公司分包工程完工时间为 2006 年 1 月 16 日，向法院提交了华菱公司与恒创公司签署的验收记录，该材料显示最早验收记录发生在 2005 年 9 月 6 日，2006 年 1 月 16 日华菱公司与恒创公司对该分包工程进行了总验收。这两份证据的内容是相互矛盾的。《最高人民法院关于民事诉讼证据的若干规定》第七十七条规定："人民法院就数个证据对同一事实的证明力，可以依照下列原则认定：……（二）物证、档案、鉴定结论、勘验笔录或者经过公证、登记的书证，其证明力一般大于其他书证、视听资料和证人证言；……"而向城建档案馆备案的主厂房竣工报告，属于档案，其证明力高于其他书证。原审法院依据该证据，认定竣工时间为 2005 年 12 月 30 日是有法律依据的。恒创公司为证明竣工日期为 2005 年 12 月 5 日，提交了在上海市杨浦区城建档案馆存档的2005年12月5日单位（子单位）工程质量控制资料核查记录中载明通风与空调分部工程验收记录39份。如果这些文件包含了恒创公司施工的全部工程，则诉争工程竣工日期为2005年12月5日的观点是成立的。但是，这些文件并不包括恒创公司施工的全部工程，因此这一证据无法证明诉争工程的竣工日期为2005年12月5日。

3. 关于约定违约金过高问题

《合同法》第一百一十四条规定："当事人可以约定一方违约时应当根据违约情况向对方支付一定数额的违约金，也可以约定因违约产生的损失赔偿额的计算方法。约定的违约金低于造成的损失的，当事人可以请求人民法院或者仲裁机构予以增加；约定的违约金过分高于造成的损失的，当事人可以请求人民法院或者仲裁机构予以适当减少。"根据这一规定，守约方在主张违约金时应当提交其遭受损失的证据。在本案中，华菱公司未提交相应证据，人民法院依照恒创公司请求，调低违约金标准，有法律依据。

4. 关于工期延误索赔诉讼时效问题

诉讼时效抗辩是承包商对抗业主方工期延误之诉的有力抗辩理由。首先，关于工期延误的诉讼时效应当从何时起计算？《民法通则》第一百三十五条规定："向人民法院请求保护民事权利的诉讼时效期间为二年，法律另有规定的除外。"第一百三十七条规定："诉讼时效期间从知道或者应当知道权利被侵害时起计算。"显然法律规定是明确的。业主与承包商签订施工合同，约定了竣工日期，其民事权利在于应于约定竣工日取得合格工程。在约定的竣工日到来时，工程尚未竣工，其民事权利受到损害，这一点确定无疑，业主方应当在此时开始要求保护其民事权利，诉讼时效应开始计算。本案中，如果没有诉讼时效中断事由，显然已经超过诉讼时效期间。《民法通则》第一百四十条规定："诉讼时效因提起诉讼、当事人一方提出要求或者同意履行义务而中断。从中断时起，诉讼时效期间重新计算。"《最高人民法院关于贯彻执行〈中华人民共和国民法通则〉若干问题的意见》173条规定："诉讼时效因权利人主张权利或者义务人同意履行义务而中断后，权利人在新的诉讼时效期间内，再次主张权利或者义务人再次同意履行义务的，可以认定为诉讼时效再次中断。"本案中，华菱公司并未提交证据，证明其在诉讼时效期间届满前主张过工期延误违约金。原审法院认定："在恒创公司分包工程完工后，华菱公司与恒创公司曾进行工程决算，恒创公司又于2008年5月向法院提起工程款诉讼，所以有理由认为在恒创公司分包工程完工后华菱公司与恒创公司曾就逾期完工事宜进行过磋商，故对恒创公司就诉讼时效提出的抗辩意见不予采信。"笔者认为，这一认定是欠妥当的。华菱公司主张工期延误违约金已经超过诉讼时效期间。

判例 5

施工合同无效，索赔工期延误损失证据不足

[基本案情]

上诉人（原审原告）：马文奇，男

被上诉人（原审被告）：信阳市国远置业有限责任公司

被上诉人（原审被告）：信阳联建建筑装饰有限责任公司

被上诉人（原审被告）：信阳联建建筑装饰有限责任公司第二分公司

被上诉人（原审被告）：林孝文，男

1. 一审法院查明事实

原审查明，开发商国远公司开发信阳市平桥区南京路新腾花园商住楼小区工程，2005年4月9日，开发商国远公司与建筑商联建公司签订了新腾花园1—5号楼建设施工合同书，合同总价款12980000元。合同签订后，由联建公司第二分公司将部分工程以每平方米480元转包给林孝文，林孝文又将工程转包给实际施工承包人马文奇。2005年3月5日林孝文与马文奇签订新腾花园2B号楼，2A号楼分项工程承包合同书。双方约定承包造价每平方米建筑费400元，2B楼建筑面积为5096平方米，总合计造价为2038444；2A号楼建筑面积为4414.08平方米，总合计造价为1765952元，在合同工期天数一栏中，没有约定具体天数，但对提前完成一天和延误一天各奖励和处罚1000元，奖罚累计计算的约定，同时有工期顺延的约定，如建设单位有关手续未及时办理，重大结构设计变更延误时间，地质资料不符，停水停电超过48小时，不可抗拒的自然灾害延误时间，冬雨气候，节假日，农忙季节都不在工期范围内。2006年5月29日，又由联建公司二分公司马世亮为甲方和乙方林孝文、马文奇，王艳签订新腾花园2A号楼西侧新增加半个单元（就是2C号楼）承包施工合同书，承

包方式，包工包料。双方约定在原价格上增加每平方米 30 元造价。工程合同主体工期为 35 天，建筑面积据实结算，在合同工期内完成全部工程量，乙方每提前完成一天，甲方予以奖励人民币 1000 元，每延误一天处罚人民币 1000 元，奖罚均累计计算。同时如有以下情况，乙方可以提示工期顺延：①建设单位有关手续未及时办理和四周邻居矛盾，影响乙方不能施工的时间；②重大结构设计变更所延误的时间；③连续停水、停电超过 48 小时的时间；④人为不可抗拒的特大自然灾害延误时间；⑤新增加的工程量和甲方造成损失需要签字的，甲方不签字所耽误的时间；⑥中、高招生停工的时间，正常的冬雨气候，节假日不在工期范围内，如发生上述情况，乙方及时向甲方及监理部门提出工期顺延申请，经建设单位核实签字认可，方能顺延工期，如乙方没有及时申请办理签字手续，甲方不予认可。同时承建的工程还有新腾花园工程煤棚，但双方都没有提供承包施工合同，具体合同如何约定事项不详。据此，原告马文奇以自己承包建设的新腾花园工程因被告的规划审批手续不全，造成停工损失为：2A 号楼损失计款 635377.68 元，2B 号楼损失计款 771200 元，2C 号楼损失计款 84789.80 元，煤棚损失计款 44502.60 元。以上总计款 1535870.10 元，请求被告方共同承担。

2. 原审法院裁判理由

原审认为，国远公司开发信阳市平桥区南京路新腾花园商住楼小区，与联建公司签订了新腾花园 1-5 号楼建设工程施工合同书，而国远公司二分公司又将其中的 2B 号楼、2A 号楼施工承建工程转包给林孝文，而林孝文转手又将 2B 号楼、2A 号楼工程发包给马文奇承建施工，在施工中又新增加了新腾花园 2A 号楼西侧半个单元。双方并签订了分项工程承包合同和内部工程承包合同，鉴于各方签订的合同约定，各方合同的签订只限于履行合同的相对人，而林孝文与履行合同的相对人是马文奇，而实际施工人马文奇请求四个被告共同承担损失 150 万余元。一是与最高法释相违背，根据最高人民法院司法解释（2004）14 号文件第 26 号二款，连带责任只限于拖欠工程款的范围，开发商，发包方可以连带，工程款可以连带，非工程款不可以连带，同时还受到数额的限制。而原告马文奇请求的是损失费，不是工程款，现要求开发商和发包人、转包人共同承担无法律依据。二是与双方合同约定相对抗，林孝文与马文奇签订的新腾花园 2A 号、2B 号和新增加的半个单元工程合同书中第六条明确约定，提前一天奖励 1000 元，延误一天工期处罚 1000 元，奖惩均累计计算，同时如发生下列情况，乙方可以提出工期顺延。其中第一条，建设单位有关手续未及时办理和四周邻居矛盾，影响乙方不能施工的时间；第二条重大结构设计变更所延误的时间；还有第三、第四、第六条等，不可抗力的自然灾害，停水停电超过 48 小时，中高招生，节假日，冬雨季节都在顺延期内。如发生上述情况，乙方应及时向甲方及监理部门提出工期顺延申请，经建设单位核实签字认可。原告未能提供按双方合同约定，建设方认可的工期延误证据。三是法定期间的举证不到位。本院在受理原告马文奇与林孝文等被告承担损失一案时，在受理前 5 天，2008 年元月 24 日就向原告全权委托代理人王艳送达风险提示书和举证通知书，而原告在举证期内未提供任何行政部门对建设单位下发的停工通知和行政处罚等决定书,庭审后申请本院调取,不符合《最高人民法院关于民事诉讼证据的若干规定》第十九条规定。四是具体请求款项数额超出了诉讼请求范围,原告请求被告共同承担的是因规划审批手续不全,中途停工延长工期各项经济损失,2A号楼损失费共计12项,请求的损失费635377.68元,其中有7项损失与行政审批无关,如挖断路造成材料二次搬运,材料涨价,洪水损失,抽水费,冲洗基础泥土,土建和水电工程人工费调整等。2B号楼损失费共计8项,请求的损失费771200元,其中多项与行政审批手续无关,2C号楼损失费,请求损失6项,损失费84789.80元,均与行政审批无关;请求煤棚损失4项,请求损失费44502.62元,2项与行政审批无关。五是具体请求款项无结算依据,原告请求被告共同承担损失费1535870.10元,(一)无工程审批部门对工程认证损失勘验资料;(二)无价格部门对损失数额的评估报告;(三)无双方签字认可鉴证手续,而是原告单方自制列举的损失清单,不具有法律效力。六是未按证据规则向本院提交证据原件,《最高人民法院关于民事诉讼证据的若干规定》第四十九条之规定对书证,物证,视听资料进行质证,当事人有权要求出示证据的原件或者原物,而原告对自己的主张请求,没有提供任何实质性证据原件原物。故本院对原告请求四被告共同承担因规划审批手续不全,停工延误工期造成的损失费1535870.10元,证据不足,事实不能成立,本院不予支持。

3. 原审法院裁判结果

驳回原告马文奇的诉讼请求。

4. 当事人上诉及答辩

马文奇上诉称:原审认定事实错误。①上诉人的各项损失是几个被上诉人的行为共同造成的,应共同承担责任。②上诉人停工的事实存在,有发包方人员签字和上诉人的施工日记证实。③上诉人无法调取证据,应由法院依职权调取。请撤销原判,改判上列各被上诉人共同承担上诉人的经济损失1535870.10元。

被上诉人国远公司答辩称:上诉人马文奇与国远公司无合同关系,依据有关规定,发包人员在欠付工程款范围内对实际施工人承担责任,而本案上诉人起诉的不是拖欠工程款,而是工程违约金,不符合法律规定。原审判决正确认定事实清楚,适用法律正确。上诉人在一审中请求的是因规划违章被责令停工造成的损失赔偿,上诉人没有举出任何规划部门责令停工的证据,根据谁主张谁举证的原则,只能证明上诉人无证据证实,请求驳回马文奇上诉,维持原判。

被上诉人联建公司答辩称,同意国远公司的答辩意见。

被上诉人第三分公司答辩称,我分公司在2A、2B工程中只对林孝文发包,与马文奇无合同关系,我公司不欠林孝文工程款,上诉人请求的不是工程款,而是损失赔偿,原审认定事实清楚,请求驳回上诉,维持原判。

5. 二审法院认定

二审查明的事实与一审认定的一致。

[二审法院裁判理由及结果]

裁判理由

本院认为，2005年，开发商国远公司与建筑商联建公司签订了新腾花园商住楼小区工程建设工程施工合同。合同签订后，联建公司第二分公司将部分工程施工任务转给林孝文，林孝文又将工程转包给上诉人马文奇。各方均签订有书面合同，约定各自的权利义务。但各方合同签订，仅限于履行合同的相对人。上诉人马文奇与林孝文签订合同，合同效力及于合同相对人，上诉人马文奇诉请合同以外的被上诉人国远公司联建公司第二分公司与被上诉人林孝文共同承担因规划审批手续不全，导致施工期延误造成经济损失150万元于法无据。上诉人马文奇未能提供因规划审批手续不全而被有关行政部门对其下发的停工通知书和行政处罚决定书等相关证据，也未提供工程审批部门对工程量损失的勘验审批资料及价格部门对损失数额的评估报告等损失相关证据。其提供的资料均系单方自制的清单日记，被上诉人对此不予认可。原审以证据不足，驳回上诉人马文奇的诉请正确。上诉人马文奇的上诉理由不能成立，不予采纳。

裁判结果：驳回上诉，维持原判。

[法律评析]

1. 施工合同无效情况下的工期延误损失问题

在本案中，林孝文将工程转包给实际施工人马文奇，2005年3月5日林孝文与马文奇签订新腾花园2B号楼、2A号楼分项工程承包合同书。2006年5月29日，又由联建公司二分公司马世亮为甲方和乙方林孝文、马文奇、王艳签订新腾花园2A号楼西侧新增加半个单元（就是2C号楼）承包施工合同书。这两份合同由于违反了关于禁止转包、进行工程建设应具备相应资质的规定，应当被认为是无效的合同。

在施工合同有效的情况下，各方当事人均应遵守合同的约定，如合同一方当事人造成工期延误，守约方有权按照合同的约定要求违约方承担违约责任，对此，应毫无疑义。但是在施工合同无效的情况下，是否还存在工期延误损失赔偿问题，这是有争议的。合同无效后，合同关系不再存在，合同条款对缔约当事人不再具有约束力。当事人不得基于合同而主张权利和承担义务。同样，合同中关于工期的约定也因合同的无效而丧失对当事人的约束力。工期延误、工期索赔是基于合同中工期约定而产生的，既然合同中关于工期的约定都不再有约束力，则工期延误、工期索赔也就无从谈起了。这是顺理成章的推论。但是，也有人认为，如果一概认定无效的建设工程施工合同下无工期延误及工期索赔问题会造成不公平的情况：在工期严重拖延的情况下，经济损失往往巨大，造成工期拖延的责任非常清楚，如果对这些损失，责任方不进行任何赔偿，全部由受损失方承担，显然有违法律规定的公平原则。笔者认为，在现有法律制度下，法院或仲裁机构可以依据公平原则，来处理无效的建设工程施工合同中的工期延误问题。

两审法院应当对合同效力作出明确评判，同时对于合同无效情况下工期延误损失赔偿问题进行分析论证。

2. 实际施工人无权要求发包人赔偿损失，法院认定正确

《最高人民法院关于审理建设工程施工合同纠纷案件适用法律问题的解释》第二十六条规定："实际施工人以转包人、违法分包人为被告起诉的，人民法院应当依法受理。实际施工人以发包人为被告主张权利的，人民法院可以追加转包人或者违法分包人为本案当事人。发包人只在欠付工程价款范围内对实际施工人承担责任。"在这里，法律明确规定，发包人承担责任的范围只限于"欠付工程价款"，而并不包括赔偿损失。本案中，联建公司二分公司、林孝文与实际施工人马文奇签有合同，而信阳市国远置业有限责任公司并未与马文奇签有合同。马文奇将其作为被告是不妥的。

3. 原告方未遵守证据规则的规定

根据法院认定的事实，原审法院在受理前5天，2008年元月24日，就向原告全权委托代理人王艳送达风险提示书和举证通知书，而原告在举证期内未提供任何行政部门对建设单位下发的停工通知和行政处罚等决定书，庭审后才申请原审法院调取。《最高人民法院关于民事诉讼证据的若干规定》第十九条规定："当事人及其诉讼代理人申请人民法院调查收集证据，不得迟于举证期限届满前七日。人民法院对当事人及其诉讼代理人的申请不予准许的，应当向当事人或其诉讼代理人送达通知书。当事人及其诉讼代理人可以在收到通知书的次日起三日内向受理申请的人民法院书面申请复议一次。人民法院应当在收到复议申请之日起五日内作出答复。"显然，原告方未能遵守上述法律的规定，法院的认定是正确的。

在此时，原告方应当撤诉，在准备好证据后再起诉，这样能够保证诉权的存在。在本案中，原告不撤诉，法院驳回其诉讼请求，即使以后取得了相应证据，也无法再行起诉，因为一事不再理。

判例 6

承包人以无开工证、工期约定无效为由不担责任，未获支持

[基本案情]

原告：新华（浙江）科技股份有限公司
被告：福建鑫源建设工程有限公司

1. 原告的诉讼请求、事实及理由

原告新华（浙江）科技股份有限公司诉称，2007年7月至12月期间，原告与被告签订了《建设工程施工合同》和《钢结构工程建设合同》，原告将博瑞生产基地2号、3号、5号、7号厂房的土建安装工程和钢结构屋面工程发包给被告施工。上述工程的总造价为2149万元，双方约定2号、3号、5号厂房的土建安装工程工期为120天，钢结构安装工期为45天；7号厂房的土建、水电安装、钢结构总工期为120天。合同签订后，被告违反合同的约定，施工工期严重超期，致使应当于2008年1月、4月竣工验收的厂房，至今无法竣工验收，给原告带来极大的经济损失。被告公司管理混乱，自从2008年10月被告的项目经理张博突然离职后，致使原告公司的7号厂房工程处于停滞状态，竣工验收更是遥遥无期。原告认为被告的违约行为侵犯了原告的合法权益，故向法院提起诉讼，请求判令如下：一、被告支付原告工程逾期的违约金443200元；二、被告赔偿原告工程逾期完工的损失193800元；三、被告向原告交付建设工程验收所需的全部资料；四、被告对原告7号厂房继续履行合同至全部工程完工；五、由被告开具原告代付材料11773564元的工程发票。原告新华（浙江）科技股份有限公司向本院提供了以下证据：①原告的企业法人营业执照及企业名称变更核准通知书复印件各一份；②被告的企业法人营业执照（副本）复印件一份；③原、被告签订的2号、3号、5号厂房《建设工程施工合同》和《钢结构工程建设合同》各一份；④原、被告签订的7号厂房《建设工程施工合同》和《钢结构工程建设合同》各一份；⑤开工报告二份，证明原告的2号、3号、5号、7号的开工日期；⑥福建鑫源工程款结算清单一份，证明截止2009年2月18日，原告已经支付工程款19605741.30元；⑦被告请求原告代付材料款的委托书、银行转账凭证及收款收据等材料，证明原告应被告的请求代付材料款的事实，被告应向原告交付建筑业统一发票；⑧工程款支付申请表、银行转账凭证及建筑业统一发票，证明原告已支付被告的工程款及被告已开具的部分发票；⑨关于2号、3号、5号、7号厂房工程进度的通知，证明原告多次发函催促被告加快工程进度的事实；⑩2号、3号、5号、7号厂房工地例会会议纪要，证明由于被告管理不善，工程延期交付给原告造成巨大经济损失；⑪外地备案企业基本情况表，证明张博系被告公司驻博瑞的负责人，职务为经理。

2. 被告答辩

被告福建鑫源建设工程有限公司辩称，原、被告之间签订了合法有效的建设工程施工合同，由于原告至今未办理施工许可证等相关手续，已构成严重违约，故原、被告在施工合同中关于工期的约定无效，被告不存在超期施工，无需承担逾期施工的违约责任。原告要求被告支付违约金443200元及损失193800元，没有事实和法律依据，被告不同意承担。因原告已经实际使用2号、3号、5号厂房，上述工程应视为竣工，不存在竣工验收问题。7号厂房已于2009年8月份竣工，故原告要求继续履行合同没有事实依据。原告要求被告开具原告代付材料11773564元的工程发票，因该项诉讼请求不是法院审理的范围，应当由税务机关处理，故要求驳回原告该项诉讼请求。

3. 证据

被告福建鑫源建设工程有限公司未向法院提供证据。

对上述原告提供的证据，交被告质证，并经法院审查认为原告提供的证据1—11，均符合证据的真实性、合法性和关联性，法院予以认定。

4. 法院认定

根据上述采信的证据以及原、被告的陈述，法院查明本案事实如下：2007年7月12日，原、被告双方签订了《建设工程施工合同》一份，约定原告将博瑞生产基地2号、3号、5号厂房的土建安装工程发包给被告施工，合同工期为120天，合同价款为1060万元；双方约定工期延误按500元/天的罚款在工程款中扣除；该合同还约定被告于工程验收前五天内提供符合规范要求的竣工资料二套。2007年9月11日，原、被告双方签订了《钢结构工程建设合同》一份，原告将2号、3号、5号厂房的钢结构屋面发包给被告施工，合同工期为45天，工程总价为646万元；双方约定任何一方未履行合同约定，由违约方赔偿对方合同总价3‰的经济损失。上述2号、3号、5号厂房工程于2007年7月28日开工，但开工时未办理建设工程施工许可证。2008年12月份，上述工程均已竣工，原告已经使用，但至今未办理竣工验收手续。

另查明，2007年12月1日，原、被告双方签订了《建设工程施工合同》一份，约定原告将博瑞生产基地7号厂房的土建安装工程发包给被告施工，合同价款

承包人以无开工证，工期约定无效为由不担责任，未获支持

为270万元；双方约定工期延误按500元/天的罚款在工程款中扣除；该合同还约定被告于工程验收前五天内提供符合规范要求的竣工资料二套。2007年12月1日，原、被告双方签订了《钢结构工程建设合同》一份，原告将7号厂房的钢结构屋面发包给被告施工，土建、水电安装、钢结构总工期为120天，工程总价为173万元；双方约定工期延期或提前每天按500元进行奖罚，但不超过总价的2%，遇不可抗力原因工期相应顺延。上述7号厂房工程于2007年12月6日开工，但开工时未办理建设工程施工许可证。2009年8月份，上述工程已竣工，但至今未办理竣工验收手续。

[裁判理由及结果]

裁判理由

法院认为，（一）原、被告双方签订的《建设工程施工合同》及《钢结构工程建设合同》，系双方当事人真实意思的表示，且不违反法律、行政法规的强制性规定，故合法有效，对双方当事人均具有约束力。上述工程虽未取得施工许可证，因该施工许可的强制性规定是属于取缔性规定而非效力性规定，故不影响建设工程合同的效力，因此原、被告双方均应按合同的约定全面履行各自的义务，但被告在实际施工过程中未能按期完工，已经构成违约，应承担工程逾期的违约责任。原、被告在《建设工程施工合同》中约定工期延误按500元/天的罚款在工程款中扣除，因该罚款的性质属于违约金，故原告要求被告承担2号、3号、5号、7号厂房土建安装工程逾期的违约金314000元，本院予以支持；因2号、3号、5号厂房的《钢结构工程建设合同》中约定任何一方未履行合同约定，由违约方赔偿对方合同总价3%的经济损失，故被告应赔偿原告该项损失193800元；因7号厂房的《钢结构工程建设合同》中约定工期延期或提前每天按500元进行奖罚，但不超过总价的2%，故被告应赔偿原告该项损失34600元。综上，被告应支付原告违约金314000元，赔偿原告损失228400元，合计542400元。（二）因7号厂房工程已于2009年8月份竣工，故原告要求被告对该厂房工程继续履行合同至全部工程完工的诉讼请求已无实际意义，故法院不再审理。虽2号、3号、5号、7厂房工程已全部竣工，但工程竣工验收手续至今未办理，因工程竣工验收是建设工程项目必不可少的手续，且原、被告在《钢结构工程建设合同》中约定被告于工程验收前五天内提供符合规范要求的竣工资料二套，故被告应在合理期限内提供符合规范要求的工程竣工验收所需的全部资料，因此对于原告该项诉讼请求，本院予以支持；原告要求被告开具原告代付材料11773564元的工程发票，因该项诉讼请求不属法院审理的范围，应当由税务机关处理，故本院不予支持。

裁判结果： 一、被告福建鑫源建设工程有限公司给付原告新华（浙江）科技股份有限公司违约金314000元及损失228400元，合计542400元，限被告于本判决生效后十日内付清；二、被告福建鑫源建设工程有限公司于本判决生效后三十日内提供符合规范要求的工程竣工验收资料二套；三、驳回原告新华（浙江）科技股份

有限公司其余的诉讼请求。

[法律评析]

　　未办施工许可证，并不导致合同条款无效：《建筑法》规定："第八条 申请领取施工许可证，应当具备下列条件：（一）已经办理该建筑工程用地批准手续；（二）在城市规划区的建筑工程，已经取得规划许可证；（三）需要拆迁的，其拆迁进度符合施工要求；（四）已经确定建筑施工企业；（五）有满足施工需要的施工图纸及技术资料；（六）有保证工程质量和安全的具体措施；（七）建设资金已经落实；（八）法律、行政法规规定的其他条件。建设行政主管部门应当自收到申请之日起十五日内，对符合条件的申请颁发施工许可证。"显然只有在确定建筑施工企业后，才能申领施工许可证。而确定建筑施工企业，就要签订工程施工合同。因此，签订施工合同在先，领取施工许可证在后。无施工许可证不会导致合同条款无效。本案中被告的这一答辩理由不成立。

判例 7

承包人过错，抗辩证据不成立，应当赔偿损失及违约金

[基本案情]

上诉人（原审原告，反诉被告）：赣州宏大房地产开发有限公司

上诉人（原审被告，反诉原告）：赣州通达林业工程公司

1. 一审法院查明事实

原审法院经审理查明：2001年4月20日，赣州市安和房地产公司（现更名为赣州市安和房屋管理处）将赣州市章江新区宁馨园13号—20号的经济适用房建设委托原告实施，双方签订了《委托协议书》，该协议书约定：由甲方（即赣州市安和房地产公司）负责项目报建，由乙方（即原告）负责项目的全部资金，并全权负责项目实施，项目由乙方建账，实行独立核算，盈利全部归乙方（即原告），亏损全部由乙方（即原告）承担，经济适用房的各种税费优惠归乙方（即原告）享有，所建经济适用房全部由赣州市房地产管理局安排销售，乙方（即原告）不得向社会销售。同年9月13日，赣州市安和房地产公司将宁馨园经济适用房工程委托赣州市航远民用建筑设计院工程建设监理所进行工程监理，双方签订了《建设工程委托监理合同》，该合同约定，本合同自2001年9月16日开始实施，至2002年10月15日完成（以正式开工之日起计算），超过监理合同约定监理期限，每超期一个月支付监理费1500元。

2001年9月24日，赣州市安和房地产公司将宁馨园经济适用房工程发包给被告赣州通达林业工程公司施工建设，双方签订了《建设工程施工合同》。该合同约定：该工程资金来源为自筹，承包范围为1—4栋图内土建、水电、装修，开工日期为2001年10月1日（按实际开工日期起算），竣工日期为2002年7月31日，合同工期总日历天数为300天（即十个自

然月，含节假日、雨天、停水、停电等因素影响。因城市水电网改造造成停工，工期顺延)，项目经理姓名：季洪亮、项容、李从波，合同价款采用可调价格合同及发包人、承包人认可的补充协议，工程款（进度款）支付的方式和时间为中间结算确认后，按中间结算85%，承包人提供正式发票后银行转账或部分现金付给承包人，三楼面（含三楼面）以下的工程款待工程竣工验收合格后结算。发包人违约应承担的违约责任为工期相应顺延，承包人逾期竣工，应承担逾期期间的监理费用。工程质量保修金为施工合同价款的1%（不计息），质量保修期为满两年后14天内退50%，五年后14日内余款退还……。同年9月28日，原、被告以及赣州市安和房地产公司三方共同签订《工程承包补充协议》，协议约定：承包形式为包工包料，按工程竣工后的实际建筑面积（柴火间、车库面积全算）每平方米叁佰贰拾叁元贰角（323.20元，含各种税费）包干；工程竣工验收合格后一个月内丙方（即被告）按2001年9月24日甲方（即赣州市安和房地产公司）与丙方所签《建设工程施工合同》及本补充协议编制准确、具体、完整的竣工结算报告各一份，并附计算式，由乙方（即原告）交审计审定后，开具工程款正式发票；丙方施工至三楼面，乙方开始支付工程款，三楼面以上土建每完成一层为一期，每期工程完成，丙方编制每期的中间结算，经甲方工地代表确认后，按确认中间结算的85%，丙方提供正式发票后五天内付给乙方，三楼面（含三楼面）以下的工程待工程竣工验收合格结算。结算款除扣留保修金，工程竣工验收合格后两个月内全部付清……上述施工合同及补充协议签订后，被告赣州通达林业工程公司即委托项容全面负责宁馨园工程的施工管理及有关事宜，并于同年10月陆续组织施工建设。赣州市航远民用建筑设计院工程建设监理所也派监理工程师进驻施工现场。同年10月10日，原、被告就工程进度款及结算款的支付问题签订《工程承包补充协议》，约定：赣州市宇通房屋拆迁服务公司所付宁馨园经济适用房购房款（除第一期付款外）的80%用于乙方（即被告）工程款支付。支付方式按形象进度支付，基础为一期，正负零以上每层为一期，每期完成后，乙方编制每期的中间结算，经甲方（即原告）确认后按确认中间结算的85%，乙方提供正式发票后付给乙方，每期付款扣除甲方提供材料的相应材料款。结算确定，乙方协助收得购房款，甲方全额确保支付乙方结算款……

由于宁馨园工程未如期竣工验收，为确保整个工程进度，2003年9月15日及16日，原告与被告驻宁馨园项目承包经理项容分别签订了三份《宁馨园经济适用房工程承包补充协议》。协议约定：①宁馨园经济适用房3号楼自协议书签订之日起（即2003年9月15日）四十天内（包含雨天及任何节假日）必须具备竣工验收条件（已通过初验），且必须完成1—4号楼的水电安装工程（含材料）达到合格要求，期间两项内容共付给项容工程款20万元整，此款项支付完后，原告不再支付工程款，余款待工程结算时支付；②宁馨园经济适用房4号楼必须自协议书签订之日（即2003年9月15日）起在三十天内（包含雨天及任何节假日）具备工程竣工验收条件（已通过初验），期间原告付给项容工程款13万元整，此款项付完后，原告不再支付工程款，余款待工程结算

承包人过错，抗辩证据不成立，应当赔偿损失及违约金

时支付；③宁馨园经济适用房1、2号楼自协议书签订之日（即2003年9月16日）起二十天内（包含雨天及任何节假日）必须具备竣工验收条件（已通过初验），期间付给项容工程款4万元整，此款项支付完后，甲方不再支付工程款，余款待工程结算时支付；④工程款由原告直接支付给项容下属的施工班组及材料供应商，由项容做出资金安排计划，经原告批准按项容计划由项容和其下属施工班组及材料供应商到原告处领取工程款及材料款；⑤在工程款到位的情况下，项容未能按时完成本补充协议书的目标，每延期一天罚款500元。为配合初验工作，2003年12月20日，被告与监理人员、质检人员对宁馨园1号、2号、3号楼的排水系统进行了通水实验，直至2004年元月9日宁馨园经济适用房工程1号、2号、3号楼才完成初验。宁馨园4号楼未组织有关人员进行初验，仅于2004年8月16日由被告自行进行排水系统通水能力试验。与2003年9月15日及16日的补充协议约定的完成初验时间相比，明显滞后，其中宁馨园经济适用房1号、2号楼滞后95天，3号楼滞后76天，4号楼算至2004年8月16日完成初验，已滞后306天，按2003年9月15日及16日双方补充协议约定的逾期每天罚款500元计算，应罚款金额为286000元。由于被告一直未能完成宁馨园经济适用房的验收工作，2004年8月31日，被告赣州通达林业工程公司宁馨园项目承包人项容书面承诺：宁馨园经济适用房1号、2号、3号楼于2004年9月20日前办完验收事宜，4号楼于2004年10月15日前办完验收事宜，并将合格房及手续交付给宏大公司（即原告），上述房屋每逾期一天则由宏大公司（即原告）向本人（即项容）罚款1000元整，房屋验收合格后壹个月内双方应把工程账目对清。但宁馨园经济适用房工程直至2004年11月10日才全部完成竣工验收工作，比承诺书承诺的期限滞后，其中1号、2号、3号楼滞后51天，4号楼滞后26天，按承诺书所承诺的逾期每天罚款1000元计算，应罚款金额为179000元。上述两项违约罚金共计465000元。2004年11月，监理单位委派的监理人员结束了为期三年的监理工作，撤出了工地，比原监理合同约定超期24个月，应支付超期监理费36000元。

截至2004年8月27日止，经双方核对，原告已向被告支付工程款3806434.82元。此后，原告陆续以借支、代付水电费、转账等形式向被告支付工程款581477.68元（除2005年8月29日夏维炎向李翔慧借款20000元外），支付工程款总计4387912.50元，至今尚欠被告工程款417875.96元，但被告仅开具税务发票107万元。由于双方对宁馨园工程的总造价无法达成一致，被告向本院申请对其承建的宁馨园经济适用房工程所完成的工程造价进行司法技术评估鉴定，本院对外委托赣州正领会计司法鉴定所对宁馨园经济适用房工程的造价进行评估鉴定。经评估鉴定，被告所承建的宁馨园经济适用房1-4号楼完成的工程造价为4805788.46元，应缴税金（按3.413%计算）为158608.26元，其中开具税务票证的107万元工程款已缴纳税金35313.84元，剩余3735788.46元尚未开具税务票证的工程款应缴纳税金123294.42元。

2. 一审法院裁判理由及结果

裁判理由

原审法院认为,赣州市安和房地产公司与被告就宁馨园经济适用房工程所签订的《建设工程施工合同》及其《工程承包补充协议》是合法有效的,被告未按照合同约定的期限完成竣工验收工作,应按照合同约定承担逾期期间的监理费用;原告受赣州市安和房地产公司的委托,开发建设宁馨园经济适用房工程,并与被告驻宁馨园经济适用房项目的实际承包人就宁馨园工程进度以及结算款的支付问题签订的四份《工程承包补充协议》,并未超出权限范围,也不违反《建设工程施工合同》及其《工程承包补充协议》的约定,因而也是合法有效的,双方均应遵照履行。原告已经按照协议的约定,向被告支付了约定数量的工程款,但被告未按照协议的约定按期完成工程的初验以及竣工验收工作,已构成严重违约,应当承担协议约定的超期罚款违约责任。原告要求被告支付违约金并承担超期监理费的诉讼请求,予以支持,具体数额按实际计算为准。由于原、被告双方对完成初验的时间说法不一,又无明确证据记载,但原告调取的被告存放于赣州市城建档案馆的档案资料显示,被告为完成初验而对宁馨园经济适用房工程排水系统所做的通水记录时间为2003年12月20日(除4号楼外),因此,原告根据其自己的施工记录提出初验完成时间为2004年元月9日,与档案资料的通水时间记载推断基本合理,对此予以采信。至于工期延误原告是否存在责任问题,被告提供的监理部门于2004年12月出具给被告的《工期延期水电安装情况说明》,与原告在赣州市城建档案馆调取的被告存放的宁馨园经济适用房工程排水系统通水记录前后存在明显自相矛盾现象,也不符合正常工期延误的审批程序,且在此之前工程已属逾期竣工,因此,对该份证据不予采信。原告虽然尚欠被告部分工程款,但却系双方合同允许的合理范围内的拖欠。原告已支付被告工程款约90%,已超出双方协议约定的85%的标准,剩余部分工程款双方约定在工程结算时支付。因被告一直未能提供完整的竣工结算资料给原告,双方对结算问题存在较大的争议,导致原告无法支付剩余款项,因此,原告不存在违约。被告反诉要求原告支付剩余工程款的诉讼请求,予以支持,具体数额以实际计算为准,但其要求原告承担每月1.5%违约金的诉讼请求,不予支持。本案在诉讼过程中,原告增加诉讼请求数额,应按法律规定补交增加部分诉讼费;被告减少反诉的诉讼请求数额,应按法律规定退还部分诉讼费。

裁判结果

一、被告赣州通达林业工程公司于本判决生效之日起十日内向原告赣州正宏大地产开发有限公司支付逾期违约金465000元;二、被告赣州通达林业工程公司于本判决生效之日起十日内向原告赣州宏大房地产开发有限公司支付超期监理费36000元;三、原告赣州宏大房地产开发有限公司于本判决生效之日起十日内向被告赣州通达林业工程公司支付剩余工程款417875.96元,被告赣州通达林业工程公司应同时提供全部工程款的税务票证给原告。

3. 当事人上诉及答辩

上诉人赣州宏大房地产开发有限公司（下称宏大公司）上诉称：原审判决认定赣州通达林业工程公司滞后日期的事实有误，2004年11月10日仅仅是组织竣工验收的开始日期，而不是竣工验收工作的完成日期，其真正完成全部竣工验收工作的日期为2005年3月10日，因此，原审法院对滞后完成竣工验收工作的日期少计算了360天，即少计算逾期违约金360000元。故请求二审法院依法撤销原判第一项，改判赣州通达林业工程公司向上诉人宏大公司支付违约825000元。

上诉人赣州通达林业工程公司（下称通达林业公司）辩称：从现有证据材料来看，上诉人通达林业公司延期交付房屋的原因不在于上诉人通达林业公司，而是由于上诉人宏大公司的原因所导致的，所以上诉人以此作为理由要求支付违约金不符合本案的实际情况。其次，约定的违约金已经远远高于了上诉人宏大公司的损失，该违约金是上诉人宏大公司在没有经济损失的情况之下追求的不当利益。违约金在法律上的概念是补偿性质，从本案的实际状况来看，宏大公司并没有因为房屋的延迟交付造成任何的经济损失，所以宏大公司与通达林业公司所约定的每天一千元的违约金不仅过高，而且从违约金本身的法律性质和作用功能来说是背道而驰，所以上诉人的诉讼请求不能得到支持，请求法院驳回宏大公司的上诉请求。

上诉人通达林业公司上诉称：存放于赣州市城建档案馆的通水记录材料，并非由上诉人通达林业公司提交，而是由宏大公司以上诉人通达林业公司的名义提交的。在所有记录中，签名都是一个人的笔迹，所有材料均没有上诉人通达林业公司单位的公章，明显是虚假的材料，而监理公司出具的证明加盖了单位公章，原审法院采信通水记录材料不当。此外，原审判决上诉人通达林业公司所承担的违约金数额过高，对并未实际发生的超期施工监理费36000元判决由通达林业公司承担，不符合法律规定。请求二审法院改判原审判决第一项，撤销第二项。

上诉人宏大公司辩称：上诉人通达林业公司的上诉事实不存在，无论通水记录是否是真是假都不是上诉人宏大公司的责任，而是上诉人通达林业公司的责任，这个是他们为了蒙混验收作出的虚假的记录。监理公司的证明材料违背了监理的程序，此证明不具有法律效力。本案上诉人通达林业公司逾期竣工应当承担违约责任。上诉人通达林业公司在答辩过程中谈到了上诉人宏大公司没有损失，上诉人在今天已经向法庭提交了损失的事实，由于上诉人通达林业公司未能及时按照合同的约定竣工交付房屋，导致了上诉人宏大公司五百多万元购房款，逾期一年多以后才陆续回笼，给上诉人宏大公司造成了五十多万元的利息损失。根据违约金具有补偿性也具有惩罚性的功能，并不存在违约金过高的事实。一审法院判决被告只支付四十六万元的违约金，是少计算了违约金，而不是违约金过高。工程逾期监理费作为合同约定的义务，应当支付给监理公司，应当由通达林业公司承担赔偿责任。

4. 当事人提交证据

二审期间，上诉人宏大公司向本院提交了以下证据。①赣州市物价局赣市价字[2004]39号《关于宁馨园经济适用房销售价的批复》，欲证明上诉人宏大公司销售经济适用房的价格范围。上诉人通达林业公司对此证据的真实性、合法性、关联性不持异议,本院予以认定。②经济适用房认购书及售房收据,欲证明因上诉人通达林业公司延期竣工房屋给上诉人宏大公司造成的利息损失。上诉人通达林业公司对此证据的三性持有异议,本院认为,证据2上诉人宏大公司出具了原件,上诉人通达林业公司进行了核对,其无相反证据予以反驳,结合证据5,本院对其证据三性予以认定。③上诉人宏大公司支付监理费用的发票,欲证明上诉人宏大公司所付的逾期监理费,上诉人通达林业公司对此证据三性不持异议,本院予以认定,对于上诉人宏大公司已支付给监理公司逾期监理费27500元,双方无异议,本院予以认定。④赣州市人民政府《关于解决中心城区部分建设用地和房产办证历史遗留问题的会议纪要》复印件,欲证明经济适用房购房户是免税的。上诉人通达林业公司以此证据系复印件为由,对其证据三性提出异议,本院对其证据三性不予认定。⑤赣州市房地产管理局解决房产办证历史遗留问题申报审批表及房屋明细附表,欲证明其所售房屋的价格。上诉人通达林业公司对此证据的真实性、合法性不持异议,本院予以认定。上诉人通达林业公司对其关联性持有异议,本院认为,此证据能够证明上诉人宏大公司是严格按照赣州市物价局规定的价格范围销售房屋,不存在因工程延期房价上涨而使上诉人宏大公司获利的情况,本院对其关联性予以认定。

上诉人通达林业公司向本院提交了以下证据。2004年8月17日所作关于宁馨园经济适用房工程有关事宜协调会的会议记录,欲证明其迟延完成1-4号楼房屋工程初验是因为上诉人宏大公司未将供水按时接入已安装的给排水系统。上诉人宏大公司对此证据的真实性不持异议,对其合法性及关联性持有异议。本院认为,上诉人通达林业公司上述主张的理由不能成立,第一、在此证据中只有上诉人通达林业公司的项目经理项容的单方陈述,其陈述上诉人宏大公司在8月10日也没有提供给水,无法进行试水,但后面又陈述1、2号楼试水不行,既然无法试水,就不存在1、2号楼的试水不行,该陈述自相矛盾,且记录中上诉人宏大公司未予认可。第二、按照合同约定,上诉人通达林业公司因上诉人宏大公司的原因需顺延工期,应当在当时办理监理签证或得到上诉人宏大公司的同意,但上诉人通达林业公司不仅未提交监理签证,而且在2004年8月31日向上诉人宏大公司出具的书面承诺中,既没有说明工程延期的原因,也没有要求上诉人宏大公司顺延工期,故本院对此证据的合法性、关联性不予认定。

证人季洪亮、李从波、王亮、赵欣出庭作证,其中季洪亮、李从波、王亮为上诉人通达林业公司的员工,证人季洪亮陈述其只在最终验收的时候去过一次,并签了字。此四人均陈述未在灌水、通水、清洗管道记录中签过名。通过以上证人的证言,上诉人通达林业公司欲证明灌水、通水、清洗管道记录中上述四人的签名是不真实的。本院认为,对上述灌水、通水、清洗管道的试验情况进行记录是施工人即上诉人通达林业公司的义务,对此双方均无异议。上诉人通达林业公司陈述他们已做了上述记录,并提交给了上诉人宏大公司,现上诉人通达林业公司以该记录中的签名不真实而否认记录内容的真实性,其理由不能成立。第一、四个证人既然未在上述记录中签名,则应另有其他人的签名,但上诉人通达林业公司却无法说出是何人在记录中签了名。第二、在记录中有施工员赵欣的签名,上诉人通达林业公司主张不是赵欣而是赵新,因为公司里没有叫赵欣的人,如果上诉人宏大公司要伪造记录,不可能伪造一个公司里根本不存在的人。第三、因上诉人通达林业公司提交的《工期延期水电安装情况说明》系复印件,且上诉人宏大公司对此证据的三性持有异议,本院对此证据不予认定。第四、上述记录属竣工资料,是由上诉人通达林业公司提交给上诉人宏大公司的,上述四人的证言不能证明上诉人宏大公司修改、伪造了上述记录。综上所述,本院认为,上述四人的证言与本案不具有关联性。

5. 二审法院认定

二审经审理查明:赣州市物价局作出的赣市价字[2004]39号《关于宁馨园经济适用房销售价的批复》中规定,宁馨园经济适用房住宅售价715元/m^2,柴间450元/m^2,上诉人宏大公司可根据房屋的楼层和朝向等因素在上述价格基础上按不超过3%的幅度内上浮,下浮不限。上诉人宏大公司除返迁房外,对外出售经济适用房70套,按上述规定限定的房价进行销售,总售房款合计5145954.54元。从2004年1月1日始至2004年10月20日止,上诉人宏大公司陆续收到购房户的预付款总计2990000元。由于上诉人通达林业公司不仅未按合同约定在2002年7月31日完成工程竣工,而且未按约定按期完成工程的初验及竣工验收工作,致使上诉人宏大公司2004年1月1日才开始销售房屋收取购房预付款,从2002年7月31日至2004年1月1日共计17个月,上诉人宏大公司分文未收,造成上诉人宏大公司迟延回笼资金即预期可得利益的利息损失400226.61元(5145954.54元×5.49%÷12×17个月)。2004年11月25日,上诉人宏大公司在工程于同年同月10日完成竣工验收后,开始陆续收取购房户的剩余购房款2155954.54元。从2004年1月1日始至同年11月25日止共计11个月,造成上诉人宏大公司预期可得利益的利息损失108498.41元(2155954.54元×5.49%÷12×11个月),合计利息损失508725.02元。上诉人宏大公司向监理公司支付了逾期监理费27500元。该工程于2005年3月10日完成备案登记。二审审理期间,上诉人宏大公司以其预期可得利息损失是550423.17元为由,变更上诉请求为要求上诉人通达林业公司按该550423.17元的130%支付违约金715550.93元。二审认定的其他事实与原审法院查明的事实一致。

[二审裁判理由及结果]

裁判理由

二审法院认为,赣州市安和房地产公司及上诉人宏大公司与上诉人通达林业公司所签订的合同,为各方当事人的真实意思表示,内容合法,为有效合同。上诉人宏大公司已按约定履行了合同,但上诉人通达林业公司未按约定按期完成工程的初验及竣工验收工作,已构成严重违约,应承担违约责任。《中华人民共和国合同法》第一百一十三条规定:"当事人一方不履行合同义务或者履行合同义务不符合约定,给对方造成损失的,损失赔偿额应当相当于因违约所造成的损失,包括合同履行后可以获得的利益,但不得超过违反合同一方订立合同时预见到或者应当预见到的因违反合同可能造成的损失。"该法第一百一十四条规定:"当事人可以约定一方违约时应当根据违约情况向对方支付一定数额的违约金,也可以约定因违约产生的损失赔偿额的计算方法。约定的违约金低于造成的损失的,当事人可以请求人民法院或者仲裁机构予以增加;约定的违约金过分高于造成的损失的,当事人可以请求人民法院或者仲裁机构予以适当减少。"《最高人民法院〈关于审理商品房买卖合同纠纷案件适用法律若干问题的解释〉》第十六条规定:"当事人以约定的违约金过高为由请求减少的,应当以违约金超过造成的损失30%为标准适当减少。"因上诉人通达林业公司的违约行为,给上诉人宏大公司造成了预期可得利益的利息损失508725.02元,此利息损失的30%为152617.51元,两项合计为661342.53元,原审判决上诉人通达林业公司向上诉人宏大公司支付逾期违约金465000元,并未超过661342.53元,故上诉人通达林业公司主张约定的违约金过分高于造成的损失,请求予以适当减少无事实依据,本院不予支持。上诉人宏大公司向监理公司支付了逾期监理费27500元,上诉人通达林业公司应按约定向上诉人宏大公司承担此项费用。原审判决由上诉人通达林业公司承担36000元不当,应予以变更。2005年3月10日为完成工程备案登记时间,不是工程的竣工验收时间,故上诉人宏大公司要求将延期期限计算到2005年3月10日,不符合双方的约定,本院不予支持。违约金的基本性质是补偿性,上诉人宏大公司要求上诉人通达林业公司弥补相应的预期可得利息损失250550.93元(715550.93元－465000元),按照原审判决的处理结果,双方互负债务相抵后,上诉人通达林业公司应向上诉人宏大公司支付款项,本院综合平衡各方利益,按照公平原则,对此不再进行调整。

裁判结果:一、维持赣州市章江新区人民法院(2007)章民一(1)初字第641号民事判决第一项、第三项;二、变更赣州市章江新区人民法院(2007)章民一(1)初字第641号民事判决第二项为:上诉人通达林业公司在收到本判决书之日起十日内向上诉人宏大公司支付逾期监理费27500元;……

[法律评析]

1. 双方当事人均未能在一审提交全部证据,这存在巨大风险

当事人在一审时应当提交全部证据。只有属于新的证据,才可以在二审时提交。而对于什么样的证据才算是新的证据,法律有明确的限定。《最高人民法院关于民事诉讼证据的若干规定》第四十一条规定:"《民事诉讼法》第一百二十五条第一款规定的'新的证据',是指以下情形:(一)一审程序中的新的证据包括:当事人在一审举证期限届满后新发现的证据;当事人确因客观原因无法在举证期限内提供,经人民法院准许,在延长的期限内仍无法提供的证据;(二)二审程序中的新的证据包括:一审庭审结束后新发现的证据;当事人在一审举证期限届满前申请人民法院调查取证未获准许,二审法院经审查认为应当准许并依当事人申请调取的证据。"在本案中,上诉人宏大公司提交了以下证据:①赣州市物价局赣市价字[2004]39号《关于宁馨园经济适用房销售价的批复》;②经济适用房认购书及售

房收据;③支付监理费用的发票;④赣州市人民政府《关于解决中心城区部分建设用地和房产办证历史遗留问题的会议纪要》复印件;⑤赣州市房地产管理局解决房产办证历史遗留问题申报审批表及房屋明细附表。上诉人通达林业公司提交了以下证据:2004年8月17日所作关于宁馨园经济适用房工程有关事宜协调会的会议记录;证人季洪亮、李从波、王亮、赵欣出庭作证。上述这些证据,绝大多数都不应该属于新的证据。当事人在二审时提交这些证据应当属于逾期提交的证据。《最高人民法院关于民事诉讼证据的若干规定》第三十四条规定:"当事人应当在举证期限内向人民法院提交证据材料,当事人在举证期限内不提交的,视为放弃举证权利。对于当事人逾期提交的证据材料,人民法院审理时不组织质证。但对方当事人同意质证的除外。"根据上述法律规定,对于上诉人二审提交的这些证据法院可以不组织质证。在本案中,之所以进行了质证,应该是"当事人同意质证"的结果。因此,在诉讼中,当事人应当提交认为应当提交的全部证据,如果因为疏忽或过于自信,保留部分证据,则有不被法院采纳的巨大风险。

2. 上诉人宏大公司在一审时未提交证明其损失存在的证据

我国合同法中规定违约金的性质基本上是补偿性的。因此,在工期延误诉讼中,守约方如果要求违约方承担违约金,不仅要举证证明工期延误的存在,证明双方约定的违约金标准,还要证明其因违约行为遭受了经济损失,且该损失与违约金相当,甚至大于违约金,只有这样,才称得上是充分的举证。而上诉人宏大公司在二审时提交多份证据证明其损失的存在,这从反面证明了其在一审时的举证是不充分的。

判例 8

双方对工期达成新的合意，承包商要求赔偿损失，未获支持

[基本案情]

原告（反诉被告）：上海诺亚建筑装潢有限公司
被告（反诉原告）：三亚宁逸旅业有限公司
被告：周润鹏
第三人：上海诺亚建筑装潢有限公司海南分公司

1. 各方陈诉

（1）上海诺亚公司诉称。

2005年2月28日和2005年5月6日，诺亚海南公司与宁逸公司就三亚宁逸汇大酒店的2号公寓楼精装修及酒店大堂多功能餐厅的室内精装修工程，分别签订了《三亚宁逸汇大酒店室内装饰工程承包协议书》（以下简称《承包协议书》）、《三亚宁逸汇大酒店室内装饰工程承包合同》（以下简称《承包合同》）。《承包协议书》约定：①2号公寓楼精装修，包括客房、走廊、楼梯间、电梯前厅、楼内公共部分的装修，工程造价暂定500万元（按实结算）；②工期150日，开工日期为2005年2月28日；③工程以包工包料形式进行，以图纸及现场签证计算工程量，以相关定额，三亚地区建设工程材料信息价格，宁逸公司指定的价格构成工程费用。建筑工程、安装工程、修缮工程的人工费不作调整，工程类别为三类工程。工程定额人工费为每人75元/日；④工程进度款按月进度的75%支付，当月10日前支付当月的工程款，工程竣工验收合格后，诺亚海南公司40日内作出竣工结算，宁逸公司在30日内审核完毕，结算文件双方签字认可后7日内支付除质保金（承包工程总造价的5%）外的应付工程款；⑤诺亚海南公司应在合同签订后的7日内，将施工组织计划和工程进度计划提交给宁逸公司，宁逸公司收到后7日内予以确认或提出修改意见，逾期不确认也不提出书面意见的，视为同意；⑥因下述原因造成工期延误，工期相应顺延；（a）宁逸公司未能按合同约定提供图纸或开工条件；（b）宁逸公司未能按约定日期支付工程进度款；（c）重大设计变更或工程量增加等。因上述原因造成工期顺延延误，宁逸公司应赔偿诺亚海南公司的实际损失；⑦保修期为二年，宁逸公司应在工程竣工之日起一年后的 20 日内支付预留质保金的 60%，保修满二年后的 20 日内无息结算剩余保修金。《承包合同》约定：①酒店大堂和多功能餐厅的室内精装修，工程造价暂定 700 万元（按实结算）；②工期为 70 日，开工日期为 2005 年 5 月 10 日（以宁逸公司的开工令为主），竣工日期为 2005 年 7 月 20 日。合同还对其他事项进行约定。

诺亚海南公司于 2006 年 12 月 5 日将完成工程的竣工图及签证移交给了宁逸公司，并于 2007 年 2 月 12 日将工程款为 22267598.00 元的工程结算文件送交宁逸公司审核。依合同约定，宁逸公司应自收到工程结算书之日起 30 日内审核完毕，并在审核完毕后 7 日内付款。但至今已有 246 日，宁逸公司仍未对结算文件作出审核意见。依照《关于审理建设工程施工合同纠纷案件适用法律问题的解释》第二十条及《建筑工程施工发包与承包计价管理办法》第十六条的规定，应视为宁逸公司已认可诺亚海南公司送交的工程款结算文件，故工程款应为 22267598.00 元，质保金应为 1113379.9 元。依合同约定，宁逸公司应于 2007 年 3 月 19 日前支付尚欠工程款 4306521.19 元，2007 年 6 月 26 日前支付质保金 668027.94 元，2008 年 6 月 26 日前支付质保金 445351.96 元。合同约定，2 号公寓楼于 2005 年 2 月 28 日开工，2005 年 7 月 31 日竣工；大堂港式餐厅于 2005 年 6 月 5 日开工，2005 年 8 月 15 日竣工。但实际竣工时间 2 号公寓为 2005 年 12 月 31 日、大堂港式餐厅为 2006 年 6 月 6 日，工期分别延误了 5 个月和 9.7 个月。按《施工组织计划》有关内容计算，2 号公寓楼因延误工期造成的损失为 1125000 元（100 人/月×30 日×5 月×75 元/日）；大堂港式餐厅因延误造成的损失为 2182500 元（100 人/月×30 日×9.7 月×75 元/日）；工程设备价值均为 275000 元，该设备按 2 年折旧计算，因延误工期造成设备停置损失为 168400 元[（275000÷24）×（5+9.7）]。因双方已在《工程竣工结算书》上确认工程按合同工期竣工，故延误工期是由宁逸公司造成，宁逸公司应承担工程延误期间诺亚海南公司的停、窝工及设备停置损失。综上，宁逸公司拖延结算，未付清工程价款，并造成工期延误，侵害了诺亚海南公司的合法权益，应当承担相应的民事责任。诺亚海南公司系我司的分支机构，不具有独立法人资格，我司依照法律相关规定，提起诉讼，请求：①判令宁逸公司支付工程款 4306500 元；支付停、窝工工资损失 3307500 元，设备损失 168400 元；支付预留质保金 668000 元；四项共计 8450400 万元，利息为 355100 元（按中国人民银行规定一年期贷款利率暂计至 2007 年 11 月 15 日）。②在 2008 年 6 月 26 日前支付剩余质保金 445300 元，逾期按中国人民银行规定一年期贷款利率支付利息。③承担本案诉讼费用。

宁逸公司辩称：涉案工程款应为 20556537.84 元，而不是 22267598.00 元，我司已付 17300299 元，尚欠 3256238 元。延期竣工的责任在诺亚公司，其要求赔偿停工、窝工及设备损失没有法律依据。因双方对工程款的确认数额不一致，而致使对工程质量质保金确认的数额不同。我司对支付质保金的期限没有异议，但第一期支付的质保金应为616696.1元；另一期的质保金尚未到支付期限，诺亚公司要求支付该质保金没有依据。至于利息的问题，因诉讼无法确认起付时间，应从判决生效之日起付工程款利息；质保金的利息，由法院认定。

周润鹏辩称：我不应作为被告，但作为本案第三人比较适合，其他的没有意见。

（2）诺亚海南公司陈述

我司已向宁逸公司提交了结算汇总表，按合同约定，宁逸公司应于2007年3月19日前审核完毕，故工程款应为22267598.00元，宁逸公司仅付14246100元；我司认可诺亚公司请求宁逸公司支付工程款，赔偿停工、窝工损失、质保金及其利息的主张。

宁逸公司反诉称：2005年2月28日和同年5月6日，我司与诺亚海南公司就酒店2号公寓楼精装修及酒店大堂和多功能餐厅室内精装修工程分别签订了《承包协议书》和《承包合同》。2007年9月，在工程质保期内，酒店大堂油漆脱落，出现严重的工程质量问题，我司曾多次与诺亚海南公司联系未果。2007年10中旬，我司与诺亚海南公司取得了联系，并要求该公司承担保修责任。当时也有人过来现场查看，但没有出示任何表示身份的证件，也没有提出具体的要求，无法展开维修工作。同年11月2日，我司承担着"世姐"活动的接待工作，因时间紧迫，就让酒店管理方自行联系了另外一家装修公司对酒店大堂油漆进行了维修翻新，维修费用为49000元。在工程施工期间，诺亚海南公司共消耗水电费179054元，垃圾清理费70733元。按协议约定，上述费用应由诺亚海南公司承担。为维护我司的合法权利，请求诺亚公司：①支付酒店大堂油漆翻新费49000元；②支付水电费179054元；③支付清运垃圾费70733元；④承担全部诉讼费用。

诺亚公司辩称：首先，酒店大堂油漆翻新既不符合合同约定，也不属法律规定的维修范围。其次，按保修责任划分，应由诺亚海南公司负责维修。从维修程序上而言，首先由建设单位组织勘查，设计、施工单位等单位分析原因，确定保修方案，然后由施工单位负责保修，但宁逸公司未组织有关单位分析原因，亦未提供保修方案；再者，2007年10月15日宁逸公司向诺亚海南公司发函，要求收函后3个工作日内保修。诺亚海南公司于2007年10月22日收函后，遂于10月23日派员查看现场，但宁逸公司未接洽诺亚海南公司到现场的人员。而宁逸公司早已在10月19日与海南希飞装饰工程有限公司签订了《工程合同》，并开始维修，致使诺亚海南公司无法进场保修。诺亚海南公司对工程保修已尽义务，不应承担责任。

周润鹏辩称：质量问题与我无关，其他的问题同意诺亚公司的意见。

诺亚海南公司陈述：同意诺亚公司的答辩意见。

2. 各方提供证据

对事实和证据的分析与认定：

诺亚公司与诺亚海南公司对证据及事实的主张一致。

（1）诺亚公司提供的证据（周润鹏对诺亚公司的证据均无异议）

1)《承包协议书》、《承包合同》，宁逸公司对证据的真实性无异议，但证明力有异议。

2)《资料清单竣工图签收清单》,内容为诺亚海南公司已于2006年12月15日、17日将2号公寓楼和大堂及多功能餐厅的竣工图、现场签证单有关资料移交给了宁逸公司;2005年12月31日《工程竣工结算执行书》,内容为2号公寓楼于2005年12月31日竣工,工程质量、期限均符合合同约定;2006年6月6日《工程竣工结算执行书》,内容为大堂及餐厅于2006年6月6日经竣工验收,工程质量、期限均符合合同约定;《三亚宁逸工程结算汇总表》,内容为2007年2月12日,诺亚海南公司已将工程结算汇总表及相对应的结算书交给了宁逸公司,该表汇总的工程总价款为22267598.00元;《安装工程结算书》,内容为结算书大部分在2006年9月前后已提交宁逸公司,据统计工程总价款为22265565.01元;《对账单》内容为宁逸公司已付工程款、材料款为1684696.91元。上述证据证明:①工程质量、工期均符合合同要求;②2号公寓楼延误工期5个月,大堂及餐厅延误工期9.7个月;③宁逸公司应于2007年3月12日前对结算文件审核完结,逾期视为其认可工程款22267598.00元。宁逸公司尚欠工程款5419901.09元、工程质量质保金1113376.9元。宁逸公司认为,《资料清单竣工图签收清单》为复印件不予质证;两份《工程结算执行书》的真实性无异议,但证明力有异议;《三亚宁逸工程结算汇总表》属单方制作,造价偏高,工程款应为审核报告确认的20556537.48元;《工程结算书》属单方制作,不能作为依据,应以审核报告确认的款额为依据;《对账单》未经双方对账,付款数额不符,对证明力有异议。

3)《施工组织计划》证明对2号公寓楼与大堂和餐厅施工的人员分别为100人;《现场施工设备一览表》,证明现场施工设备价值为275000元;《施工组织设计(方案)报审表》,证明诺亚公司的施工组织计划得到了宁逸公司及监理的批准。宁逸公司认为:《施工组织计划》、《现场施工设备一览表》未经其签收和认可,真实性不予确认,证明力不予认可;《施工组织设计(方案)报审表》的真实性无异议,但证明力有异议;

4)《施工备忘录》证明顺延工期责任在宁逸公司。宁逸公司对真实性无异议,但证明力有异议。

5)《结算书》内容为工程的具体结算依据;《现场签证》内容为现场具体计算工程量的依据;《宁逸公司给诺亚公司的发文》内容为现场具体施工情况;《施工组织计划》内容为现场设备人员配备情况。上述证据证明施工现场发生的全部情况。宁逸公司认为,《结算书》的真实性无异议,但双方已有结算协议,该证据不应具有证明力;《现场签证》无法确认,因为双方有了结算协议;《宁逸公司给诺亚公司的发文》认为与本案无关联,不质证;《施工组织计划》如前所述。

(2) 宁逸公司提供的证据

1)《承包合同》证明施工质量保修的责任在诺亚海南公司,诺亚公司对其真实性无异议,但证明力有异议。周润鹏认为该证据与其无关。

2)《审核报告》证明三方核定后工程款为20556537.84元。诺亚公司对其真实性有异议,认为按约定应于2007年4月16日后30日内审计,但该报告是2007年

双方对工期达成新的合意，承包商要求赔偿损失，未获支持

8月12日作出，且未向其送达，违反约定与法律规定。周润鹏与诺亚公司的意见一致。

3)《公函》证明宁逸公司已向诺亚海南公司发了维修函，但该公司未维修，维修责任在该公司。诺亚公司对真实性无异议，但对证明力有异议，认为诺亚海南公司已派员查看，未发现质量问题，且对方也没有提供维修清单，未安排工作量，不符合维修程序，致使无法进行维修。周润鹏认为该证据与其无关。

4)《工程合同》（包括补充协议）及《发票》证明宁逸公司委托他方对大堂油漆刷新及相关的费用。诺亚公司认为《工程合同》没有签注时间，《工程合同》（补充协议）供需方的盖章位置不正确，对两合同的真实性有异议；对发票的真实性无异议，但维修费用的发生是基于存在维修事实，没有发生维修事实，不属工程质量问题的维修费用。周润鹏认为上述证据与其无关。

5)《垃圾清运清单》及《水电费用明细》证明垃圾清运费用及水电费用。诺亚公司有异议，认为水电费已付清已交清了上述费用，该公司的分摊没有依据。周润鹏与诺亚公司的意见一致。

6)《企业档案资料》证明诺亚海南公司依法设立，具有独立法人资格。诺亚公司对真实性无异议，但对证明力有异议，认为有三亚城郊法院生效的判决认定诺亚海南公司无独立承担民事责任。

7) 编号为2062、2063、2065、2070、2136、2158、2159、2160的转账凭证证明诺亚海南公司已收到工程款2353164.2元。诺亚公司认为，上述证据只是支票存根，没有转账依据，不认可。编号为2090、2109、2162、2140的转账凭证证明诺亚海南公司已收到工程款151000元，诺亚公司认为该款是保安费及办公隔断费，按合同约定由宁逸公司承担。

(3) 周润鹏提供的证据

1)《三十八施工队施工区域造价一览表》证明周润鹏施工区域工程造价为8189580元；

2)《工程款对账单》证明周润鹏已收到工程款4050000元。

宁逸公司认为上述证据不属本案审理的范围而不质证。诺亚公司对证据的真实性无异议，但认为应从工程造价款中扣减建设方已支付的材料款。

(4) 诺亚公司海南分公司提供的证据

1)《公函二份》证明诺亚海南公司已派员维修，宁逸公司未与维修人员协商维修事宜，导致诺亚海南公司无法进行维修，责任在宁逸公司。宁逸公司对真实性无异议，但认为诺亚海南公司没有派员维修，对证明力有异议。周润鹏认为该证据与其无关。

2)《水电费收据及通知单》证明诺亚海南公司已向宁逸公司支付水电费14082.00元，向水电费总承包商南京基建二处支付水电费16738.5元，两项合计32820.6元，水电费已付清。宁逸公司有异议，认为诺亚海南公司提供的收据只是2005年的水电费，但工程是2006年才竣工，其工地人员2007年年初才撤出工地，该公司未能提供对2005年之后的水电费交纳情况。周润鹏无异议。

3）《清除垃圾费收据》证明诺亚海南公司已向宁逸公司支付垃圾费522元，因其他装修垃圾由诺亚海南公司清除，故诺亚海南公司已付清垃圾清除费。宁逸公司有异议，认为每月均产生垃圾，按合同约定是属于诺亚海南公司负责清运，而公共建筑垃圾因难分清是哪个施工队产生的，故由宁逸公司统一清运，并进行费用分摊，该证据的证明力与事实不符。周润鹏无异议。

3. 法院对以上证据的分析及事实认定

（1）对诺亚公司提供证据的意见

《承包协议书》、《承包合同》的真实性，因双方无异议，应予确认。2005年12月31日《工程竣工结算执行书》及2006年6月6日《工程竣工结算执行书》，宁逸公司对证据的真实性无异议，其真实性可确认，且该执行书已经双方签名确认，故应认定2号公寓楼及大堂及餐厅分别于2005年12月31日、2006年6月6日经竣工验收，工程质量、期限均符合合同约定；2号公寓楼与大堂和餐厅实际竣工距合同约定的时间分别延误了153日与291日（每月以30日计算）等事实。《资料清单竣工图签收清单》，该证据所述内容属竣工验收的条件，而涉案工程已经竣工验收，与两份《工程竣工结算执行书》相互印证，该证据应予采纳，应认定诺亚海南公司已于2006年12月15日和17日将2号公寓楼和大堂及多功能餐厅的竣工图、现场签证单有关资料移交给了宁逸公司。《三亚宁逸工程结算汇总表》，宁逸公司在第一次庭审中承认已于2007年2月12日签收，该证据的真实性应确认，再结合《安装工程结算书》及《结算书》，应认定宁逸公司已于2007年2月12日前签收该表及结算书；诺亚海南公司自行结算的工程款为22267598元，除双方无争议的样板间工程款376730元外，诺亚海南公司同意进行外审的工程款为21890868元等事实。《对账单》属诺亚海南公司自行核对，且宁逸公司不认可，诺亚公司又没有提供其他证据佐证，该证据不予采纳。《施工组织计划》及《现场施工设备一览表》，属诺亚海南公司单方编制，且诺亚公司没有证据证明已经送达宁逸公司，该证据不予采纳。宁逸公司对《施对工组织设计（方案）报审表》的真实性无异议，其真实性应予确认，但诺亚公司无证据证明该证据经宁逸公司批准，该证据的证明力不予认定。按《施工备忘录》所述宁逸公司拖欠进度款等而导致顺延工期，但诺亚公司没有证据证明该证据已经宁逸公司确认，该证据的证明力不予采纳。又根据合同关于"施工进度计划"及"开工及工期延期"的相关约定，诺亚海南公司有义务将上述计划和方案向宁逸公司提交，并按宁逸公司确认的进度计划组织施工，工期顺延应经宁逸公司确认；再根据《工程竣工结算执行书》，双方确认工程按合同约定竣工，而实际上竣工与合同约定竣工时间是不一致的，因此可认定双方已就竣工时间达成新的合意，即两个合同重新约定的工程竣工时间分别为2005年12月31日及2006年6月6日。故诺亚公司以上述证据证明宁逸公司的原因导致停、窝工及设置停置损失，理由不充分，其证明力不予采纳。诺亚公司以《结算书》、《现场签证》、《宁逸公司给诺亚公司的发文》及《施工组织计划》等证据证明施工现场发生的全部情况，与

双方对工期达成新的合意,承包商要求赔偿损失,未获支持

本案无关联,对其证明力不作认定。

(2) 对宁逸公司提供证据的意见

《承包合同》,诺亚公司对其真实性无异议,该证据的真实性应予确认;诺亚公司对《审核报告》的真实性有异议,认为按合同约定审核报告应于2007年4月16日后的30日内即2007年5月16日前作出,但该报告是2007年8月12日作出的,违反约定与法律规定,且未向其送达。但该报告上有诺亚海南公司、宁逸公司、山西诚毅工程造价咨询有限公司分别于2007年4月16日、8月10日、8月12日的盖章,且诺亚公司对诺亚海南公司的盖章无异议,又未申请对外审单位的公章提出鉴定,故诺亚公司对该报告真实性有异议的理由不成立,该报告的真实性应予确认。对编号2062、2063、2065、2070、2136、2158、2159、2160的转账凭证,根据第二次庭审时宁逸公司提供的银行出具的凭证核对相符,故诺亚公司异议理由不成立,应认定诺亚海南公司已收到工程款2353164.2元;对编号2090、2109、2162、2140的转账凭证,诺亚公司认为属保安费、办公隔断费,应由宁逸公司承担,但根据合同关于承建方工作的相关约定,承建方有义务提供与工程有关的一切安全设施,故保安费及办公临时隔断费应由诺亚海南公司承担,其异议理由不成立,故诺亚海南公司已收到工程款151000元,再根据双方无争议收到的工程为14796135.61元(包括双方确认的14546135.61元及已支付的样板间工程款250000元),应认定诺亚海南公司已收到工程款共计17300299.81元。诺亚公司对《公函》的真实性无异议,该证据的真实性应确认,但宁逸公司未能与诺亚海南公司的维修人员确认质量问题及维修项目,致使诺亚海南公司无法维修,责任不应在诺亚海南公司,故该证据的证明力不予采纳。《工程合同》(包括补充协议)及《发票》,诺亚公司对《发票》的真实性无异议,而以工程合同没有签约时间等为由对《工程合同》的真实性有异议,但该合同上已载明签约时间,其对该合同的真实性有异议的理由不成立,故上述证据的真实性应予确认。《垃圾清运清单》及《水电费用明细》属宁逸公司自行制作,且诺亚公司不予认可,又宁逸公司又没有其他证据印证,故上述证据的证明力不予采纳。诺亚公司对《企业档案资料》的真实性无异议,其真实性应确认,再根据本院(2007)三亚民一终字第202号民事判决已查明诺亚海南公司系诺亚公司的分公司,未能独立承担民事责任,其民事责任由诺亚公司承担,故该证据的证明力不予认定。

(3) 对周润鹏证据的意见

诺亚公司对《三十八施工队施工区域造价一览表》及《工程款对账单》无异议,该证据的真实性可确认。

(4) 对诺亚海南公司证据的意见。宁逸公司对《公函》的真实性无异议,而对证明力有异议,但其已承认发函后有人到场联系维修事宜,仅辩解到场人员未能提供系诺亚海南公司人员的身份证明,但未能提供到场联络维修人员身份不适合的证据,其辩解理由不成立,故该证据应采纳。故应认定诺亚海南公司于2007年10月23日派员到现场维修,宁逸公司没有与诺亚海南公司的联络人员协商维修事宜,并已开始维修等事实。宁逸公司对《水电费收据及通知单》、《清除垃圾费收据》的

真实性无异议，该证据的真实应确认，但该证据所反映的缴费时间是2005年，而涉案工程2006年才完全竣工，故诺亚海南公司以该证据证明已缴清上述费用，与事实不符，其证明力不予认定。

(5) 法院认定查明的事实

根据各方当事人的诉辩、陈述及提供的证据，可查明如下事实

2005年2月28日和同年5月8日，诺亚海南公司（乙方）与宁逸公司（甲方）分别签订了《承包协议书》和《承包合同》。

1)《承包协议书》

《承包协议书》约定：一、工程概况。对三亚宁逸汇大酒店的2号公寓楼的房、走廊、楼梯间、电梯前厅、楼内公共部分的装修；工程造价暂定500万元（按实结算）。二、工期。工程绝对工期为150日，开工日期为甲、乙双方签订合同之日；停水、停电连续超过3日以上，工期顺延。三、承包方式及计价依据。工程以包工包料形式进行；工程类别为三类工程；建筑工程、安装工程、修缮工程的人工费不做调整；乙方装饰工程定额人工费按每人75/日进行调差，差价部分计取税金，不计取管理费和利润。四、材料供应。甲方指定主材料由甲方确定品牌、单价，乙方自行采购，辅材料由乙方自行购买，甲供材料由乙方根据图纸与实际用量提出供货计划，由甲方采购；乙方应如实提供供应商材料及材料价格，经甲方确认后由乙方采购。五、进度款支付及结算。工程进度款按月进度的75%支付，乙方每月20日前报送进度款，甲方应在10日内审核完毕，并支付当期的工程款；工程竣工验收合格后（以验收签字日为准），乙方在40日内作出竣工结算，甲方在30日内审核完毕，结算文件双方签字认可后7日内支付除质保金（5%）外的工程款；工程量的核认由甲方、监理、乙方三方确认。六、一般责任。张志豪为甲方委派工程项目经理（甲方全权代表），甲方代表应按合同约定，及时向乙方提供所需指令、批准并履行约定的其他义务；李磊为乙方委派工程项目经理，乙方代表应将其在审阅合同文件及施工过程中发现的工程设计或技术规范中的错误、遗漏、误差和缺陷及时通知甲方代表。乙方向甲方提供季、月度及旬工程计划及相应进度统计报表。七、甲方工作。甲方项目负责人或其他委派的甲方代表负责对施工图纸的处理、设计变更、施工核定的工程量签证以及其他必要的现场签证，甲方必须按合同条款及时支付工程进度款。八、乙方工作。乙方向甲方代表提供年度、月度工程进度和相应及计划完成情况的进度报表；按工程需要和维修施工现场照明、危险地段、区域的围栏和警卫等一切和工程有关的安全设施；遵守三亚市人民政府和亚龙湾有关管理部门对亚龙湾国家旅游度假区环境卫生及施工现场的管理规定，文明施工，材料机具应堆放齐整，建筑垃圾应及时清运，施工完毕应做到工完场清，承担因违反有关规定造成的损失和罚款。九、施工组织设计和工期。因以下原因造成工期延误，经甲方代表确认，工期相应顺延：①甲方未能按合同的约定提供图纸及开工条件；②甲方未能按约定日期支付工程进度款，且超过合同规定的支付时限5日，致使施工不能正常进行；③合同条款中约定或甲方代表同意工期顺延的其他情况等。乙方在上述情况发生14日内就延误的工期以书面形式向甲方代表提出。乙方应按甲方代表

确认的进度计划组织施工，接受甲方代表对进度的检查、监督；如果乙方未能在合同规定的期限内或根据合同条件同意延长的期限内竣工，则每延误一日乙方应向甲方支付合同总价款的1‰，作为误期赔偿。甲方可以从应付或将要付给乙方的款项中扣回该项赔偿费；赔偿费的支付或扣除不应解除；乙方应完成该项工程的义务或合同规定乙方的其他义务和责任；乙方必须按照协议书约定的竣工日期或甲方代表同意顺延的工期竣工。十、竣工验收及质量保修。工程具备竣工验收条件，乙方应按国家工程竣工验收有关规定，向甲方提供完整工程资料及竣工验收报告。工程资料和竣工图纸一式五份；工程竣工验收通过，送交竣工验收报告的日期为实际竣工日期；乙方应按法律、法规或国家关于工程质量保修的有关规定，对交付甲方使用的工程在质量保修期内承担质量保修责任，工程缺陷保修期为竣工验收通过签字起二年；甲方应在工程竣工之日起一年后的二十日内支付预留质保金的60%，保修期满二年后的二十日内无息支付结算剩余质保金。十一、违约、索赔和争议。当甲方发生下列情况时，承担违约责任，赔偿因其违约给乙方造成的经济损失，顺延延误的工期：①不按合同规定支付工程款；②无正当理由不支付工程竣工结算款；③不履行合同义务或不按合同约定履行义务的其他情况。当乙方发生下列情况时，承担违约责任，赔偿因其违约给甲方造成的损失：①因其原因不能按合同约定的竣工日期或甲方代表同意顺延的工期竣工；②因其原因工程质量达不到合同约定的质量标准；③不履行合同义务或不按合同约定履行义务的其他情况。十二、其他。甲方将提供施工用水、用电的接驳点和基准点及定位，接引由乙方负责，费用甲方承担。

2)《承包合同》约定：一、工程概况。对三亚宁逸汇大酒店的大堂及多功能餐厅的室内精装修；工程造价暂定700万元（按实结算）。二、工期。工程绝对工期为70日，开工日为2005年5月10日，竣工日为7月20日（以甲方的开工令为主）。三、承包方式及计价依据。工程以包工包料形式进行；工程类别为三类工程；建筑工程、安装工程、修缮工程的人工费不做调整；乙方装饰工程定额人工费按75/工日进行调差，差价部分计取税金，不计取管理费和利润，零星点工按50元/日计取（指甲方签证工日）。四、材料供应。甲方指定主材料由甲方确定品牌、单价，乙方自行采购，辅材料由乙方自行购买，甲方供材料由乙方根据图纸与实际用量提出供货计划，由甲方采购；乙方应如实提供供应商材料及材料价格，经甲方确认后由乙方采购。五、进度款支付及结算。工程进度款按每15日的进度的80%支付，乙方每15日前报送进度报表，甲方应在5日内审核完毕，并支付当期的工程款；工程竣工验收合格后（以验收签字日为准），乙方在40日内作出竣工结算，甲方在30日内审核完毕，结算文件双方签字认可后7日内支付除质保金（5%）外的工程款；工程量的核认由甲方、监理、乙方三方确认。六、一般责任。庄信亚为甲方委派工程项目经理（甲方全权代表），甲方代表应按合同约定，及时向乙方提供所需指令、批准并履行约定的其他义务；李磊为乙方委派工程项目经理，乙方代表应将其在审阅合同文件及施工过程中发现的工程设计或技术规范中的错误、遗漏、误差和缺陷及时通知甲方代表。乙方向甲方代表提供季、月度及旬工程计划及相应进度报表。七、甲方工作。甲方项目负责人或其他委派的甲方代表负责对施工图纸的处理、设计变更、施工核定的工程量签证以及其他必要的现场签证；甲方必须按合同条款及时支付工程进度款。八、乙方工作。向甲方代表提供年度、月度工程进度和相应计划及计划完成情况的进度报表；按工程需要和维修施工现场照明、危险地段、区域的围栏和警卫等一切和工程有关的安全设施；遵守三亚市人民政府和亚龙湾有关管理部门对亚龙湾国家旅游度假区环境卫生及施工现场的管理规定，文明施工，材料机具应堆放齐整，建筑垃圾应及时清运，施工完毕应做到工完场清，承担因违反有关规定造成的损失和罚款。九、施工组织设计和工期。因以下原因造成工期延误，经甲方代表确认，工期相应顺延：①甲方未能按合同的约定提供图纸及开工条件；②甲方未能按约定日期支付工程进度款，且超过合同规定的支付时限5日，致使施工不能正常进行；③合同条款中约定或甲方代表同意工期顺延的其他情况等。乙方在上述情况发生14日内就延误的工期以书面形式向甲方代表提出。乙方应按甲方代表确认的进度计划组织施工，接受甲方代表对进度的检查、监督；如果乙方未能在合同规定的期限内或根据合同条件同意延长的期限内竣工，则每延误一日乙方应向甲方支付合同总价款的1‰，作为误期赔偿；甲方可以从应付或将要付给乙方的款项中扣回该项赔偿费；赔偿费的支付或扣除不应解除乙方应完成该项工程的义务或合同规定乙方的其他义务和责任；乙方必须按照协议书约定的竣工日期或甲方代表同意顺延的工期竣工；因甲方原因造成停止施工，甲方应赔偿乙方工程造价1‰的费用，如因乙方原因造成停止施工，乙方应赔偿甲方工程造价1‰的费用；乙方必须按照协议书约定的竣工日期或甲方代表同意延顺的工期竣工；因甲方的原因使乙方不能正常施工的，乙方应及时报告由甲方确认；甲方根据具体情况在48小时内提出意见，否则乙方工期顺延。十、竣工验收以及质量保修。工程竣工验收通过，送交竣工验收报告的日期为实际竣工日期；乙方应按法律、法规或国家关于工程质量保修的有关规定，对交付甲方使用的工程在质量保修期内承担质量保修责任，工程缺陷保修期为竣工验收通过签字起二年；甲方应在工程竣工之日起一年后的二十日内支付预留质保金的60%，保修期满二年后的二十日内无息支付结算剩余质保金；当甲方发生下列情况时，承担违约责任，赔偿因其违约给乙方造成的经济损失，顺延延误的工期：①不按合同规定支付工程款；②无正当理由不支付工程竣工结算款；③不履行合同义务或不按合同约定履行义务的其他情况。当乙方发生下列情况时，承担违约责任，赔偿因其违约给甲方造成的损失：①因其原因不能按合同约定的竣工日期或甲方代表同意顺延的工期竣工；②因其原因工程质量达不到合同约定的质量标准；③不履行合同义务或不按合同约定履行义务的其他情况。十一、其他。甲方将提供施工用水、用电的接驳点和基准点及定位，接引由乙方负责，费用甲方承担。

3）施工及付款

合同签订后，诺亚海南公司于2005年2月28日和同年6月5日，分别对2号公寓楼与大堂和多功能餐厅进行装修，工程分别于2005年12月31日、2006年6月6日经竣工验收。经验收，工程按合同约定的工期竣工，质量符合合同承诺要

双方对工期达成新的合意，承包商要求赔偿损失，未获支持

求。2号公寓楼与大堂和多功能餐厅工程实际竣工验收距合同约定竣工的时间分别延误了153日与291日（每月以30日计算）。诺亚海南公司于2007年2月12日前已将结算书及结算汇总表送达宁逸公司，其结算的工程款为22267598元，其中包括无争议的样板间工程款376730元（已付25万元）。诺亚海南公司于2007年4月16日同意对除样板间工程款之外的工程款21890868元进入外审。经山西诚毅工程造价咨询有限公司审计工程款为20556537.84元。诺亚海南公司、宁逸公司、山西诚毅工程造价咨询有限公司先后于2007年4月16日、8月10日、8月12日在报告上盖章，该报告上注明审核结果已经双方签字确认。宁逸公司已付工程款17300299.81元。2005年，诺亚海南公司已支付水电费及垃圾费分别为32820.6元和522元。2007年10月15日，宁逸公司以大堂出现油漆脱落、裂缝等为由，向诺亚海南公司致函，要求该公司在接到函件后3个工作日内履行合同约定的保修责任。诺亚海南公司于10月22日收到函件并于2007年10月23日函复，同意派员赴现场查看维修情况，并于当日派员前往现场。宁逸公司没有与诺亚海南公司的联络人员协商维修事宜，且单方却于2007年11月21日，与海南希飞装饰工程有限公司签订了《工程合同》与《工程合同补充协议》。《工程合同》约定，大堂油漆工作内容为：大堂前面6条立柱的室外部分，两侧上部的12个水木窗；大堂后面大堂吧外廊，大堂吧上部的4个小木窗；大堂的两侧面所有的木制饰面；工程款为46000元。补充协议约定，酒店大堂正面、上部门窗油漆翻新，工程款3000元。翻新工程已经竣工验收，宁逸公司已向海南希飞装饰工程有限公司支付了工程款49000元。诺亚公司对周润鹏与诺亚海南公司结算的工程款为8189580元及周润鹏收到诺亚海南公司支付的工程款4050000元的事实无异议。诉讼中，诺亚公司于2007年11月27日向本院申请对装修工程的停、窝工工资损失及设备停置费损失的鉴定，又于2008年5月16日撤回鉴定申请。诺亚海南公司是诺亚公司依法设立的分公司。诺亚公司以宁逸公司至今未支付上述款项本息为由，向本院提起诉讼。庭审中，经诺亚公司明确，其第一项诉求，质保金利息应从2007年6月26日起计算，其他的利息应从2007年3月19日起计算，均计算至还清之日止。

4）另查明，诺亚公司海南公司的负责人为魏佳磊，质保金从工程款中直接扣除，本案争议的质量问题不属2号公寓楼的范畴。根据双方的诉辩，"保修金""保证金"及"质保金"为同一含义。

[裁判理由及结果]

裁判理由
法院认为：

一、关于合同效力问题。诺亚海南公司与宁逸公司签订的《承包协议书》和《承包合同》，系双方的真实意思表示，且未违反法律、行政法律的禁止性规定，依照《中华人民共和国合同法》第三十二条、第四十四条及第六十条的规定，应认定为有效合同。诺亚海南公司系诺亚公司依法设立的分公司，不具有法人资格，不能

独立承担民事责任，其权利与义务依法由诺亚公司享有与承担。

二、关于工程款及其利息问题。诺亚海南公司在工程竣工后，依约将工程款结算报告送交宁逸公司，按合同约定宁逸公司应依时作出审批意见。但因双方对工程款有争议，诺亚海南公司于2007年4月16日同意对争议的工程款21890868.11元（未含无争议的样板间工程款376730元）进行外审。山西天诚毅工程造价咨询有限公司对争议的工程款进行审核并作出了审核报告，诺亚海南公司与宁逸公司均在该报告上盖章认可，该审核报告可作为判案的依据，故审核的工程款为20556537.84元。含双方无争议的样板间工程376730元，涉案的工程款总计为20933267.84元，扣减已付工程款17300299.81元及工程款5%的质保金1046663.39元，宁逸公司尚欠工程款为2586304.64元。故诺亚公司主张宁逸公司尚欠的工程款4306500元，与事实不符，超过部分不予支持。对工程款利息支付问题，合同约定于结算文件双方认可后的7日内支付除质保金之外的应付工程款，但未约定逾期付款利息。依照《最高人民法院关于审理建设工程施工合同纠纷案件适用法律问题的解释》（以下简称《解释》）第十七条"当事人对欠付工程价款利息计付标准有约定的，按照约定处理；没有约定的，按照中国人民银行发布的同期同类贷款利率计息"及《解释》第十八条"利息从应付工程价款之日计付"之规定，宁逸公司逾期支付工程款，应当承担逾期付款的利息。故诺亚公司主张宁逸公司承担逾期支付工程款的利息，于法有据，应予支持。根据双方当事人在审核报告上的盖章时间，应以2007年8月10日为双方对审核结果确认的时间，再依合同对支付工程款的约定，利息应按中国人民银行发布的同期同类贷款利率自2007年8月17日起计付至限还清工程款之日止。诺亚公司主张自2007年3月19日起计付工程款利息没有事实根据与法律依据，本院不予采信。

三、质保金及其利息支付问题。根据合同约定，宁逸公司应在工程竣工之日起一年后的二十日内支付预留质保金的60%，保修期满二年后的二十日内无息支付结算剩余质保金。本案工程全部竣工之日为2006年6月6日，按约定宁逸公司应于2007年6月5日前支付质保金的60%，起诉时该笔款支付期限已届满，故诺亚公司请求支付60%的质保金，理由充分，应予支持。但根据认定的工程款计算，质保金应为1046663.39元，其60%即627998.03元，故诺亚公司主张该项保质金668000元过高，仅能支持627998.03元。宁逸公司未按约支付上述质保金，应当支付逾期利息。故诺亚公司请求自2007年6月26日起计付该项质保金利息于法有据，应予支持，利息应按中国人民银行发布的同期同类贷款利率计算计付至判决限令还款之日止。诺亚公司主张余下的质保金（即质保金的40%），按合同约定应于保修期二年后的二十日内即2008年6月25日前无息支付，该质保金诉讼时虽尚未到期，但考虑本案判决前已到期，为不增加当事人的诉累，应一并审理。因此，诺亚公司请求宁逸公司支付该项质保金及逾期利息理由亦充分，应予支持。但该公司主张该项质保金为445300元过高，仅能支持418665.36元，逾期利息应按中国人民银行发布的同期同类贷款利率计算计付至判决限令还款之日止。

双方对工期达成新的合意，承包商要求赔偿损失，未获支持

四、关于停工、窝工及设备损失问题。首先，本案实际竣工时间与合同约定竣工时间不一致，但双方在竣工验收时均确认按合同约定工期竣工，故应认定涉案工程款如期竣工验收。其次，根据合同关于"施工进度计划"及"开工及工期延期"的约定，诺亚公司有义务将有关的工程计划和方案向宁逸公司提交，并按宁逸公司确认的进度计划组织施工，工期顺延应经宁逸公司确认。但诺亚公司没有证据证明已按约履行义务。综上，诺亚公司以因宁逸公司的责任造成工期延误等为由，主张停、窝工工资及设备停置损失，于法无据，不予支持。

五、关于水电费及垃圾费问题。根据合同关于"其他"的约定，宁逸公司提供施工用水、用电的接驳点和基准点及定位，接引由诺亚海南公司负责，费用宁逸公司承担。该条款并未明确约定水电费由宁逸公司承担，而在合同履行过程中，诺亚海南公司已交纳水电费，故应认定水电费应由诺亚海南公司承担。涉案工程是2006年全部竣工，而诺亚海南公司仅交纳了2005年的水电费及垃圾费。故诺亚公司辩解水电费由宁逸公司承担，并已交清了水电费衣垃圾费，与事实不符，其辩解不予采纳。但宁逸公司提供的水电费、垃圾费编制分摊表属自行编制，且未经诺亚海南公司认可，不具有客观性，也不予采纳，故其主张诺亚公司承担水电费及垃圾费证据不充分，不予支持。因宁逸公司就工程质量问题提起反诉，本院追加了周润鹏为被告，但审理中本案的质量问题与周润鹏承建的工程无关联，周润鹏不承担责任。

裁判结果： 一、宁逸公司应自本判决生效之日起30日内，向诺亚公司支付工程款2586304.64元及其利息，利息按照中国人民银行发布的同期同类贷款利率自2007年8月17日起计算至本判决限还清款之日止；支付质保金1046663.39元及其利息。其中质保金627998.03元的利息按照中国人民银行发布的同期同类贷款利率自2007年6月26日起计算至判决限令还款之日止，质保金418665.36元的利息按照中国人民银行发布的同期同类贷款利率自2008年6月26日起计算至判决限令还款之日止；二、驳回诺亚公司的其他诉讼请求；三、驳回宁逸公司的反诉请求。……

[法律评析]

原告诺亚公司起诉称："合同约定，2号公寓楼于2005年2月28日开工，2005年7月31日竣工；大堂港式餐厅于2005年6月5日开工，2005年8月15日竣工。但实际竣工时间2号公寓为2005年12月31日、大堂港式餐厅为2006年6月6日，工期分别延误了5个月和9.7个月。按《施工组织计划》有关内容计算，2号公寓楼因延误工期造成的损失为1125000元（100人/月×30日×5月×75元/日）；大堂港式餐厅因延误造成的损失为2182500元（100人/月×30日×9.7月×75元/日）；工程设备价值均为275000元，该设备按2年折旧计算，因延误工期造成设备停置损失为168400元[（275000÷24）×（5+9.7）]。因双方已在《工程竣工结算书》上确认工程按合同工期竣工，故延误工期是由宁逸公司造成，宁逸公司应承

担工程延误期间诺亚海南公司的停、窝工及设备停置损失。"正如法院裁判理由所述，原告诺亚公司起诉要求赔偿工期延误损失是不符合法律逻辑的：既然，实际竣工日期晚于合同约定竣工日期，而双方在《工程竣工结算执行书》中又确认工程质量、期限均符合合同约定，这就意味着双方对于原合同约定竣工日期进行了新的约定，对于实际工期的延长，双方均不承担任何责任。在这种情况下，原告诺亚公司起诉要求赔偿工期延误损失，显然没有法律依据，因而不会得到支持。

判例 9

开工日期、竣工日期、损失争议

[基本案情]

上诉人（原审原告兼反诉被告）：安徽省邦泰建筑安装工程有限公司

被上诉人（原审被告兼反诉原告）：上海宁泽置业有限公司

1. 一审法院认定

原审法院经审理查明，"岭枫汇"小区的原开发商为上海岭枫置业有限公司，该公司因债务纠纷而致在建工程"岭枫汇公寓"小区被整体拍卖。2001年6月15日，上海宁泽置业有限公司（以下简称宁泽公司）经竞拍取得"岭枫汇公寓"小区再建权。小区由高层"岭枫汇公寓"和小高层"新岭枫汇公寓"组成，拍卖时，"岭枫汇公寓"已结构封顶，尚余一些收尾工作，"新岭枫汇公寓"未建造。"岭枫汇公寓"小区原施工单位为安徽省层峰建设发展有限公司，之后改名为安徽企翎建设发展有限公司，施工承包人为王庆。拍卖后，由于王庆成为安徽邦泰建筑公司的人员，在有关部门协调下，安徽邦泰建筑公司与宁泽公司进行协商，决定由安徽邦泰建筑公司继续承建未完成的工程，即小高层"新岭枫汇公寓"的建造和"岭枫汇公寓"后期续建工程。为此，双方于2001年10月28日签订了一份《施工总承包合同》。《施工总承包合同》约定：合同价暂定人民币（以下币种均为人民币）400万元，增减量另计；主楼工程合同工期为210天；质量等级应为优良；工程款按当月实际完成工作量于下月10日前付款，当工作量累计金额支付到当年计划工作量的90%时，则下个月起按当月工程实际完成工作量的90%抵扣已付预付款；竣工结算，竣工报告通过后或分阶段结算部位完成后，安徽邦泰建筑公司应在10天内向宁泽公司提出结算报告，宁泽公司审核确认后3天内支付剩余工程款；安徽邦泰建筑公司如不能按合同工期竣工，施工质量达不到设计和规范的要求，……应支付违约部分已付款的利息违约金并赔偿因其违约给宁泽公司造成的逾期交房等直接损失。合同签订后，安徽邦泰建筑公司于2001年10月29日实际开工，开工时，宁泽公司尚未取得施工许可证，安徽邦泰建筑公司也未办理招投标手续。2001年12月14日，安徽邦泰建筑公司因未办理招投标手续而受到相关部门罚金5000元的处理，但施工未停止。

在上述工程中，有电梯、消防、煤气和桥架四个项目由宁泽公司发包给相应有资质的公司施工，其余工程由安徽邦泰建筑公司施工。煤气工程于2002年7月3日竣工，消防工程于2002年7月24日申报验收，桥架于2002年7月9日竣工，电梯工程于2002年10月8日竣工。2002年12月5日，双方又签订了一份《补充协议书》，对高层续建问题作了约定，对工程费的计算，双方约定为：对本工程所承建的工作内容，使用的各种材料和人工，同样与新岭枫汇公寓8层均按照上海市建设工程定额管理总站发布的当月"市场造价信息"规定进行计算。

2002年12月13日，安徽邦泰建筑公司承包人王庆向宁泽公司及小区业主函告，要求宁泽公司及小业主在工程未通过验收前，停止进户或装修。同月17日，安徽邦泰建筑公司将工程决算资料交给宁泽公司，但没有交付竣工报告，整体工程未经验收。至2003年7月3日"岭枫汇公寓"小区才通过验收并备案，迟延了401天。工程质量为合格。

宁泽公司自2001年9月18日至2002年11月1日陆续向安徽邦泰建筑公司支付工程款共计415.7万元，该款中包括王庆为工程建设向宁泽公司的工程暂借款35万元（之后，双方确认该款为工程款）。自2001年12月起至2003年1月，宁泽公司代安徽邦泰建筑公司支付水电费120272.16元，其余电费由安徽邦泰建筑公司支付，其中有一笔电费113.6元，宁泽公司与安徽邦泰建筑公司以不同的支付方式向不同的部门支付，宁泽公司支付在先。

由于双方对交房与付款问题意见不能统一，安徽邦泰建筑公司于2003年3月3日向原审法院起诉，请求判令宁泽公司按决算数额支付工程款280.1万元。2003年4月20日，安徽邦泰建筑公司补充诉讼请求，要求宁泽公司支付逾期办理有关证件给安徽邦泰建筑公司带来的损失，其中包括违约金98000元和损失925428元。宁泽公司提起反诉，请求判令安徽邦泰建筑公司因延误工期而向宁泽公司支付违约金160400元、利息210995元，直接损失1636032.82元。

原审法院委托上海普道会计师事务所有限公司对"新岭枫汇公寓"和"岭枫汇公寓"续建工程的建筑工程费进行审价，结论为："新岭枫汇公寓"工程、"岭枫汇公寓"后期续建工程和小区总体及附属工程项目总造价为4942836元，其中土建部分4475358元，安装费用467478元。经复核，由于存在材料价差等因素，总造价实为4928736元，另有土建争议部分费用为337764元未计入总造价。

2. 原审法院裁判理由及结果

裁判理由

原审法院认为，关于本诉，安徽邦泰建筑公司为宁泽公司建造了"新岭枫汇公寓"并完成"岭枫汇公寓"续建工程，宁泽公司理应支付工程款。工程款的数额，应当按合同约定的计算方法结合实际完成的工作量计算。宁泽公司对人工和材料的补贴有异议，但是，该补贴的计算方式由双方约定，在审价中已排除了用该计算方法计算的数额与按"93定额"计算的数额中重复的部分，尚属合理；对于工程中钢材等材料的使用量，施工方认为少计算了、发包方认为多计算了，双方均无证据证明，原审法院对双方的异议不予采信，评估单位出具的评估报告程序合法，公正客观，予以认定。至于双方在评估中的争议部分，因该部分是隐蔽工程，在房屋已交付小业主居住使用的情况下，无法用开挖的方法一一查实，但是，如果缺少这些工程，其他工程无法续建，原审法院认定争议部分已施工完毕。评估中，争议部分按竣工图进行评估，客观合理，予以认定，宁泽公司理应支付此款。对于水电费问题，该费用应当由安徽邦泰建筑公司支付，目前，水费和一部分电费由宁泽公司代付，该费用理应由安徽邦泰建筑公司返还。至于双方重复支付的113.60元，由于宁泽公司支付在前，原审法院认定此款由宁泽公司支付。至于安徽邦泰建筑公司要求宁泽支付违约金98000元和损失925428元，是基于宁泽公司逾期支付工程款，而双方合同约定结算报告应当在竣工报告通过后提出，安徽邦泰建筑公司在竣工报告未提交前要求付款，缺乏合同依据。安徽邦泰建筑公司提出的证据和理由不能认定为宁泽公司违约，对此诉请，不予支持。

关于反诉，宁泽公司要求安徽邦泰建筑公司支付违约金160400元、利息210995元，是基于《施工总承包合同》第十二条、第二十七条的约定，即工期延误按工程总造价日万分之一处罚及支付违约部分已付款利息并赔偿直接损失。本案中，工期延误了401天，但关键是工期延误的责任应当由谁承担。安徽邦泰建筑公司认为，宁泽公司没有办妥相关手续，致工程处于半停工状态，并且，宁泽公司将应当由施工方发包的水、电、煤气和消防项目擅自发包给他人，这些工程影响了整体工程的验收，也是导致工期延误的原因。但是，安徽邦泰建筑公司没有证据能证明工程自2001年10月29日开工后有半停工状态及水、电、煤气和消防四个项目影响了整体竣工验收。虽然上述四个项目于2002年7月竣工，迟于工期期限一个多月，但是，此时的主体工程尚未完工，该四个项目不影响主体工程的竣工验收，安徽邦泰建筑公司延误工期是事实，理应对自己的违约行为按约承担责任。宁泽公司要求安徽邦泰建筑公司支付违约金及已付工程款的利息，符合合同约定，但是，应当按付款时间的不同分别计算利息。至于宁泽公司经原审法院判决应向小业主支付违约金1636032.82元所形成的直接损失，该款虽经法院判决或协调结案，但其中大部分尚未实际支付，直接损失的数额尚处于不确定状态，本案中不予处理。宁泽公司可在上述损失数额确定后另案诉讼。对于宁泽公司已经向小业主支付的违约金146200元及诉讼费5494元，因该数额低于宁泽公司与小业主约定的违约金数额，宁泽公司将已支付的违约金作为直接损失，符合情理，予以认定。至于该损失的承担，原审法院认为，安徽邦泰建筑公司延误工期是引起宁泽公司迟延交房的主要原因，但不是唯一原因，宁泽公司也应当承担一部分责任，故该责任应当由安徽邦泰建筑公司承担七份，宁泽公司承担三份。

裁判结果：一、宁泽公司应自判决生效之日起十日内向安徽邦泰建筑公司支付工程款1109500元（总造价5266500元－已付款4157000元）；二、安徽邦泰建筑公司应自判决生效之日起十日内返还宁泽公司水、电费120272.16元；三、对安徽邦泰建筑公司的其余诉讼请求不予支持；四、安徽邦泰建筑公司应自判决生效之日起十日内向宁泽公司支付违约金160400元（合同总造价400万元×0.0001×401天）；五、安徽邦泰建筑公司应自判决生效之日起十日内向宁泽公司支付利息（计算方法：284.7万元自2002年5月29日起计算；5万元自2002年6月15日计算；20万元自2002年7月5日起计算；10万元自2002年7月16日起计算；20万元自2002年8月8日起计算；10万元自2002年8月15日起计算；10万元自2002年8月23日起计算；10万元自2002年8月29日起计算；30万元自2002年9月26日起计算；5万元自2002年11月1日起计算。以上利息均计算至2003年7月2日止，均按中国人民银行同期贷款利率计算）；六、安徽邦泰建筑公司应自判决生效之日起十日内向宁泽公司赔偿直接损失106185.80元〔（146200元＋5494元）×70%〕；七、对宁泽公司的其余诉讼请求不予支持。……

3. 当事人不服上诉及答辩

原审法院判决后，安徽邦泰建筑公司不服，上诉认为，①原审法院对系争工程开、竣工的日期认定有误，认定安徽邦泰建筑公司于2001年10月29日开工，实际宁泽公司于2002年7月2日方取得施工许可证，之后才能开工。原审法院认定竣工日期为2003年7月3日，这是工程竣工验收备案的日期，事实上2002年12月23日安徽邦泰建筑公司即报送了竣工资料，应以此为竣工日期。安徽邦泰建筑公司的实际施工期为171天，比照合同约定的工期210天，并不存在违约，故不应承担违约金160400元及利息损失。②关于宁泽公司要求赔偿的其对小业主发生的赔偿款，鉴于宁泽公司与小业主的关系与本案属于不同的法律关系，不能混为一谈。宁泽公司对小业主逾期交房的行为，系其自身原因造成的，例如与小业主草签购房合同、变更施工图纸、不及时组织工程验收等，与安徽邦泰建筑公司无关，安徽邦泰建筑公司不应承担相关赔偿款。③系争工程总价遗漏了宁泽公司单方违约发包的13项工程的5%的施工配合费。④关于水费10万元，系宁泽公司向供水部门的罚款，安徽邦泰建筑公司不予承担。⑤对安徽邦泰建筑公司在原审法院提出的要求宁泽公司承担逾期付款的利息及经济损失，原审法院未予支持，显属错误。故安徽邦泰建筑公司要求撤销原判、依法改判。

被上诉人认为，原审法院认定事实清楚、适用法律正确，要求维持原判决。

4. 二审法院认定

经审理查明，原审法院认定事实无误，二审法院予以确认。

[二审裁判理由及结果]

裁判理由

二审法院认为，安徽邦泰建筑公司与宁泽公司签订的《施工总承包合同》，系双方当事人真实意思表示，内容不违反法律规定，应为有效。关于安徽邦泰建筑公司提出的本诉中，安徽邦泰建筑公司要求工程造价中计入宁泽公司直接分包工程的配合费，对此双方未在合同中明确配合费的计价依据，且在原审审理中安徽邦泰建筑公司未就宁泽公司直接分包工程的造价提出依据，故难以计取相关配合费。关于水费10万元，系供水部门收取的漏损水量款及补收款，非安徽邦泰建筑公司所述为罚金，故该款应由安徽邦泰建筑公司承担。关于安徽邦泰建筑公司提出的要求宁泽公司承担逾期付款的利息及经济损失的主张，原审法院从违约责任分析结合安徽邦泰建筑公司的诉请理由，作出不予支持的判决并无不妥，安徽邦泰建筑公司在二审审理中未有新的证据提供，故对该诉请不予支持。

关于宁泽公司的反诉，原审法院以安徽邦泰建筑公司实际开工日2001年10月29为开工日，本院予以认同，但安徽邦泰建筑公司于2002年12月23日向宁泽公司报送了竣工资料，应以此作为安徽邦泰建筑公司的竣工日，按此计算，安徽邦泰建筑公司逾期竣工的天数为211天，相应逾期竣工违约金应为84400元。关于宁泽公司主张的利息，合同对此约定并不明确，故宁泽公司在主张违约金后再要求安徽邦泰建筑公司偿付利息，不应支持。关于宁泽公司主张的对小业主发生的赔偿款，系实际发生且与安徽邦泰建筑公司逾期竣工存在一定关联，在违约金不足以弥补损失时，宁泽公司可就超出部分要求违约方承担，故安徽邦泰建筑公司应对超出违约金数额的损失金额予以偿付。原审法院认定与安徽邦泰建筑公司相关联的损失金额为106185.8元，故安徽邦泰建筑公司应向宁泽公司偿付21785.8元。

裁判结果

一、维持上海市普陀区人民法院（2003）普民三（民）初字第980号民事判决第一、二、三、七项内容。二、撤销上海市普陀区人民法院（2003）普民三（民）初字第980号民事判决第五项内容。三、变更上海市普陀区人民法院（2003）普民三（民）初字第980号民事判决第四条内容为："安徽省邦泰建筑公司建筑安装工程有限公司应于本判决生效之日起十日内支付上海宁泽置业有限公司违约金84400元"；变更第六条内容为："安徽省邦泰建筑公司建筑安装工程有限公司应于本判决生效之日起十日内偿付上海宁泽置业有限公司损失21785.8元"。……

[法律评析]

1. 关于开工日期：安徽邦泰建筑公司认为该工程于2002年7月2日方取得施工许可证，因此应当以此日期为开工日。而原审法院及二审法院均认定安徽邦泰建筑公司实际开工日2001年10月29为开工日。二者相差将近九个月。司法实践中，法院一般会按照本案原审、二审法院的思路裁判案件。如果承包商以没有开工证为由拒绝开工肯定会得到法律支持。而如果像本案这样，没有施工许可证而实际开工了，再以此为理由要求延后开工日期，一般不会得到裁判机构的支持。

2. 关于竣工日期：原审法院以竣工备案日期为竣工日期是不正确的，二审法院予以纠正是有法律依据的。《最高人民法院关于审理建设工程施工合同纠纷案件适用法律问题的解释》第十四条规定："当事人对建设工程实际竣工日期有争议的，按照以下情形分别处理：……（二）承包人已经提交竣工验收报告，发包人拖延验收的，以承包人提交验收报告之日为竣工日期。"本案中，2002年12月23日安徽邦泰建筑公司即报送了竣工资料，而2003年7月3日"岭枫汇公寓"小区才通过验收并备案。如果不存在安徽邦泰建筑公司报送的竣工资料有瑕疵导致无法验收的情形外，根据最高法院司法解释的上述规定，显然应以2002年12月23日为实际竣工日期。

3. 关于利息约定是否明确问题：双方在合同中约定："……安徽邦泰建筑公司如不能按合同工期竣工，施工质量达不到设计和规范的要求，……应支付违约部分已付款的利息违约金并赔偿因其违约给宁泽公司造成的逾期交房等直接损失。"显然"利息违约金"这一提法确有不明确之处。当然，在这里，法院有自由裁量的空间。

判例 10

完工日期、竣工日期、验收合格日期差异、关于违约金争议

[基本案情]

上诉人（原审原告）浙江爱博嘉仁医院
上诉人（原审被告）浙江盛龙装饰工程有限公司

1. 一审法院认定

原审法院查明：2002年7月3日，原告爱博嘉仁医院发出中标通知书，该院室内外装饰工程通过招标形式，由被告盛龙公司以总价2362801元中标。同年7月8日，双方签订了《浙江爱博嘉仁医院装饰工程施工合同》。合同载明：工程的承包范围为包工包料；开工日期为2002年7月15日，竣工日期为同年9月28日；合同第十四条违约和违约责任约定：1.由于甲方（即原告）原因导致延期开工或中途停工，甲方应补偿乙方（即被告）因停工、窝工所造成的损失，每停工、窝工1天，甲方支付乙方100元；2.由于乙方原因，逾期竣工，每逾期1天，乙方支付甲方500元违约金。甲方要求提前竣工，除支付赶工措施费外，每提前1天甲方支付乙方500元，作为奖励。合同还就付款方式、纠纷处理、工程综合费率等作了约定。

在合同履行过程中，2002年11月27日，原、被告双方经协商就工程的工期问题签订了《补充协议》，约定：工程应于2002年12月17日全部完工，并竣工验收交付使用；如工程延期完工，拖延第一天、罚款5000元，拖延第二天、罚款15000元，拖延第三天、罚款30000元以此推算。如果提前完工，每提前1天，奖励5000元，奖罚同等；对此前因各种原因延误的工期，不再追究；原合同第十四条①、②点奖罚办法取消，以本补充协议条款为准；除以上条款补充外，其他条款原合同继续生效；本协议一式三份，双方签字后生效。送亚诺监理公司一份。协议还就资金周转问题进行约定。在此后的施工过程中，

2002年12月5日双方通过第62号联系单，确认工期顺延一天。

2003年1月20日，被告盛龙公司提交了工程竣工报告，并提交验收，监理单位浙江亚诺建设有限公司于同日签下同意验收的监理意见。

2003年4月20日，原、被告双方又签订了同意书，该同意书取消了原合同第十四条所涉因工期延期的奖罚条款内容；增加了"装修人工补差按40元/人工计"条款；对工程款的付款方式作了修改；取消原合同第六条款。同年4月29日，盛龙公司、爱博嘉仁医院会同监理单位对工程进行验收，结论为合格。

为本工程中的工程款，被告曾于2004年2月13日向原审法院起诉，在该案2004年3月25日开庭审理过程中，原告提出保留追溯逾期交付违约金的权利。该案经2005年11月15日浙江省高级人民法院（2005）浙民一终字第303号民事判决已审结。

2. 一审法院裁判理由和结果

裁判理由

原审法院认为，本案争议焦点为：①合同的效力。②工程延误及违约金的认定。③诉讼时效问题。④违约金与罚款问题。就当事人争议的问题，根据案件事实，依照法律规定，评析如下：一、本案中合同的效力问题。2002年7月8日原、被告签订的《浙江爱博嘉仁医院装饰工程施工合同》，系双方当事人以招投标方式订立的合同，且不违反法律规定，合法有效，对双方当事人均有约束力。2002年11月27日《补充协议》及2003年4月20日《同意书》均为双方当事人所签订，是当事人的意思表示，亦均为有效合同。对于原告要求对《同意书》及收条形成时间进行鉴定的主张，因该同意书未违反法律规定，且已为生效法律文书（2005）浙民一终字第303号民事判决书所确认，另收条与本案无直接关联，故不予准许。二、对于工期延误及违约金的认定。双方在《施工合同》中约定是于2002年9月28日竣工；在之后的《补充协议》中，又约定于2002年12月17日全部完工，并交付竣工验收，此约定应视为对《施工合同》中工期时间的变更；在之后双方的《同意书》中，未对完工、竣工时间进行新的约定。关于工期延期违约金问题，《施工合同》中第十四条作了明确约定；但《补充协议》取消了《施工合同》中第十四条①、②点奖罚办法，并约定以本补充协议条款为准；《同意书》也约定取消了原合同第十四条所涉因工期延期的奖罚条款内容，但对《补充协议》中有关奖罚条款未进行新的约定，亦未作取消表述。据此，根据双方的《补充协议》，被告应于2002年12月17日全部完工，但从被告提交的证据结合（2005）浙民一终字第303号民事判决书中的认定，被告的完工时间为2003年1月20日，扣除工期顺延的一天，被告实际延误工期时间为33天，故被告未按双方约定的时间完工，应承担相应的违约责任。对于违约金的承担，依照《补充协议》第三条双方约定的"如工程延期完工，拖延第一天、罚款5000元，拖延第二天、罚款15000元，拖延第三天、罚款30000元以此推算……"，如何"以此推算计算"违约金并不明确，考虑本案的工程现状及延期的时间等因素，结合被告认为补充协议违约金显失公平的主张，酌情予以调整，按每延期1天，承担10000元，予以计算。对于原告提出的违约金

完工日期、竣工日期、验收合格日期差异、关于违约金争议

应计算至2003年4月29日的主张，因2003年4月29日为工程验收合格的时间，而双方在补充协议中约定的是被告延期完工和提前完工的奖罚办法（即违约责任的承担方式），并未约定验收合格的奖罚办法，故对于原告主张2003年1月20日之后的违约金不予支持。三、本案诉讼时效问题。对于被告提出原告起诉已超过诉讼时效的主张，因2004年3月25日（2004）湖民一初字第8号案件庭审记录中原告曾在开庭时向被告提出保留追溯逾期交付违约金权利，故原告的诉讼具有时效，对被告此主张不予采纳。四、关于违约金与罚款问题。被告方提出补充协议中约定的是罚款，现原告主张违约金，所以诉讼请求存在错误。依据双方间的协议，关于工期违约金在《施工合同》第十四条违约和违约责任作了明确约定，《补充协议》取消了《施工合同》中第十四条①、②点奖罚办法，并约定以本补充协议条款为准，故补充协议中有关工期奖罚条款应视为双方间新的违约和违约责任的承担方式，原告据此主张违约金并无不当。

裁判结果

被告浙江盛龙装饰工程有限公司应支付原告浙江爱博嘉仁医院迟延履行违约金人民币330000元，限于本判决生效之日起十日内付清……。

3. 当事人上诉

（1）原审原告爱博嘉仁医院不服原审判决，向本院提起上诉，请求撤销原审判决，依法改判支持上诉人的原审诉讼请求。

事实与理由

一、原审判决认定《补充协议》第一条约定的2002年12月17日系完工时间，并以被上诉人提交报告的时间作为计算违约金的讫付时间，与《浙江爱博嘉仁医院装饰工程施工合同》及《补充协议》的约定相悖。①从合同目的来看。双方于2002年7月8日所签订的《浙江爱博嘉仁医院装饰工程施工合同》第三条规定"竣工日期为2002年9月28日"、第十四条第二点约定"由于乙方原因，逾期竣工，每逾期一天，乙方支付甲方500元违约金"。根据该合同，逾期竣工是被上诉人应承担违约责任的条件，实际竣工时间是计算违约金的讫付时间。合同签订后，因被上诉人无法在合同约定的期限内竣工，双方考虑到工程的进度和实际情况，在友好协商的情况下，于2002年11月27日签订《补充协议》，将竣工时间延期至2002年12月17日，并在协议第一条约定"乙方承诺在2002年12月17日装饰工程全部完工，并竣工验收交付使用"；第五条约定"原合同第十四条①、②点奖惩办法取消，以本补充协议条款为准"。签订施工合同的目的，对建设单位而言，就是约束施工单位的施工行为，以使其在约定时间内竣工验收，这也是任何施工合同的目的，竣工验收才是项目完成的标志，根本不可能以完工时间作为约束施工单位的条件，因此，逾期竣工是被上诉人应承担违约责任的条件，双方在《补充协议》中约定的2002年12月17日是竣工验收时间，也是计算违约金的起付时间，与所谓的完工时间毫无关系。况且，2003年1月20日被上诉人虽向监理单位提交了报告，但并未完工。②从条文字面来理解。《补充协议》第一条约定"乙方承诺在2002年12月17日装饰工程全部完工，并竣工验收交付使用。"该条款不仅仅约定

2002年12月17日前装饰工程"全部完工",同时约定了"并竣工验收交付使用","全部完工"与"竣工验收交付使用"是并列的,也就是说,被上诉人应于2002年12月17日之前同时完成"全部完工"与"竣工验收交付使用"两个条件,否则,应承担违约责任。竣工验收发生在完工之后,故2002年12月17日就是双方约定的竣工验收的时间。这是对补充协议第一条字面的正确理解,也是双方的真实意思。上诉人与被上诉人均作为证据的湖州中院(2004)湖民一初字第8号民事判决书(浙江省高级人民法院(2005)浙民一终字第303号民事判决书对此是确认的)认定"2002年11月27日,原、被告双方经协商就工程的工期问题签订了《补充协议》,约定工程于2002年12月17日竣工,并对工期作了奖罚规定。"这是生效判决所确认的事实,即《补充协议》是对工期(竣工期)的补充约定,指明工程2002年12月17日竣工并非完工;可见原审判决认为2002年12月17日是双方约定的完工时间,与《补充协议》约定不一致,亦与生效判决矛盾。况且,根据法律规定交付使用的前提是竣工验收合格。2003年4月29日验收合格也正是成就了《补充协议》中交付使用的条件,原审认定双方并未约定验收合格的奖罚办法是对《补充协议》的错误理解。另,《施工合同》对竣工验收的要求并非合格而是优良,虽然该工程当时可以交付,但尚未达到合同的要求。③工程实际的延期时间。2003年4月29日,上诉人、被上诉人会同监理单位对该工程进行了验收,这一点为被上诉人在一审中所自认,亦为原审判决所认定。该工程延期的时间为自2002年12月17日至2003年4月29日,共计133天。

二、原审判决按每延期一天承担10000元来计算违约金,无事实和法律依据。原审判决于此,理由有三:一是"以此类推"违约金并不明确,二是考虑本案的工程现状及延期的时间等因素,三是结合被上诉人认为补充协议违约金显失公平的主张。以上三个理由均不成立:①《补充协议》第三条已对违约金作出明确约定:即"拖延第一天、罚款5000元,拖欠第二天、罚款15000元,拖欠第三天、罚款30000元以此类推",也就是说,如果被上诉人延期竣工,则迟延第一天被上诉人应支付5000元的违约金;迟延第二天被上诉人应支付15000元的违约金,迟延第三天被上诉人应支付30000元的违约金,以后每天的违约金金额以第三天的金额类推即每天30000元,以这样的计算方式,只要延期的天数确定,被上诉人应支付的违约金金额就可明确。工程至2003年4月29日竣工验收,被上诉人应承担从2002年12月17日算至2003年4月29日的违约金,共计395万元,这个金额就是确定的,不存在任何不明确的理解。②考虑本案的工程现状及延期的时间等因素,也根本无法得出违约金是按每延期一天10000元计算的。双方在补充协议中的约定,是考虑到工程现状和工期延误等因素(当时延期竣工的事实已经发生),经充分协商所确定的,原审应当尊重双方当事人在合同签订时的意思表示,而非被上诉人延期事实发生后,诉争至法院的情况下,对违约金的标准进行主观臆断的调整。③被上诉人提出了《补充协议》的内容显失公平并主张协议无效,原审判决既已认定《补充协议》有效,被上诉人的抗辩理由就不成立。而且,显失公平是主张合同撤销或变更的理由,如果被上诉人认为关于违约金的约定显失公平,则必须向

完工日期、竣工日期、验收合格日期差异、关于违约金争议

人民法院请求撤销或变更合同，但是，上诉人根本没有请求法院撤销或变更合同，原审判决也不能主动予以撤销或变更。最重要的是，根据合同法第一百一十四条第二款规定"约定的违约金过分高于造成的损失的，当事人可以请求人民法院或者仲裁机构予以适当减少。"本案中，暂不论约定的违约金是否过分高于造成的损失，被上诉人从未向法院请求适当减少违约金，原审判决在当事人没有请求的情况下主动予以减少，且减少幅度之大（按《补充协议》的约定即使计算33天也应有92万元，而原审仅认定33万元），不仅违反法律规定，而且对上诉人极为不公。其次，上诉人在一审期间已经举证证明因被上诉人的违约行为实际造成上诉人的损失达2899893元，395万元的违约金约定并非过分高于损失，即使过分高于也需被上诉人请求减少，若需减少也不能少于实际造成的损失。

（2）原审被告盛龙公司也不服原审判决，向本院提起上诉，请求撤销原判，依法改判驳回浙江爱博嘉仁医院一审诉讼请求。

理由如下

一、原判适用法律错误。该判决以"《补充协议》取消了《施工合同》中第十四条1、2点奖罚办法，并约定以本补充协议条款为准，故补充协议中有关工期奖罚条款应视为双方间新的违约和违约责任的承担方式，原告据此主张违约金并无不当"作出判决，适用法律错误，也与《施工合同》约定不符。首先，双方2002年11月27日《补充协议》违反了《招标投标法》第46条"招标人和中标人不得再行订立背离合同实质性内容的其他协议"的规定。本案装饰工程系经过招投标的工程，但双方在合同履行过程中，于2002年11月27日又签订《补充协议》，对施工合同第十四条第1、2点进行了实质性变更，表现为：①不再区分延期原因。取消第1点"因甲方原因导致延期开工或中途停工"和第2点"由于乙方原因逾期竣工"两种情形，直接约定为乙方延期完工的罚款；②改变了性质。将第1点"补偿停工、窝工损失"和第2点"逾期违约金"变更为"罚款"；③改变了金额。将第1点的100元和第2点的500元变更为第一天5000元，第二天15000元，第三天30000元。其次，《补充协议》第三条的约定违反《行政处罚法》的规定。《行政处罚法》第15条规定"行政处罚由具有行政处罚权的行政机关在法定职权范围内实施"，本案双方无权约定罚款内容，罚款的处罚依据是法定的。《行政处罚法》第55条规定，行政机关实施行政处罚"擅自改变行政处罚种类、幅度的"，对主管人员和直接责任人员依法给予行政处分。根据该规定，罚款依据是法定的，罚款金额是有幅度的，本案中判决金额缺乏法律依据。第三，《补充协议》第三条违反《合同法》第一百一十四条规定，承担违约责任的方式是赔偿损失和支付违约金，罚款不是平等民事主体之间承担违约责任的方式。原判将罚款理解成新的违约责任的承担方式并认定被上诉人据此主张违约金并无不当，是违法的。第四，本案因诉讼时效已过应裁定驳回。被上诉人保留的是追诉违约金的权利，但本案中被上诉人出示的不是追诉违约金的证据，而是双方约定罚款内容的补充协议，该协议即便有效，追诉罚款的诉讼时效也已过。追诉罚款与追诉违约金法律性质不同，不能偷换概念。

二、原判认定事实错误。①原判认定上诉人支付迟延履行违约金无事实依据。《补充协议》第三条约定的是"罚款",而非"违约金",纵观补偿协议,没有"违约金"三字。②原判没有区分延期原因在上诉人还是被上诉人,仅依据被上诉人在联系单上的意见认定是否工期顺延,认定事实是片面的。原审确认的111份联系单中,在2002年11月27日后的16份联系单及工作往来文件均证明被上诉人在11月27日后增加了工程量,延期原因在被上诉人。③工程完工时间在2003年1月3日,非原判认定的2003年1月20日。工程竣工报告中明确开工时间为2002年7月18日,竣工时间为2003年1月3日。此后,双方再无联系单往来。④《补充协议》第三条中约定的是罚款,原判将罚款理解成新的违约责任的承担方式,与双方的真实意思不符。正因为是罚款,所以金额才会远远高于施工合同中的100元与500元,将罚款5000元或10000元理解成施工合同中约定的100元与500元的违约金是错误的。⑤以延期一天承担10000元计算违约金,与合同双方的真实意思不符。《补充协议》第三条中双方约定"每提前一天,奖励5000元"是明确的,"奖罚同等"与"以此推算"则是不明确的,故延期一天以10000元计算与"每提前一天,奖励5000元",显然是不公平的。⑥《施工合同》第十四条第7点"责任方赔偿对方的经济损失按未履行合同总造价10%支付违约金"之约定,仍应遵守。《补充协议》第三条约定的金额以最低额5000元计算与此相违。

(3) 二审法院的认定

双方针对对方上诉请求和理由的答辩意见,基本与各自的上诉请求和理由相同。

二审时,爱博嘉仁医院提交了一份证据,即工程验收记录,欲证明本案讼争工程的竣工验收日期为2003年4月29日。盛龙公司认为与本案无关联性。本院认为,该证据欲证明之事实已为生效判决所确认,亦为原审所认定,且双方并无实质争议,故无需作为二审证据。

除上诉人盛龙公司对原审判决确认因建设方原因工期顺延一天和工程完工时间为2003年1月20日等两个事实有异议外,双方对原审法院查明的其他事实,均无异议,应予以确认。

对于盛龙公司提出的两点事实异议,本院认为:1.关于工程因建设方原因延期的天数。除根据双方2002年12月3日第62号联系单,可认定因爱博嘉仁医院原因延期一天工期外,盛龙公司提供的其他联系单难以证明在2002年11月27日后因爱博嘉仁医院原因增加了工程量而导致工期迟延,故其对原审法院该事实认定的异议不能成立。2.关于完工时间。盛龙公司以工程竣工报告中所记载的竣工时间为2003年1月3日且此后双方再无联系单往来为由,主张完工时间为2003年1月3日,而非原审认定的2003年1月20日。本院认为,是否完工,系一客观事实,应以客观上是否完成合同所约定的建设任务为准,而不是以提交竣工报告时间为准。根据盛龙公司提交的工程竣工报告记载,"于2002年7月18日开工,至2003年1月3日竣工,施工总日历天数为158天"。盛龙公司在该报告上的签署时间亦为2003年1月3日。虽然监理单位签署的时间为2003年1月20日,但未对

完工日期、竣工日期、验收合格日期差异、关于违约金争议

工程竣工报告中的工期表述提出异议,而监理单位系受建设方爱博嘉仁医院之委托,对工程进行监理的受托人,其行为应对建设方发生相应的法律效力。爱博嘉仁医院对于盛龙公司提出的2003年1月3日后再无联系单往来之主张,无明确异议,也印证了工程已经完工之事实。故本案讼争工程的完工时间应为2003年1月3日,而不是2003年1月20日。

另,盛龙公司主张《补充协议》被撕毁,但在开庭时盛龙公司承认爱博嘉仁医院当庭提供的原件并没有被撕毁,同时认为这份原件可能系保留在监理单位的那份,而非爱博嘉仁医院自己持有的那份。二审法院认为,盛龙公司该主张无相应证据证明,不予认定。

综上,除完工时间应为2003年1月3日外,二审法院经审理所认定的事实与原审相同。

[二审裁判理由及结果]

裁判理由

二审法院认为,根据庭前调查和庭审归纳,双方争议焦点有四:一是《补充协议》的效力;二是对《补充协议》第一条、第三条的理解;三是原审法院对违约金的调整是否适当;四是本案诉讼时效是否已过。依次评析如下:

1.《补充协议》的效力

本案《补充协议》应为有效,盛龙公司认为无效的理由均不能成立。首先,该《补充协议》并不违反《中华人民共和国招标投标法》第四十六条的规定。招投标只是一种缔约方式,《中华人民共和国招标投标法》第四十六条的立法目的仅在于防止当事人无正当理由任意变更招标投标文件所确定的实质性内容,使得招投标流于形式,确保合同订立真正做到公开、公正、公平,其规范重点在于合同的订立阶段,对于此后合同履行过程中确因必要而发生工程变更或者工程量增减等情况时,是否可以变更合同,并非绝对禁止。本案讼争工程并非法定强制招标的工程,是否招标以及如何履行合同本系当事人意思自治的范畴,在合同履行过程中,双方根据合同履行实际经协商一致所签订的《补充协议》,并不违反法律禁止性规定,其中有关工期的重新约定更是对作为施工方的盛龙公司有利。其次,该《补充协议》第三条虽所使用了"罚款"一词,但并非严谨的法言法语,而是一种生活语言。根据《中华人民共和国合同法》第一百二十五条第一款规定,解释合同,重在求得当事人的真意,而不是拘泥于文字。《补充协议》第三条是对原施工合同第十四条规定的工期违约金的变更,实际上,即便原施工合同第十四条"违约和违约责任"部分也出现了"奖励"、"罚款"等表述,其性质显然不是盛龙公司所谓的行政罚款,更不会因为违反《中华人民共和国行政处罚法》而无效。同样,盛龙公司以《补充协议》第三条违反《中华人民共和国合同法》第一百一十四条关于违约责任方式的规定,亦不成立。再次,《补充协议》第三条约定违约金的适用条件,与原《施工合同》第十四条第7点规定违约金的适用条件不同,不能以《补充协议》第三条约定

的违约金高于原《施工合同》第十四条第7点规定的违约金而主张《补充协议》无效。

2. 对《补充协议》第一条、第三条的理解

(1)《补充协议》第一条中"2002年12月17日",应为完工时间,而非爱博嘉仁医院所主张的竣工验收时间。对完工、竣工、验收合格三者,《中华人民共和国合同法》第二百七十九条与最高人民法院《关于审理建设工程施工合同纠纷案件适用法律问题的解释》第十四条的规定有所不同。《中华人民共和国合同法》第二百七十九条规定,"建设工程竣工后,发包人应当根据施工图纸及说明书、国家颁发的施工验收规范和质量检验标准及时进行验收。验收合格的,发包人应当按照约定支付价款,并接收该建设工程。建设工程竣工经验收合格后,方可交付使用;未经验收或者验收不合格的,不得交付使用。"可见,合同法上的"竣工"是指工程完工,与验收合格并非同一意义。而最高人民法院《关于审理建设工程施工合同纠纷案件适用法律问题的解释》第十四条则以竣工验收合格之日为竣工日期的一般形态。本院认为,当事人在合同中使用语言,未必严格依从法律语言,确定某个具体合同中"竣工"一词的内涵,应根当事人的真实意思并结合交易习惯来理解。根据建筑市场的一般观念,建设工程施工合同中所约定的工期,是指开工日期至完工日期之间的期限,而不是开工日期到验收合格日期之间的期限。这是因为工程验收合格不完全是合同当事人可以控制的事项,双方在订立合同时往往无法预料验收合格的日期。根据案涉《施工合同》、《补充协议》的表述,可以看出本案双方当事人也持此种认识。《施工合同》第三条合同工期约定:"开工日期:2002年7月15日"、"竣工日期:2002年9月28日"、"合同工期总日历天数75天";第十条第6点约定:"工程竣工后,乙方应通知甲方验收,甲方自接到验收通知15天内组织验收,并办理验收,移交手续。"第十一条第1点亦有类似表述,已明确将"竣工"与"验收"严格区分,时间点上不同,故《施工合同》上的"竣工"即为"完工",而非"验收合格"。《补充协议》第一条、第三条更是明确使用了"全部完工"、"延期完工"的表述。虽然《补充协议》第一条约定"乙方承诺在2002年12月17日装饰工程全部完工,并竣工验收交付使用",但该补充协议第三条约定的罚款所针对的,仍为"延期完工",而且自双方签订《补充协议》的2002年11月27日至《补充协议》第一条所约定的2002年12月17日,仅有20天的时间,既要完工也要验收合格并交付使用,也是不大可能的。故考量当事人本意,2002年12月17日应为对完工日期的约定,而非爱博嘉仁医院所主张的对竣工验收合格日期的约定。据此,扣除原审认定的工期顺延1天,自该日起至实际完工的2003年1月3日,盛龙公司实际延误工期为16天。

(2)《补充协议》第三条中"罚款"(即违约金)计算方法的约定并不明确。"拖延第一天、罚款5000元,拖延第二天、罚款15000元,拖延第三天、罚款30000元以此推算",各数字之间无固定的规律性,存在诸多解释可能,难下定论。爱博嘉仁医院认为自第四天开始均为30000元的解释,也只是其中的一种解释,且与"以此推算"之文义明显不符。该条还约定,"如果乙方提前完工,每提前一天、奖励5000元，奖罚同等。"所谓的"奖罚同等"更增加前面"罚款"（违约金）计算方法的不可理解性。

3. 原审法院对违约金的调整是否适当

违约金的约定以及是否需要调整，均属当事人自主决定的范围，人民法院不得主动予以审查和调整，原审判决将盛龙公司主张违约金显失公平，作为调整违约金理由之一，确有不妥。二审时，经释明，盛龙公司仅认为违约金约定因显失公平而无效，而不请求对违约金进行调整。但原审判决调整违约金的主要理由尚不在此，而在于当事人对违约金的约定不明确。此点理由成立。本案双方当事人对违约金有约定但不明确，无法直接作为确定违约金或者赔偿损失的依据，故不得不作适当调整，原审判决酌情调整为"按每延期一天，承担10000元"，既考虑了双方已约定的"罚款"（违约金）数字，也考虑了"奖罚同等"下的"每提前一天、奖励5000"的约定，以及工程现状及逾期的时间等因素，具有相当合理性，应予维持。

4. 本案诉讼时效是否已过

2004年3月25日，爱博嘉仁医院曾在另一案件（2004）湖民一初字第8号的庭审中，向盛龙公司提出保留追溯（索）逾期交付违约金的权利，其逾期交付违约金请求权的诉讼时效发生中断，故至本案起诉时该请求权仍在诉讼时效之内。盛龙公司认为爱博嘉仁医院的请求权已过时效的主张不能成立。

综上，原审判决除完工时间外，其他事实认定正确，适用法律正确，但因完工时间认定不当，导致计算违约金的截止日不正确，进而影响了违约金数额的认定。

裁判结果

变更湖州市中级人民法院（2006）湖民一初字第21号民事判决主文"被告浙江盛龙装饰工程有限公司应支付原告浙江爱博嘉仁医院迟延履行违约金330000元，限于本判决生效之日起十日内付清"为上诉人浙江盛龙装饰工程有限公司应支付上诉人浙江爱博嘉仁医院迟延履行违约金160000元，限于本判决生效之日起十日内付清。

[法律评析]

本案所涉及金额并不是特别大，但是，裁判文书及双方当事人对于所涉及工程法律问题的论述是深入而全面的。

1. 招投标后所签补充协议的效力问题

对于这个问题，二审法院在裁判理由中进行了详细论述，最后确认补充协议有效。但是，这个问题，在工程法律实践中被反复提起。

笔者试论述如下：

《中华人民共和国招标投标法》（以下简称招投标法）对于招标人、中标人订立背离合同实质性内容的协议的禁止性规定有以下条款。第四十六条"招标人和中标人应当自中标通知书发出之日起三十日内，按照招标文件和中标人的投标文件订立书面合同。招标人和中标人不得再行订立背离合同实质性内容的其他协议。"；第五十九条"招标人与中标人不按照招标文件和中标人的投标文件订立合同的,或者招标人、中标人订立背离合同实质性内容的协议的,责令改正;可以处中标项目金额千分之五以上千分之十以下的罚款。"。

根据上述规定,招标人与中标人对双方签订的中标合同实质性内容不能进行变更。这一规定对于建设工程实践有重要影响:既有良好的规范作用,又因为内容笼统、宽泛而带来明显的消极影响,主要表现在以下两大方面:

(1) 现行法律规定的必要性

发出中标通知书,签署中标合同,就确定了合同的实质性内容。如果在投标人中标后,允许双方对原招标过程中已经确定的合同实质性内容进行变更,这将使公开招标活动徒有其表,失去了它原有的意义。《招投标法》中的此款规定维护了合同的严肃性,并保护了市场稳定,同时兼顾保护合同当事人以及其他投标人和社会公众的利益,体现了招标投标活动公开、公平、公正、诚实信用的原则。这一规定,能够对在实践中经常出现招标人与投标人为了共同谋取不正当利益,对中标合同的实质性内容进行修改,达到虚假招标,规避招标的目的;招标人或投标人单方利用自身优势,诱骗甚或迫使对方签订背离合同实质性内容的其他协议等违规行为起到震慑作用,因此是非常必要的。

(2) 现行法律规定存在的弊端

1) 对合同变更法定事由的阻碍

在市场经济中,有时客观情况变化非常大,一味地禁止双方改变合同的内容是不恰当的,这样会阻碍经济活动的正常进行。在合同的履行过程中,当事人双方往往会遇到以下一些情况:①承包人的合理化建议导致实质性内容的变更;②因招标方实际需要的更改而导致施工设计方案、建筑施工的面积、建设工期及工程价款等方面的变更;③当事人因经营状况恶化需要缩减预算;④因物价暴涨、汇率变化等情由出现。而这些情况的发生往往会导致工程成本的变更以及工程工期的变化。此时,如果仍然要求双方当事人按照原合同的内容履行,显然会导致对某方当事人的不公平;而如果当事人为此而签署补充协议,对原合同进行变更,又有顾及法律规定的"招标人和中标人不得再行订立背离合同实质性内容的其他协议"条款,而导致补充协议的无效;至当事人左右为难。

针对此种问题,如果严格按照法律的明文规定,就需要招标人重新指定招标文件并组织招标,确定新的中标人。我认为这样一来,不但程序上会出现不必要的重复与繁冗,更会直接影响到工程的进度,变相增加了工程项目的预算,这样有悖于市场经济的效率原则。

2) 在《中华人民共和国标准施工招标文件》(2007年版) 关于变更和价格调整的规定中,对于招投标合同实质性的变更情形都做出了相应的规定。

如由于承包人的合理化建议、计日工价的变更、物价波动、法律变化等原因引起的价格调整;在合同履行过程中,取消合同中任何一项工作,但被取消的工作不能转由发包人或其他人实施;改变合同中任何一项工作的质量或其他特征;改变合同工程的基线、标高、位置或尺寸;改变合同中任何一项工作的施工时间或改变已批准的施工工艺或顺序；为完成工程需要追加的额外工作从而引发合同实质性内容变更的情况是被允许的。这就造成了与《招投标法》第四十六条规定之内容相冲突的情形。所以，上述矛盾不仅出现在实践当中，在法律层面上同样如此。

针对上述问题，笔者认为，法律应当对这一问题做出具体的规定，明确各方当事人的权利和义务。

（1）对合同实质性内容做出规定：合同的实质性内容是指建设工程施工合同中确定双方当事人基本权利与义务的条款。根据《中华人民共和国合同法》（以下简称合同法）第三十条"承诺的内容应当与要约的内容一致。受要约人对要约的内容做出实质性变更的，为新要约。有关合同标的、数量、质量、价款或者报酬、履行期限、履行地点和方式、违约责任和解决争议方法等的变更，是对要约内容的实质性变更"的规定，合同法中对于合同的实质性内容做出了相应的规定，然而当事人双方通过招投标活动签订的合同，具有自身的特殊性。作为一种特殊的合同，在立法时应当在合同法第30条的基础之上对招投标合同的实质性内容做出具体的规定。《中华人民共和国招标投标法释义》（以下简称释义）对《招投标法》第46条第1款中的"实质性内容"做出了规定，是指投标价格、投标方案等实质性内容。但是由于释义相较于法律法规来讲，缺乏法律的权威性和强制力。所以，我认为应在《招投标法》中明确规定建设工程招投标合同的"实质性内容"应当包括工程质量、工程价款和工程期限等施工合同核心内容。

（2）对于合同实质内容变更程度——"量"的把握问题。

在涉及合同实质性内容的变更，如工程价款、工程期限、工程质量等问题的时候，不能绝对地认为这就等于合同的实质性内容发生了变更，还要根据合同履行过程中的客观实际情况，以及施工合同的具体条款加以判断。背离合同实质性内容的情形，不等同于合同实质性内容的不一致。此种不一致的情形必须达到一定的限度，影响到合同当事人或是第三人的利益，最终造成各方权利义务的失衡。所以，在实质性内容变更的程度这个问题上，对于这个"量"的把握便显得尤为重要。

（3）对合同实质性内容的有效变更做出具体规定

对于存在变更法定事由，应当在法条中做出细化的规定，以便于司法实务的开展。在这种客观情况根本性的变更可以体现在以下四个方面：

1）招标文件中，对于合同变更事项已做出明确规定的，依合同约定

在招标活动中，招标文件中的合同文本往往包含着一些合同的变更条款，并约定了变更规则。如在《中华人民共和国标准施工招标文件》（2007年版）关于变更和价格调整的规定中，对于招投标合同实质性的变更情形都做出了相应的规定。如由于不可抗力、变更估价、承包人的合理化建议、物价波动、法律变化等原因引起的价格调整从而引发合同实质性内容变更的情况是被允许的，只要建设工程中标合同中约定了相应变更条款，价款、工期的调整依据中标合同约定进行变更。此种合同约定在招标活动开始时便公平、公开地展现在每一位投标人面前，且未损害其他未中标人的合法权益和社会公共利益。其他投标人或者第三人不得以此来要求阻却合同的合法变更。

2) 除上述在招标合同中有明确规定的情形外,双方为就合同实质性内容变更进行约定的:

①不可抗力:◆自然因素:如地震、洪水、台风等;◆社会因素:如政府政策的变更,规划的调整等。

②意外事件,一般是指因当事人故意或过失以外,由于不能抗拒不能预见的原因,因偶然因素引起的后果。

③情势变更,当事人有理由因自身情况发生根本性变化而变更。《最高人民法院关于适用〈中华人民共和国合同法〉若干问题的解释(二)》,本解释第二十六条规定了情势变更原则:"合同成立以后客观情况发生了当事人在订立合同时无法预见的、非不可抗力造成的不属于商业风险的重大变化,继续履行合同对于一方当事人明显不公平或者不能实现合同目的,当事人请求人民法院变更或者解除合同的,人民法院应当根据公平原则,并结合案件的实际情况确定是否变更或者解除。"

3) 合同双方经协商一致变更合同实质性内容,只是加重中标方责任的

在招投标活动公平合理开展的前提下,招标人与中标人依照招标文件和投标文件签订合同后,双方经协商一致对合同实质性内容进行更改的,且此种更改限定于只是加重中标人责任的更改。如:折减工程款、工程尾款的延期给付、缩减工程工期、提高工程质量、加长工程保修期等。因为此种情形之下变更之后的结果对中标人的要求更加严苛,并非出于招标方与中标方相互约定以牟取中标方中标目的产生的。因为在评标过程中,中标方的投标方案已经是众多投标方案中最为优化的。因方案自身的优化夺取中标显然是合理的中标。此种变更属于合理情形下的变更,应当被法律所允许。

4) 法律规定的其他情形

明确规定禁止变更的事由

对于法律事由可以对合同实质内容进行变更的情形,由于社会的不断进步与发展,以及在市场经济大潮下经济体制的迅猛发展,我们的周围每天都在发生着翻天覆地的变化。这也是成文法自身滞后性这一弊端的体现,所以我们不可能对每一种变更情形的规定做到穷尽,但是在法律中我们可以明确哪些情形是被禁止变更的。中标后,根据双方协商,又对备案合同进行实质内容的更改,签订实际履行的补充协议。①单方要求变更未与合同相对方协商,或未达成修改协议;②变更事由不成立或未从根本上变更招投标时所确立之条件的经济基础与客观依据;③双方恶意磋商,故意伤害第三人以及社会公共利益。

2. 关于完工日期、竣工日期、验收合格日期的区别

竣工与完工的概念是不同的。《建筑工程施工质量验收统一标准》(GB 50300—2001)规定:"6.0.3 单位工程完工后,施工单位应自行组织有关人员进行检查评定,并向建设单位提交工程验收报告。"显然,在验收之前的是完工而非竣工。《建设工程施工合同》(GF-1999-0201)约定:"32.4 工程竣工验收通过,承包人送交竣工验收报告的日期为实际竣工日期。工程按发包人要求修改后通过竣工验收的,实际竣工日期为承包人修改后提请发包人验收的日期。"这里对竣工日期

的阐述也是非常明确的。上述《最高人民法院关于审理建设工程施工合同纠纷案件适用法律问题的解释》第十四条的规定，也以司法解释的形式进行了明确的规定。所以，建设工程施工合同约定的竣工日期系竣工验收合格日期，而非完工日期。

而《中华人民共和国合同法》第二百七十九条规定，"建设工程竣工后，发包人应当根据施工图纸及说明书、国家颁发的施工验收规范和质量检验标准及时进行验收。验收合格的，发包人应当按照约定支付价款，并接收该建设工程。建设工程竣工经验收合格后，方可交付使用；未经验收或者验收不合格的，不得交付使用。"可见，合同法上的"竣工"是指工程完工，与验收合格并非同一意义。

毫无疑问，对于完工与竣工的关系，《中华人民共和国合同法》与《最高人民法院关于审理建设工程施工合同纠纷案件适用法律问题的解释》、《建筑工程施工质量验收统一标准》（GB 50300—2001）以及工程惯例是有区别的。对于这种区别，有待于以后立法的完善。

在阐明上述区别后，本案二审法院根据案件具体情况，裁量了双方约定的"完工"、"竣工"的真实意思表示，论述过程是严谨而精当的。

3. 违约金调整的提起

《中华人民共和国合同法》第一百一十四条规定："当事人可以约定一方违约时应当根据违约情况向对方支付一定数额的违约金，也可以约定因违约产生的损失赔偿额的计算方法。约定的违约金低于造成的损失的，当事人可以请求人民法院或者仲裁机构予以增加；约定的违约金过分高于造成的损失的，当事人可以请求人民法院或者仲裁机构予以适当减少。当事人就迟延履行约定违约金的，违约方支付违约金后，还应当履行债务。"显然，对于违约金数额的调整属于当事人意思自治的范围。只有在当事人提出调整的情况下，人民法院才有权进行调整。一审法院在当事人未提出调整违约金数额的情况下，在调整违约金数额时以此作为理由之一，显然不正确。二审法院予以纠正，理所应当。所以工程诉讼中，当事人认为违约金过高或过低，需要调整时，应主动提出。

判例 11

因设计变更影响工期法院酌定

[基本案情]

上诉人（原审原告，反诉被告）：沈阳创佳装饰工程有限公司

被上诉人（原审被告，反诉原告）：沈阳市味美滋餐饮有限责任公司嘉顿大酒店

1. 一审法定认定

经审理查明，创佳公司与嘉顿大酒店于 2001 年 8 月签订建筑装饰工程施工合同一份，协议约定，创佳公司承包嘉顿大酒店的装饰工程，承包范围包括石材幕墙、复合板幕墙、全隐窗、吊挂、钢结构、门，开工日期为 2001 年 8 月 13 日，竣工日期为 2001 年 10 月 13 日，质量等级为优良，合同价款为 1,250,000 元，合同签订时付 30%，钢结构完毕付 30%，石材安装一半付 20%，整体工程结束前付 10%，余款待工程验收后一个月内全部付清。同时约定，工期延误，超期一天按总价 0.5% 罚款，设计变更工期相对顺延，保修期限为一年。合同签订后，双方按合同约定履行，自 2001 年 9 月 29 日至 11 月 14 日，双方先后七次协商对工程做了小部分变更或增加及材料的变更，其中变更的工程为：六层顶部位与楼板交接石材盖板取消，改成立面石材交接；增加的工程为：正立面 1~2 层 8 个钢柱干挂石材背部如用苯板做保温处理，需做保温的部分用发泡胶填充，增加钢柱和二楼圈梁间的支撑连接及柱间担保槽钢，正立面二层结构梁部位用石材装饰，八根钢结构柱子与原楼圈梁间的连接件采用斜支撑杆件连接每个连接杆件钢柱间由于接板要求，增加一横向连接杆，另外，增加开启扇总造价为 14,729.64 元。材料变更为：正立面三层以上钢柱聚苯板厚度由 50mm 变为 100mm。创佳公司于 2001 年 12 月 16 日竣工，嘉顿大酒店进住该工程，双方未对工程进行验收。嘉顿大酒店共给

付创佳公司工程款1,000,000元，之后，嘉顿大酒店以发现工程质量存在问题为由拒绝给付创佳公司尚欠工程款。双方经协商未果，创佳公司于2003年3月来院起诉。

本案在原审审理过程中，经辽宁省四维工程质量检测中心鉴定，创佳公司承建的嘉顿大酒店外装饰工程质量存在以下问题：①六楼、七楼檐面漏水问题存在，造成漏水的原因是封檐石板排水做法不当，仅靠石材缝隙打胶的防水措施也不严密。②花岗石板大面积锈蚀泛黄，原因是花岗石板内的含铁物质与空气中的氧气接触，生成铁的氧化物，呈现出铁锈黄色。③重要部位未做保温问题存在，主要是一、二楼石材幕墙内部的保温聚苯板安装多处缺失，施工与设计图纸不符，不满足设计要求。④旋转门的尺寸偏差符合《建筑装饰装修工程质量验收规范》GB 50210—2001标准要求。经东北武安工程咨询公司鉴定，该公司出具了嘉顿大酒店外装饰工程整改方案司法鉴定报告，确定了上述问题的整改方案。后经辽宁中宁会计师事务所有限责任公司鉴定，整改部分工程造价为289,173.83元，变更部分的工程造价为50,049元。

上述事实，有当事人的陈述，建筑装饰工程施工合同协议条款，嘉顿装饰工程情况报告，关于苯板增补报告，协调单，辽宁省四维工程质量检测中心技术报告，嘉顿大酒店外装饰工程质量鉴定复议说明，东北武安工程咨询公司司法鉴定报告，关于"异议书"的回复，辽宁中宁会计师事务所有限责任公司报告书，异议答复及鉴定费收据等凭证，已经当事人质证，本院予以确认，在卷佐证。

2. 一审法院裁判理由及结果

裁判理由

原审法院认为，创佳公司与嘉顿大酒店签订的建筑装饰工程施工合同协议条款系双方当事人真实意思表示，协议内容未违反国家法律、行政法规的强制性规定，该协议合法有效。双方均应依照协议约定全面履行自己的义务。创佳公司将工程交付使用后，嘉顿大酒店理应给付工程款，嘉顿大酒店至今尚欠创佳公司工程款300,049元，其行为违反了合同约定，创佳公司诉讼请求，理由正当，应予支持。嘉顿大酒店应给付尚欠工程款及利息。因协议约定工程款在工程验收合格后1个月内全部付清，而双方未对工程进行验收，嘉顿大酒店在工程竣工后即进住使用，因此，嘉顿大酒店应自该工程竣工后1个月后给付尚欠工程款的利息。同时，协议约定工程等级质量为优良，保修期限为1年，保修内容、范围为由创佳公司原因造成设计施工问题，免费维修。经有关部门鉴定，创佳公司承包的嘉顿大酒店装饰工程质量问题客观存在，嘉顿大酒店要求给付整改维修费用的具体数额，应以鉴定结论确定的具体数额为依据。双方协议约定工程于2001年10月13日竣工，而创佳公司实际于同年12月16日竣工，迟延交工63天，而合同约定实际施工日期仅为60天，虽然创佳公司对工程进行了小部分的变更和增加，该事实会导致工期顺延，但工期顺延63天不符常理，因此，应视为创佳公司迟延交工，应承担违约责任，给付嘉顿大酒店违约金。依照协议约定，工期延误，超期一天按总价0.5%罚款，按合同约定的工程价款1,250,000元计算，超期一天的违约金应为6,250元，现嘉顿大酒店要求给付工期延误60天的违约金，考虑嘉顿大酒店对工程进行了小部分的变更和增加的事实会导致工期顺延的实际情况，对顺延的工期应适当扣除，创佳公司给付工期延误30天的违约金为宜。关于嘉顿大酒店主张赔偿间接经济损失问题，因未提供充分证据，不予支持。关于创佳公司主张工程未经验收嘉顿大酒店就擅自使用，工程使用后所发生的质量问题应由嘉顿大酒店承担的问题，法院认为，有关机构鉴定的该工程所存在的质量问题并非嘉顿大酒店使用过程中所造成的问题，嘉顿大酒店为减少损失在工程未验收的情况下，即进住使用，该事实并不能免除创佳公司对保修期内的工程质量问题的维修责任，创佳公司该项主张违反合同约定，本院不予支持。

裁判结果

一、沈阳市味美滋餐饮有限责任公司嘉顿大酒店于本判决发生法律效力后7日内，一次性给付沈阳创佳装饰工程有限公司尚欠工程款300,049元；二、沈阳市味美滋餐饮有限责任公司嘉顿大酒店于本判决发生法律效力后7日内，一次性给付沈阳创佳装饰工程有限公司尚欠工程款利息（自2002年1月17日起至上述第一项执行完毕之日止，按同期中国人民银行贷款利率计算）；三、沈阳创佳装饰工程有限公司于本判决发生法律效力后7日内，一次性给付沈阳市味美滋餐饮有限责任公司嘉顿大酒店整改维修费用289,173.83元；四、沈阳创佳装饰工程有限公司于本判决发生法律效力后7日内，一次性给付沈阳市味美滋餐饮有限责任公司嘉顿大酒店工期延误违约金187,500元；五、驳回沈阳创佳装饰工程有限公司及沈阳市味美滋餐饮有限责任公司嘉顿大酒店的其他请求……。

当事人上诉及答辩

宣判后，创佳公司不服，向二审法院提起上诉，请求二审法院依法驳回被上诉人的反诉请求。理由：工程质量问题应由被上诉人承担。我方在施工完毕，撤离现场后，被上诉人应按规定接收上诉人竣工资料，组织验收，但上诉人在未经验收情况下，对工程进行使用，用于餐饮经营，应视为被上诉人对工程质量的认可。根据相关法律规定，工程未经验收，发包方提前使用的，由此发生的质量或其他问题，由发包方承担。上诉人并未延误工期，且在合同履行过程中也无不当之处。上诉人在约定的时间开始施工，在上诉人施工过程中，被上诉人多次对该工程进行变更。上诉人直到2001年11月20日还在对工程进行变更，此时已超过竣工日期37天之多，显然，上诉人不可能在合同规定的时间竣工。原审法院未考虑上诉人合理的施工期限而判决上诉人赔偿被上诉人的间接损失是错误的，也是不公正的。而且，根据《合同法》规定，协调单是对原合同的变更，而协调单中根本没有规定工程竣工日期，何谈延误工期。

被上诉人嘉顿大酒店答辩称：①上诉人主张工程质量问题由我方承担无法律依据。根据辽宁省四维工程质量检测中心所作鉴定结论，外装修工程质量问题与酒店营业毫无关系。因该工程质量不合格，双方一直协商返修事宜，没有达到验收标准。上诉人向我方提供的《嘉顿工程维修事项说明》和《嘉顿旋转门维修事项情况说明》说明上诉人对工程质量是承认的，只是不同意承担维修费用。上诉人所引用的两个法律条文,一个已经失效,另一司法解释在一审审理时尚未实施。对本案没有约束力。②关于上诉人提出的没有延误工期问题。合同约定总工期为60天,超期一天按总价0.5%罚款。上诉人2001年8月13日进场,12月16日撤场,工期125天,超期75天。扣除进场准备期5天,实际施工天数为120天。在施工过程中,只进行了少量的变更,根据鉴定,该变更工程造价为50049元,仅占总工程量的4%,只需要很少的工期,原审法院考虑工程变更增加少量工程量的因素,顺延工期33天。综上,请求二审法院驳回上诉人的上诉。

[二审法院裁判理由及结果]

裁判理由

法院认为,上诉人与被上诉人所签订的建筑装饰工程施工合同系双方当事人真实意思表示,协议内容未违反国家法律、行政法规的强制性规定,故原审法院认定该协议合法有效是正确的。该协议合法有效,双方均应依照协议约定全面履行自己的义务。现被上诉人在工程完工交其使用后,未足额给付上诉人工程款,而上诉人未按期限完工,双方均未完全履行自己的义务,故原审法院赔偿被上诉人,给付上诉人工程款,上诉人按合同约定给付被上诉人逾期交付违约金并无不当。关于上诉人所提延期交付是被上诉人对工程量变更导致的,其不存在违约之主张,经查,被上诉人在施工过程中确实进行七项工程变更,工期应当合理顺延,原审已考虑工程变更的实际情况,在上诉人按合同约定延期交付63天的情况下,判决上诉人承担30天延期交工违约金是合适的,工期不能因工程变更而无期限延长,对上诉人该主张,本院不予支持。关于上诉人所提被上诉人未经验收即使用,工程质量问题应由被上诉人承担之主张,本院认为,因工程质量关系到公共安全,关系重大,为了确保工程质量,《合同法》、《建筑法》等法律、法规均对工程质量及验收作出具体明确规定。《合同法》第二百七十九条二款规定:"建筑工程竣工验收后,方可交付使用;未经验收或验收不合格的,不得交付使用。"嘉顿大酒店明知上诉人所施工的装修工程未经验收,但其提前使用,可视为其对上诉人所建工程质量的认可,或者虽然工程质量不合格其自愿承担质量责任。其在竣工验收前,擅自使用工程,发生质量问题应由发包人自行负责。另根据双方合同约定,工程保修期为一年,该工程于2001年12月16日完工交付,应从该时间计算保修期。原审依被上诉人申请委托工程质量鉴定,质量鉴定人员于2003年7月24日进入现场检测,8月6日出具鉴定报告,故进行质量鉴定时已超过双方约定的保修期,故上诉人要求质量问题由被上诉人承担的上诉主张,本院予以支持。

裁判结果

一、维持沈阳市沈河区人民法院[2003]沈河民一房初字第260号民事判决书第一项、第二项、第四项;二、撤销沈阳市沈河区人民法院[2003]沈河民一房初字第260号民事判决第三项、第五项;三、驳回双方其他诉讼请求……。

[法律评析]

本案的判决结果支持了业主方在工期延误方面的部分诉讼请求，判令承包商就工期延误问题承担工期延误违约金 187,500 元。但是本案的工期延误天数是由法院酌定的。这种法院酌定的好处在于方便快捷，缺点在于随意性大，容易损害公正性。在本案中，法院最佳的处理方式是向当事人释明，对于因设计变更应顺延的具体天数应通过司法鉴定来确定，由承担举证责任的一方预交鉴定费，进行鉴定。

作为承包商的创佳公司在本案中的失误在于未提出申请对因设计变更应顺延的具体天数进行司法鉴定。在存在设计变更的情况下，如何确定设计变更影响工期的具体天数？在司法实践中，裁判机构一般将对此的举证责任分配给承包商一方。而《最高人民法院关于民事诉讼证据的若干规定》第二十五条规定："当事人申请鉴定，应当在举证期限内提出。符合本规定第二十七条规定的情形，当事人申请重新鉴定的除外。"因此，作为承包商的创佳公司，在举证期限内就应当向法院提出鉴定申请。本案中，法院酌情考虑了因设计变更而导致的工期延误问题，这对于创佳公司也并非完全不利。如果法院认为，虽有设计变更，但是因设计变更而影响工期的天数无法确定，应由专业机构进行鉴定，而申请鉴定的责任在创佳公司，既然创佳公司未在举证期内提出鉴定申请，因此创佳公司应承担举证不力的后果。如果这样认定，因设计变更而应顺延的天数，一天都不会有，对创佳公司就更加不利了，而这并非没有可能。造成这种局面的原因就在于创佳公司存在诉讼失误。

判例 12

关于主张工期延误违约金诉讼时效及违约金是否过高争议

[基本案情]

上诉人（原审被告）河南嵩创基础工程有限公司

被上诉人（原审原告）河南省安特公司南阳分公司

1. 一审查明案情认定

原审查明：2004年元月19日，河南省安特公司南阳分公司（以下简称安特公司南阳分公司）与河南嵩创基础工程有限公司（以下简称嵩创公司）签订一份《建设工程施工合同》，约定由嵩创公司承建安特公司南阳分公司办公楼配楼桩基工程，工程合同价款232万元，工期34天。合同分通用条款和专用条款，对质量标准，词语定义，双方权利义务，施工组织设计和工期，质量与检验，价款与支付，验收与结算，违约及争议的解决均作了明确约定。双方在合同专用条款中约定，工期34±6天内不进行奖罚，超出±6天每天奖罚1万元。合同签订后，于2004年4月29日举行了开工典礼。2004年5月8日开始钻孔，2004年9月14日全部桩基作完。后经南阳市慧加建设工程质量检验测试站检验测试，于2004年11月8日、2005年1月13日分两次作出桩基检测报告，反映出部分桩基存在质量问题，经由嵩创公司、河南省亚成建设有限公司（以下简称亚成公司）、安特公司南阳分公司三方协商，由嵩创公司委托亚成公司处理这些桩基质量问题，费用由嵩创公司承担。这时，亚成公司承包的办公楼配楼地上工程已经开工，亚成公司对桩基质量问题的处理间断施工，从2004年11月9日开始到2005年3月1日处理完毕，共用36个工作日。

该工程监理日志显示，从2004年5月8日至2004年9月14日，嵩创公司在施工中，因下雨停工6.5天。因建筑市场大整顿全省统一要求停工5天。

因本工地发生意外事故人员伤亡停工 7 天。因停水停电、短时降雨,环保局检查而停工折合 2.5 天。因设计变更增加工程量,增加工程价款 274366.87 元。

2005 年 4 月 1 日,嵩创公司因配楼桩基施工工期延误给安特公司南阳分公司写出情况说明。2005 年 11 月 22 日,双方对工程款进行一次结算,签写了一张工程款结算清单,清单显示安特公司南阳分公司欠嵩创公司工程款 781462.85 元。该清单未列出工期违约罚款,亦未注明安特公司南阳分公司放弃对嵩创公司工期违约的罚款。双方签写工程款结算单后,安特公司南阳分公司以追要工程工期违约罚款为由拒付这次结算的工程款。2006 年元月 24 日,嵩创公司写出"请求免除罚款的情况说明",安特公司南阳分公司仍拒付这部分工程款。2006 年 12 月 18 日,双方对工程变更部分进行了结算。2007 年 11 月 23 日,嵩创公司向法院起诉追要工程款。在 2008 年元月 10 日、23 日两次庭审中,安特公司南阳分公司表示向嵩创公司追要工期违约罚款的要求。2008 年 4 月 14 日安特公司南阳分公司以追要工期违约罚款为由起诉至法院。

2. 一审裁判理由与结果

裁判理由

安特公司南阳分公司与嵩创公司双方签订的《建设工程施工合同》是一份有效合同,该合同一经签订对双方当事人即具有约束力。嵩创公司在施工中超过双方约定的工期,理应按双方约定承担违约责任,安特公司南阳分公司向嵩创公司追要工期违约金理由正当,符合法律规定,应予支持。但是,2004 年 4 月 29 日举行开工典礼,2004 年 5 月 8 日开始钻孔,工期应从 2004 年 5 月 8 日起计算。2004 年 9 月 14 日全部桩基做完至 2004 年 11 月 8 日,是水泥的自然凝结期和质量检验时期,不应记入施工工期。2004 年 11 月 9 日至 2005 年 3 月 1 日,嵩创公司委托亚成公司处理桩基质量问题,工期应记入嵩创公司的施工工期,但亚成公司是间断施工,工期不应连续计算,应以监理日志记载的 36 个工日记入施工工期。由于设计变更增加了工程量,增加工程款 274366.87 元,增加工程量理应增加工期,但双方对此没有商定,参照本案中双方签订的《建设工程施工合同》总价款 232 万元,工期 34 天±6 天,增加工程量应增加工期 6 天。2004 年 5 月 8 日至 2004 年 6 月 14 日之间监理日志显示有 6.5 天因下雨停工,应从工期中扣除,因全省建筑市场整顿停工 5 天,工地发生意外事故造成人员伤亡停工 7 天,均为不可抗力,工期应予扣除。因停水停电、短时降雨,环保检查停工折合 2.5 天也应扣除。嵩创公司超过双方约定工期 98 天,按双方合同约定每超过工期 1 天罚款 1 万元,应向安特公司南阳分公司支付违约金 98 万元,安特公司南阳分公司向嵩创公司索要工期违约金 267 万元,超出部分不予支持。

嵩创公司提出工期延误的原因在安特公司南阳分公司,并举出其 2005 年 4 月 1 日写给安特公司南阳分公司的《关于安特公司南阳分公司办公楼桩基施工工期延误的情况说明》来证明,但这只是其自己的陈述,又无其他证据印证,不予采信。

嵩创公司提出安特公司南阳分公司向其追要工期违约金超过诉讼时效。对此原审认为,一、在本案中,嵩创公司施工造成工期延误是不争的事实。2005 年 11

22日，双方对工程款的结算没有列出工期违约罚款。这次结算不是一次全面的总结算，诉讼时效不能从这一天起算。二、双方于2005年11月22日结算以后，安特公司南阳分公司一直以追要工期违约金为由拒付这次结算的工程款，这说明安特公司南阳分公司一直在主张着追要工期违约金的权利。2006年元月24日，嵩创公司向安特公司南阳分公司写出《关于造成桩基施工延误工期请求免除罚款的情况说明》，2008年元月10日安特公司南阳分公司在另一案的庭审中，表明保留追要工期违约金的权利，都说明安特公司南阳分公司自始至终都在主张着追要工期违约金的权利。三、安特公司南阳分公司提交的2006年12月18日变更部分的结算单，嵩创公司提出是内部审计所用，不是对外的文书，但该清单本身并未表明系审计所用。嵩创公司也未提供证据证明是审计所用。上面盖有嵩创公司财务专用公章，应视为双方的结算行为。从这里看安特公司南阳分公司起诉也未超过诉讼时效。

综上所述，安特公司南阳分公司向嵩创公司追要工期违约金的起诉不超诉讼时效。嵩创公司认为安特公司南阳分公司起诉超过诉讼时效的抗辩理由不能成立，不予支持。

裁判结果

被告河南嵩创工程基础有限公司在本判决生效后十日内，向原告河南省安特公司南阳分公司支付桩基工程施工工期违约金98万元……。

当事人上诉及答辩

嵩创公司不服原判，向本院提起上诉。其上诉的主要理由为：（1）被上诉人安特公司南阳分公司的诉讼请求超过诉讼时效。2005年和2006年两次工程款结算中，被上诉人在结算中没有明确主张工期逾期违约一并处理问题，说明2005年至2006年被上诉人主张逾期工期违约证据不足。2008年元月10日被上诉人在另一案庭审中以工期违约抗辩工程款，是被上诉人在诉讼时效期满后提出的，不能引起诉讼时效的中断或中止。（2）原审认定上诉人超过工期98天证据不充分。亚成公司处理桩基质量工期时间不应计入上诉人工期时间。因被上诉人原因造成工期延误的事实客观存在。（3）本案建设工程施工合同约定逾期交工罚款不合法，被上诉人不具有罚款的行政处罚主体资格，退一万步讲，即使合同约定逾期交工罚款条款有效，罚款条款约定违约金也过高，上诉请求依法减少。

被上诉人安特公司南阳分公司答辩称：（1）被上诉人追要延误工期违约金没有超过法定诉讼时效。①2006年元月24日上诉人发给被上诉人的《关于造成桩基施工延误工期请求免除罚款的情况说明》显示上诉人于2006年元月24日主动承认工期延误并请求从轻或免除处罚，表明被上诉人一直在主张追要延误工期违约金。2008年元月10日另案庭审中被上诉人再次明确表明要求对方支付延误工期违约金，用于抵消剩余工程款，否则要另案起诉。②2006年12月18日双方曾经进行结算，"工程结算单"是双方部分真实意思表示，依据"工程结算单"上结算时间被上诉人提起诉讼没有超过诉讼时效。（2）关于工期问题。2004年4月29日配楼桩基工程实际开工，因桩基存在质量问题，被上诉人多次催促上诉人处理不合格桩基，上诉人才委托亚成公司处理不合格桩基，亚成公司处理桩基时间应计入上诉人工期时间。(3) 双方在合同中约定的违约金条款符合法律规定，上诉人将违约金解释为罚款是其片面解释。双方约定的违约金数额适当，应予支持。

上诉人嵩创公司、被上诉人安特公司南阳分公司二审均未提交新证据。

二审查明的事实与原审审理查明的事实一致。另查明：因工程款纠纷，嵩创公司于2007年11月23日对安特公司南阳分公司提起诉讼。2008年2月28日南阳市卧龙区人民法院作出（2008）宛龙民商二初字第01号民事判决。安特公司南阳分公司不服，向本院提起上诉。本院于2008年7月11日作出（2008）南民三终字第96号民事判决，判决安特公司南阳分公司给付嵩创公司工程款585959.58元及利息。该判决现已生效。

[二审裁判理由及结果]

裁判理由

二审法院认为，安特公司南阳分公司与嵩创公司签订的《建设工程施工合同》，意思表示真实，不违背法律、法规强制性规定，为有效合同。合同签订后，双方对合同进行了实际履行。在实际履行过程中，嵩创公司未按合同约定工期完工，对安特公司南阳分公司造成违约，应承担违约责任。嵩创公司应承担的违约责任经双方多次交涉，一直未能解决。

1. 嵩创公司上诉称安特公司南阳分公司的诉讼请求超过诉讼时效。对该上诉理由，本院认为，2004年元月19日，安特公司南阳分公司与嵩创公司签订建设工程施工合同，2005年4月1日，嵩创公司因配楼桩基施工工期延误的原因给安特公司南阳分公司写出情况说明，2006年元月24日为工期延误问题，嵩创公司再次写出请求免除罚款的情况说明。2008年元月10日在双方工程款诉讼案中安特公司南阳分公司明确主张工期延误违约金，至2008年4月14日安特公司南阳分公司提出诉讼，其对违约金的请求一直处于持续状态，不超过我国民诉法规定的两年诉讼时效期间。据此，嵩创公司上诉称安特公司南阳分公司的诉讼请求超过诉讼时效的上诉理由不能成立，本院不予支持。

2. 嵩创公司上诉称原审认定其超过工期98天证据不充分，亚成公司处理桩基质量工期时间不应计入上诉人工期时间，因安特公司南阳分公司原因造成工期延误的事实客观存在。对该上诉理由，本院认为，（一）亚成公司处理桩基质量是因为嵩创公司因其所做桩基不合格，委托亚成公司进行处理，所以亚成公司处理桩基时间应计入嵩创公司工期。（二）原判对嵩创公司施工过程中因合理原因延误的工期已经进行了扣减，嵩创公司称因南阳分公司原因造成工期延误没有证据证实。因此，嵩创公司此项上诉理由不能成立，本院不予支持。

3. 关于嵩创公司上诉称本案建设工程施工合同约定逾期交工罚款不合法，安特公司南阳分公司不具有罚款的主体资格的问题。对该上诉理由，本院认为，从双方签订的建设工程施工合同可以看出，双方在合同中约定了违约责任条款，第35、2条约定"34±6天内不进行奖罚，超出±6天每天奖罚1万元"，该条约定对双方均具有约束力,并不是嵩创公司所称单方罚款条款。

4. 至于嵩创公司所称违约金过高,要求减少问题。本院认为,我国合同法设立的违约金制度兼具合同担保和违约补偿的双重功能,既有惩罚性,更具有补偿性。安特公司南阳分公司与嵩创公司在违约金条款中约定"超出±6天每天奖罚1万元",该条款看似对双方公平,实际上对施工方并不公平。因为工期的提前所受制约因素大大超过工期延迟因素。双方在建设工程施工合同中约定工期为34天,工程价款为232万元,平均每天的工程量折款为6.8万元,而工期延误一天则要承担1万元违约金,实际上是把合同的正当履行变成一种博弈,显然不符合违约金制度设立的初衷。嵩创公司上诉称违约金过高,要求减少的上诉理由部分成立,本院予以支持。考虑到工程量、合同价款、工程已作决算、双方均有违约行为,因工程延误给安特公司南阳分公司造成的实际损失无法计算等因素,嵩创公司承担的违约金应以合同总价款的20%计算为宜,即2594366.8元×20%=518873.36元,嵩创公司应支付安特公司南阳分公司违约金518873.36元。综上,原判认定事实清楚,但违约金部分支持过高,应予调整。

裁判结果:变更原判为:河南嵩创基础工程有限公司在本判决生效后十日内支付河南省电力公司安特公司南阳分公司违约金518873.36元。……

[法律评析]

1. 关于罚金与违约金关系

对此在多个案件中均存在当事人对于"罚金"这一名称的异议。从司法实践看,裁判机关一般认为罚金等同于违约金,本案也没例外。

2. 关于主张工期延误违约金的诉讼时效

工期延误违约金的起算时间应为合同约定竣工日期的第二天起算。在本案中合同约定竣工日期为2004年6月7日,因此应从2004年6月8日起计算诉讼时效。由于合同约定的违约金标准为"工期34±6天内不进行奖罚,超出±6天每天奖罚1万元",因此,每一笔违约金诉讼时效起算时间是不同的。同时,还需要扣除应予顺延工期的时间。因此,详细计算工期延误违约金的具体诉讼时效期间是比较复杂的。但是,用最保守的计算方法计算,认为2006年6月7日前诉讼时效期间届满,是对业主方最严苛的要求。即使这样,业主方主张工期延误违约金也未超过诉讼时效期间。2006年元月24日为工期延误问题,嵩创公司再次写出请求免除罚款的情况说明。这一文件表明,在2006年元月24日前,嵩创公司认可安特公司南阳分公司有收取工期延误违约金的权利,否则,它就不会要求免除。同时,该文件还表明在2006年元月24日之前安特公司南阳分公司就在行使这一权利。《最高人民法院关于贯彻执行〈中华人民共和国民法通则〉若干问题的意见》第173条规定:"诉讼时效因权利人主张权利或者义务人同意履行义务而中断后,权利人在新的诉讼时效期间内,再次主张权利或者义务人再次同意履行义务的,可以认定为诉讼时效再次中断。"因此,这一文件表明,在2006年元月23日,工期延误违约金的诉讼时效中断。从此计算两年，至 2008 年元月 22 日，诉讼时效届满。而在 2008 年元月 10 日、23 日两次庭审中，安特公司南阳分公司表示向嵩创公司追要工期违约罚款的要求，这又构成诉讼时效的中断。因此，本案追索工期延误违约金的诉讼时效并未超过诉讼时效期间。

3. 关于违约金过高问题

二审法院认定违约金约定过高的论点成立，但是理由值得商榷。二审法院的裁判理由认为："安特公司南阳分公司与嵩创公司在违约金条款中约定"超出±6 天每天奖罚 1 万元"，该条款看似对双方公平，实际上对施工方并不公平。因为工期的提前所受制约因素大大超过工期延迟因素。双方在建设工程施工合同中约定工期为 34 天，工程价款为 232 万元，平均每天的工程量折款为 6.8 万元，而工期延误一天则要承担 1 万元违约金，实际上是把合同的正当履行变成一种博弈，显然不符合违约金制度设立的初衷。"在签订合同时，双方是经过平等协商的。合同条款是双方真实意思表示。工期延误一天则要承担 1 万元违约金，并无违反法律之处。二审法院以此为理由之一调整违约金数额欠妥。二审法院调整违约金的另一个理由是"工程延误给安特公司南阳分公司造成的实际损失无法计算"，这一理由是成立的。因为在主张工期延误违约金时应当提交因工期延误而遭受经济损失的证据。安特公司南阳分公司未对此进行举证属于诉讼失误，因此而被二审法院调整违约金数额，在所难免。

判例 13

开竣工日期争议、向小业主赔偿问题

[基本案情]

原告上海凝威物业有限公司
被告江苏浦顺建设集团有限公司

当事人起诉及答辩

1. 原告诉称，2001年7月26日，原、被告就龙城二期二标段工程签订了《建设工程承包合同》及《建设工程承包合同的补充协议》各一份。承包合同约定，原告将龙城花园二期二标段（独立别墅15栋、联体别墅25栋）的土建安装及室外下水管道道路工程发包给被告施工，合同工期总日历天数为260天，暂定价款为2,789万元，延期每天按工程总造价的万分之二赔偿。补充协议约定，被告进场后，正式开工之日起，原告向被告支付工程预付款50万元，暂定开工日为2001年8月15日；每幢主体工程完成，中间验收合格后支付该幢工程价格的15%，竣工验收合格后支付15%，剩余70%工程款在全部工程竣工验收合格后一年内分期付清。

2001年8月21日，原告支付被告工程预付款50万元。同年9月5日，工程实际开工，按合同约定总工期260天计算，被告应于2002年5月25日前竣工，但其未能如期完工。2002年10月28日，被告向原告提交了工程预验报告，原告立即组织相关单位进行预验，却发现工程并未全部完工，已完工部分也存在屋面渗水、地坪起沙、空鼓、裂缝等质量问题。被告草率整改后，又于2002年12月5日提交了验收函，原告再次组织相关单位验收，发现被告施工的工程依然存在许多质量问题和资料不齐问题。2003年3月10日，被告表示能在当月25日前整改完。2003年4月21日，原告发现被告遗漏两项工程未完成（即低窗台栏杆和暗卫生间排气装置的安装），要求被告完成。被告对此不予理睬，又于2003年8月1日向原告提交一份工作联系单,称工程已全部完工,要求进行验收。2003年8月25日,原告通知被告及监理单位于2003年8月27日进行验收,但被告以原告拖欠工程款为由拒不到场,导致验收未能进行。此后被告既未向原告报告整改修补情况,亦未重新向原告提请验收,致使竣工验收工作一拖再拖。2004年6月22日,经多方协调被告同意继续完成两项遗漏工程,双方于同年8月4日就两项遗漏工程签订协议,被告完成了两项遗漏工程,原告亦付清了该部分工程款41,328元,但被告拒不提供竣工验收报告和有关验收资料,导致工程至今无法竣工验收。

迄今为止,被告迟延竣工已达825天,按照估算的工程总造价3,800万元以每天万分之二计算,迟延竣工违约金达627万元。另由于被告延期竣工,原告无法按时履行与购房者的买卖合同,造成对小业主违约,业主纷纷起诉要求原告承担延期交付的违约金,现大批判决已生效,原告应支付的违约金累计已达15,807,934.67元,且还在与日俱增。为维护原告的合法权益,特提起诉讼,请求判令:一、被告支付从2002年5月26日至实际竣工验收之日的延期竣工违约金,按照3,800万元的每日万分之二计算,暂计至2004年8月31日为627万元;二、被告赔偿因延期竣工给原告造成的经济损失15,807,934.67元(暂计至2004年8月31日)。

2. 被告辩称,原告称被告拒不提供竣工验收报告和有关验收资料并非事实。被告承建的工程于2002年10月已施工完毕,工程资料于2002年12月9日提交给原告,因原告另行发包的防盗门、车库门仍在施工,故拖延至2003年3月初才组织验收,同年5月20日出具竣工评估报告,工程质量与资料均符合要求。2003年8月8日,原告将工程资料报送城建档案部门审核备案。质监站在备案验收过程中指出低窗台栏杆和暗卫生间排气装置未做不符合验收规定,要求整改。原告于2004年7月15日出具变更设计的技术核定单,被告按约进行了施工,但原告却要求被告变更工程竣工日期为2004年8月并重新提供资料,因双方就工程款及工期问题正在诉讼,被告要求原告承诺修改后的日期仅作竣工备案之用、不作为实际竣工日期,原告由此拒收竣工资料。工期延误系原告原因所致,造成损失应由其承担。

(1)施工阶段:①开工日期的确定。在原告直接发包的桩基工程未竣工验收的情况下,被告不具备开工条件。原告主张以2001年9月5日作为开工日期,但当时只有4栋房屋具有开工许可证,且其中1号房的桩基工程于2001年10月24日通过验收,7号房的桩基工程于2001年10月31日通过验收;另外36栋房屋的施工许可证于2001年12月24日取得,且其中18号房的桩基工程于2002年1月23日通过验收,31号房的桩基工程于2002年1月29日通过验收;38号会所的设计交底于2002年7月24日进行,同年8月12日才图纸会审完毕。鉴于上述因素,被告认为从2001年9月6日起算工期显然不合理,应从2001年12月24日起算。②因设计图纸粗糙、细节不清,造成停工约60天。③因设计变更造成返工延误工期约25天。④因原告指定供应的外墙涂料多次变更及质量等问题延误工期约75天。⑤因天气原因延误工期45天。

(2) 工程报验至验收阶段：被告于 2002 年 10 月 28 日提交预验报告，之后于同年 11 月 6 日、11 月 18 日、12 月 5 日三次发函催促原告验收，但因其直接发包的防盗门、车库门尚未完工，拖延至 2003 年 3 月初才组织验收。被告对存在的问题于同年 4 月 7 日整改完毕，监理、设计、勘察单位于 2003 年 5 月 20 日出具了书面竣工报告。从工程报验至组织验收期间拖延达 4 个月，均因原告直接发包的其他工程所致，责任应由原告承担。

(3) 竣工验收至起诉阶段：2003 年 5 月 20 日被告施工的土建安装工程竣工后，原告直接发包的小区道路、围墙、绿化、景观等配套工程的施工及工期与被告无关。至于质监站验收中要求整改的低窗台栏杆和暗卫生间排气装置，系受原告指令未予施工的，因之拖延竣工报验与被告无关。

经计算，从 2001 年 12 月 24 日开工至 2002 年 10 月 28 日申请竣工验收，施工时间约 300 天，加上整改的近 40 天，所用工期为 340 天，扣除应合理顺延的工期近 200 天，实际使用工期仅 140 天，即使从 2001 年 9 月 6 日起算，亦只用了 240 天，故不存在延误工期。

除此之外，原告还严重拖欠被告工程款。合同规定的工程预付款为 320 万元，而原告仅支付了 50 万元；施工过程中，原告本应支付工程进度款 4,191 万元，但其实际仅支付了 1,142 万元；至于 2003 年 12 月的 1,551 万元，是在被告无法承受民工、材料商压力的情况下通过法院先予执行支付的。综上所述，要求驳回原告的诉讼请求。

法院庭审查明

(1) 双方签约

经审理查明，被告通过投标方式中标原告开发的位于本市浦东新区的龙城花园二期二标工程，双方于 2001 年 7 月 26 日签订《建设工程施工合同》一份，原告将龙城花园二期二标工程发包给被告承建，合同总造价为 2,500 万元。同日，双方还签订了《建设工程施工合同的补充协议》，对工程款的支付、分包项目配合费等作出补充约定。2001 年 7 月 30 日，原、被告又签署了一份除合同总价外其余内容与 2001 年 7 月 26 日所签合同相同的《建设工程施工合同》，并交浦东新区工商管理局鉴证，该合同总价暂定为 2,789 万元。对于上述两份施工合同及补充协议，原告认为应以 2001 年 7 月 26 日的施工合同及补充协议为准，同年 7 月 30 日的施工合同仅为向有关部门鉴证备案之用。被告认为 2001 年 7 月 30 日的施工合同已取代了之前的施工合同及补充协议。

1) 工程约定

原、被告在《建设工程施工合同》中约定，被告承建原告开发的龙城花园二期（二标段）工程，包括独立别墅 15 栋、联体别墅 25 栋，承包范围为全部施工图所示的土建、安装及室外下水管道道路工程；打桩、铝合金门窗、电梯、防盗门的制作安装由原告指定分包，有线电视、电话、防盗门监控等弱电系统及室外的水、电、煤安装由专业施工队伍施工，不在施工合同范围之内。合同附件 1《承包人承揽工程项目一览表》中注明被告承建的具体幢号为：独立别墅 T1~T15、联体别墅1号~3号、6号~7号、9号~13号、16号~19号、25号~35号，门房泵房各一栋、会所一栋。合同附件2《发包人供应材料设备一览表》中注明甲供的材料设备包括：铝合金门窗、电子防盗门、电表箱、住户配电箱、信报箱。二期工程中的另外10栋联体别墅、两栋小高层以及小区总体工程中道路、围墙等土建部分由敏佳公司负责施工，小区总体工程中的水、电、煤及绿化景观工程由专业单位负责施工。

2) 关于合同工期双方约定

开工日期为2001年8月1日，竣工日期为2002年4月20日，合同工期为260天。在施工合同通用条款第13条中对工期延误约定为，13.1款因以下原因造成工期延误，经工程师确认，工期相应顺延：①发包人未能按专用条款的约定提供图纸及开工条件；②发包人未能按约定日期支付工程预付款、进度款，致使施工不能正常进行；③工程师未按合同约定提供所需指令、批准等，致使施工不能正常进行；④设计变更和工程量增加；⑤一周内非承包人原因停水、停电、停气造成停工累计超过8小时；⑥不可抗力；⑦专用条款中约定或工程师同意工期顺延的其他情况。13.2款承包人在13.1款情况发生后14天内，就延误的工期以书面形式向工程师提出报告，工程师在收到报告后14天内予以确认，逾期不予确认也不提出修改意见，视为同意顺延工期。对于不可抗力施工合同专用条款第39.1款约定为，五级以上地震、连续两天以上暴雨、战争、空中飞行物坠落；不可抗力发生后承包人应在24小时内向发包人通报情况，房屋部分发包人负责，其他损失承包人负责。关于工程竣工通用条款第14条约定，14.1款承包人必须按照协议书约定的竣工日期或工程师同意顺延的工期竣工；14.2款因承包人原因不能按照协议书约定的竣工日期或工程师同意顺延的工期竣工的，承包人承担违约责任。对于工期延误的违约责任，施工合同专用条款第13条约定为，人力不可挽回的因素造成延期工日顺延，此外延期部分每天按工程总造价万分之二赔偿；专用条款第35.2款约定为，本合同通用条款第14.2款约定承包人违约应承担的违约责任为每延误一天罚款总价的万分之二。

关于发包人的工作在施工合同专用条款第8.1款中约定，施工许可证8月15日以前办理；图纸会审和设计交底时间为7月25日（第一批）、8月15日（第二批）。

3) 关于竣工验收问题

施工合同通用条款第32条约定，32.1款工程具备竣工验收条件，承包人按国家工程竣工验收有关规定，向发包人提供完整竣工资料及竣工验收报告，双方约定由承包人提供竣工图的，应当在专用条款内约定提供的日期和份数；32.2款发包人收到竣工验收报告后28天内组织有关单位验收，并在验收后14天内给予认可或提出修改意见，承包人按要求修改，并承担由自身原因造成修改的费用；32.3款发包人收到承包人送交的竣工验收报告后28天内不组织验收，或验收后14天内不提出修改意见，视为竣工验收报告已被认可；32.4款工程竣工验收通过，承包人送交竣工验收报告的日期为实际竣工日期，工程按发包人要求修改后通过竣工验收的，实际竣工日期为承包人修改后提请发包人验收的日期；32.5款发包人收到承包人竣工验收报告后28天内不组织验收，从第29天起承担工程保管及一切意外责任；32.6款中间交工工程的范围和竣工时间，双方在专用条款内约定，其验收程序按本通用条款32.1款至32.4款办理。

4）关于工程款的支付

在施工合同专用条款中约定，原告于开工前7天内支付25％（本年度320万元），扣回工程款的时间、比例为：分8个月扣，每月扣2.5％，本年度分4个月每月扣80万元。而在补充协议中则约定，被告进场后，正式开工之日起（开工书面通知、以挖土日为准），原告向被告支付工程预付款50万元整，暂定开工日为2001年8月15日；每幢主体工程完成、中间验收合格后支付该幢工程价格的15％，竣工验收合格后付15％，如原告销售形势好，相应提高支付比例；剩余70％工程款在全部工程竣工验收合格后的一年内分期付清（扣除保修金3％，每月支付不得低于决算后工程款的5％）。

（2）合同实施、事实认定

施工合同签订后，原告于2001年8月21日支付被告工程预付款50万元。2001年9月5日，由原、被告及监理方召开龙城花园二期二标段第一次工程例会，确认当天工程正式动工。至2002年10月初，被告陆续完成了龙城花园二期二标段40幢别墅的建筑施工，但38号会所及泵房尚未完工，配电箱因甲供材料未到亦未安装。此外，原告另行发包的防盗门及车库门安装工程、小区总体工程等亦未完成。

2002年10月28日、11月6日、11月18日及12月5日，被告四次向原告提出预验报告，要求根据双方领导面商的一致意见，就目前完工情况进行工程预验。此后直至2003年2月下旬，原告未组织有关单位对被告完成的上述40幢别墅进行全面验收，只是对部分别墅进行了抽查，并在监理例会上数次向被告提出对所建房子要自行检查，凡屋面渗水、地坪起沙、空鼓、裂缝等问题予以整改，确认无问题才能验收，且预验收所有资料要齐、水电要通。2002年12月9日，原告在被告提交的竣工结算报告上注明"收到土建结算书2套、水电安装结算书5本、室外下水道、技术核定单、签证费用、会议纪要，竣工图未收"。12月15日，被告致函原告，提出由于防盗门未安装，现场又有其他单位施工，造成产品损害及设备偷窃，经双方洽商一致暂由被告负责产品的保管和保护工作，保管费用在工程结算时一并支付。该函经监理工程师签字，原告工程部负责人黄静亦签字确认情况属实，费用由审计确认后结算。

2003年2月底3月初，原告组织有关单位对龙城花园二期二标段工程进行了全面的验收检查，并就检查中发现的问题向被告提出了整改要求。至2003年4月7日，被告完成了原施工部分的整改工作。此外，原告另行发包的防盗门、车库门安装于同年4月底完成，随后由被告进行了油漆；原告供料的配电箱安装出现了因供电局的电转换箱位置改变造成原设计预留孔及埋管返工重做情况，原告于2003年4月9日发出返工通知，同年4月14日出具技术核定单，被告于5月中旬完成返工工作；38号会所及泵房仍在施工，完工后与已完成整改的40幢房屋一起报竣工验收。2003年5月20日，监理单位对被告施工的所有房屋出具了"工程质量监理评估报告（竣工）"，即合格证明书，包括40幢别墅、1幢会所及泵房。但原告另行发包的小区总体水、电、煤、弱电系统及景观、绿化工程当时尚未完成，上述项目完成时间为2003年8月。

从2001年8月21日至2002年10月28日，原告共支付被告工程款1,242万元。被告于2003年7月21日向本院起诉，要求原告支付工程款及逾期付款利息，并承担停工误工损失等。在被告起诉之后，原告又于2003年12月19日及24日支付工程款1,551万余元。

2003年8月1日，被告向原告提交了一份"工作联系单"，内容为：被告施工的龙城花园二期41幢楼房均已完工，土建、水电工程技术资料基本整理完毕，已达到工程资料验收要求；请原告同监理、绿化、设计等单位联系，收取各部门工程竣工资料，以便尽快通过档案管理部门验收。2003年8月21日，上海市浦东新区城建档案信息管理中心在其出具的《建设工程项目档案情况登记表》中认定，同意该建设工程项目竣工验收备案。2003年8月25日，原告通知被告，其决定于2003年8月27日对别墅整改情况进行检查，要求被告做好人员安排工作。因其时被告已向法院起诉要求凝威公司支付工程款，故被告不同意原告的要求，致此项验收检查未能进行。同年8月19日，敏佳公司施工的10幢联体别墅与2幢小高层通过了质监站的单体工程竣工验收，质监站提出了窗台低于90mm的要加做安全栏杆、楼梯栏杆要补上等问题。当时小区总体的绿化工程仍在继续进行之中。

2004年1月6日，原告通知上海市浦东新区建设工程质量监督站对被告施工的龙城花园二期（二标）工程进行竣工备案验收。验收中发现低窗台栏杆和暗卫生间出气孔两项未按设计要求做。原告于2004年2月10日致函被告，提出由于被告未按设计图施工，导致工程无法竣工验收，要求其立即完成相关工作。被告遂复函原告，认为低窗台栏杆和暗卫生间出气孔未做是应原告的要求，现愿意配合将上述两项工作完成，但必须由原告与设计部门作出新的修改通知后方能施工。2004年7月15日，原告向被告出具了卫生间（暗）通风的技术核定单。同年8月3日，双方签订协议，约定由被告完成龙城花园二期二标段工程中91户低窗台栏杆以及19户暗卫生间排气装置的安装，核定造价为41,328元，该变更工作量不计入工程总决算。嗣后，被告完成了上述两项施工，原告亦支付了该部分工程款。审理中，被告提供了2002年5月20日及7月22日的被告给原告的工作联系单两份，证明确认暗卫生间出气孔及低窗台栏杆等项目取消事项。

2004年8月6日，原告致函被告，要求将龙城花园二期二标段竣工资料按规定重新提交。被告则提出，同意将工程竣工备案验收资料的所有日期调整为2004年7月（原日期为2003年5月），但此修改行为仅为竣工备案而作出，对双方的履约情况不具有法律效力，不得以此日期作为认定及追究对方违约责任的证据。双方对此无法达成一致意见，导致资料交接未成，直至2004年9月16日，在本院主持之下双方才完成资料的交接手续。2004年10月12日，原告在浦东新区建设局完成了竣工验收备案手续。

关于开工日期的确定，原告主张为2001年9月5日，被告主张为2001年12月24日。根据被告提供的证据，原告于2001年8月27日办理了龙城花园二期1号～3号、6号、7号共5幢房屋的施工许可证，2001年12月24日办理了9号～13号、16号～19号、25号～35号及T1～T15共35幢房屋的施工许可证，其中18号、31号房的桩基工程于2002年1月23日及29日完成，但被告称1号、7号房桩基工程于2001年10月24日及30日完成并非事实，其将T1、T7房的桩基评估报告误认为系1号、7号房的。在2001年11月的监理工作月报第五期（上）记载，"二标段（浦顺建设）1、2、7、9、10、19、34、35各号房已进入主体施工，墙体完成1～3层不等，6、11、25、33及T1～T4、T8、T9基础已经质监站验收"。监理月报第五期（下）记载，"二标段（浦顺建设施工）已进入主体施工各号房继续施工，12、16、26、T7、T14、T15基础及3号桩基也已经质监站验收"。另外，38号房的图纸会审纪要及补充纪要于2002年7、8月间作出，施工许可证于2002年8月27日取得。

对于图纸不清问题，被告主张顺延工期60天。根据被告提供的2001年11月的监理工作月报第五期记载，施工过程中发现设计图纸错误太多，监理配合施工单位尽可能作了认定、纠正。2002年4月的监理工作月报第九期记载，设计图纸上的不详之处尤为突出，需要建设单位及时与设计联系解决。2002年6月10日监理单位的《前阶段施工进度情况的汇报》记载，目前进度滞缓一～二个月，除客观上去冬今春天气异常，雨水较多，以及春节放假（计划内）较长外，有如下几方面原因：一、施工单位资金短缺；二、材料、设备供应跟不上，尤其一些甲供设备，比应当进场时间拖了近一、二个月，影响了施工进度；三、设计图纸过于粗糙，差错百出，造成施工上返工浪费，延误工期。

对于设计变更，被告主张顺延工期25天。根据被告提供的2002年6月5日的工程例会会议纪要记载，施工单位称，工程进度按目前速度要拖后一个月，其中有存在一些客观原因：逢春节放假25天，大雨停工45天；单体如34号、35号房山花钢筋、模板全完工后要求抬高10公分影响7天进度；T3、T9、26、18号房打桩偏位加固处理拖延工期3天；T2、T4按图已封顶，后出变更，凿除梁板，前后拖延15天；28号～31号房因动迁原因去年12月才开工，总工期受影响。被告提供的34号、35号房山花、模板变更的技术核定单中记载，以上部位因甲方通知标高抬高10mm，造成钢筋、模板、排架拆除重新制作、施工，混凝土推迟7天浇捣；T2、T4房变更的技术核定单中确认由于变更延误工期8天；打桩偏位加固处理的拖延工期天数在技术核定单中无记载。

关于天气因素，被告主张若以2001年12月24日为开工日期则应顺延工期31天，若以2001年9月5日为开工日期则应顺延工期45天。根据被告提供的2001年9月5日至2002年9月底的晴雨表（经监理单位核对确认）记载，连续两天以上的雨天共约52天，包括部分时阴时雨的天气情况。

关于涂料更改问题，被告原主张顺延工期75天。根据被告提供的证据，2002

年6月5日,原告通知被告使用嘉亮牌外墙涂料。同月19日,原告又告知被告,涂料采用上海嘉亮牌,各施工单位可以采用其他牌号的涂料,但质量不能降低,颜色不能改变。次日,原告在技术核定单中明确所有幢号采用上海海曼牌外墙涂料。在2002年8月19日的监理例会上原告提出,海曼牌涂料质量存在问题,需要重刷。同年9月2日,原告就外墙涂料返工重做出具技术核定单。在工程造价审计时,审价单位确认因涂料返工重刷造成脚手架租赁延搁时间为32天。审理中,被告将因涂料问题要求顺延的工期变更为60天,即2002年6月5日至19日原告确定使用涂料品牌的时间14天,对海曼牌涂料的质量问题进行认定以及重新采购涂料的时间14天,加上重新搭建脚手架返工重刷的工期32天。

另查明,原告与大多数购房者约定的办理房地产初始登记的日期为2003年6月30日,实际交付日期为2003年1月30日,但也有约定于2004年3月、5月、10月、11月、12月等不同时间办证、交房的。关于逾期交付的违约赔偿金,从交房起至2003年8月9日止按每天万分之一计算,从2003年8月10日起按每天万分之二点一计算。原告提供的依据是上海市浦东新区法院(2004)浦民三(民)初字第4672号民事判决书,该判决中对原告逾期交房的违约金按此标准计算。原告主张的违约赔偿金并非其实际支付给购房者的金额,而是原告依据其与购房者签订的预售合同中约定的交付及办证日期作出的理论上的计算。

以上事实,有施工合同及补充协议、付款凭证、监理例会记录及监理月报、预验报告、工作联系单、监理评估报告、技术核定单、竣工验收备案证书、民事判决书、双方当事人的陈述等证据,经庭审质证,证明属实。

[裁判理由及结果]

裁判理由

法院认为,本案的争议焦点在于以下三方面:1. 补充协议的效力;2. 开、竣工日期的确定及工期计算;3. 原告向购房者承担的逾期交房的违约金应否由被告赔偿。

一、补充协议的效力

原、被告虽然分别于2001年7月26日及7月30日签订了两份建设工程施工合同,而该两份合同除暂定造价外其余内容均相同,故实为一份合同,但有关合同暂定造价应以后者为准。补充协议是关于工程款支付(带垫资)、分包项目配合费等事宜的约定,该协议是双方当事人的真实意思表示,应为有效。原告已按补充协议之约定向被告支付了工程预付款及进度款,被告将原告严重拖欠工程款作为其工程延期的抗辩理由不能成立。

二、开、竣工日期的确定及工期计算

首先是开工日期的确定问题。2001年9月5日是被告承建的龙城花园二期二标段工程正式动工之日,当时原告已办理了5幢房屋的施工许可证。被告承建的工程为单体别墅,在每幢房屋的桩基工程验收之后即可进入主体施工,无需等所有房屋的桩基工程全部验收后才一起开工,事实上从2001年11月的监理工作月报中亦反映出当时被告已进入主体施工阶段,故被告以2001年12月24日全部房屋取得施工许可证之日作为开工日期缺乏依据,亦与事实不符。但从上述监理月报中亦反映出,直至2001年11月时被告可进行施工的仍为少部分房屋,大部分房屋的桩基工程尚处于陆续验收阶段,即便是已取得施工许可证的3号房其桩基验收亦拖延至2001年11月才完成,此情形对施工进度必将造成一定影响,绝对认定2001年9月5日为开工日期并起算工期对被告而言亦欠公平,故本院酌情确定顺延55天,以2001年10月30日为工期起算日。当然,38号房的设计图纸迟至2002年7、8月间才会审移交,由此造成竣工迟延可在工期计算时予以考虑。

其次是竣工日期的确定。被告承建的工程于2003年5月20日经验收合格,监理单位出具了工程质量评估报告,故应认定此日为工程竣工之日。当时原告另行发包的绿化及室外水、电、煤安装及弱电系统等小区总体工程尚未完成,故未立即向质监站办理备案验收手续,但该部分工程不应计算在被告的工期天数内。被告2003年8月1日的工作联系单告知原告,被告施工的41幢房屋之工程资料已整理完毕,要求原告收取其他各部门的竣工资料后向城建档案部门办理备案手续,并非如原告所说的系通知原告组织验收。至于质监站在验收过程中发现遗漏低窗台栏杆和暗卫生间出气孔两项要求整改补做的问题,根据被告提供的两份工作联系单,上述两项施工项目系原告要求取消,故由此造成质监站验收备案手续办理迟延的责任应由原告承担。而且在2002年8月19日质监站对敏佳公司施工的单体工程进行验收时亦提出了低于90mm的窗台加做安全栏杆的问题,可见低窗台栏杆未做并非被告施工中独有之现象,整个龙城花园二期工程均存在此问题,由此亦可推断出该项施工当属应原告之要求而取消,并非被告擅自所为。

再次是工期计算中应予考虑的因素。虽然被告施工的41幢房屋的竣工验收日期为2003年5月20日,但至2002年10月初已完成了其中40幢房屋的建筑施工,而38号房之所以未一起完工是由于原告的设计图纸提供迟延,由此造成的竣工延期责任不应由被告承担。从2002年10月28日至12月5日,被告四次要求原告组织预验,但原告拖延至2003年2月底3月初才组织有关单位进行全面的检查验收工作,该四个月应从被告的工期天数中扣除。2003年3月至4月7日是被告的施工整改阶段,被告对此亦予认可,故从2003年3月初至4月7日应计入工期天数。在2003年4月7日至5月中旬期间,被告主要进行了防盗门和车库门的油漆以及配电箱的返工重做等工程内容,其中防盗门和车库门的油漆迟延有原告之因素,但在扣除四个月工期天数中已经考虑,而该部分内容仍属被告施工范围,故该段施工期间应计入工期;配电箱在安装过程中虽发生了返工重做之情形,但被告在本案审理中未据此提出抗辩要求顺延工期,故上述施工期间亦应计入工期。除此之外,在工期计算时应考虑扣除因设计变更、涂料重刷、雨天等因素造成的应予顺延的天数。根据被告提供的证据,因设计变更应予顺延工期15天,其主张25天缺乏依据;雨天应予顺延工期45天;涂料重刷据审价单位确认的脚手架租赁延搁期为32天,另对涂料质量问题进行认定及重新采购亦需一定时间,本院酌情确定再顺延

14天；图纸不清问题被告依据监理报告主张顺延工期60天，但监理报告中所说的进度滞缓一至两个月包括了各种因素，图纸不清只是其中之一，且进度滞缓与顺延天数属两个概念，故被告据此要求顺延60天工期缺乏依据，本院不予支持。

综上所述，被告的工期天数计算为从2001年10月30日至2002年10月28日，加上从2003年3月1日至5月20日，共计445天，其应予顺延的工期天数为106天，实际使用工期为339天，合同工期为260天，逾期79天。根据合同暂定造价2,789万元按每天万分之二计算，应承担逾期竣工违约金440,662元。对于原告提出违约金以审定价3,800万元计算之主张，本院认为，违约金原则上应按双方当事人可预见的合同价计算，审定价只是最终的工程款决算依据，不应作为违约金的计算依据。

三、原告向购房者承担的逾期交房的违约金应否由被告赔偿

根据施工合同约定，被告因逾期竣工所应承担的责任为按合同价每天万分之二支付违约金，至于原告因逾期交房与办证而向购房者承担的违约赔偿金，不属被告订立合同时预见或应当预见的因逾期竣工可能造成的损失范围，被告不应对此承担赔偿责任。且在2003年5月20日监理单位出具被告施工范围内的工程质量评估报告期间，原告直接发包的小区绿化等配套工程尚未完成，这也是整个小区工程逾期竣工的原因之一。更何况逾期交房与办证的违约赔偿责任是作为开发商的原告与购房者之间的约定，原告将此责任转嫁给被告缺乏法律依据。

裁判结果

一、被告江苏浦顺建设建设集团有限公司应于本判决生效后十日内支付原告上海凝威物业有限公司逾期竣工违约金人民币440,662元；

二、原告上海凝威物业有限公司的其余诉讼请求不予支持。……

[法律评析]

1. 关于开工日期、竣工日期、应顺延工期的天数及理由，法院在裁判理由中所作的论述是详细和正确的。

2. 关于原告向购房者承担的逾期交房的违约金应否由被告赔偿问题，法院最终没有支持原告的此项诉讼请求，这一判决结果是正确的，但是所持理由有值得商榷之处。首先，原告因逾期交房与办证而向购房者承担的违约赔偿金，属于一般的合同常识，而且是根据日常生活经验也可以得出的结论。因此这一违约赔偿金应属于被告订立合同时预见或应当预见的因逾期竣工可能造成的损失范围，法院相关认定值得商榷。其次，法院认定的"更何况逾期交房与办证的违约赔偿责任是作为开发商的原告与购房者之间的约定，原告将此责任转嫁给被告缺乏法律依据"也值得商榷。《合同法》第一百一十三条规定："当事人一方不履行合同义务或者履行合同义务不符合约定，给对方造成损失的，损失赔偿额应当相当于因违约所造成的损失，包括合同履行后可以获得的利益，但不得超过违反合同一方订立合同时预见到或者应当预见到的因违反合同可能造成的损失。"开发商因建筑承包商的违约行为

而延迟交房，所承担的违约金，显然属于承包商违约行为所造成的损失，对此承包商应予赔偿。但是之所以说，法院的裁判结果正确，是因为本案原告既要求违约金又要求赔偿损失，不符合合同法的相关规定。《合同法》第一百一十四条约定："当事人可以约定一方违约时应当根据违约情况向对方支付一定数额的违约金，也可以约定因违约产生的损失赔偿额的计算方法。约定的违约金低于造成的损失的，当事人可以请求人民法院或者仲裁机构予以增加；约定的违约金过分高于造成的损失的，当事人可以请求人民法院或者仲裁机构予以适当减少。"根据上述规定，违约金与赔偿损失不能并存。当实际损失大于违约金时，当事人的救济途径是要求增加违约金，而不是再另行主张赔偿损失。作为例外，如果当事人在合同中明确约定，当实际损失大于违约金时，守约方还有权要求赔偿损失。则当事人除违约金之外，还可要求赔偿损失。本案中，双方在合同中并未进行类似的约定，因此原告既要求违约金，又要求赔偿损失，不符合合同法的上述规定。法院应当以此为理由驳回原告的诉讼请求。

判例 14 开工日期争议、赔偿违约金

[基本案情]

原告（反诉被告）上海浦鸿建筑装潢工程有限公司

被告（反诉原告）上海加腾汽车销售服务有限公司

1. 起诉及答辩

原告（反诉被告）诉称，原、被告于2003年3月19日签订一份厂房改建合同约定，原告（反诉被告）以包工包料的方式承包本市永兴路72号厂房改建工程。合同签订后，原告（反诉被告）依约履行了全部义务，并通过了上海市房屋质量检测站的房屋质量检测。2004年4月17日，被告（反诉原告）对尚拖欠原告（反诉被告）的工程款予以了确认，合计工程款人民币（下同）4,901,600元。后虽经原告（反诉被告）多次催款被告（反诉原告）始终未支付。故原告（反诉被告）请求法院判令被告（反诉原告）支付工程款4,901,600元及利息。

被告（反诉原告）辩称，不同意原告（反诉被告）的诉讼请求。原告（反诉被告）未按合同约定履行义务。双方对工程款进行了确认，但在对隐蔽工程的质量问题、逾期竣工问题、发票开具问题进行协商过程中，原告（反诉被告）起诉了。

被告（反诉原告）诉称，双方于2003年3月19日签订的《建设工程施工合同》约定，合同工期为180天（自2003年2月19日至2003年8月20日）；专用条款13.1条约定工期延误的违约责任为每单项工程延迟一天罚款10,000元。原告（反诉被告）于2004年1月才向被告（反诉原告）交付3号、4号、5号房。原告（反诉被告）在本诉中也确认在2003年12月才结束施工。故被告（反诉原告）请求法院判令原告（反诉被告）支付逾期竣工违约

金1,330,000元。

原告（反诉被告）辩称，不同意对方的反诉请求。开工日期与合同约定不符。当时被告（反诉原告）不符合开工条件，规划许可证于2003年9月5日才由有关部门颁发。在此前原告（反诉被告）已进场，是做准备工作，未正式开工。

2. 法院审理认定

经审理查明：原、被告双方订立《建设工程施工合同》约定，原告（反诉被告）承包被告（反诉原告）的永兴路72号厂房改建工程；工程内容为1号、3号、4号、5号房；承包方式为包工包料；合同工期为2003年2月19日至2003年8月20日，总日历天数180天；合同价款为7,200,000元；合同订立时间为2003年2月15日，生效时间为双方盖章后［被告（反诉原告）于2003年3月18日盖章，原告（反诉被告）于2003年3月19日盖章］；发包人收到竣工决算报告及结算资料后28天内无正当理由不支付工程竣工结算价款，从第29天起按承包人同期向银行贷款利率支付拖欠工程价款的利息，并承担违约责任；承包人应当按照协议书约定的开工日期开工；承包人必须按照协议书约定的竣工日期或工程师同意顺延的工期竣工，因承包人的原因不能按照协议书约定的竣工日期或工程师同意的工期竣工的，承包人承担违约责任；按施工单位提供的进度表，每单项工程延迟一天罚款10,000元整。

2003年12月底诉争工程竣工。

2004年4月16日双方确认，工程总决算为9,900,000元，原告（反诉被告）已收到被告（反诉原告）工程款4,998,400元，被告（反诉原告）尚欠原告（反诉被告）4,901,600元。

由于被告（反诉原告）未支付余款，原告（反诉被告）向本院起诉。被告（反诉原告）以原告（反诉被告）逾期竣工为由提起反诉。

［裁判理由及结果］

裁判理由

法院认为：

一、关于本诉

（一）关于工程款的问题。《中华人民共和国合同法》（简称《合同法》）第八条规定，依法成立的合同，对当事人具有法律约束力。当事人应当按照约定履行自己的义务，不得擅自变更或者解除合同。依法成立的合同，受法律保护。原告（反诉被告）在完成所承包的工程后，尚欠工程款4,901,600元已得到被告（反诉原告）的确认。原告（反诉被告）要求被告（反诉原告）支付尚欠工程款，符合合同的约定，本院应予支持。

（二）关于利息问题。《合同法》第一百零七条规定，当事人一方不履行合同义务或者履行合同义务不符合约定的，应当承担继续履行、采取补救措施或者赔偿损失等违约责任。被告（反诉原告）在接受了诉争工程，并于2004年4月16日确认了尚欠工程款后,无正当理由至今未支付结算价款,应支付该款的利息。原告(反诉被告)所提5.04%的年利率在合同的约定范围内,本院予以支持。

二、关于反诉

(一)关于开工日期的问题。被告(反诉原告)认为开工日期为合同约定的2003年2月19日。原告(反诉被告)认为开工日期在被告(反诉原告)取得规划许可证的2003年9月5日后。法院认为原告(反诉被告)在诉争合同上盖章日期为2003年3月18日。这表明原告(反诉被告)对其于盖章前已实际开工之事实予以确认。倘若尚未实际开工,原告(反诉被告)完全可以更正开工日期。即使按原告(反诉被告)所称于2003年9月5日后才开工,相当于工作量有所增加,工期反而缩短将近一半,难以令人信服。有关的施工证照取得之日期,不是实际开工日期的标志。据此法院采信被告(反诉原告)之主张,确认实际开工日期为2003年2月19日。

(二)关于逾期竣工天数的问题。双方的合同约定,合同工期为2003年2月19日至2003年8月20日。原告(反诉被告)在要求被告(反诉原告)确认工程款的函件中自认诉争工程于2003年12月底结束,故逾期竣工的天数为2003年8月21日至2003年12月31日即133天。

(三)关于逾期竣工违约金的计算问题。双方的合同约定,承包人必须按照协议书约定的竣工日期或工程师同意顺延的工期竣工,因承包人的原因不能按照协议书约定的竣工日期或工程师同意的工期竣工的,承包人承担违约责任;按施工单位提供的进度表,每单项工程延迟一天罚款10,000元整。被告(反诉原告)的反诉请求符合合同的约定,根据《合同法》第一百零七条的规定,本院应予支持。

裁判结果:一、被告(反诉原告)上海加腾汽车销售服务有限公司在本判决生效之日起十日内支付给原告(反诉被告)上海浦鸿建筑装潢工程有限公司尚欠工程款人民币4,901,600元;二、被告(反诉原告)上海加腾汽车销售服务有限公司在本判决生效之日起十日内支付给原告(反诉被告)上海浦鸿建筑装潢工程有限公司尚欠工程款的利息,计算方式为:以人民币4,901,600元为本金,按年利率5.04%自2004年5月14日计算至本判决生效之日止;三、原告(反诉被告)上海浦鸿建筑装潢工程有限公司在本判决生效之日起十日内支付被告(反诉原告)上海加腾汽车销售服务有限公司逾期竣工违约金人民币1,330,000元……

[法律评析]

1. 在开工日期的争议中,原告的反诉抗辩理由显然是不成立的。司法实践不会将各种证件颁发时间当然认定为开工时间,而是以实际开工日期为准。

2. 原告在诉讼中出现了一个诉讼错误:《中华人民共和国合同法》第一百一十四条规定:"当事人可以约定一方违约时应当根据违约情况向对方支付一定数额的违约金,也可以约定因违约产生的损失赔偿额的计算方法。约定的违约金低于造成的损失的,当事人可以请求人民法院或者仲裁机构予以增加;约定的违约金过分高于造成的损失的,当事人可以请求人民法院或者仲裁机构予以适当减少。当事人就迟延履行约定违约金的,违约方支付违约金后,还应当履行债务。"因此,在一定情况下,当事人有权要求裁判机构调整违约金数额。同时,对于违约金数额的调整属于当事人意思自治的范围。只有在当事人提出调整的情况下,人民法院才有权进行调整。本案中,合同约定的违约金标准为"按施工单位提供的进度表,每单项工程延迟一天罚款 10,000 元整。"被告(反诉原告)要求此项违约金时还应提交证明损失存在的证据,而实际上被告未提交。在这种情况下,原告(反诉被告)应当以被告(反诉原告)未提交为理由要求法院降低违约金数额。

判例 15

依照结算汇总表确定延误天数

[基本案情]

上诉人（原审被告、反诉原告）浙江精义建工集团有限公司

被上诉人（原审原告、反诉被告）江西淳诚工程总公司

1. 原审法院认定

原审经审理查明：1995年9月25日，江西淳诚公司与浙江精义公司签订《建设工程施工合同》一份，约定浙江精义公司将总承包的位于本市铜川路卉骏广场工程中的钻孔灌注桩、深层搅拌桩、压密注浆工程交由江西淳诚公司分包。开工日期为1995年9月28日，竣工日期为同年12月12日，总造价暂定为人民币（以下币种均为人民币）345万元。工期以正式开工后日历天80天内完成工程范围的所有工程桩、试、锚桩及围护桩（钻孔灌注桩及深层搅拌桩）。经验收优良，每提前一天奖励3万元，延期一天罚3万元，并承担延误总工期的损失。浙江精义公司确认江西淳诚公司提交当月工程量报告后10天内支付当月的工程量金额，按60%支付，剩余40%待该工程施工到上部结构五层后10日内一次付清，拖欠的40%工程款按月计息。在确定工程造价的方式条款中双方约定，经验收合格的实际工作量，工程桩每立方米造价230元，深层搅拌桩、压密注浆价格另定。同年10月10日，浙江精义公司通知江西淳诚公司工程定于1995年10月16日正式全面开工后，江西淳诚公司按时开工。1995年11月，浙江精义公司出具了有关基坑围护的设计方案。同年12月13日，确定变更设计方案，江西淳诚公司、浙江精义公司并于同日签订《基坑围护桩工程合同》，约定该工程开工日期为1995年12月10日，竣工日期为1996年2月10日（不包括铜川路一侧）。其中围护桩灌注桩每立方

米造价230元，围护深层搅拌桩每立方米40元，并明确该合同是以1995年9月25日双方签订的钻孔灌注工程桩施工合同为基础补充订立，其他条款按照本工程钻孔灌注桩合同文本执行。施工过程中有关压密注浆工程图纸的方案浙江精义公司于1996年4月1日确定，双方又于4月3日就压密注浆工程签订《工程合同书》一份，约定该工程造价暂估为30万元，1996年4月5日开工，同年4月15日竣工，施工日期10天。1996年4月17日，江西淳诚公司对整个工程进行施工完毕。同年8月，浙江精义公司对江西淳诚公司所完成的工程作了"江西淳诚公司在施工中质保体系完善，措施得力，队伍素质高，得到浙江精义公司及卉骏房地产开发有限公司的赞扬"的评语。同年11月22日，上海市普陀区建设工程质量监督站对该桩基围护工程质量核验后认为符合质量要求，同意进行下道工序。1997年6月29日，江西淳诚公司、浙江精义公司签订卉骏广场工程桩基及围护结算汇总表，确定：①江西淳诚公司完成工程款及节余材料分成总计6,651,726元；②江西淳诚公司已收到的工程款为330万元；③其他浙江精义公司向江西淳诚公司扣款78万元；④浙江精义公司尚应支付江西淳诚公司工程款871,726元（已扣除工期款及模板一次性赔偿款），如以后责任明确则按实调整。另作说明桩基及围护工程由江西淳诚公司分包施工，按合同规定工期，江西淳诚公司延误工期100天，但由于工作量的增加等因素，在由浙江精义公司、监理、业主认可工期之前先行扣除工期延误50天，每天罚款3万元，计150万元，待今后经浙江精义公司、监理、业主最终认可工期后，按实调整。另靠铜川路一侧造成材料报废，故扣江西淳诚公司20万元。嗣后浙江精义公司及有关方面对江西淳诚公司延误工期问题未作出认定。

原审另查明，江西淳诚公司原名南昌金伍勘测工程公司。1995年8月更名为江西淳诚建设基础工程总公司，1997年1月更名为现名。浙江精义公司原名为绍兴县栾和建筑工程公司，1998年8月更名为现名。为本案重审，江西淳诚公司向律师支付代理费35,000元。

原审再查明，卉骏广场建设工程的监理单位上海沪唯建设监理有限责任公司受原上海卉骏房地产开发有限公司副董事长马东升的委托，出具的《关于对绍兴栾和建筑公司卉骏广场桩基工程施工有关情况的说明》所认定的延误工期仅指工程桩（即基础桩）的工程工期。浙江精义公司反诉所主张的延误工期违约金亦指有关工程桩的施工。江西淳诚公司为浙江精义公司分包的桩基工程包括基础桩和围护桩两部分。基础桩由钻孔灌注桩组成，围护桩由钻孔灌注桩、深层搅拌桩、压密注浆三部分组成。基础施工与围护施工可以合起来施工，也可分开施工。

原审又查明，卉骏广场的业主即开发商上海卉骏房地产开发有限公司经营期限至1999年5月1日。2000年4月因未按规定申报年检被工商行政管理部门吊销营业执照。1999年1月江西淳诚公司诉至法院，认为双方已对工程造价进行了决算，确认总造价为6,651,726元，扣除已付工程款，浙江精义公司尚欠工程款2,371,726元，要求判令浙江精义公司支付尚欠工程款并支付1996年4月18日起计至浙江精义公司实际履行日止的逾期付款利息。诉讼期间，浙江精义公司提出反诉，要求江西淳诚公司按每天3万元支付延误工期100天的罚款，总计300万元。1999年7月9日一审法院作出判决，判决浙江精义公司应支付江西淳诚公司工程款2,371,726元及逾期付款违约金，江西淳诚公司应支付浙江精义公司逾期2天竣工的违约金6万元，对浙江精义公司其余反诉请求不予支持。

2. 当事人上诉

浙江精义公司不服，提出上诉。二审期间浙江精义公司提供了由工程监理公司上海沪唯建设监理有限责任公司于1999年8月30日出具的《关于对绍兴栾和建筑公司卉骏广场桩基工程施工有关情况的说明》一份，明确江西淳诚公司延误工期83天。对此，二审法院认为，因当事人在上诉期间提供了新的证据，该证据直接影响案件的定性且涉及数额较大，故于2000年3月24日裁定撤销原审判决，发回一审法院重审。

3. 重审认定

重审期间江西淳诚公司增加诉讼请求，要求浙江精义公司支付因浙江精义公司在二审期间才提供相关证据造成本案发回重审的损失即律师费35,000元。同时，浙江精义公司变更反诉请求，要求江西淳诚公司按每天3万元支付延误工期83天的违约金总计249万元，并支付逾期付款滞纳金50万元。

重审审理中，浙江精义公司、江西淳诚公司主要对三方面问题存在争议，①双方之间究竟是一个合同关系还是三个独立的合同关系，即1995年12月13日双方签订的《卉骏广场基坑围护桩工程合同》和1996年4月3日签订的《(压密注浆)工程合同书》是否是对1995年9月25日签订的《建设工程施工合同》的补充与变更；②工程监理单位上海沪唯建设监理有限责任公司所作的说明是否具有效力；③工程桩工程是否贯穿于整个桩基工程（工程桩和围护桩工程）的施工。

1. 就双方之间存在的是一个合同关系还是三个合同关系，浙江精义公司认为1995年12月13日及1996年4月3日签订的两份合同是有关围护桩及压密注浆工程的约定，并未对原合同中工程桩施工的有关约定进行变更，工程桩的工期仍是原合同约定的工期即80天。对此，江西淳诚公司认为双方只存在一个合同关系，从双方最初于1995年9月25日签约《建设工程施工合同》的有关工程内容、合同文件组成、合同文件适用标准、规范、工期提前与延误的奖励与处罚、浙江精义公司委派工程质量监理监督及授权范围、确认工程造价的方式等条款约定说明，可以明显看出，由江西淳诚公司分包的桩基工程有工程桩和围护桩两个部分，非仅为工程桩，而以后签订的两份合同是双方依据施工中出现的实际情况对原合同中未确定价格部分的围护桩及压密注浆工程作出的新的约定，是对原合同的补充和变更，从而使原合同约定的工期作了变更。

2. 有关上海沪唯建设监理有限责任公司所作的说明，浙江精义公司认为监理单位出具的说明是根据其监理工作职责及具体监理施工资料所作的说明，是有事实根据的，也符合双方于1997年6月29日签订的卉骏广场工程桩基及围护结算汇总表所作的约定。江西淳诚公司则认为该说明系浙江精义公司在上诉阶段出具提供的，超过了举证时限，在证据的形成、形式、内容和取得方式等方面存在许多问题。卉骏广场原业主上海卉骏房地产开发有限公司经营期限至1999年5月1日届满，该公司已不具有权利能力和行为能力，该公司原副董事长马东升亦不能代表业主的身份委托有关监理公司出具说明，且该说明所证明的工期延误仅指工程桩工程，所依据的材料必然未将围护桩工程施工情况材料考虑进去，亦未考虑工程桩与围护桩工程穿插进行的实际施工情况，因此该说明针对江西淳诚公司与浙江精义公司签订的分包工程合同是片面的，也不符合客观实际情况，不能正确反映江西淳诚公司分包的整个工程施工中是否存在工期延误情况。

3. 有关工程桩施工是否贯穿于整个桩基工程实际施工过程一节，江西淳诚公司提供了浙江精义公司发给江西淳诚公司的绍精字（95）62号、（95）71号通知两份及由工程桩工程设计单位出具的《有关卉骏广场桩基的修改情况说明》一份和所附图纸两张。绍精字（95）62号通知的内容为：工程桩（6）—（13）轴KΦ600的桩暂不施工。先施工围护桩后再施工KΦ600工程桩。落款为绍精建卉骏广场项目部，日期为1995年12月11日。绍精字（95）71号通知的内容为：今接业主的通知远岸设计研究院1995年11月16日出的局部增加桩位布置图，图号中的四根桩，现可以按图施工，请贵公司接通知后将此工作安排在施工计划中。落款同上通知，日期为1995年12月19日。由工程设计单位远岸设计研究院出具的说明内容为：有关卉骏广场的桩基修改，由于业主增加功能，需要增加桩共计7根（工程桩），（1）修改图号（2）修改通知单，编号为9522-002，时间为1996年4月初。桩的编号由施工单位编号，具体为K201、202、203、204、K205、K206、K207，共计7根均为工程桩。并附以上（1）×××；（2）图纸附件2张。落款为远岸设计研究院汤平平，中国远岸设计研究院加盖其设计咨询业务专用章。附图（1）中所示增加K201、K202、K203、K204四根桩，并明确载明项目主任工程师为汤平平，出图日期为1995年11月16日。附图（2），编号为9522-002修改单所列K205至K207三根桩。江西淳诚公司提供上述证据，欲证明工程桩工程的施工在江西淳诚公司、浙江精义公司签订的卉骏广场桩基工程实际施工中是与围护桩工程合起来一同施工的，是贯穿于整个桩基工程的。浙江精义公司认为江西淳诚公司提供的两份通知上未有浙江精义公司的有关公章，对该两份通知不予认可。对江西淳诚公司持法院调查令收集提供的设计单位出具的说明及图纸，认为书证上未盖有设计单位的法定公章，不符合法律规定的有关证据形式要件，同时表示该说明亦不能证明增加的7根工程桩实际施工是在设计出图之后，因为在工程施工中先施工后补设计图是常有的情况，并强调根据双方于1997年6月29日签订结算汇总表及监理单位出具的工期说明，足以充分证明了江西淳诚公司延误工期的事实。针对浙江精义公司不认可两份通知的情况，江西淳诚公司又提供了浙江精义公司于1996年1月30日发给江西淳诚公司《关于启用"上海卉骏广场项目经理部"印章》的函。该函称，"为方便我公司卉骏广场项目经理部的日常工作联系，施工中的业务联系等，1996年1月19日起启用绍兴县栾和建筑工程公司上海卉骏广场项目经理部的印章，特此函告，印样如下（该章样本）。"以表明在1996年1月19日前浙江精义公司发给江西淳诚公司的函件中均未盖印章。浙江精义公司对该函未持异议。

4. 原审法院一审二审裁判理由及结果
裁判理由

原审法院认为：江西淳诚公司与浙江精义公司协商一致自愿签订的《建设工程施工合同》、《卉骏广场基坑围护桩工程合同》、《（压密注浆）工程合同书》均出自双方真实意思表示，其内容亦未有违反现行法律法规之处，合法有效。双方均应遵循合同约定履行义务，行使权利。现江西淳诚公司已完成了合同约定的工程内容，浙江精义公司理应按工程造价支付江西淳诚公司工程款。江西淳诚公司、浙江精义公司对该工程造价、浙江精义公司已付的工程款进行了确认，并对在工程款中扣除材料报废损失等98万元无异议，故浙江精义公司还应支付江西淳诚公司工程款2,371,726元。江西淳诚公司要求浙江精义公司支付上述款项的诉讼请求，于法有据，应予支持。由于双方约定的工程款支付方式违反国家禁止垫资施工的法律规定，因此该约定无效，有关逾期支付工程款的违约金计算应按有关法律规定从双方工程款结算之日起按中国银行同期固定资产贷款利率计算。其中150万元应从1999年1月底起计息。对于逾期竣工一节双方存有争议，二审期间浙江精义公司提供的工程监理单位上海沪唯建设监理有限责任公司出具的有关说明，是浙江精义公司根据双方于1997年6月29日签订的结算汇总表的有关约定出具提供的，但该说明仅针对双方签订工程分包合同中的基础桩工程部分，然而在双方于1995年9月25日签订的《建设工程施工合同》中，无论在工程内容、施工图纸的组成、工期约定、施工要求、监理授权范围等多处条款上均反映出江西淳诚公司分包的工程范围是工程桩和围护桩工程，在涉及有关工期约定的工程范围在80天工期内应完成工程范围内的所有桩、试、锚桩及围护桩（钻孔灌注桩及深层搅拌桩）；在双方于1997年6月29日签订的结算汇总表中所指向的延误工期亦是指整个桩基工程（工程桩和围护桩），因此该说明未全面反映江西淳诚公司与浙江精义公司之间整个工程桩和围护桩工程的承发包关系，亦不符合1997年6月29日双方签订的结算汇总表所约定的延误工期的认定要求，同时监理公司对其出具的说明未提供全面的相关资料，不能有效证明江西淳诚公司在整个工程施工过程中的实际工期延误情况，故对此主张，不予采信。重审审理中，江西淳诚公司提供了有关设计单位出具的有关增加7根工程桩的出图说明及浙江精义公司发给江西淳诚公司的函件，设计单位的出图说明表明增加的7根工程桩是分别于1995年11月16日及1996年4月初出图的，且系经江西淳诚公司申请持法院调查令前往调查、收集而取得，并盖有出证单位的有关业务专用章，经法定程序采集，应予以认定。浙江精义公司发给江西淳诚公司的通知因发生在浙江精义公司启用有关印章之前，故对浙江精义公司认为通知上无该单位印章而不予认可的主张不予采纳。根据江西淳诚公司提供的上述证据，证明卉骏广场桩基工程中工程桩的施工与围护桩的施工是穿插进行，贯穿始终的。双方最初于1995年9月25日签订的《建设工程施工合同》包括了工程桩和围护桩整个桩基工程。江西淳诚公司、浙江精义公司随后签订的《基坑围护工程合同》和《工程合同书（压密注浆）工程》均是其中围护桩工程中的工程内容，后两份合同的签订即是对原合同约定的补充与变更。双方于1996年4月签订的最后一份《工程合同书》，约定压密注浆工程的竣工日期为1996年4月15日，因此江西淳诚公司分包的整个桩基工程（包括工程桩和围护桩工程）的竣工日期已变更为1996年4月15日。鉴于后两份合同的签订已考虑到施工中出现的各种因素，故该工程工期的计算不应再重复考虑有关影响工期的其他因素。江西淳诚公司实际于1996年4月17日完工，延误工期两天，江西淳诚公司应按双方约定承担延误两天工期的违约金，并按国家法律规定支付逾期付款滞纳金。浙江精义公司认为江西淳诚公司提供的证据不足以说明增加的7根工程桩是在出图后施工，然该观点与工程施工常理相悖，且浙江精义公司发给江西淳诚公司的通知恰与设计单位出具的说明及所附图纸能相互印证，浙江精义公司提供不出确凿证据证明该7根工程桩是先施工后补设计图，该说法缺乏依据，不能予以采纳。江西淳诚公司因本案发回重审而发生的律师费，系因浙江精义公司在二审期间提供新的证据造成，且江西淳诚公司所主张的有关费用未违反有关律师收费的规定，对江西淳诚公司要求浙江精义公司支付有关律师费损失的请求应予支持。

裁决结果

一、浙江精义建工集团有限公司应于本判决生效之日起十日内支付江西淳诚工程总公司工程款人民币2,371,726元；二、浙江精义建工集团有限公司应于本判决生效之日起十日内支付江西淳诚工程总公司逾期支付工程款人民币2,371,726元的违约金（人民币871,726元从1997年6月29日计起，人民币150万元从1999年1月底计起均分别计至浙江精义公司实际履行日止，按中国银行同期固定资产贷款利率计算）；三、浙江精义建工集团有限公司应于本判决生效之日起十日内支付江西淳诚工程总公司律师费损失人民币35,000元；四、江西淳诚工程总公司应于本判决生效之日起十日内支付浙江精义建工集团有限公司延期竣工违约金人民币6万元；五、江西淳诚工程总公司应于本判决生效之日起十日内支付浙江精义建工集团有限公司逾期支付延误工期违约金人民币6万元的滞纳金（从1999年1月底起计至江西淳诚工程总公司实际履行日止，按中国银行同期固定资产贷款利率计算）。……

5. 当事人上诉

原审法院判决后，浙江精义公司不服，向本院提起上诉，要求撤销原审法院重审判决，判令江西淳诚公司支付延误工期83天的罚金249万元并承担延期支付的滞纳金50万元。理由如下：浙江精义公司与江西淳诚公司就卉骏广场工程分别签署了三份合同，后二份合同并没有改变第一份合同约定的工期，也证明了监理公司出具的说明真实有效。双方在1997年6月29日签署的结算汇总表已经确认江西淳诚公司延误工期100天的事实，该结算汇总表是双方之间最后一份书面协议，是关于工程结算的协议，江西淳诚公司也依照该结算汇总表主张工程款，故该结算汇总表的效力应予以认定。另外结算汇总表也明确了江西淳诚公司最终延误工期的天数，由业主、监理和总包方确定。现在浙江精义公司主张江西淳诚公司支付83天的违约金亦是按照双方所签结算汇总表的原则要求的。

6. 二审法院认定

二审审理中,江西淳诚公司辩称:双方虽然在1995年9月25日、12月13日、1996年4月3日签订了三份合同,但后二份合同是以第一份合同为基础,三份合同是一体的,对此合同内容中有明确载明。结算汇总表并没有最终确定延误工期的天数,明确对延误工期有一个按实调整的问题。监理公司出具的说明仅仅依照第一份合同确定工期,完全不考虑后二份合同的施工内容和工期,不仅在形式上有欠缺,在时效上也不符合证据的要求,也是完全与事实不符的。根据合同约定,江西淳诚公司完成所有工程的日期应该是1996年4月15日,实际完成工程的日期在4月17日,只延误了二天工期。要求二审法院维持原判。

二审法院经审理查明,原审法院认定事实无误。

二审法院另查明:浙江精义公司于1999年3月提起反诉,反诉状并无落款的日期。江西淳诚公司于1999年3月16日收到反诉状。

以上事实有江西淳诚公司、浙江精义公司签订的《建设工程施工合同》、《基坑围护桩工程合同》、《压密注浆工程合同书》、《卉骏广场基础桩位设计图纸技术交底会议纪要》、《基坑围护设计》、《技术核定单》等证据及上海沪唯建设监理有限责任公司的证词及双方的陈述为证。

[二审裁判理由及结果]

裁判理由

二审法院认为,综合双方签订的三份合同约定之内容及实际履行的情况,可以认定江西淳诚公司承包的是卉骏广场工程桩(基础桩)及围护桩工程,对具体的施工内容、工程图纸、工程价款及施工时间等合同均有明确约定,但由于在实际施工中,有关的变更行为均未能以完整的书面形式予以固定,致使纠纷发生。原审法院对浙江精义公司应向江西淳诚公司支付的工程余款及逾期支付利息的判决,双方当事人均予以接受,本院亦予以维持。有关江西淳诚公司逾期竣工应支付逾期违约金的问题,虽然在本案审理期间,浙江精义公司向法院提交了监理公司说明等证据以支持其83天逾期工期的主张,江西淳诚公司则举证说明1996年4月17日工程完工,仅逾期完工2天,但双方当事人就逾期竣工问题而提供的上述证据,不论是从证据的形成时间、证据取得的形式、证据的真实性等方面均存在比较明显的缺陷,双方当事人亦不能进一步举证,故本院对于双方当事人就上述内容提供的证据均不予采信。根据双方签订的结算汇总表,本院认为,江西淳诚公司的逾期竣工工期可以认定为50天,理由如下:1996年4月17日江西淳诚公司完成了所有的施工任务,并经质监部门核验合格,对此事实双方当事人的认识是一致的,也使双方在1997年6月29日签下了结算汇总表,该结算汇总表一方面对江西淳诚公司完成工程款、江西淳诚公司已收到工程款及扣款等情况作了确定,另一方面,对江西淳诚公司逾期问题作了延误工期100天,先行扣除50天的认定。虽然对延误工期的最终认定,需要卉骏广场业主、监理公司及浙江精义公司三方确认后再行调整,但之后浙江精义公司并没有履行工程发包方的义务,与监理公司及业主对江西淳诚公司的逾期工期进行最终确定,致使成讼,由此产生的后果应由浙江精义公司自负。对江西淳诚公司而言,作为工程的实际施工者,其已经认可了延误工期100天认定,先行暂扣50天的目的显然是为了考虑业主及浙江精义公司在变更设计及增加工程量方面给工期的延长带来的不确定因素,故才有可能产生由业主、浙江精义公司及监理公司三方对延误工期最终认定的结算方式。现由于卉骏广场业主早已丧失法人地位,再由三方对延误工期进行最终确定已没有实现的可能,在此情况下,以双方最初认定并已暂扣的50天逾期天数,作为双方最终结算的逾期工期,对实际施工的江西淳诚公司而言是公平的。同时江西淳诚公司亦应向浙江精义公司支付逾期支付延误工期违约金的滞纳金,该滞纳金应以浙江精义公司主张权利的1999年3月16日起计,原审法院对逾期支付延误工期的违约金及滞纳金的判决不当,本院予以改判。

裁判结果

一、维持上海市普陀区人民法院(1999)普民重字第700号民事判决第一、二、三项;二、撤销上海市普陀区人民法院(1999)普民重字第700号民事判决第四、五项;三、江西淳诚工程总公司应于本判决生效之日起十日内支付浙江精义建工集团有限公司延误工期违约金人民币150万元;四、江西淳诚工程总公司应于本判决生效之日起十日内支付浙江精义建工集团有限公司逾期支付延误工期违约金人民币150万元的滞纳金(从1999年3月16日起计至江西淳诚工程总公司实际履行日止,按中国银行同期固定资产贷款利率算)。……

[法律评析]

1. 两审法院对于合同效力判定有误

两审法院均认定合同有效,这是不正确的。《最高人民法院关于审理建设工程施工合同纠纷案件适用法律问题的解释》第四条规定:"承包人非法转包、违法分包建设工程或者没有资质的实际施工人借用有资质的建筑施工企业名义与他人签订建设工程施工合同的行为无效。人民法院可以根据民法通则第一百三十四条规定,收缴当事人已经取得的非法所得。"而《建设工程质量管理条例》附则规定:"本条例所称违法分包,是指下列行为:……(三)施工总承包单位将建设工程主体结构的施工分包给其他单位的;……"。显然,施工总承包单位将工程主体结构部分分包给其他单位施工属于违法分包,所签订的分包合同属于无效合同。本案中,浙江精义公司是总承包单位,其将工程桩(基础桩)及围护桩工程分包给江西淳诚公司施工。而从广义上讲,地基与基础工程也应属于主体结构工程。因此浙江精义公司的上述行为应属于违法分包,其与江西淳诚公司之间签订的一系列合同应属于无效合同。法院应在无效合同的前提下审理工期延误问题。

2. 在合同有效的情况下,二审法院的裁判更加合理。因为如果按照江西淳诚公司的说法,其仅仅延误两天工期,那么它不可能在结算汇总表中作出"桩基及围护工程由江西淳诚公司分包施工，按合同规定工期，江西淳诚公司延误工期100天，但由于工作量的增加等因素，在由浙江精义公司、监理、业主认可工期之前先行扣除工期延误50天，每天罚款3万元，计150万元，待今后经浙江精义公司、监理、业主最终认可工期后，按实调整。"的确认。

判例 16 合同效力争议、终审判违约金

[基本案情]

上诉人（原审原告）：重庆市万州区悠博纳房地产开发有限公司

被上诉人（原审被告）：四川富集建筑工程有限责任公司

被上诉人（原审被告）：四川富集建筑工程有限责任公司第七项目部

1. 一审法院认定

一审法院审理查明：蒋宇被富集公司聘为修建重庆市万州区沁春城的第七项目部经理。2004年1月14日，蒋宇与富集公司签订《内部承包合同》，由蒋宇承建《沁春城土建及水电安装工程施工合同》所列工程的部分工程。2004年开工建设，2005年6月20日施工完毕。按合同约定富集公司第七项目部应在2005年2月21日完工。在施工期间，因闸桥蓄水，导致富集公司第七项目部未按期完工，拖延了工程交付时间。富集公司第七项目部的施工行为实际上是蒋宇的个人承建行为。悠博纳公司认为富集公司第七项目部施工质量和进度违反约定，进而迟延交房，起诉请求该项目部偿付违约金30万元、罚款11600元共计311600元，并由富集公司承担连带责任。

2. 一审法院裁判理由及结果

裁判理由

一审法院认为，双方当事人争执的实质内容是富集公司第七项目部与富集公司所签订的《内部承包合同》的效力问题。富集公司第七项目部的负责人蒋宇与富集公司形成聘用关系，但聘用的目的是为了承建工程，事实形成了沁春城土建及水电安装工程施工的分包关系。最高人民法院《关于审理建设工程施工合同纠纷案件适用法律问题的解释》第四条规定："承包人非法转包、违法分包建设工程的施工合同无效。"

据此可以认定该《内部承包合同》无效。该合同既然无效，就无违约责任的问题，故对悠博纳公司的诉讼请求不予支持。

裁判结果

驳回原告重庆市万州区悠博纳房地产开发有限公司的诉讼请求。案件受理费7184元，其他诉讼费2870元，计10054元，由原告负担。

3. 当事人上诉及答辩

悠博纳公司不服一审判决，向本院提起上诉，请求富集公司和富集公司第七项目部共同偿付违约金30万元、罚款11600元等共计311600元。主要事实和理由：悠博纳公司与富集公司签订的《沁春城土建及水电安装工程施工合同》合法有效，富集公司违反该合同约定迟延4个月交付房屋应承担偿付违约金和罚款的违约责任。富集公司第七项目部具体负责施工建设，也应承担违约责任。

富集公司答辩称：工程建设的实际施工人是富集公司第七项目部，富集公司仅是管理人不应担责，请求维持一审判决。

富集公司第七项目部答辩称：导致迟延交付的原因是施工中悠博纳公司变更施工图纸增加工程量和闸桥蓄水延误工期，富集公司第七项目部依法不应承担违约责任。

4. 二审法院认定

本院二审查明：悠博纳公司在重庆市万州区投资开发沁春城商业大楼。富集公司为二级房屋建筑工程施工总承包企业。2004年1月13日，富集公司出具委托书，授权蒋宇代表该公司与悠博纳公司办理有关沁春城土建和水电安装工程的合同签订、执行、预决算等事项。同年1月14日，蒋宇代表富集公司与悠博纳公司订立《沁春城土建及水电安装工程施工合同》。该合同约定：①富集公司承建沁春城商业大楼的基础、主体及部分安装工程，实行工程材料、人工工资等大包干并按"99定额"计算工程总造价；②富集公司不得将合同中规定由自己承建的工程以任何方式转包或分包；③在施工中若须变更或修改原设计，富集公司应按悠博纳公司或设计单位的变更或修改通知的要求施工；④工期为210天，履约保证金为120万元，富集公司不能按合同工期要求如期完成，悠博纳公司则没收其履约保证金总额的50%。另外，该合同还对工程质量、保修事项及工程验收结算、价款支付等事项作出了约定。合同订立后，富集公司为完成该工程建设而专门设立了富集公司第七项目部，并聘用蒋宇为该项目部经理。随后，富集公司又与富集公司第七项目部签订《内部承包合同》，将该公司所承接的沁春城商业大楼的全部工程项目转包由富集公司第七项目部完成，并约定该项目部交纳履约保证金120万元及承受富集公司在《沁春城土建及水电安装工程施工合同》中的权利义务，富集公司则按工程总造价1‰收取管理费。富集公司第七项目部交给悠博纳公司履约保证金60万元后即于2004年7月23日开工建设。在施工中，悠博纳公司先后向富集公司第七项目部送达5份罚款决定书，记明因施工质量瑕疵、安全防护缺失、工程例会迟到和施工进度迟延各罚款500元、2000元、100元和9000元。就其罚款原因质量瑕疵、安全防护缺失和工程例会迟到的事实，悠博纳公司未提供相应证据证明，富集公司第七项目部又予以否认，本院不予认定。悠博纳公司在工程建设中变更原设计17次，但富集公司及其第七项目部未书面要求延长工期，双方也未就延长工期事宜进行协商并作出约定。富集公司第七项目部称曾口头要求延长工期，但该事实无据可证，不予认定。富集公司第七项目部主张闸桥蓄水导致工期延误的事实，因其未提供相关证据证明，不予认定。另查明，富集公司承建的沁春城商业大楼于2005年6月20日完工后已通过工程验收交付和工程款结算。根据合同对工期的约定应在2005年2月21日完工，实际完工迟延4个月。

[二审裁判理由及结果]

裁判理由

二审法院认为，蒋宇经授权代表富集公司并以该公司名义与悠博纳公司签订的沁春城商业大楼工程施工承包合同，意思表示真实，未违反法律法规的强制性规定，合法有效。合法有效的合同对缔约各方具有法律约束力。富集公司作为该合同的当事人，应诚信、适当和全面地履行自己的合同义务，不履行或不适当履行合同义务应依照合同约定或法律规定承担违约责任。富集公司违反合同对施工工期的约定迟延完工4个月，应按照合同约定承担支付50%履约保证金的违约责任。悠博纳公司请求富集公司支付违约金30万元，应予支持。富集公司第七项目部辩称悠博纳公司在施工中变更原设计增加工程量而导致工期延误，富集公司若有理由认为悠博纳公司变更原设计将导致工期延误，应向悠博纳公司请求延长工期或就此问题进行协商，其未请求延长或进行协商应视为变更原设计后自己也能按照合同约定的工期如期完工，况且富集公司也未提供证据证明变更原设计就必然导致工期延误的事实，故本院不采纳该辩称理由。富集公司第七项目部称闸桥蓄水导致工期延误，无据可证，不予采纳。悠博纳公司请求富集公司偿付罚款11600元，因悠博纳公司未提供证据证明自己单方在罚款决定书中列明的罚款原因施工质量瑕疵、安全防护缺失和工程例会迟到的事实存在，而其施工进度迟延又已承担了迟延履行的违约责任，故该请求不予支持。富集公司第七项目部系富集公司为履行合同约定的施工义务而临时设置的内设部门，其履约行为应视为富集公司的行为，该行为所致法律后果也应由富集公司自己承担，而不应由其不具有民事权利能力的内设部门富集公司第七项目部承受。悠博纳公司诉请富集公司第七项目部承担违约责任，与法相悖，不予支持。

综上所述，一审判决驳回悠博纳公司诉请富集公司偿付违约金30万元的请求不当，应予改判；驳回悠博纳公司诉请富集公司和富集公司第七项目部偿付罚款11600元及驳回悠博纳公司诉请富集公司第七项目部偿付违约金的请求正确，应予维持。

裁判结果

一、撤销重庆市万州区人民法院（2006）黔法民初字第555号民事判决；

二、被上诉人四川富集建筑工程有限责任公司付给上诉人重庆市万州区悠博纳房地产开发有限公司违约金 30 万元，限本判决生效后 30 日内付清；

三、驳回上诉人重庆市万州区悠博纳房地产开发有限公司的其他诉讼求。……

[法律评析]

本案的一审二审判决的截然不同，突出地反映了司法实践中对于无效合同下工期延误责任认定的无所适从。在合同效力上，一审法院的认定无疑是正确的。虽然《沁春城土建及水电安装工程施工合同》是蒋宇代表富集公司签订的。但是随后，富集公司与富集公司第七项目部签订《内部承包合同》，将该工程交由该项目部承建并按照总造价 1% 收取管理费，而富集公司第七项目部的施工行为实际上是蒋宇的个人承建行为，这明显是一种非法转包行为。对此，二审法院也予以认定。而非法转包行为属于无效民事行为，这是最高人民法院《关于审理建设工程施工合同纠纷案件适用法律问题的解释》中明确规定的。在这种情况下，二审法院仍认定合同有效，显然是不适当的。

对于无效合同下工期延误的处理原则，在立法当中未见明确约定。根据本书的研究，笔者认为应当根据公平原则，由人民法院自由裁量。在这一前提下，一审法院认定合同无效，不存在违约责任，驳回原告诉讼请求，显然不正确。正确的方法应该是当庭向当事人释明，如果认定合同无效将不再适用合同中约定的违约条款，由人民法院根据公平原则确定损失赔偿事宜，要求原告明确是坚持要求违约金还是可以接受由人民法院根据公平原则确定损失。如果原告坚持主张违约金，则法院依法予以驳回；如果原告接受由人民法院确定损失，则法庭根据实际情况判定工期延误造成的损失。

判例 17 施工合同无效且有变更，工期延误不成立

[基本案情]

上诉人（原审原告、反诉被告）郑州市猛元建筑公司第一分公司

上诉人（原审被告、反诉原告）河南省谷胜实业有限公司

1. 一审法院认定

原审法院经审理查明

（一）2007年谷胜实业公司在郑州市投资兴建河南谷胜钢材城。谷胜实业公司将其中26栋商户办公楼发包给猛元建筑一分公司承建（另外6栋发包给郑州市嘉伟建筑工程有限公司承建）。当年8月23日，双方签订一份建设工程施工合同，主要约定：(1) 工程名称为砖混结构两层办公楼，每栋建筑面积261.58平方米；(2) 合同工期2007年8月26日至11月8日；(3) 质量标准为合格；(4) 每栋合同价款为16.2万元；(5) 猛元建筑一分公司的项目经理为刘西保，谷胜实业公司的现场经理为苏万军；(6) 水电费承担，谷胜实业公司负责协调，水电安装及费用由猛元建筑一分公司承担；(7) 另约定了工程款支付、工期延误、质量保修等相关条款。合同签订当天，猛元建筑一分公司提供一份"建设工程预算书"载明每栋楼的建筑面积261.58平方米，预算造价177917.66元，单方造价680.17元，双方协商后每平方米造价按620元，每栋楼造价按16.2万元计算。合同签订后，猛元建筑一分公司组织部分施工队进行施工建设。在施工过程中，经协商将办公楼外墙增加了GRC材料。2007年10月23日，以猛元建筑一分公司的名义将32栋办公楼的外墙GRC材料工程发包给郑州市胜奇园林装饰工程有限公司（简称胜奇公司）和郑州普洱洋工艺装饰材料有限公司，工程价款分别为131520元，工期自2007年11月6日起为37

天。另双方口头协商将外墙涂料变更为外墙砖。2007年12月底，办公楼施工完成后，在双方没有组织竣工验收的情况下，谷胜实业公司将办公楼投入使用。

（二）此后双方又口头协商由猛元建筑一分公司承建临街门面房。工程完工后，猛元建筑一分公司的方萧与谷胜实业公司的胡万里、贾宁经过对账，双方在2008年10月30日的对账单上分别签署名字，对账单写明工程量：（1）新建部分，1561.25平方米，每平方米造价430元。（2）遗留部分，2878.19平方米，每平方米造价430元。（3）泵房32.63平方米，每平方米造价430元。

（三）在猛元建筑一分公司的施工过程中，谷胜实业公司陆续支付了部分工程款。在审理过程中，谷胜实业公司提供付款凭证共66张，证明谷胜实业公司已经向猛元建筑一分公司支付了款项总数为4752956.78元（分别包括工程款3245010元、涂料款135000元、钢材款713403.78元、电费76839.1元、门窗368364.5元、谢毅扫尾工程19000元、外墙砖77734.4、水泥款5060元、外欧式构件112545元等）。经本院多次组织双方对账核实，猛元建筑一分公司仅认可其中的4245125元，对于中间的差距款项双方存在认识差异。谷胜实业公司认为如下五笔款项应属支付猛元建筑一分公司的已付款项，包括：水电费72302.2元（票据10张），塑钢窗款230150元（票据4张），外墙砖款38867.4元（收据1张），替付李然欠王青、李培等人款项111610元（票据2张），2008年3月1日代付工人工资72545元（票据2张）。对此，猛元建筑一分公司仅认可谷胜实业公司替付李然欠王青、李培等人款项111610元；对于其余四笔款项不予认可，认为水电费不在工程预算之内应由谷胜实业公司承担，认为塑钢窗款230150元在谷胜实业公司支付猛元建筑一分公司的工程款中已经包含了塑钢窗款，这笔是重复计算；认为外墙砖材料款应由谷胜实业公司承担，猛元建筑一分公司只是提供劳务；认为代付工人工资72545元，其中3万元是谷胜实业公司直接支付给另外一家施工单位，另外一家施工单位与猛元建筑一分公司没有关系，另外42545元已经计算在谷胜实业公司支付猛元建筑一分公司的工程款项中，该款属于重复计算。经逐项查实，对于塑钢窗款，谷胜实业公司承认塑钢窗工程款是把两个施工单位计算在一起，支付的工程款中有该款项。对于将外墙涂料变更为外墙砖后的外墙砖材料款的承担双方发生争议，谷胜实业公司称连工带料每平方米10元，猛元建筑一分公司仅认可每平方米10元只是人工费，不包括材料款。对于2008年3月14日胜奇公司收到谷胜实业公司垫付民工工资3万元和同一天胜奇公司出具的不再上访保证书中又称收到民工工资42525元。猛元建筑一分公司称其公司和胜奇公司签有协议，胜奇公司的款项由本公司支付，但谷胜实业公司没有支付本公司工程款，所以由谷胜实业公司支付胜奇公司该部分款项，这属于追加部分，因为本公司已经放弃对追加部分的诉讼请求，该款项不包括在每栋楼16.2万元的款项中，其已经放弃对诉讼请求中增加工程款378914元的请求。另在审理过程中，猛元建筑一分公司施工组织的部分农民工经常信访，经本院协调，谷胜实业公司支付猛元建筑一分公司工程款10万元。

（四）审理过程中，谷胜实业公司提出对"应做未做部分工程；已做但质量存在严重问题导致不能使用部分；变更部分。"进行司法鉴定，因谷胜实业公司向鉴定部门未交纳鉴定费,该鉴定被退回。后又对办公楼及临街房的工程质量进行鉴定,河南国是司法鉴定中心依据《工程建设标准强制性条文》、《建筑工程施工质量验收统一标准》等规范性规定进行司法鉴定,其中鉴定结论为:(1)未按设计图纸在楼梯间设置构造柱造成墙体裂缝。(2)未按施工规范及设计规范要求在圈梁上用高标号水泥砂浆找平造成楼板与墙体交接处产生裂缝。该问题主要涉及A楼1号至3号、5号至8号、10号至15号,B楼1号至4号、6号至8号。仅存在"未按设计图纸在楼梯间设置构造柱造成墙体裂缝"问题的楼房为:A楼4号、9号、B楼5号、9号、10号。另一份鉴定结论为:门面房室内地面±0.00未按要求设置,造成室内地面低于室外地面。鉴定结论出具后,应谷胜实业公司的申请,鉴定单位又出具一份补充意见:"该工程不符合施工规范,属不合格工程"。猛元建筑一分公司认为鉴定结论涉及的问题属于质量允许范围,不影响房屋使用。审理过程中谷胜实业公司没有向本院提供规划许可证、施工许可证等相关证件。

(五)对于谷胜实业公司的反诉。谷胜实业公司称,根据双方施工合同约定猛元建筑一分公司逾期交工40天,每天按1万元计算,共40万元。根据鉴定结论,工程存在很多瑕疵,根据双方签订的合同约定,猛元建筑一分公司应承担126360元。工程应做未做部分根据监理公司出具的造价是247205.76元。根据施工图纸猛元建筑一分公司少建了13道墙,造价共计160614.24元。以上共计934180元。猛元建筑一分公司对此均不予认可。

2. 一审裁判理由及结果

裁判理由

原审法院认为:谷胜实业公司发包的工程没有规划许可证、施工许可证等相关证件,违反了《中华人民共和国建筑法》的相关规定,故双方签订的建设工程合同属无效合同。但鉴于猛元建筑一分公司已经按照书面合同、口头约定完成相应的工程项目且谷胜实业公司已经投入使用,谷胜实业公司应参照双方约定支付相应的工程欠款和利息损失。关于猛元建筑一分公司的本诉请求。26栋楼的工程价款为421.2万元。临街门面房的工程价款为1922990.1元。猛元建筑一分公司认可的付款4245125元本院予以采信。对双方有争议的款项,本院认为,水电费72302.2元按照合同约定应由猛元建筑一分公司承担;谷胜实业公司替付李然欠王青、李培等人款项111610元,猛元建筑一分公司予以承认,本院予以采信;塑钢窗款230150元,猛元建筑一分公司认为系重复计算,谷胜实业公司予以认可,本院予以采信;外墙砖款38867.4元,属施工过程中变更内容,双方口头协商不明,谷胜实业公司主张由猛元建筑一分公司承担,法律根据不足,本院不予支持;谷胜实业公司代付工人工资72545元,涉及增加工程量部分,猛元建筑一分公司本次诉讼没有主张该部分内容,本院不予审理,双方可另行协商解决或通过合法途径解决。本院认定谷胜实业公司已付的款项为4429037.2元,加上审理过程中谷胜实业公司给付的10万元,剩余的工程款1605952.9元即为谷胜实业公司应付的工程款。关于谷胜实业公司的反诉请求。因工程施工过程中有部分工程增加或变更,谷胜实业公司以工程逾期交工为由主张违约金40万元,没有事实根据和法律依据,本院不予支持。因施工证件不齐全本案合同无效，但谷胜实业公司已投入使用，而经鉴定存在质量问题，谷胜实业公司主张的 534180 元的根据不足，本院结合案情酌定为 20 万元，过高部分本院不予支持。猛元建筑一分公司在诉讼中对工程增加部分的 378914 元请求在本次诉讼中不再主张，本院不予审理。

裁判结果

（一）本判决生效后十日内，被告河南省谷胜实业有限公司支付原告郑州市猛元建筑公司第一分公司人民币 1605952.9 元，并自 2009 年 2 月 18 日起至本判决确定偿还之日止按同期银行贷款利率支付相应的利息；（二）本判决生效后十日内，原告郑州市猛元建筑公司第一分公司赔偿被告河南省谷胜实业有限公司人民币 20 万元；（三）驳回原告郑州市猛元建筑公司第一分公司本诉的其他请求；（四）驳回被告河南省谷胜实业有限公司反诉的其他请求。……

3. 当事人上诉

猛元建筑一分公司与谷胜实业公司均不服原审判决，向二审法院提起上诉。猛元建筑一分公司上诉称：原判决认定工程存在质量问题错误。墙体裂缝和楼板与墙体交接处产生的裂缝，与猛元建筑一分公司的施工行为不存在因果关系，因工程已移交一年半左右造成房屋裂缝的因素很多，如不合理装修、超负荷使用、排水不畅、结构设计等。请求二审撤销原判决第二项，驳回谷胜实业公司的反诉请求。谷胜实业公司答辩称：猛元建筑一分公司所建工程存在质量问题，有司法鉴定为证，请求二审驳回猛元建筑一分公司的上诉请求。谷胜实业公司向本院上诉称：原判决认定事实错误。（一）原审认定猛元建筑一分公司所承建的临街门面房工程款数额，无事实依据，对账单属复印件，无其他证据佐证，对账单系猛元建筑一分公司伪造。（二）猛元建筑一分公司承包谷胜实业公司发包的 26 栋楼工程之后，又将其中的外墙 GRC 材料工程转包给郑州市胜奇园林装饰工程有限公司和郑州普洱洋工艺装饰材料有限公司，属另一合同关系，原审判决谷胜实业公司直接承担该部分工程款，混淆不同的合同关系；另，原审判决认定该部分分包工程是新增工程量毫无根据。（三）猛元建筑一分公司在工期和工程质量方面存在严重违约，给谷胜实业公司造成 934180 元的经济损失，原审判决对逾期交工违约金 40 万元不予支付违背合同约定；猛元建筑一分公司施工工程存在的质量问题给谷胜实业公司造成损失 534180 元依据充分，原审判决仅"酌定"支持 20 万元，未充分保护谷胜实业公司的利益，过分偏袒猛元建筑一分公司。（四）本案争议工程当中的塑钢窗工程系谷胜实业公司直接代订安装的，塑钢窗工程款 230150 元应计入谷胜实业公司已付猛元建筑一分公司工程款当中，原审判决对此不予认定理由不能成立。（五）双方签订的《建设工程施工合同》意思表示真实，不违反法律规定，应为有效合同。综上所述，一审判决事实不清，证据不足，适用法律错误。请求二审查清事实后改判或发回重审。猛元建筑一分公司答辩请求驳回谷胜实业公司的上诉请求。

二审法院经审理查明的事实与原审一致。

[二审裁判理由及结果]

裁判理由

二审法院认为：谷胜实业公司所发包的工程无规划许可证、施工许可证，违反法律强制性规定，双方签订的建设工程施工合同为无效合同。猛元建筑一分公司已按合同约定完成工程量，且建设的工程已投入使用，谷胜实业公司应参照双方的约定支付尚欠猛元建筑一分公司的工程款及利息。猛元建筑一分公司所承建的工程经司法鉴定有质量问题，其赔偿谷胜实业公司损失有事实和法律依据；谷胜实业公司的鉴定申请及河南国是司法鉴定中心所出具的鉴定意见书，均涉及临街门面房工程，且谷胜实业公司支付了部分工程款，与双方2008年10月30日对账单相印证，证实对账单中显示的新建部分、遗留部分及泵房的工程面积、价款是经过双方确认的工程量及款项，工程款应由谷胜实业公司支付给猛元建筑一分公司；谷胜实业公司提出的质量损失数额高于河南国是司法鉴定中心所鉴定的损失数额，其反诉请求无法律依据；因谷胜实业公司增加工程量及工程有变更的情形，其反诉请求猛元建筑一分公司支付逾期交工违约金也无事实依据。综上所述，猛元建筑一分公司、谷胜实业公司的上诉理由均不成立，本院不予支持。原判决认定事实清楚，适用法律正确，程序合法，实体处理适当，应予维持。

裁判结果

驳回上诉，维持原判。……

[法律评析]

本案所涉工程无建设工程规划许可证，两审法院认定相关的建设工程施工合同为无效合同是正确的。在建设工程施工合同无效的情况下，谷胜实业公司反诉请求猛元建筑一分公司支付逾期交工违约金显然是不成立的，因为，违约金是在合同有效的情况下才存在的。唯一缺憾的是两审法院对此的说理并不明确和坚定。因为驳回谷胜实业公司请求猛元建筑一分公司支付逾期交工违约金的根本原因在于合同无效，即使不存在增加工程量及工程有变更的情形，谷胜实业公司也无权主张违约金，对此，在裁判文书中应明确阐述。

判例 18

发包人付款迟延、冬季不能施工，顺延工期

[基本案情]

原告（反诉被告）：朝阳市凌华建筑工程有限公司

被告（反诉原告）：朝阳创丽服装厂

1. 当事人诉讼及答辩

原告（反诉被告）凌华公司诉称：原告于 2006 年 9 月通过招投标对朝阳创丽服装厂综合楼工程中标。2006 年 10 月 1 日，原、被告签订了《建设工程施工合同》，合同约定原告承包朝阳创丽服装厂综合楼的土建、水暖、电气、装饰及施工图纸范围内的所有工程。开工日期为 2006 年 10 月 1 日，竣工日期为 2007 年 6 月 29 日，合同总价款为 8,128,150.6 元。该合同的专用条款中对工程款支付约定按工程形象进度拨款：二楼封顶支付现金 100 万元；七楼顶板封顶（含地下室）再支付 100 万元；主体砌体（不含小型砌体）完工，支付工程量造价 80%，其他工程款具备竣工条件之前付清。支付工程款为现金人民币，不得以任何物资等作为工程款支付给承包方。合同签订后，原告开始施工。其间，被告经常无理刁难原告，不仅不按约支付工程进度款，还逼迫原告在 2007 年 3 月 30 日与其倒签了一份与备案合同相悖的《朝阳创丽服装厂综合楼施工承包协议》。该协议将备案合同的工程造价改为 6,762,060.5 元，与备案合同的 8,128,150.6 元相差 1,366,090.1 元。该补充协议还无理要求原告向被告预交保证金 30 万元。2007 年 5 月 23 日，主体工程完工，2007 年 6 月 12 日经过朝阳市工程质量安全监督站会同原、被告及监理公司验收合格。截止 2007 年 7 月 5 日，除楼梯间外，室内墙体抹灰及屋面保温及找平层已完工，给水、排水、采暖的管道已铺设完毕，配电箱以前的电器部分（含配电箱）均已完成。至此，原告已完成总工程量的

80％，被告应支付原告工程进度款 6,502,520.4 元，可被告仅支付工程进度款 2,780,274 元，仅占应付工程进度款的 42.75％。因被告拖欠工程进度款致使原告被迫停工。2007 年 7 月 20 日，原告给被告及朝阳市佳影监理公司发出《停工报告》并抄报朝阳市工程质量监督站。2007 年 10 月 31 日，被告给原告送来《停工通知》，称发现质量问题，要求停止施工，三日内协商解决办法，如不按时协商解决问题，视同自动退出创丽服装厂综合楼建筑工地，一切损失自负。次日，原告向被告作出答复，指出被告的《停工通知》纯属无中生有，是严重的违约行为，并催促被告立即如数支付工程进度款。同时原告发现，被告无视《中华人民共和国建筑法》及相关法律规定，擅自找人进入工地使用现场机械设备，私自施工，所有施工的原材料均未进行工程材料报验，未经监理认可、复试，不仅严重违反法律规定和合同约定，更给工程质量和安全带来极大隐患。2007 年 11 月 6 日，朝阳市工程质量安全监督站给被告下达《停工通知单》，指出建设单位在没有材料复试的情况下擅自代替施工单位进行地热铺设和防水工程，责令马上停工，可被告拒不执行，继续私自施工。请求法院判决：①原、被告于 2007 年 3 月 30 日签订的《朝阳创丽服装厂综合楼施工承包补充协议》无效；②由被告按原、被告于 2006 年 10 月 1 日签订的《建设工程施工合同》支付拖欠的工程进度款 3,722,246.4 元及利息，支付因被告违约给原告造成的停工损失 267,310 元；继续履行合同；③如被告无力继续履行合同，请求终止合同的履行，向原告支付工程款 3,722,246.4 元及利息，并赔偿损失 267,310 元，待被告恢复合同履行能力时继续履行合同；④由被告承担全部诉讼费用。

被告（反诉原告）朝阳创丽服装厂辩称：原告起诉的不是客观事实。①原告在诉状中请求给付工程款 372 万余元，而原告在自认的证据中明确载明的是 260 万余元，并且以后再也没有施工；②补充协议是真实意思表示，是合法有效的；③招投标的过程是虚假的，应以补充合同为准；④施工方是挂靠在凌华公司的，所签合同是无效的；⑤工程质量存在严重问题，给被告造成了严重损失，请求法院查清事实，驳回原告的起诉，并判令赔偿被告的经济损失。

被告（反诉原告）朝阳创丽服装厂反诉称：2007 年 11 月 12 日，原告诉被告拖欠工程款一案，与客观事实不符，实属错告。2006 年 10 月 1 日双方签订的《建筑工程施工合同》明确规定质量标准为合格，竣工期为 2007 年 6 月 29 日，而被反诉人没有按图纸施工，工程质量存在严重问题：（1）楼梯断裂；（2）隔气层未作；（3）拉结筋质量不合格；（4）进户门口过梁水泥标号不够；（5）主体砌筑砂浆标号不够；（6）楼板厚度不够；（7）楼梯断面尺寸不够；（8）阻燃管不合格；（9）墙体轴线位移。更为严重的是，第六层、第七层梁柱混凝土标号不够。该工程是生产综合楼，层高原图纸设计是 3 米，而被反诉人错盖成了 2.9 米，被逼无奈将层高修改为 2.9 米。这些问题至今没有得到解决。反诉人按工程进度已经拨付了 300 余万元，可是被反诉人没有出具正式发票，并要求对账至今未果。本案建筑工程合同明确约定竣工日期为 2007 年 6 月 29 日，可土建工程还未完工，是严重的违约行为。请求法院判决：①被反诉人承担工程质量问题的全部责任，并赔偿由于工程质量和延误工期造成的损失；②判决解除建设工程施工合同；③承担本案的诉讼费用。在庭审中，反诉原告增加了下列反诉请求：①赔偿银行利息损失888,889元；②赔偿自筹资金损失356,796元；③赔偿延误工期损失107.7万元；④判令被反诉人交付合格工程。

原告（反诉被告）凌华公司答辩称：①反诉原告要求原告承担赔偿损失的要求我们认为没有法律依据和事实依据，法院也不应予以审理；②我方都是按图纸施工，而且甲方也验收合格，对于工程是否合格，应以鉴定结论为准；③该工程至今未交工是反诉原告造成的，我方不应承担责任。反诉原告要求我方赔偿损失的理由不能成立，反诉费用由反诉原告自行承担。

2. 法院审理认定

经审理查明，2006年9月30日，原告凌华公司通过招投标中标了朝阳创丽服装厂综合楼建设工程。

2006年10月1日，原告凌华公司与被告朝阳创丽服装厂签订了《建设工程施工合同》。该合同约定的主要内容有：工程承包范围为土建、水暖、电气、装饰及施工图纸范围内的所有工程；施工工期为2006年10月1日至2007年6月29日；工程质量标准为合格；合同价款为8,128,150.60元。该合同对工程价款的支付约定：合同价款采用固定价格合同确定，按工程形象进度拨款。时间：二层封顶（含地下室）支付现金100万元；七层顶板封顶（含地下室）再支付100万元；主体砌体（不含小型砌体）完工，支付该工程量造价80%；其他工程款具备竣工条件之前付清。支付工程款为现金人民币，不得以任何物资作为工程款支付给承包方。发包人不按约定付款，承包人可在发出通知后7天停止施工，发包人应从约定应付之日向承包人支付应付款的贷款利息，并承担违约责任。承包人因质量问题和延期交付工程应承担违约责任。要求承包人拆除和重新施工。该合同还对工期延误作了约定，即冬季不能施工，工期顺延。

2007年3月30日，原、被告双方又签订了一份《朝阳创丽服装厂综合楼施工承包补充协议》，该协议的主要内容是将原来双方确认的工程款8,128,150.60元变更为6,762,060.50元，施工日期由2006年10月1日至2007年6月29日变更为2007年7月30日。该补充协议未予备案。上述协议签订后，原告即开始对被告的工程进行施工。

2007年7月20日，原告因被告未及时拨付工程款，向被告发出《停工报告》，该报告明确了下列主要内容：该工程总造价为8,128,150.60元，工程量已完成近80%，原告因被告未及时拨款，导致原告拖欠人工费、材料费、租赁费等费用260余万元，该工程于2007年7月5日被迫停工，希望甲方尽早筹集施工经费，使该工程早日施工。现因工程款不能及时拨付，造成严重经济损失，望给予考虑。

2007年10月31日，被告以发现工程质量问题，责令原告停止施工（原告已于2007年7月5日即已停止施工），并限三日协商解决问题，如不按时协商解决问题，视同自动退出建筑工地，一切经济损失自负。2007年11月1日，原告对被告的《停工通知》作出答复，认为被告提出工程质量问题没有任何证据，责令停止施工属于严重违约，要求立即支付工程款，否则追究违约责任。同日，原告向朝阳市工程质量监督站、朝阳市建委安全监管科汇报了被告不及时拨付工程款，导致停工的情况，同时汇报了被告另找施工队施工，存在很多安全隐患的问题。2007年11月6日，朝阳市工程质量安全监督站向被告发出停工通知单，要求被告停止施工，但被告仍继续施工。截止2007年7月，被告共向原告拨付工程款2,780,274元。因被告在未同原告明确工程量的情况下另找施工队施工，导致原告施工的工程量不能确定。本院根据原告的申请，由本院技术室委托朝阳诚聚工程造价司法鉴定所对原告所施工的朝阳创丽服装厂综合楼工程的工程量进行了评估，该司法鉴定所经评估确认，原告完成工程量为79.3%。被告在反诉中提出了要求原告承担工程质量问题的全部责任，赔偿由于工程质量问题所造成的损失。

为确定原告施工的朝阳创丽服装厂综合楼是否存在质量问题，根据被告的申请，本院技术室委托辽宁省信凝司法鉴定所对该工程的质量问题进行了鉴定，该司法鉴定所经鉴定，出具了SFJD[2008]-11号检验报告书，其鉴定结论为：①该工程6～7层梁混凝土现龄期抗压强度推定区间为18.3MPa—21.1MPa，不符合设计强度等级C25的要求，7层抽检4根柱不符合设计强度等级C30要求。②该工程6、7层 m-x-2-14 轴间楼板厚度不满足设计及验收规范要求。③该工程6～7层墙体拉结筋直径及竖向偏差不满足设计及施工验收规范要求。④该工程抽检的屋面苯板表观密度不符合GB/T 10801.1—2002 I类表观密度指标要求。⑤现场检测6、7层屋面、检测处未处置隔气层。

根据被告提出的电工套管存在质量问题，本院根据被告的申请，本院技术室委托盘锦市俊豪建设工程司法鉴定所对电工套管进行了质量鉴定，该司法鉴定所出具了俊建工司法鉴定所[2008]司鉴字第016号、第023号鉴定报告，其结论为朝阳创丽服装厂综合楼6～7层使用的电工套管的抗压性能、最小壁厚不符合标准要求，为不合格产品。上述鉴定报告向被告送达后，被告又提出了1～5层的楼板厚度也不符合设计要求，存在质量问题，1～5层的拉结筋、阻燃管与6～7层的拉结筋、阻燃管存在同样的质量问题，要求再进行质量鉴定，本院将被告再次提出的质量问题向原告释明后，原告表示承认1～5楼的拉结筋、阻燃管与6～7层的拉结筋、阻燃管存在同样的问题，但对1～5层的楼板厚度存在问题表示有异议，同意进行质量鉴定，本院技术室再次委托盘锦市俊豪建设工程司法鉴定所进行鉴定，该鉴定所经检测，出具了俊建工司法鉴定所[2008]司鉴字第035号鉴定报告，其鉴定结论为：①二层实测平均板厚109.5mm，三层实测平均板厚103mm，符合规范及设计板厚100mm的要求。②5单元二层、三层、四层面板补测七点，与原测5单元三点共十点，二层实测平均板厚125mm，三层实测平均板厚135mm，四层实测平均板厚148.6mm，二、三、四层平均板厚136.2mm，不符合规范及图纸设计板厚150mm要求。为确定被告因工程质量问题所造成的具体损失数额，本院要求被告申请原设计单位出具解决工程质量的修复方案，但被告不同意原设计单位出具修复方案，本院将这一问题向原告说明后，原告表示同意不由原设计单位出具修复方案，可另行委托有资质的单位出具修复方案。在此情况下，被告又提出由原告"聘请有专业施工资质单位解决"质量问题的请求，本院在向其说明了因超过举证期限提出变更诉讼请求，依法不予准许后，被告拒不申请委托有资质单位出具维修方案和申请损失数额评估。本院经向原告说明后，原告表示同意由其申请有资质的单位出具维修方案和进行损失评估。根据原告申请，本院技术室委托辽宁省信凝司法鉴定所出具朝阳创丽服装厂综合楼加固修复方案，该司法鉴定所依据有关质量鉴定报告，出具了编号为 SFJD［2009］－43 号方案。本院技术室又依据该修复方案委托朝阳诚聚司法鉴定所对加固维修费用的工程造价进行了评估鉴定，并出具了朝诚司鉴所［2009］司鉴字第 008 号司法鉴定意见书，其结论为：朝阳创丽服装厂综合楼工程计算"加固"部分工程造价为 260,170.32 元。

本院确认的上述事实，有下列证据证明：原告提供的中标通知书证明了原告对朝阳创丽服装厂综合楼建设工程通过招标、投标已经中标的事实；原告、被告提供的《建设工程施工合同》证明了原告与被告存在建设工程施工合同关系，并证明了该合同约定了工程价款、工期、付款方式、违约责任等内容的事实；原告和被告提供的《朝阳创丽服装厂综合楼施工承包补充协议》证明了原、被告双方变更工程价款的事实；原告提供的《停工报告》证明了被告因不按约定支付工程款，致原告无法施工，导致停工的事实，并证明了停工的时间等事实；原告提供的两份《创丽服装厂综合楼施工情况汇报》证明了原告在停止施工后，被告另行找其他单位施工，原告向有关建设行政管理部门反映被告私自施工的事实；原告提供的停工通知单证明了朝阳市工程质量安全监督站通知被告停止施工的事实；原告提供的收款收据证明了被告支付部分工程款的数额，庭审笔录证明了被告对原告收取的工程款数额予以认可的事实；朝阳诚聚工程造价司法鉴定所出具的朝诚造司鉴所［2009］司鉴字第 001 号朝阳创丽服装厂综合楼已经完成的工程量占总工程的比例进行评估的司法鉴定证明了原告所完成的工程量占总工程量比例的事实；辽宁省信凝司法鉴定所出具的《朝阳创丽服装厂综合楼部分结构工程质量检测》报告书、盘锦市俊豪建设工程质量司法鉴定所出具的三份司法鉴定证明了原告施工的朝阳创丽服装厂部分楼板厚度、部分梁、柱不满足设计要求及验收规范要求，屋面苯板表观密度不符合表观密度指标要求，拉结筋不符合验收规范要求和不满足设计要求的事实，电工套管因不符合壁厚标准为不合格产品的事实；辽宁省信凝司法鉴定所出具的《朝阳创丽服装厂综合楼加固修复方案》证明了具有建筑资质的单位提供了解决朝阳创丽服装厂综合楼工程的质量问题的方案，朝阳诚聚司法鉴定所根据这一方案，对加固、修复费用进行了评估的事实。上述证据，已经开庭审查、质证，具有证明效力。

［裁判理由及结果］

裁判理由

法院认为：

关于原告（反诉被告）凌华公司与被告（反诉原告）朝阳创丽服装厂签订的《建设工程施工合同》及《朝阳创丽服装厂综合楼施工承包补充协议》的效力问题。

原告凌华公司通过招标、投标，中标了朝阳创丽服装厂综合楼工程。凌华公司依据中标通知，同被告朝阳创丽服装厂签订了《建设工程施工合同》。该合同的双方当事人意思表示真实，其内容符合法律规定，应认定合法有效，对原告主张该合同合法有效的意见应予支持。

被告朝阳创丽服装厂在答辩中提出招投标的过程是虚假的，施工方是挂靠在凌华公司的，因此所签订的合同应认定无效的意见，经审查，被告未提供充分确凿的证据证明招投标过程是虚假的事实，也未提供任何证据证明施工方是挂靠在凌华公司的事实。被告的这一答辩意见因缺乏证据支持，不予采信。被告在答辩中提出了双方所签订的补充协议是双方当事人的真实意思表示，是合法有效的意见。

经审查，原、被告双方确实在合同履行过程中又签订一份补充协议，变更了原合同约定的工程价款，即将原来约定的工程价款 8,128,150.60 元变更为 6,762,060.50元，比原约定的工程价款减少 1,366,090.10 元。被告为证明补充协议约定的工程价款是因为减少了工程量，提供了图纸会审记录，以此证明减少了工程量。经审查，图纸会审记录仅证明了该工程略有变动，并不能证明工程量增加和减少，且图纸会审记录记载的时间为"2006年9月23日"、"2006年9月24日"，这一时间与双方签订的中标合同（2006年10月1日）的时间相比，早于中标合同的签订时间，因此，图纸会审记录应作为原、被告双方在中标的《建设工程施工合同》中所约定的工程价款的依据，而不应作为补充协议中所约定的工程价款的依据。

在原告坚持认为以中标合同所约定的工程价款作为结算工程款的依据，被告又不能提供充分确凿的证据证明减少工程量的情况下，根据最高人民法院《关于审理建设工程施工合同纠纷案件适用法律问题的解释》第二十一条之规定，本院以双方当事人签订的中标备案的合同作为结算工程款的依据。对原告的这一主张予以支持，对被告关于以补充协议作为结算工程款的依据的答辩意见不予采纳。

关于本案所涉工程量的确定。鉴于本案双方当事人是在履行《建设工程施工合同》过程中所发生的纠纷，该案所涉工程并未竣工，而被告在没有与原告共同确定原告所完成的工程量的情况下，另找他人施工，造成工程混合。本院为比较准确地确定原告所施工的工程量，准许原告申请由本院技术室委托有资质的评估部门对原告施工的工程量进行评估，经评估鉴定，确定了原告所施工的工程占合同所约定的全部工程量的79.3%。经审查，这一评估结果与原告主张的已完成工程占全部工程的80%基本吻合，对这一鉴定评估结果，本院予以认可。

被告在庭审中提出了司法鉴定意见书严重失实，不应采信的意见。经审理认为，首先，朝阳诚聚工程造价司法鉴定所是依据原告提供的朝阳创丽服装厂综合楼施工已完成项目的明细及招、投标报价书等材料作为鉴定评估依据的，而原告提供的朝阳创丽服装厂综合楼施工已完成项目的明细，不仅有施工方单位负责人的签字，亦有建设方委托的监理及工程负责人的签字，而被告认为鉴定评估结果失实，并未提供有效证据来佐证这一观点的成立；其次，前面已经述及，被告在未与原告共同确定原告施工的工程量的情况下，另找他人施工，造成工程混合，被告对此应承担全部过错责任,其不利的后果应由其承担。对被告的这一答辩意见不予采纳。

关于原、被告双方在履行合同中是否构成违约。被告在履行合同中,未按合同约定,向原告支付工程价款,在原告向其发出通知,要求被告支付工程款,否则停工的情况下,被告不但不依约支付工程款,而是以工程存在质量问题,拒绝原告施工,另找他人施工,导致合同不能履行,其行为已构成违约,被告应承担违约责任,向原告支付所欠工程款及赔偿利息损失。所欠工程款数额的确定以中标的合同约定的数额及通过司法鉴定评估所确定的原告施工工程量的比例作为计算依据,被告应向原告支付所欠工程款 3,665,349.43 元,计算过程为 8,128,150.6 元(合同约定价款)×79.3%(已完成工程比例)-2,780,274 元(已付工程款)。

被告还应向原告支付利息损失,利息计付时间应从被告停止拨付工程款的时间起算,即 2007 年 7 月 5 日。对原告主张的该部分工程款及利息损失应予支持,对超出该数额部分不予支持。

原告在诉请中还提出了被告应承担赔偿停工损失的责任,因原告对其主张的停工损失数额未提供确凿的证据支持,且本院已判令被告向其赔偿利息损失,故对原告的这一诉请不予支持。

关于原告在履行合同中是否存在违约的问题。经审理认为,原告在对朝阳创丽服装厂综合楼工程施工中,虽然存在一些质量问题,但是,当原告通过司法鉴定得知存在质量问题后,即提出了维修的申请,原告的这一行为符合双方签订的《建设工程施工合同》中关于工程质量的约定,并未构成根本违约。因被告不同意原告以维修方式解决工程质量问题,因此原告应支付解决该工程质量问题的费用,即按司法鉴定机构经评估所确认的 260,170.32 元数额向被告赔偿损失。对被告的这一反诉请求予以支持。

关于被告在反诉中提出的原告拖延工期,主张赔偿损失是否支持的问题。原、被告双方在合同中约定的工期为 2006 年 10 月 1 日至 2007 年 6 月 29 日,原告于 2007 年 7 月 5 日停止施工,此时,该工程尚未竣工。但是,经本院审理认为,导致该工程未按期竣工的主要因素有以下两点:一是被告未按期支付工程款,违约在先,致原告因缺乏工程款不能正常施工;二是根据双方在合同中约定的"如冬季不能施工,工期顺延"的内容,该工程的工期经过 2006 年冬季,应按约定顺延。本院据此认为该工程的工期延误,不能归责于原告。被告认为原告构成违约,主张原告赔偿损失的请求不予支持。关于被告庭审中增加的反诉请求是否支持的问题。被告在庭审中主张原告赔偿银行利息损失,赔偿自筹资金损失及判令原告交付合格工程。被告增加的这些诉讼请求,一是均已超过了法定的增加诉讼请求期限;二是未提供充分确凿的证据支持。其主张的原告交付合格的工程与其主张的解除合同的请求亦相互矛盾。据此,对被告增加的反诉请求不予支持。关于是否解除原、被告签订的建设工程施工合同问题。被告在反诉中提出了解除原、被告双方签订的建设工程施工合同的主张,原告亦在起诉中作出了终止合同履行的意思表示,鉴于原告在停止施工以后,被告已另找他人施工,该工程现已使用的实际情况,应予解除原、被告双方签订的建设工程施工合同。

裁判结果

一、解除原告（反诉被告）朝阳市凌华建筑工程有限公司与被告（反诉原告）朝阳创丽服装厂签订的建设工程施工合同。二、被告（反诉原告）朝阳创丽服装厂于本判决生效之日起十日内向原告（反诉被告）朝阳市凌华建筑工程有限公司支付工程款 3,665,349.43 元。三、原告（反诉被告）朝阳市凌华建筑工程有限公司按本判决第二项确定的给付时间向被告（反诉原告）朝阳创丽服装厂赔偿工程质量损失 260,170.32 元。四、本判决第二项、第三项给付数额折抵后，被告（反诉原告）朝阳创丽服装厂给付原告（反诉被告）朝阳市凌华建筑工程有限公司工程款 3,405,179.11 元，被告（反诉原告）以该数额为基数，按中国人民银行规定的同期贷款利率标准，向原告（反诉被告）支付 2007 年 7 月 5 日至本金付清之日止的利息。被告（反诉原告）如未按上述判决确定的时间履行给付义务，应按《中华人民共和国民事诉讼法》第二百二十九条之规定，向原告（反诉被告）加倍支付迟延履行期间的债务利息。五、本案鉴定评估费计 192,000 元，其中涉及工程量评估费用 45,000 元，由被告（反诉原告）承担；涉及工程质量鉴定评估费用 147,000 元，由原告（反诉被告）承担。六、驳回原告（反诉被告）朝阳市凌华建筑工程有限公司的其他诉讼请求。七、驳回被告（反诉原告）朝阳创丽服装厂其他反诉请求。……

[法律评析]

1. 在涉及工期延误的诉讼中，承包商以业主方拖欠工程款为理由进行工期延误抗辩时，一般不会得到支持。究其原因，在一些合同中规定了严格的因业主方未支付工程款承包商要求顺延工期的程序，承包商未能按照这些程序进行工期索赔。而本案中合同约定"发包人不按约定付款，承包人可在发出通知后 7 天停止施工……"。这一约定简洁且对承包商有利。同时，原告也按照上述约定发出了停工通知。因此，本案中，原告方的抗辩理由得到了支持。但是值得注意的是，业主方认为不付工程款的原因在于承包商施工质量存在问题，而实际上承包商施工质量确实存在问题，在这种情况下，如何处理？《合同法》第六十七条规定："当事人互负债务，有先后履行顺序，先履行一方未履行的，后履行一方有权拒绝其履行要求。先履行一方履行债务不符合约定的，后履行一方有权拒绝其相应的履行要求。"这就是后履行抗辩权。行使这一权利有一个前提，即互负债务的数额、价值相等或相近。否则，后履行抗辩权的行使就存在问题。在工程建设中，当承包商完成工程存在严重质量问题，构成根本违约时，业主方有权拒付工程款。如果仅仅是工程质量存在一定瑕疵，通过维修能够修复，且涉及金额不大，业主方拒付的工程款与之严重不成比例时，业主方拒付工程款的理由不应得到支持，本案就属于这种情况。

2. 本案中，双方还在合同中明确约定"冬季不能施工，工期顺延"，因此相应时间应从工期中扣除。

判例 19

发包人索赔 600 万元工期延误损失

[基本案情]

原告（反诉被告）：新疆劲西技工技术学院（下称劲西技工学院）

被告（反诉原告）：广元扬帆建设有限公司（下称广元扬帆公司）

1. 原告起诉被告答辩

原告（反诉被告）劲西技工学院起诉并答辩称：2007年6月5日，我学院与广元扬帆公司签订《建设工程施工合同》，约定由广元扬帆公司承建我学院位于乌鲁木齐市宝山路的1号、2号学生宿舍楼，工程承包方式为包工包料，工程期限为152天，工程质量为合格，工程价款为14473506.30元。2007年6月7日，双方又签订一份补充协议，约定原合同开工日期不变，广元扬帆公司需在保质、保量的前提下，将竣工时间提前到2007年7月30日。如广元扬帆公司未按该规定时间竣工并交付我学院使用，则广元扬帆公司赔付因工程未能如期交工给我学院造成的2007年学年办学点租金及相关费用损失600万元。在合同履行过程中，我学院如约履行了合同约定的付款义务并屡屡超付工程款，但广元扬帆公司由于缺乏垫付资金、组织不力等缘故致使工期一拖再拖，导致我学院2007年度的新生招聘计划不得不作调整，严重损害了我学院的社会信誉。为解决新生校舍问题，我学院四处合作办学，才将2007年度4000余名学生的入学问题解决。至2008年9月，广元扬帆公司仍未完全施工完毕，我学院为防止损失进一步扩大，于2008年9月勉强入校使用，由于广元扬帆公司施工质量存在瑕疵，新校舍多处渗漏。广元扬帆公司不配合学院办理竣工验收手续，拒绝交付相关施工资料，不对工程质量瑕疵进行修复，反而以拖欠农民工工资为由，多次进行不实上访，严重影响了我学院的正常工作学习秩序。现我学院诉请法院依法判令：一、广元扬帆公司赔偿我学院损失600万元；二、广元扬帆公司向我学院交付相关施工资料并配合我学院办理竣工验收手续；三、广元扬帆公司按实际已付款金额向我学院开具工程款发票；四、广元扬帆公司对工程质量瑕疵进行修复。针对广元扬帆公司的反诉请求，我学院愿支付双方决算后所确定的工程价款。因我学院按约支付了工程款，不存在资金不到位的情形，工程未按期交工完全是广元扬帆公司的责任，故我学院对广元扬帆公司要求支付利息及赔偿损失的反诉请求不予认可，请法院依法予以驳回。

被告（反诉原告）广元扬帆公司答辩并反诉称：我公司与劲西技工学院签订《建设工程施工合同》及补充协议后，我公司积极组织人员施工。工期拖延是由于劲西技工学院没有施工许可证，且资金不到位、工程量增加等原因造成的，并不是我公司施工原因所致，故劲西技工学院要求我公司赔偿600万元经济损失的诉讼请求不能成立，请法院予以驳回。我公司施工的工程是合格的，不存在质量问题。对劲西技工学院提出的保修范围内的问题我公司也已进行了相应的维修。对劲西技工学院要求我公司交付相关施工资料并配合办理竣工验收手续及按实际已付款金额开具工程款发票的诉讼请求无异议。由于劲西技工学院未按约定付款，造成劳务费上涨，租赁费增加，给我公司造成巨大经济损失，我公司与其多次协商未果。为维护我公司的合法权益，特提起反诉，请法院依法判令：一、劲西技工学院支付我公司工程款4 976 282.66元；二、劲西技工学院支付我公司工程款利息218 334.40元；三、劲西技工学院赔偿我公司损失（租赁费损失及增加的劳务费损失）435 851元。

2. 法院审理认定

经审理查明：2007年6月5日，劲西技工学院（发包人）与广元市利康建筑工程有限公司（下称利康建筑公司）（承包人）签订《建设工程施工合同》，约定利康建筑公司承建劲西技工学院1号、2号宿舍楼，工程价款14 473 506.30元，开工日期2007年6月5日，竣工日期2007年11月3日。2007年6月7日，双方签订补充协议书，约定："合同开工日期保持不变，乙方（即利康建筑公司）在保质、保量的前提下，将竣工时间提前到2007年7月30日。如乙方未按本补充协议的规定时间竣工（经市质检站验收通过）并交付甲方（即劲西技工学院）使用，则乙方赔付因工程未能如期交付给甲方造成的2007学年办学点租金及相关费用损失600万元。"对工程价款及决算方式约定为："双方协商同意本工程包干价为每平方米710元（包干总价为15 154 382元）。本工程最终进行决算，决算方式为工程包干价＋经济签证＋设计变更＋自治区当期调差文件。"对工程预付款、工程进度款及工程决算余款的给付方式调整为："乙方在本补充协议签署后，应向甲方交纳合同总价款30%的合同履约担保金，以保障合同、本补充协议能够如约履行，因乙方施工资金紧缺，甲方同意乙方以甲方应支付的前期工程款工程进度款折抵合同履约担保金，数额按合同总价款的30%计算，待乙方工程量超过合同总价款30%的额度后，甲方按超过30%额度以外的工程量向乙方支付工程进度款；工程进度款支付到工程总价80%时停止支付，该工程完工、竣工后，两个月内甲、乙双方进行最终决算完毕，并在十日内甲方将工程款一次性付清（除3%的质量保修金外）。"

在合同履行过程中，2007年5月27日，利康建筑公司给劲西技工学院致工作联系函，内容为："由我公司承建施工的贵院学生宿舍4号楼，由于设计变更将该楼改为地下室总面积为596.8m^2，此地下室每平方米造价为820元，今后在决算时以此价为准。望给予确认。"劲西技工学院对此予以确认。2007年9月，由于劲西技工学院在未取得工程施工许可证的情况下，擅自组织施工，被乌鲁木齐市建设委员会罚款3万元，该罚款由广元扬帆公司垫付。2007年10月8日，利康建筑公司给劲西技工学院致函，内容为："由我公司承建的贵学院学生宿舍楼，现该工程竣工在即，自9月7日林董事长在施工现场开会，要求宿舍楼在10月15日前交工两栋楼，缓解学生住宿，我公司表示能够满足这一要求，但资金必须从9月7日至10月14日前再解决386万元（其中现金200万元，远期支票186万元），董事长当时表示资金不存在问题，而从开会到现在（10月8日）只支付了90万元现金，50万元的远期支票。经预算，贵院差工程进度款500余万元。我公司实在无能力垫付，贵院如果在两日内能解决承诺的工程进度款246万元，我公司保证10月15日前暂交工两栋楼，另两栋楼在10月30日前交工。如资金不到位，将会影响工期和工人罢工的可能。请贵院慎重考虑上述问题！"2008年7月10日，利康建筑公司给劲西技工学院致工作联系函，内容为："由我公司承建的学生宿舍楼，原定于2007年完成宿舍楼墙面乳胶漆、外墙涂料、油漆墙裙等项目，由于贵院资金不到位，使1号、3号宿舍楼上述项目于2008年7月才施工，而2008年人工费及材料费都远远高于定额价，现市场乳胶漆每公斤16元，调合漆每公斤19元，外墙涂料每公斤20元，刷乳胶漆、外墙涂料、油漆墙裙、人工费每平方米6元，请贵院给予确认。"劲西技工学院对此事实予以确认。2008年7月20日，利康建筑公司给劲西技工学院致工作联系函，内容为："我公司施工的1号、3号宿舍楼的地暖，按原计划我们应在2007年施工完成的，但由于贵院资金不到位，拖延至2008年7月才开始进行1号、3号楼与地下室地暖施工，而2008年市场上地暖施工材料价格都上涨。市场上地暖施工承包价为39元/m^2，按我们原投标价35元/m^2完全干不下来，请贵院能确认此市场价格。"劲西技工学院对此事实予以确认。涉案工程未按期交工。2008年9月，劲西技工学院未经验收即使用涉案工程。在本案审理过程中，经双方核对工程量后共同确认涉案工程总费用为20499228.21元（其中工程价款20396078.21元、广元扬帆公司垫付的招标代理费4万元、市建委罚款3万元、因学院门锁变更，单独安装门锁33150元），已付款17201938.59元（其中已付工程款16799555.50元，另广元扬帆公司同意将劲西技工学院作为担保人所代偿的案款277592.06元及广元扬帆公司施工过程中使用的水电费124791.03元计入已付款金额），扣除质保金611882.35元（20396078.21元×3％）后，劲西技工学院尚欠工程款2685407.27元未付。

另查，2008年8月25日，广元市利康建筑工程有限公司（即利康建筑公司）更名为广元扬帆建设有限公司（即广元扬帆公司）。

上述事实，有建设工程施工合同、补充协议、工作联系函、付款凭据及当事人陈述等证据为证。

[裁判理由及结果]

裁判理由

法院认为：劲西技工学院与广元扬帆公司签订的《建设工程施工合同》及补充协议系双方真实意思表示，与法不悖，应为有效，双方应严格按照合同约定履行相应的义务。

（一）针对本诉请求部分。因广元扬帆公司对劲西技工学院要求其交付相关施工资料并配合办理竣工验收手续及按实际已付款金额开具工程款发票的诉讼请求不持异议，本院对劲西技工学院的该两项诉讼请求予以支持；2008年9月，劲西技工学院未经验收即擅自使用涉案工程。现又以使用部分质量存在瑕疵为由主张权利，其主张缺乏事实和法律依据。另劲西技工学院也未提供证据证实广元扬帆公司不尽保修义务，故本院对劲西技工学院要求广元扬帆公司对工程质量瑕疵进行修复的诉讼请求不予支持；双方在补充协议中对工程款的给付方式约定为"……待乙方工程量超过合同总价款30%的额度后，甲方按超过30%额度以外的工程量向乙方支付工程进度款；工程进度款支付到工程总价80%时停止支付，该工程完工、竣工后，两个月内甲、乙双方进行最终决算完毕，并在十日内甲方将工程款一次性付清（除3%的质量保修金外）。"即在工程完工竣工前，劲西技工学院支付的工程进度款应付至80%。根据双方认可的付款清单反映，截止补充协议约定的竣工时间即2007年7月30日，劲西技工学院先后支付4笔款，金额为2435000元，仅占合同约定总价款15154382元的16%。从双方的工作联系函内容亦可反映出由于劲西技工学院未能按约支付工程进度款，致使施工不能正常进行。另在施工过程中，由于设计变更等原因，双方最终确认的实际工程价款为20396078.21元，比合同约定价款增加5241696.21元，增加价款占合同约定价款的35%。付款不到位及工程量增加均导致涉案工程未能按期交工，工期延误的责任不在施工单位，劲西技工学院以工期延误为由要求广元扬帆公司赔偿损失600万元的诉讼请求不能成立，本院不予支持。

（二）针对反诉请求部分。在本案审理过程中，劲西技工学院与广元扬帆公司经结算确定了工程总价款及已付款金额，在扣除3%的质保金后，余款2685407.27元劲西技工学院应予支付。对广元扬帆公司反诉要求支付工程款数额合理部分本院予以支持；鉴于双方是在本案审理过程中进行结算后确认实际工程总价款，且截止2009年10月9日，劲西技工学院支付工程款数额已超过合同约定总价款，占双方确认的实际工程总价款的80%以上，故广元扬帆公司要求劲西技工学院支付逾期付款利息的诉讼请求本院不予支持；因广元扬帆公司是以包工包料方式承建涉案工程，劳务费及租赁费属其施工过程中必然产生的费用，现广元扬帆公司所提供的证据不足以证实其反诉主张的劳务费及租赁费是由于劲西技工学院资金不到位而多产生的费用，劲西技工学院对广元扬帆公司主张的劳务费及租赁费损失也不予认可，故广元扬帆公司要求劲西技工学院赔偿经济损失435851元的诉讼请求证据不足，本院不予支持。

裁判结果

一、被告（反诉原告）广元扬帆建设有限公司于本判决生效后十日内向原告（反诉被告）新疆劲西技工学院交付相关施工资料，配合办理竣工验收手续；二、被告（反诉原告）广元扬帆建设有限公司按照实际已付款金额向原告（反诉被告）新疆劲西技工学院开具工程款发票；三、原告（反诉被告）新疆劲西技工学院支付被告（反诉原告）广元扬帆建设有限公司工程款 2685407.27 元；四、驳回原告（反诉被告）新疆劲西技工学院要求被告（反诉原告）广元扬帆建设有限公司赔偿经济损失 600 万元的诉讼请求；五、驳回原告（反诉被告）新疆劲西技工学院要求被告（反诉原告）广元扬帆建设有限公司对工程质量瑕疵进行修复的诉讼请求；六、驳回被告（反诉原告）广元扬帆建设有限公司要求原告（反诉被告）新疆劲西技工学院支付工程款利息 218334.40 元的诉讼请求；七、驳回被告（反诉原告）广元扬帆建设有限公司要求原告（反诉被告）新疆劲西技工学院赔偿损失 435851 元的诉讼请求。

[法律评析]

本案中，承包商利康建筑公司数次给劲西技工学院致函，要求劲西技工学院支付工程款，否则将影响工期，这成为其获得有利判决的重要因素。

判例 20 开发商索赔逾期交工违约金1164万元未获支持

[基本案情]

原告：河南博豪科技产业有限公司
被告：焦作鲁筑建设工程有限公司

1. 原告起诉及补告答辩

原告河南博豪公司公司诉称：2003年12月10日，双方签订了维景上郡一期4、5、6号楼《建设工程施工合同》。2004年2月8日开工，2006年12月12日竣工，被告没有按照合同约定工期完工，逾期684天，造成原告较大经济损失，原告仅向业主支付逾期交房违约金就高达数百万元。但原告考虑各种因素，仅要求被告支付逾期300天的违约责任，按补充合同约定，被告每天应按合同总造价的千分之一支付逾期交工违约金。故请求判令被告支付逾期交工违约金1164万元。

被告焦作鲁筑公司答辩称：第一，履行合同中，其公司不存在工期延误。诉争工程的开工日期为2004年7月15日。原告提供的图纸是在2004年2月25日审批，3月会审。依照合同约定，原告应在开工前完成上述工作。原告分包的桩基工程影响了工程进度。原告应在开工前办理开工手续，至2004年7月14日才办理开工许可证。第二，竣工日期为2005年10月10日。2005年11月1日，原告接收了工程。2005年12月检验工程合格。原告未履行验收义务，拖延至2006年12月验收，依照法律规定，原告应承担相应责任。故原告所诉延误工期不能成立，请求驳回原告的诉讼请求。

根据双方当事人的诉辩意见，本院确定本案的争议焦点是：焦作鲁筑公司是否存在逾期交工事实、焦作鲁筑公司应否承担违约责任及赔偿违约金1164万元。经征求双方意见，均无异议，本院对此予以确认。

原告河南博豪公司向本院提交了10组共计245页证据材料,它们分别是:①投标文件:投标函、投标文件汇总表、优惠服务承诺书、中标通知书,证明原告的要约内容。②合同书:协议书、专用条款、通用条款、补充协议,证明双方签订的合同合法有效,应当全面履行,同时也证明了逾期交工违约金的标准。③备忘录,证明确定的开工时间是2004年2月18日。④被告方提交的工程竣工报告,也证明开工时间是2004年2月18日。⑤《单位工程开工报告》,证明现场已完全具备开工条件,并确定2004年2月18日开工。⑥罚款单,证明被告在2004年4月14日就已经因"混凝土浇筑现场,施工工人不按施工规范要求进行施工"被要求整改,并进行处罚。⑦竣工验收会议纪要,证明竣工时间和被告仍然存在的问题。⑧建设工程竣工验收报告,证明开工时间和完工时间。⑨一期未完工程,证明至今还有未完成工程,履行合同不全面。⑩原告向业主支付延迟交房违约的部分统计,证明被告逾期交房,造成的原告部分损失。

被告焦作鲁筑公司向本院提交了本案工程3栋4号、5号、6号楼的相关证据材料,其中:4号楼5组证据材料共计161页。第一组有中标通知书、建设工程施工合同,证明签订的合同合法有效;第二组有施工图审查批准书、图纸会审纪要、桩基检测报告、施工许可证、开工报告,证明开工日期为2004年7月15日,并非原告诉称的2004年2月8日;第三组有工程竣工报告、单位工程竣工验收记录表、基础分部验收记录、主体分部验收记录、装饰装修分部验收记录、屋面分部验收记录、适欣物业管理公司交钥匙收到条、2006年12月12日工程竣工验收报告、工作联系单,证明竣工时间为2005年10月10日,并非2006年12月12日,2006年12月12日验收为综合验收,其中电梯安装、通讯与空调工程、卫生与燃气工程、塑钢窗、通风、防火门、钢结构等均不是被告施工的工程;第四组有文明工地荣誉证书、优质结构证书、设计单位质量评估报告、勘察单位质量评估报告、监理单位对维景二标工程质量评估报告、特种设备监督检验整改通知书、建筑工程消防验收意见书,证明被告提交的工程完全合格,被告如约履行了义务,同时竣工日期为2005年10月10日。第五组有停工报告、通知、监理工作联系单、向甲方提交面砖需用计划、领料单、监理例会第58、60、61、66期、2005年5月24日工作联系单、变电所平面图、工程报验单、甲方下发屋顶造型改造施工图、工程报验单(KZ4及承台基础混凝土施工)、甲方下发增加KZ4及承台基础混凝土施工图、模板拆除工程检验批质量验收记录、甲方下发坡道变更图,证明工程比合同工期延长99天,但造成延期的原因在于原告,而非被告。由于原告自身原因共造成被告延期397天,两相折抵,被告反而比约定的工期大大提前完成了合同约定的内容,被告不存在延误工期的事实。5号楼5组证据材料共计188页。其中前4组证据材料与4号楼材料相同,第五组有037号监理工作联系单、面砖用量计划、向甲方提交面砖需用计划、面砖领料单、监理例会第58、60、61、66期、KZ4基础变更、KZ4基础混凝土隐蔽验收记录、5号楼屋顶造型改造方案变更图纸、5号楼屋顶造型改造方案配筋隐蔽验收记录、5号楼屋顶造型改造梁拄模板拆除检验批、圆形楼梯基础变更图、坡道变更、坡道隐蔽验收记录、甲方25号工作联系单、甲方044

号工作联系单、停工报告，证明指向同4号楼。6号楼6组证据材料共计265页。其中前4组证据材料与4号楼材料相同，第五组有监理工作联系单、面砖用量计划、现场签证单（增加回填土）、面砖领料单、工程变更（台阶）、监理例会第58、60、61、64、65、66期、关于外墙装饰问题的答复、停工报告、现场签证单（延期27天）、通知（外墙装饰蘑菇石）、合同外变更、工程联系单（关于一层电缆敷设问题）、工程联系单（一层电力电缆变更），证明指向同4号楼。第六组有塔吊租赁合同、机械设备租赁合同、周转材租赁合同、人工工资表，证明由于原告的原因给被告造成的损失，这部分损失应由原告赔偿。

在庭审质证中，被告焦作鲁筑公司对原告河南博豪公司提交的证据材料提出以下质证意见：对证据1、2的真实性无异议，但认为不能以此证明被告方违约；证据3的真实性无异议，对证明指向有异议，认为应以施工许可证颁发的时间为准；对证据4也是认为不能以此证实开工时间；对证据5的真实性有异议，认为仅是证明被告方实施开工准备，而未实际开工；对证据6，认为是原告方单方制作，未经被告认可；对证据7的真实性无异议，但证实的是2006年12月12日对工程进行综合验收（含消防、电梯、通讯、空调、钢结构、桩基等），不是施工合同签订的验收内容，并且此说明是原告原因延误工程验收；对证据8、9的证明指向有异议，认为不能证实开工及竣工时间及其主张；对证据10有异议，认为是原告单方制作，违约是原告方的责任。

原告河南博豪公司对被告焦作鲁筑公司提交的证据材料提出综合质证意见：原告方的证据证明开工时间是2004年2月18日，竣工时间是2006年12月12日。被告方的证据不能证明开工和竣工时间。2005年10月10日是竣工报告，与工程竣工验收报告是两个概念。开工许可证不反映实际施工进场时间，并且被告前期进场开挖是不需要图纸会审的，图纸会审的时间不能否认进场。

庭审中，双方当事人均认可，经招投标，焦作鲁筑公司（原焦作市鲁筑建设工程公司）中标，双方签订了一份《建设工程施工合同》，由焦作鲁筑公司承建河南博豪公司开发的"维景上郡一期4、5、6号楼工程"之事实，故本院对此事实及与此相关的证据予以确认。综合双方当事人的质证意见，本院经审查后认为，原告方的证据10和被告方提供的6号楼第六组材料，双方的证明指向均与本案争执的问题缺乏关联性，故本院不予采纳。双方提交的其他证据材料，均在不同程度上反映了双方进行工程合作进展中的工作情况，可以作为认定本案事实的证据。

2. 法院认定

根据双方当事人的当庭陈述意见和有效证据，本院认定以下案件事实：

第一，关于合同部分。经招投标，2003年11月13日，河南博豪公司通知焦作鲁筑公司中标。双方于2003年12月10日签订了《建设工程施工合同》。工程名称：维景上郡一期。工程内容为：三栋高层4、5、6号楼，框剪结构带裙房、地下车库。合同工期：开工：2003年12月15日（原告方合同显示：如有顺延，以承包人书面通知为准；被告方合同显示：如有顺延，以发包人书面通知为准）；竣工：2004年11月29日；总日历天数350天。合同价款3880万元。质量标准：合格

（主体为市级优质结构）。双方在合同专用条款中约定：合同4.1图纸中约定：发包人在开工前七天内，向承包人提供陆套图纸（含竣工图贰套）。合同8.1（7）约定图纸会审和交底时间是：开工前（具体时间另行通知）。合同13.1在工期延误中约定：由于承包人材料供应计划上报不及时，导致发包人指定材料及价格延误，工期不顺延；由于发包人原因，造成指定材料及价格延误，工期顺延。合同价款约定：采用固定价格方式确定。（1）……合同价款中包括的风险范围：除水泥、钢筋价格涨落以外的一切风险。风险费用的计算方法：以承包人申报，发包人签字认可的市场价并根据投标预算中的焦作2003年第四期拦头价进行增减。2003年12月10日，双方签订一份补充条款。第八条约定：工程未按期竣工，若因承包人原因造成不能按期竣工的，承包人应赔偿发包人由于拖延工期的损失费，损失费的计算方法为：每天按合同价的千分之一计取。2004年8月2日，双方还签订《补充协议（二）》。

第二，关于合同的履行。2004年2月25日施工图纸通过审查批准。2004年3月6日图纸会审纪要显示图纸经过会审。

2004年5月19日备忘录：显示开工日期为2004年2月18日。

单位工程开工报告显示开工日期为2004年2月18日。工程竣工验收报告显示开工日期为2004年2月8日。通安质检（桩）字C203065号桩基检测报告显示桩基检测合格为2004年4月23日。2005年10月10日工程竣工报告显示被告承包的工程已全部完工。2005年10月10日监理单位对维景Ⅱ标段工程质量报告显示被告承包的工程质量合格。适欣公司出具的交钥匙收到条显示从2005年11月1日起4、5、6号楼已开始交付业主。

2006年12月12日4、5、6号楼竣工验收会议纪要。4、5、6号楼工程竣工验收备案表：显示开工时间是2004年2月8日，竣工时间是2006年12月12日。

[裁判理由及结果]

裁判理由

法院认为：第一，2003年12月10日原被告双方签订的《建设工程施工合同》、2003年12月10日签订的《补充协议》、2004年8月2日签订的《补充协议》（二），均是双方的真实意思表示，且不违反法律规定，应合法有效，双方应当切实履行各自的义务。

第二，虽然原告提交了几份证据以证明本案诉讼工程的开工日期应为2004年2月18日，但因几份证据显示的开工日期相互矛盾，故本院对此均不予采信。综合本案原被告双方提交的证据，本案诉争工程的开工日期应为2004年4月23日。理由如下：1.根据原被告双方2003年12月10日签订的《建设工程施工合同》第三部分第四条第一款、第八条第七款约定，原告在开工前七天就应当向被告提交图纸和做好图纸会审工作，而原告提供的图纸直到2004年2月25日才通过审查批准，2004年3月6日才进行会审；2.根据合同的约定，被告承包的工程范围为4、

5、6号楼的土建和水暖、电安装工程，桩基并非被告的施工内容。桩基可以说是整个工程的基础，它的进度将直接影响整个工程的施工日期。根据被告提交的现场签证单（编号11）证据、现场签证单（编号12）证据，这两份证据显示2004年3月25日，4号楼还在进行桩基静压试验，2004年4月30日，被告还在帮助桩基公司剔桩头、接桩头。3. 通安质检（桩）字C203065号桩基检测报告显示桩基于2004年4月23日经检测合格，由于桩基系隐蔽工程，只有经检测合格后方能进行下一道工序。综上，本案诉争工程的开工日期应为2004年4月23日是适宜的。

第三，本案诉争工程的竣工日期应为2005年11月1日，理由如下：建设工程是一个综合性的工程，期间涉及众多的分项工程，往往由许多建筑商来共同承建。本案中，被告承建的只是4、5、6号楼的土建和水暖、电安装工程，而电梯安装、通讯与空调工程、消防、防火门、钢结构、塑钢窗、燃气、通风等均不属于被告承包的工程范围。被告已于2005年9月26日向建设单位即本案原告、监理单位提交了竣工验收报告，2005年10月10日验收结论为合格，同时2005年12月15日设计单位、勘察单位出具的质量评估报告均显示被告承包的工程合格，可以使用。2006年12月12日，原告组织建立、设计、施工等单位对4、5、6号楼进行了综合验收，综合验收合格。在建筑市场领域，验收分为单项工程验收、单位工程验收以及整体验收（综合验收），整体验收是在单项工程和单位工程验收合格的基础上进行的，只要单项工程和单位工程验收合格，在综合验收时就不再验收，只需提交相关验收合格的书面材料即可。只要综合验收时合格，单项工程和单位工程的竣工日期就应当是单项工程或者单位工程验收合格日期，而不能为综合验收合格的日期，否则对于单项工程和单位工程的承包商来讲就是极大地不公平。退一步讲，根据适欣物业管理公司出具的交钥匙收到条，其上清楚显示2005年11月1日已向业主交付了钥匙。根据《最高人民法院关于审理建设工程施工合同纠纷案件适用法律若干问题的解释》第十四条之规定并参照本案的其他证据，竣工日期应当为2005年11月1日。

第四，根据前述确定的开工、竣工日期，被告实际施工日期为553天，而根据合同约定的350天工期，被告实际施工工期比合同约定延误203天。但根据《中华人民共和国合同法》第283条之规定，结合被告提交的证据，扣除由于原告延误面砖供应、修改外墙装饰、屋架变更、增加KZ4及基础坡道变更等原因造成的延误工期，两相折抵后，被告并不存在延误。

裁判结果：驳回原告河南博豪科技产业有限公司的诉讼请求。

[法律评析]

本案中，法院的裁判结果是正确的，论述理由也基本正确。但是有一个问题，就是对于建设工程验收的阐述是有瑕疵的。根据《建筑工程施工质量验收统一标准》的规定，建筑工程质量验收应划分为单位（子单位）工程、分部（子分部）工程、分项工程和检验批。而不是像法院阐述的"验收分为单项工程验收、单位工程验收以及整体验收（综合验收）"。

另外，法院认为"扣除由于原告延误面砖供应、修改外墙装饰、屋架变更、增加 KZ4 及基础坡道变更等原因造成的延误工期，两相折抵后，被告并不存在延误。"这里并没有双方签字确认的顺延天数的文件。在这种情况下，交由鉴定机构对于因上述原因延误工期天数进行鉴定，而非法院酌定，更能保证公正和公平。

判例 21 发包人以工期抗辩而不反诉被驳回

[基本案情]

上诉人（原审被告）：广州市勤新企业有限公司

被上诉人（原审原告）：浙江君佳网架集团有限公司

1. 一审裁判理由及结果：

裁判理由

原审法院审理认为：上诉人、被上诉人签订的《广州市勤新商业广场钢屋架工程施工合同》及补充协议，是双方当事人的真实意思表示，不违反法律及行政法规的强制性规定，是合法有效的，对双方均有法律约束力。现被上诉人已依约施工上述工程并经有关部门确认验收合格，对此上诉人理应按补充协议约定支付相应的工程款，逾期支付的，应承担相应的逾期付款违约责任。按补充协议约定的工程造价减除上诉人的实际付款，上诉人尚欠被上诉人工程款为3485700元，现被上诉人诉请其中3480571元，属对权利的处分，予以支持。至于上诉人认为尚欠工程余款不对，但合同及补充协议约定本工程属总包干价施工，且补充协议对工程的总造价及付款方式作出了变更，属双方新的合意表示，上诉人理应按补充协议约定的造价支付工程款，上诉人的抗辩理由不成立，不予采纳。另上诉人以被上诉人的施工存在延误工期，应承担相应的责任，但该延误责任现不能明确归责于何方（上诉人一直未予提出及处理），且上诉人对此未提出反诉，故本案对因工期延误问题不作处理。

裁判结果

上诉人广州市勤新企业有限公司于本判决发生法律效力之日起10日内，支付给被上诉人浙江君佳网架集团有限公司工程款3480571元及其银行利息（按本金3480571元计，自2004年3月2日起计至本判决送达之日止，按中国人民银行规定的金融机构计收同期同类逾期贷款利率标准计）。案件受理费30580元，由上诉人负担。

2. 当事人上诉及答辩

判后，上诉人不服原判，向二审法院上诉称：

（1）一审判决称上诉人"对此（即被上诉人因延误工期而应按约定对上诉人承担的违约赔偿责任）未提出反诉，故本案对因工期延误问题不作处理"系程序违法。本案是基于同一法律关系，即建设工程施工合同法律关系而发生的纠纷。被上诉人享有支付工程款及逾期付款违约金的请求权；上诉人则享有按约定交付竣工工程及逾期完工违约金及其他违约金抗辩权。此乃同一建设工程施工合同法律关系之不可或缺的两个组成部分。有请求必有抗辩。现一审判决只处理了请求，而对上诉人的抗辩不予处理，将同一法律关系割裂开来。这既违背了诉讼经济原则，又在客观上对上诉人不公平，同时也违反了《民事诉讼法》及其立法精神。

（2）一审判决认定事实错误。①一审判决认为被上诉人延误工期的"延误责任现不能明确归责于何方"与事实不符。约定的竣工日是2003年11月25日，被上诉人申报工程竣工验收日是2004年3月1日，工期延误天数是95天。这其中包括被上诉人亲口承认的"约一个月"。被上诉人在承接一个大工程时，应该预见到其中可能存在的各种变数，在无不可抗力或可归咎于上诉人的原因而延误工期时，被上诉人应按约定承担违约责任。而且，在施工过程中，上诉人曾多次就被上诉人故意延误工期的行为提出书面警告，并就追究其可能承担的违约责任和其他责任作了明确的声明。相关证据已提交。一审判决对此证据视而不见，竟称"上诉人一直未予提出及处理"，令人费解。②依据双方合同三之2及补充协议，4‰的工程质量保证金（779428元）应在工程验收通过后2年，即2006年3月1日结清；故一审判决认定此部分款项的利息起算日为2004年3月2日与约定不符，因而是错误的。③依据双方合同三之2及补充协议，1‰的工程款（194857元）"待屋面板防水防渗保修期五年后付清"。现此款的付款条件尚不成就。故一审判决要求上诉人支付此项款和所谓的利息亦是错误的。

（3）依据被上诉人亲自承认的延误工期一个月的事实及双方补充协议第五条之约定，被上诉人应付给上诉人的违约金为：19485700×0.01×30＝5845710元。此款足以偿付被上诉人的请求款。剩余款项上诉人将另觅法律途径救济。综上所述，一审法院认定事实错误，程序违法。请求本院判决：①撤销广州市天河区法院作出的（2006）天法民四初字第1706号民事判决书，另行改判；②被上诉人承担本案的全部诉讼费用。

被上诉人答辩称：

原判决上述对延误工期的责任不作处理是正确的。被上诉人的付款请求权，与上诉人的违约请求权，分属两种独立的请求权，且不能相互抵消。因此，如果上诉人依法提出反诉，那么，原审法院可以依法合并审理；如果上诉人不依法提出反诉，那么，原审法院不予处理，既符合程序，更未悖法理。在一审开庭时，就此事项，一审法院当庭向上诉人作了充分释明后，上诉人坚持不提出反诉，更何况上诉人就其上诉内容另案对被上诉人提起诉讼。因此，上诉人的本项上诉理由，依法不能成立。

（1）一审判决认定事实清楚。①一审判决认为"延误责任现不能明确归责于何方"与事实相符。首先，上诉人未就其主张依法提起反诉，从程序上无法审理；其次，被上诉人提交的相关证据，可以证明工期责任不在被上诉人，上诉人对影响工期的非被上诉人方面的诸多原因，确实一直未予提出及处理。因此，原审法院对本项事实的认定，正确、清楚，没有什么费解的。②补充合同第三条第6项，已经对合同工程款支付方式作了明确变更，即："验收合格后即支付至总价款的100％"。因此，原判决认定此部分款项的利息起算期间是正确的。③补充合同第三条第6项，已经对合同工程款支付方式进行了明确变更，因此，1％的工程款付款条件，已经依法成就。故原判决要求上诉人支付此项款即所谓的利息亦是正确的。

（2）上诉人关于工期违约金的上诉理由，上诉人未依法提起反诉，且上诉人已经另案对被上诉人提起诉讼，因此，该上诉理由依法不能成立。综上所述，一审法院的判决认定事实清楚，程序合法，适用法律正确。请求二审法院予以维持原判，驳回上诉。

3. 二审认定

经审理查明：2003年1月30日，上诉人、被上诉人和广州市志宁建筑工程有限公司（以下简称市志宁公司）签订《广州市勤新商业广场钢屋架工程施工合同》一份，约定：广州市勤新商业广场屋面钢屋架工程由被上诉人施工，志宁公司进行工程总包管理及配合施工；上诉人同意被上诉人工程总包干价为16500000元，本工程采用大包干形式，由被上诉人全包施工；工程支付方式，被上诉人施工人员进场后，上诉人向被上诉人付合同总价的10％，即1650000元作备料款；被上诉人应在每月25日提供工程完成工作量报表，上诉人据审查付工程进度款的80％；工程竣工通过验收后，付工程包干价的95％，余下4％作质量保修金，二年结清，其余1％即165000元待屋面板防水渗保修期后付清；工期自合同签订日起至2003年4月30日全部完工等条款。2003年9月1日，上诉人、被上诉人和设计部门对设计图纸进行会审，期间对部分项目进行了修改。2003年9月29日，上诉人、被上诉人签订《广州市勤新商业广场钢屋架工程补充协议》一份，约定：工期分三个阶段施工，其中2003年11月25日前全部竣工；工程总包干价为19485700元，并注明包括合同原总价16500000元，扣除部分费用和增加部分项目费；付款方式为上诉人在9月30日前补支付8月份进度款差额1300000元；在2003年10月10日前支付3815590.26元，即工程款累计付至10000000元；上诉人在10月18日前再付3000000元；被上诉人按期完成本协议第一、二阶段工作后，上诉人承诺在11月3日前再支付3000000元；被上诉人承包的钢结构按规定工期全部竣工后，上诉人须在被上诉人备好全部竣工验收资料后一个月内组织有关部门验收，验收合格后即付至总价100％（有违约按规定执行）；被上诉人如未能分别按本协议约定三个阶段工期的完成日完工或验收后发现不合格，均作为被上诉人违约延误工期；延误2天内按延误一天罚工程总造价的0.5％违约金给上诉人；延误第3天起，每延误一天罚工程总造价的1％的违约金；违约金如有发生时，则在验收合格后，由上诉人在应付款项中扣除；本补充协议内容如与原合同有抵触，概以本补充协议为准等条款。协议签订后，被上诉人依约施工。2003年11月和12月间，分别向上诉人提供工程交接验收证明表，确定部分项目工程竣工交付验收。2004年7月6日，上诉人、被上诉人和志宁公司及设计院、监理公司作出《钢结构主体结构子分部工程质量验收纪要》，确定开工日期2003年6月28日，完工日期2004年3月1日，工程资料基本完整，工程符合验收规范，观感质量为好。自2003年2月8日至2003年11月18日间，上诉人合计支付被上诉人工程款16000000元。

　　2004年4月21日，被上诉人向上诉人作出报告一份，称对于上述工程经其公司员工一百多个日日夜夜的全力奋战，该工程已于12月25日基本完工。该工程是其公司承建工程中难度较大的一个，特别是现场施工条件非常差、工作铺不开，材料垂直提升受总包单位的塔吊牵制大，水平运输和高空散装更是难上加难。虽经其日夜苦干，最终仍旧延误协议工期约一个月，但其公司已尽全力。对客观上造成工期延误的事实，其公司不会推卸责任的。但请考虑工期延长造成其公司2500000元脚手架租赁费和搭设费的损失，工期延误已成必然，希上诉人对其公司结算时慎重考虑，尽快将余下款项支付等。2006年1月18日，被上诉人向上诉人发出催收函，要求上诉人支付尚余工程款3485700元。被上诉人于2006年9月11日向原审法院提起诉讼，要求判决上诉人支付合同价款3480571元及逾期付款利息损失（自2004年3月1日起至还款日按每日万分之二点一计算）。原审法院开庭审理时，原审法院告知上诉人其提出被上诉人延误工期的损失赔偿问题未提出反诉，本案对该部分不予处理。

　　二审庭询时，上诉人、被上诉人均确认上诉人已经对被上诉人延误工期的违约行为向原审法院提起了诉讼，由原审法院进行审理中。

[二审裁判理由及结果]

裁判理由

　　二审法院认为：上诉人与被上诉人签订的《广州市勤新商业广场钢屋架工程施工合同》是双方当事人自愿签订，内容无违反国家法律行政法规的强制性规定，原判认定双方的建设工程合同关系成立有效正确。被上诉人作为施工承包人已经完成了施工的任务，上诉人作为发包人有按时支付工程款的义务。上诉人尚欠被上诉人工程款3485700元，双方对此事实无异议，现被上诉人要求上诉人支付的工程款3480571元少于双方确认的3485700元，属于被上诉人处分自己的民事权利，应予准许。上诉人根据《广州市勤新商业广场钢屋架工程施工合同》的约定认为还有5％的工程款不应支付，但双方签订的《广州市勤新商业广场钢屋架工程补充协议》已经约定"验收合格后即付至总价100％"，该约定变更了原来付款条件的约定，且补充协议注明"补充协议内容如与原合同有抵触，概以本补充协议为准"，故被上诉人依据《广州市勤新商业广场钢屋架工程补充协议》主张上诉人应于2004年3月1日支付完剩余的工程款符合合同的约定，原判据此支持被上诉人的诉讼请求判决上诉人立即支付工程款3480571元及逾期付款利息给被上诉人并无不当。

上诉人认为被上诉人延误工期应承担违约责任而抗辩认为不需支付尚欠的工程款，是以上诉人对被上诉人的债权抵消被上诉人对上诉人的债权。由于上诉人尚欠被上诉人工程款属于本案的诉讼请求范围，经法院审理后也是确定的，而被上诉人是否构成延误工期的违约行为及应承担多大的违约责任应视当事人有无提出该抗辩意见及诉讼请求法院才能决定是否予以审理。被上诉人如存在延误工期的违约行为，不论被上诉人有无向上诉人主张工程款，上诉人均可以独立地提出该诉讼请求，故原判认定上诉人提出被上诉人延误工期的损失赔偿问题属于反诉请求符合《中华人民共和国民事诉讼法》第一百零八条的规定。在此情况下，上诉人应提出反诉请求，以确定其对被上诉人拥有的债权，才能抵消被上诉人对上诉人的债权。上诉人将被上诉人延误工期的损失赔偿问题仅作为抗辩意见而要求法院予以审理并冲抵相应的工程款没有法律依据。上诉人的上诉理由不成立，本院不予采纳。原判认定事实清楚，适用法律正确，处理恰当。

裁判结果

驳回上诉，维持原判。

[法律评析]

在承包商提出主张工程款之诉后，业主方以工期延误为理由主张违约金，或要求赔偿损失，应通过反诉进行，这是司法实践的惯例。本案广州市勤新企业有限公司以工期延误进行抗辩，显然不会得到支持。

在实践中，有些合同约定，业主方有权从工程款中扣除工期延误违约金。在这种情况下，业主方以此为理由进行抗辩，要求减少工程款数额，应当能够得到支持。

判例 22

因雨天、桩基检测、增加工程原因，业主方索赔未获支持

[基本案情]

上诉人（原审被告、反诉原告）：海南省森茂公司

被上诉人（原审原告，反诉被告）：广州市闽昌建筑公司海南分公司

1. 原审裁判理由及结果

裁判理由

原审判决认为：广州闽昌建筑公司海南分公司持有企业法人营业执照，具有法人资格，能独立参加民事活动，自然也具有诉讼主体资格。广州闽昌建筑公司海南分公司与森茂公司签订的一系列合同、协议均是在协商一致的基础上订立，内容合法，应予保护，双方也应依约履行。广州闽昌建筑公司海南分公司在施工过程中，森茂公司增加挡土墙工程，由于城建局的施工任务书至一九九八年二月六日才下达，桩基础测验延误42天、增加砌筑挡土墙工程50天，设计变更、增加16项、22户要求变更等增加工程、道路工程等需要工期30天。经海南省凌珊鉴定中心鉴定：因森茂公司原因影响工期延误144天。该工程实际工期为294天。广州闽昌建筑公司海南分公司并无延期交付问题，不存在工期罚款。可见，即使不考虑气候因素即施工期间有雨以上38天的情节，闽昌公司也是在合同规定的305个工作日内完成施工任务的，因此，森茂公司反诉广州闽昌建筑公司海南分公司延期竣工应支付违约金533903.7元与事实不符，不予采信。工程竣工后，广州闽昌建筑公司海南分公司已将工程结算文件交给森茂公司审核，但森茂公司未在30日内审定结算，拖欠广州闽昌建筑公司的工程款显然已违约，广州闽昌建筑公司海南分公司要求森茂公司支付工程款及违约金有理，应予支持。该工程经海南省凌珊鉴定中心鉴定确认该工程总造价为

3877807.7元,应予确认。依照合同约定,除留1‰即38778.07元待保修期满后10天内给付外,其余3839029.63元应在工程验收合格后10天内支付。工程验收为一九九九年四月二十九日,森茂公司应在一九九九年五月九日前支付3839029.63元。但森茂公司至今仅付2777600元,尚欠1061429.63元未付。应承担逾期付款的违约金。按日万分之四计,自一九九九年五月九日至一九九九年十一月九日计180天,为76422.93元。而由于广州闽昌建筑公司海南分公司施工的挡土墙工程发生部分裂缝,裂缝的主要原因是由于广州闽昌建筑公司海南分公司未按图纸埋入水管。因此,森茂公司反诉要求广州闽昌建筑公司海南分公司修补已裂缝的挡土墙有理,应予支持。修补工程造价经鉴定为3500元,应由广州闽昌建筑公司海南分公司全部承担,如逾期未修补,则由森茂公司在所欠的工程款中扣抵。

裁判结果

一、森茂公司尚欠广州闽昌建筑公司海南分公司工程款1100207.70元,其中1061429.63元森茂公司应在本判决生效之日起十日内给付广州闽昌建筑公司海南分公司,其余38778.07元(质保金),森茂公司在工程保修期满之日起即二〇〇〇年四月二十九日起十日内给付广州闽昌建筑公司海南分公司;二、森茂公司应在本判决生效之日起十日内支付逾期付款违约金76422.93元给广州闽昌建筑公司海南分公司;三、广州闽昌建筑公司海南分公司应在本判决生效之日起一个月内将出现裂缝的挡土墙修补,逾期未修补,则经鉴定确认的修补费3500元由森茂公司在尚欠广州闽昌建筑公司海南分公司的质保金中扣除;四、驳回森茂公司的其他反诉请求。

2. 当事人上诉

判后,森茂公司不服上诉称:一、广州闽昌建筑公司海南分公司是广州广州闽昌建筑公司在海南设立的分公司,不能独立的承担民事责任。因此,依照公司法的有关规定,广州闽昌建筑公司海南分公司不具备诉讼主体资格。二、广州闽昌建筑公司海南分公司与我公司在合同中已约定了每平方米单价承包,这一约定已包括了水电安装。但广州闽昌建筑公司海南分公司又在其结算及诉讼中在上述单价承包价上另加算水电费30余万元,这明显违反了合同的约定。三、海南省凌珊鉴定中心所作出的鉴定没有依合同约定结算方式进行结算,却按图纸与定额计算,也违反合同的约定。工程工期的延误是不争的事实。因广州闽昌建筑公司海南分公司于一九九六年一月十五日开工是明确的。而桩基的检测时间双方并未约定,但检测时间是应当包括在工期内的。同时挡土墙作为附属工程在合同中已明确规定与集资楼一并验收,显然不存在工期增加问题。而原审判决对上述延误工期的时间均认定为应增加工期显然与案件事实不符。挡土墙裂缝巨大,3500元资金无法修复,且尚在保修期内,应由广州闽昌建筑公司海南公司修复完好。要求撤销原审判决,判令广州闽昌建筑公司海南公司返还多支付的工程款108074.27元及修复挡土墙裂缝和支付竣工资料,并驳回广州闽昌建筑公司海南公司的诉讼请求。广州闽昌建筑公司海南公司辩称:我公司已领取了工商营业执照,符合法律规定的诉讼主体资格,能独立地进行一切有关的民事活动。关于工程承包范围,森茂公司再三强调水电工程属于工程总承包范围之内，不应另行计算。但合同约定的承包范围仅是指我公司应承包的工程项目，而工程造价、结算应以实际完成工程量加增减工程项目。根据有关法律规定，工程的发包、结算必须合法。国家已明文规定禁止大型建筑安装工程以包干形式发包，以保证工程质量。更何况双方签订的合同也不属于包干工程。因此，原审判决依国家有关工程结算办法的规定作出结算，符合双方的约定及有关法律规定。海南省凌珊鉴定中心第一次作出鉴定结论后，森茂公司提出了异议，海南省凌珊鉴定中心经过多次审查复核并对双方的异议作出了说明、修改，并未违反法律规定，也基本符合合同的约定及我公司完成工程量的事实。因此，该鉴定结论应作为证据采信。请求维持原审判决。

3. 二审法院认为

经审理查明：一九九七年十二月十二日，广州闽昌建筑公司海南分公司为森茂公司职工住宅楼编制了一份《工程预算书》，预算该职工住宅楼土建工程造价为2987348.41元，森茂公司在该《工程预算书》上盖了公章。同年十二月十八日，广州闽昌建筑公司海南分公司与森茂公司签订一份《建筑工程承包合同》，约定由广州闽昌建筑公司海南分公司承建森茂公司职工集资住宅楼一幢八层，建筑面积为3346.8平方米；承包范围为：打桩、基础、主体工程、装饰、水电、消防、防雷设施及各项附属设施；采取包工包料方式，工期从一九九七年十二月十八日至一九九八年十月十七日，总工期305天（台风等人力不可抗拒的自然灾害除外）；合同价款为每平方米848元，总造价2838086元，以后增减部分按实际完成工作量结算；工程造价决算方法为按合同中标造价每平方米848元加增减变更工程项目，并以国家、省有关规定进行决算；工程款的支付方法为：合同生效后五日内按合同总造价的20％一次性付给广州闽昌建筑公司海南分公司，当工程款拨至总造价的70％时停止付款，工程验收合格后十日内支付29％，留1％待保修期满后十日内付清尾数，保修期土建一年、水电半年、工程验收十日内，广州闽昌建筑公司海南分公司将结算文件送交森茂公司，森茂公司在三十日内审定结算，逾期未审定即视为同意结算、如广州闽昌建筑公司海南分公司不能按期竣工验收，使工期延长所造成的损失按每天1‰的总造价罚款，如一方无法履行合同或终止合同，由违约方按总造价的5％赔偿损失。合同还对质量、验收等条款作了具体约定。

当天、双方还签订一份《建筑安装工程补充协议》，约定：森茂公司根据广州闽昌建筑公司海南分公司的施工进度付款，当付款占总工程的70％时，停止付款，不足部分由广州闽昌建筑公司海南公司垫资施工至工程竣工；对森茂公司没有处理完的剩余住房，广州闽昌建筑公司海南分公司以每平方米造价的130％的价格购买。同年十二月二十六日，海南恒大工程咨询服务中心受森茂公司委托为该住宅楼编制了一份《工程预算书》，预算该住宅楼的土建工程造价为2884600.92元，该预算经海口市建筑工程定额管理站审核确认。一九九八年一月十四日，广州闽昌建筑公司海南分公司向森茂公司提出《开工报告》，森茂公司在该报告上签署于同年一月十五日开工。同年二月二十三日，海口市城建局下发了《施工任务通知书》。广州闽昌建筑公司海南分公司遂进行施工。在桩基工程施工过程中，经设计院同意增补了两条桩。同年三月八日,广州闽昌建筑公司海南分公司完成了桩基工程的施工。桩基工程经森茂公司委托有关部门检测验收合格。广州闽昌建筑公司海南分公司于同年四月十六日向森茂公司致函称:验收时间自一九九八年三月九月至同年四月二十日所延迟的工期由建设单位负责。森茂公司在该函上签署情况属实。

同年三月十七日,双方签订一份《增加砌挡土墙协议书》。约定:森茂公司以包工包料方式将挡土墙工程承包给广州闽昌建筑公司海南分公司,工程造价为196800元,协议签订五日内,森茂公司转付50%的工程款给广州闽昌建筑公司海南分公司,余款待工程验收后一次性付清;广州闽昌建筑公司海南分公司应按质按量施工;本协议签订后三日内组织施工,50日内竣工。协议签订后,广州闽昌建筑公司海南分公司即进行挡土墙工程的施工。后森茂公司先后对卫生间及工程作了变更,广州闽昌建筑公司海南分公司也按要求进行了变更施工。

同年六月十六日,双方签订一份《协议书》,约定由广州闽昌建筑公司海南分公司承包施工集资楼前396.8平方米的路,工程造价为2万元,工程验收待集资楼盖好后一起验收。由于广州闽昌建筑公司海南分公司施工的挡土墙发生部分段落塌崩,经森茂公司委托海南省翼新勘测设计院重新设计,对塌崩部分须进行重新拆建,双方遂于同年七月十六日签订一份《关于增砌挡土墙的协议书》,约定森茂公司将集资楼前的塌崩的40米挡土墙以包工包料的方式承包给广州闽昌建筑公司海南分公司;工程造价为11万元,工程的验收与集资楼的验收同步进行,工程质量保修期一年。

同年九月二十八日,森茂公司向广州闽昌建筑公司海南分公司发出《关于职工集资楼内部装修工作函》,要求广州闽昌建筑公司海南分公司在不影响受力结构和确保质量安全的前提下,尽可能满足职工的装修要求。广州闽昌建筑公司海南分公司收到该函后,遂按职工的装修要求进行了施工。

同年十一月二十七日,广州闽昌建筑公司海南分公司完成了主体工程的施工,经验收后被确认为优良工程。应广州闽昌建筑公司海南分公司在施工中按森茂公司的要求增加了十六项工程项目,增加工程造价7.5万元。对此增加项目,双方在同年十二月八日签订的《增加工程项目协议书》中作了确认,该协议还约定对附加项目第四、九条,待集资房工程完工后一同验收,该项目工程款届时按多退少补办理。

一九九九年三月二十八日,广州闽昌建筑公司海南分公司总施工的职工住宅楼竣工。同年四月二十九日,双方及有关设计单位、质检站对工程进行了验收,该工程被评定为优良工程。广州闽昌建筑公司海南分公司在施工中,森茂公司先后共支付工程款2777600元。同年五月二十六日,广州闽昌建筑公司海南分公司将房门钥匙交给了森茂公司。同年五月三十一日,广州闽昌建筑公司海南分公司将工程结算书交给了森茂公司,森茂公司经审定后对土建增减部分的结算价83959.92元和增加两条桩的结算价11427.47元作了确认,对工程的土建、水电安装和超含钢量的结算部分未予认可。

同年六月二十四日,广州闽昌建筑公司海南分公司向森茂公司发出《关于尽快

因雨天、桩基检测、增加工程原因，业主方索赔未获支持

结算工程款的通知书》，要求森茂公司收到通知后五日内对工程结算予以审定、结算，但森茂公司收到该通知后未作答复。广州闽昌建筑公司海南分公司遂诉讼到法院。

原审法院在审理中，委托海南省凌珊鉴定中心对广州闽昌建筑公司海南分公司完成的工程进行鉴定。在鉴定过程中，海南省凌珊鉴定中心与双方确认鉴定的范围是对双方有争议的土建及水电工程进行鉴定，鉴定标准以双方签字认可的图纸为准。海南省凌珊鉴定中心经鉴定确认该工程的造价为3937561.10元，工程实际总工期为294天，工程的工期未延误。该鉴定结论作出后，双方均提出了异议。原审法院遂委托海南省凌珊鉴定中心针对双方的异议进行了复议并对挡土墙裂缝产生的原因、修理、及重作所需要的费用进行评估。海南省凌珊鉴定中心经复议后确认工程造价为3877807.70元；挡土墙裂缝产生的原因是因为广州闽昌建筑公司海南分公司未按图纸埋入排水管，修补工程的造价为3500元。

另查明，广州闽昌建筑公司海南分公司在施工期间，海口地区共出现降水日180天，其中小雨142天、中雨23天、大雨10天、暴雨2天、大暴雨2天、特大暴雨一天。

再查明，广州闽昌建筑公司海南分公司是广州市建筑总公司在海南设立的分公司，经海南省工商行政管理局核准登记，领取了企业法人营业执照，属土木工程建设一级建设单位。

以上事实有双方签订的合同书、协议书、预算书、结算书、施工任务通知书、验收报告、付款凭证、信函、鉴定书及双方的陈述等证据为凭，并经庭审质证，足以认定。

[二审裁判理由及结果]

二审裁判理由

二审法院认为：广州闽昌建筑公司海南分公司虽是广州闽昌建筑公司在海口设立的分公司，但其是具有法人资格的一级建筑单位，并领取了企业法人营业执照。故广州闽昌建筑公司海南分公司具有独立地从事民事活动的权利能力和行为能力，也具有独立的民事诉讼主体资格。森茂公司认为广州闽昌建筑公司海南分公司不具有独立的诉讼主体资格，不能参加本案的诉讼活动的主张没有法律依据，二审法院不予支持。

广州闽昌建筑公司海南分公司与森茂公司签订的《建筑安装工程合同书》及一系列协议书是双方在协商一致的基础上签订的，是双方真实的意思表示，内容不违法，均为有效协议，依法应予保护。

双方虽在合同中约定了工程总造价为2838086元，但双方为该工程所作的预算2987348.41元及森茂公司委托海南恒大工程咨询服务中心为该公司编制的预算2884600.92元均只包括该工程的土建，并未对该工程的水电部分进行预算。而合同约定的工程造价2838086元并未超过上述两份工程预算的范围。海南省凌珊鉴定

中心在鉴定过程中双方也同意土建与水电安装按双方签字的图纸为准。综上所述，海南省凌珊鉴定中心所作的鉴定结论中将该工程的水电单独计算符合本案实际情况。森茂公司认为合同中约定的工程总造价已包括了水电部分，故水电部分的造价不应另行计算的主张，没有事实依据，二审法院不予支持。

该工程的施工任务通知书虽是在一九九八年二月二十三日才下达，但广州闽昌建筑公司海南分公司实际是在一九九八年一月十五日开始施工的，应以实际施工日为开工日期，至一九九九年三月二十八日竣工，该工程的施工期为438天，与合同约定的305天的施工期相比，共延误工期133天。但广州闽昌建筑公司海南分公司在施工过程中，由于桩基检测延误工期42天；增砌挡土墙工程双方约定工期50天；中雨以上天气共38天，以上总计130天，不属广州闽昌建筑公司海南分公司的责任造成的工期延误，应从延误的工期中予以扣除。

另广州闽昌建筑公司海南分公司还完成了森茂公司增加工程16项、22户要求变更增加工程及增加的道路工程等。故广州闽昌建筑公司海南分公司并未延误工期。双方虽约定总工期为305天，但双方并未明确约定增加工程的工期包括在305天的总工期之内，故对增加工程应当计算增加的工期。至于桩基检测所延误的42天工期，森茂公司已在广州闽昌建筑公司海南分公司要求该延误的工期应由森茂公司负责的函件上签署了情况属实的意见，说明森茂公司已接受了广州闽昌建筑公司海南分公司要求森茂公司对该延误的工期承担责任的请求。因此，森茂公司提出的桩基工程延误的工期应当包括在工期内及挡土墙等增加工程不存在增加工期的主张不能成立，二审法院不予采纳。

广州闽昌建筑公司海南分公司已按期完成了施工任务，工程质量合格，没有违约行为存在，故森茂公司要求广州闽昌建筑公司海南分公司承担延误工期的违约责任，没有事实依据和法律依据，原审判决驳回其要求广州闽昌建筑公司海南分公司承担违约责任的反诉请求符合有关法律规定，应予维持。

海南省凌珊鉴定中心是根据双方在鉴定过程中确定的鉴定原则和鉴定范围进行鉴定的，虽然双方对海南省凌珊鉴定中心作出的鉴定结论提出了异议，但海南省凌珊鉴定中心已针对双方的异议进行了复核。因此，海南省凌珊鉴定中心作出的鉴定结论应作为确认该工程造价的依据。依照海南省凌珊鉴定中心的鉴定该工程的工程造价为3877807.7元，森茂公司已支付工程款2777600元，尚1061429.63元未付，故森茂公司应将该工程款支付给广州闽昌建筑公司海南分公司，并支付逾期付款违约金。

广州闽昌建筑公司海南分公司施工的挡土墙质量不合格，应承担相应的责任，原审判决要求广州闽昌建筑公司海南分公司对已裂缝的挡土墙承担修补责任正确。

但原审判决确定的逾期付款违约金的计算比例与中国人民银行的有关规定不符，应予纠正。依照中国人民银行的规定，从一九九九年五月九日至一九九九年六月九日，应按日万分之三计、一九九九年六月十日至一九九九年十一月九日应按日万分之二点一计。即森茂公司应支付的逾期付款违约金为42987.9元。

森茂公司要求判令广州闽昌建筑公司海南分公司将工程的竣工资料交付给森茂

公司，但由于森茂公司在原审中未对此提出反诉请求，故二审法院对此不予审理。

二审裁判结果

一、维持海口市秀英区人民法院（1999）秀经初字第102号民事判决第一、三、四项；二、撤销海口市秀英区人民法院（1999）秀经初字第102号民事判决第二项；三、森茂公司在本判决生效之日起十日内向广州闽昌建筑公司海南分公司支付逾期付款违约金42987.9元。

[法律评析]

1. 关于双方约定的工期顺延的条款的理解

双方在合同中约定："工期从一九九七年十二月十八日至一九九八年十月十七日，总工期305天（台风等人力不可抗拒的自然灾害除外）"。而一审、二审法院均认为应将中雨以上天气38天从实际工期中扣除。因此，"中雨以上天气"是否属于自然灾害，就是需要解决的问题。国家标准《自然灾害灾情统计》GB/T 24438规定："自然灾害 natural disaster：给人类生存带来危害或损害人类生活环境的自然现象，包括干旱、洪涝灾害，台风、冰雹、雪、沙尘暴等气象灾害，火山、地震灾害，山体崩塌、滑坡、泥石流等地质灾害，风暴潮、海啸等海洋灾害，森林草原火灾和重大生物灾害等。"在这里并未明确"中雨以上天气"是否属于自然灾害。洪涝灾害属于自然灾害的一种，但是，中雨以上天气并不一定都会造成洪涝灾害。因此，从自然灾害的定义和合同的约定中难以得出中雨以上天气属于自然灾害的结论。另外，从建设工程标准规范的规定来看，中雨以上天气也不能作为不得施工的绝对因素。例如《建筑施工土石方工程安全技术规范》规定："3.1.8 遇到下列情况之一应立即停止作业。发生大雨、雷电、浓雾、水位暴涨及山洪暴发等情况"。《液压活动模板施工安全技术规程》规定："第2.0.7条：滑模施工中应经常与当地气象台、站取得联系，遇到雷雨、六级和六级以上大风时，必须停止施工。"《建筑施工模板安全技术规范》规定："8.0.20 当遇到大雨、大雾、沙尘、大雪或6级以上大风等恶劣天气时，应停止露天高处作业，5级以上风力时，应停止高空吊运作业。"在上述规定中，涉及雨天的只有在大雨、雷雨的情况下应停止施工，并无中雨以上天气均要停止施工的内容。因此，无论从合同约定，还是从建设工程标准规范规定来看，中雨以上天气停止施工均无依据。因此，一审、二审法院的上述认定值得商榷。

2. 关于桩基检测延误工期42天问题

建设工程质量问题和重大质量事故多与基础工程质量有关，其中有不少是由于桩基工程的质量问题，而直接危及主体结构的正常使用与安全。因此，对于工程桩应进行承载力检验是现行《建筑地基基础工程施工质量验收规范》GB 50202和《建筑地基基础设计规范》GB 50007以强制性条文的形式规定的；混凝土桩的桩身完整性检测是GB 50202质量检验标准中的主控项目。因此，在正常的桩基检测时间不应作为工期顺延的理由。但是在本案中，广州闽昌建筑公司海南分公司于同年四月十六日向森茂公司致函称：验收时间自一九九八年三月九月至同年四月二十日所延迟的工期由建设单位负责。森茂公司在该函上签署情况属实。这属于双方的共同确认，在这种情况下，上述 42 天应顺延工期是毫无疑义的。

3. 增砌挡土墙工程双方约定工期 50 天

对此，双方签有协议书，明确约定了工期，因此理应增加相应工期。

4. 关于工期延误鉴定

在实践中，如果存在导致工期应顺延的情形，但是争议双方在施工过程中没有进行工期签证，裁判机构囿于专业知识的限制，无法准确确定具体应顺延的天数时，进行工期延误鉴定是一个不错的选择。而提出工期延误鉴定的应当是承包商一方。因此，在涉及工期延误的诉讼或仲裁中，承包商不仅要提交应顺延工期的证据，在没有工期签证的情况下，还应提出工期延误鉴定申请。而且《最高人民法院关于民事诉讼证据的若干规定》第二十五条规定："当事人申请鉴定，应当在举证期限内提出。符合本规定第二十七条规定的情形，当事人申请重新鉴定的除外。对需要鉴定的事项负有举证责任的当事人，在人民法院指定的期限内无正当理由不提出鉴定申请或者不预交鉴定费用或者拒不提供相关材料，致使对案件争议的事实无法通过鉴定结论予以认定的，应当对该事实承担举证不能的法律后果。"因此，承包商提出鉴定申请还应遵守上述时间限制。

判例 23 合同无效、不能证明承包人延误

[基本案情]

原告（反诉被告）：张粤伦

被告（反诉原告）：云南磊舜建设工程集团第七建筑有限公司

1. 原告起诉被告答辩反诉

原告张粤伦诉称：2005年3月19日被告云南磊舜建设工程集团第七建筑有限公司（以下简称第七公司）与迈康房地产开发有限公司项目开发部签订《建筑工程施工合同》，承建由该公司开发的镇康县天鸿湾小区二期工程。2005年4月7日，第七公司下属第一工程处将该工程约2万平方米的房屋施工发包给原告张粤伦，并对工程结算及付款作出明确约定。之后，张粤伦按约完成工程，并于2006年12月27日竣工结算，确认工程总价款为5620959.41元，扣除第七公司已支付的工程款3786563元，至今尚欠工程尾款1834396.41元。为此，张粤伦诉至法院，请求：一、依法判令被告第七公司支付工程承包款1834396.41元及逾期支付工程款自2007年1月27日起至判决确定的给付之日止的中国建设银行同期流动资金贷款利息。二、诉讼费用由被告第七公司承担。

被告第七公司辩称：原、被告双方确实存在工程施工合同关系，第七公司发包给张粤伦承建并已实际完成的工程所涉总价款以第七公司与业主方的结算数额为准，即5620959.41元，原、被告双方实际并未进行过结算。同时，在此基础上，扣除第七公司已付工程款3786563元及其他约定费用后，第七公司实际已不欠张粤伦工程款项，请求驳回张粤伦的相应诉讼请求。

反诉原告第七公司诉称：第七公司于2005年4月7日发包给反诉被告张粤伦承建的天鸿湾小区二期

工程中已完工部分的工程总价款为 5620959.41 元，除已付工程款 3786563 元外，还应扣除以下费用：一、主合同（即与开发商订立的工程承包合同）中约定应扣除工程总价款 4% 的优惠即 224838.38 元。二、协议约定的总价 3.5% 的管理费 196733.58 元。三、第七公司代扣税金 320596.78 元。四、因张粤伦承建工程多次发生质量事故所产生的检测费及差旅费 26260 元。五、第七公司为张粤伦建盖的临时设施费 42702.99 元。六、机械设备租金 734065.94 元。七、第七公司在施工期间供给张粤伦施工队使用的各类建筑材料的材料款 192033.68 元。八、因张粤伦不能返还前述机械设备及建筑材料的情况下，应照价赔偿 901630.52 元。九、第七公司为张粤伦代付的砂石及机械台班费合计 297254.08 元。因此，扣除上述费用之后，张粤伦实际已多领取工程款项，应予退还。同时，因张粤伦在施工过程中屡次出现质量事故，导致工期延误，至今没有交工，故应当承担相应的违约责任。据此，请求：一、判令反诉被告支付多领工程款 1101719.54 元，并支付违约金 379 万元（自 2006 年 12 月 1 日起按每天一万元计算 379 天）。二、判令反诉被告立即办理验收交付手续，交付竣工资料。三、由反诉被告承担本案全部诉讼费用。

　　反诉被告张粤伦答辩称：一、本案张粤伦不存在违约行为，其所完成的相关工程已于 2006 年 11 月 30 日竣工并实际交付第七公司，故第七公司以张粤伦延误工期，至今未交付工程为由要求张粤伦承担违约责任即支付违约金 379 万元的诉请无事实和法律依据。况且，即便违约，根据双方内部承包合同的约定，违约方亦只应承担 5~10 万元的违约金。二、张粤伦已向第七公司交付了竣工资料，从本案所涉 2006 年 12 月 27 日工程已经结算的事实可以推定张粤伦已向第七公司提交了相应的竣工资料（否则不能结算）。况且，本案应向业主方办理工程验收交付的是第七公司，根据张粤伦与第七公司内部承包合同的约定，张粤伦仅有积极配合的义务，故第七公司要求张粤伦再次交付竣工资料并办理验收交付手续的主张不能成立。三、关于第七公司所主张的扣款问题。①主合同约定 4% 的优惠，是指工程结算过程中除材料款以外的其他工程取费的优惠，故第七公司要求以总工程造价（包括材料费在内）均作 4% 优惠的主张不符合合同约定。②第七公司要求按总工程造价的 3.5% 收取管理费的主张亦与双方内部承包合同的约定不符。③虽然双方合同约定第七公司对税金应当代扣代缴，但第七公司现主张的税金数额超过国家标准，且对于代缴税金的事实亦应举证证实。④关于质量检测费及差旅费的问题，第七公司对于本案所涉工程施工过程中是否发生过质量问题，以及是否发生过相关费用的问题应当提交充分证据证实，否则张粤伦对第七公司所主张的相关费用不予承担。⑤关于临时设施费，第七公司对于临时设施费的具体数额无充分证据证实，对其主张的相应费用，张粤伦不予承担。⑥关于第七公司所主张的机械设备租金、建筑材料款、机械设备和建筑材料的本金以及砂石、机械台班费用已包括在本案已付工程款中，不应再次予以扣除。综上所述，本案反诉原告第七公司的反诉请求均无事实和法律依据，应予驳回。

2. 法院审理认定

　　根据庭审举证和质证，法院确认本案如下法律事实：

2005年3月19日第七公司与迈康房地产开发有限公司项目开发部（以下简称迈康公司）签订《建设工程施工合同》，约定：第七公司承建迈康公司开发建设的镇康县天鸿湾小区二期工程，承包范围为基础、主体以及水电安装工程。同时，该合同价款采用可调价格合同方式确定，即：①发包人、监理和承包方签证认可的工程量增减和设计变更。②云南省98定额计取相关费用后优惠4%，增减变更工程按实结算优惠4%作为结算价。材料按同期市场价经监理、发包方和承包方共同确认。此外，合同约定工程款的支付方式为：次月5日前按当月完成工程款的7%支付工程进度款，工程竣工验收后30天内付至90%，收到结算书之日起90日内经审定结算并支付工程款至结算总价的97%，其余3%的保修金按保修合同约定的范围、期限，无重大质量隐患，一年内付清。该合同还对双方当事人的其他权利义务一并作出约定。此后，第七公司第一工程处负责上述工程的具体施工。2005年4月7日，第七公司第一工程处与张粤伦签订《建筑工程内部施工承包合同书》，约定将天鸿湾小区二期部分幢号建筑面积约2万平方米的商品房房建设，分包给张粤伦负责施工，施工范围以设计图纸和发包方指定工程内容为准。工程的结算、付款等一律以主合同（即以业主方签订的合同）条款执行。同时，第七公司第一工程处按照项目总价收取管理服务经费，1万平方米总价收2.5%，另一万平方米总价收3.5%，不再计取其他费用。如需上缴税款的，由发包方代扣代缴。另，承包方张粤伦被编制为第七公司第一工程处下设第二工程队，张粤伦为工程队负责人，齐美华为项目经理，倪亮为施工人员，王凡为质安员，李明丽为材料员。如果一方违约，须补偿守约方5~10万元的违约金，并承担相应的经济损失。此外，双方当事人还对其他权利义务一并作出约定。合同签订后，张粤伦组织相关人员对镇康县天鸿湾小区二期第5、6、14、15幢商品房工程进行了施工，第14、15幢房屋现已实际竣工，第5、6幢房屋在张粤伦撤场时为未完工工程。2006年10月31日《关于天鸿湾小区工程收尾工作会议纪要》记载，对于烂尾楼工程均按实际工程进行结算，由工程部指派专人与二队、三队共同认定实际工程量，按双方认定的材料单价送审。该会议纪要最终由第七公司、迈康公司以及张粤伦施工队（即二队）的相关负责人员签字认可。

3. 当事人共同确认

审理中，经双方当事人共同确认：

(1) 张粤伦作为本案所涉工程的实际施工人不具有相应的施工资质。

(2) 张粤伦最终完成的天鸿湾小区二期第5、6、14、15幢商品房土建工程的工程总造价为5620959.41元。其中，第5、6幢房屋现仍然作为未完工工程处于闲置状态，第14、15幢房屋已由业主方实际交由购房户使用。对于上述工程，第七公司已支付工程款339万元。

(3) 关于管理费的计取，双方当事人一致认可统一按照工程总造价5620959.41元的2.5%，由第七公司收取管理费用。

(4) 张粤伦应在本案中向第七公司支付临时设施费25000元。

(5) 张粤伦应在本案中向第七公司支付第七公司为其代付的公分石款93065

元、砂款150597.3元及机械台班费11999元。

(6) 第七公司当庭表示对其反诉请求第六、七、八项所涉及的，由第七公司供给张粤伦使用的机械设备及钢管、扣件等建筑材料的租金支付以及上述物品不能如数归还情况下的折价赔偿问题，如果设备以及建筑材料已由张粤伦归还，则第七公司只请求张粤伦支付该已还物品使用期内的租金，如张粤伦不能归还机械设备及建筑材料，则第七公司仅要求张粤伦对该不能归还物品折价赔偿即可（不要求支付租金）。此后，双方当事人就第七公司反诉请求的第六、七、八项，基于第七公司提出的上述处理原则一致同意由张粤伦在本案中一次性支付第七公司相应租金以及不能归还的设备和建筑材料的折价赔偿款合计人民币396563元。

(7) 本案所涉工程应当提供的工程资料有：

1) 桩基础工程施工技术文件包括《图纸会审纪要、技术交底》、《施工组织设计及报审表》、《桩位定位测量放线图及报审表》、《钢材出厂合格证及报审表》、《钢材试验报告及见证记录》、《其他材料出厂合格证、检验报告及报审表》、《混凝土配合比通知、混凝土抗压试验报告及见证记录》、《混凝土浇灌记录》、《隐蔽验收记录及报验申请表》、《竣工报告》。

2) 工程施工及竣工验收文件包括《钢材出厂合格证及报审表》、《钢材抗拉、焊接试验报告及见证记录》、《电焊条出厂合格证及报审表》、《红砖出厂合格证及报审表》、《砖物理力学性能检（试）验报告及见证记录》、《水泥出厂合格证及报审表》、《水泥性能实验报告及见证记录》、《砂、石料物理性能试验报告及见证记录》、《其他土建材料合格证及报审表》、《砂浆配合比通知》、《混凝土配合比通知》、《混凝土强度（抗压、抗折）试验报告及见证记录》、《混凝土强度试验结果汇总表》、《砂浆抗压强度试验报告及见证记录》、《砂浆强度试验结果汇总表》、《地基验槽记录》、《混凝土浇灌证明》、《土建工程分部分项隐蔽验收签证记录及报验申请表》、《结构工程实体综合检测报告》、《施工过程中质量事故处理报告及记录》、《建筑物沉降观测记录》、《工程项目竣工报告》、《工程项目验收会议纪要》、《单位工程竣工验收证明书》、《工程竣工验收总结》、《工程质量评估报告》、《建筑工程竣工验收备案表》。

[裁判理由及结果]

裁判理由

法院认为：《中华人民共和国建筑法》第二十九条第三款规定，禁止总承包单位将工程分包给不具备相应资质条件的单位。禁止分包单位将其承包的工程再分包。《最高人民法院关于审理建设工程施工合同纠纷案件适用法律问题的解释》第一条第（一）项规定，建设工程施工合同具有下列情形之一的，应当根据《合同法》第五十二条第（五）项的规定，认定无效：（一）承包人未取得建筑施工企业资质或者超越资质等级的。本案中，第七公司作为镇康县天鸿湾小区二期工程的总承包单位，其将部分工程分包给不具有相应资质条件的张粤伦进行施工，该情形违反法律的强制性规定，故双方所建立的建设工程分包合同关系应认定为无效。

《最高人民法院关于审理建设工程施工合同纠纷案件适用法律问题的解释》第二条规定，建设工程施工合同无效，但建设工程经竣工验收合格，承包人请求参照合同约定支付工程价款的，应予支持。

本案中，张粤伦客观上对镇康县天鸿湾小区二期第5、6、14、15幢商品房的土建工程进行施工。其中，第14、15幢房屋现已竣工并实际交由住户使用，而第5、6幢房屋虽系未完工工程，但第七公司并无充分证据证实其存在工程质量问题，加之业主方已明确表示该未完工工程可据实结算的情况下，本案张粤伦请求参照合同约定支付工程价款的主张成立，法院予以支持。根据《建设工程内部施工合同书》约定，张粤伦与第七公司之间的工程结算及付款等，一律以主合同（即与业主方订立的合同）条款执行，现双方当事人一致认可本案所涉张粤伦已完成的天鸿湾小区二期第5、6、14、15幢商品房土建工程的工程造价以第七公司与业主方就上述工程所作结算价款为准，即：5620959.41元。同时，双方当事人还一致认可：一、第七公司已实际支付工程进度款339万元。二、张粤伦应在本案中向第七公司支付临时设施费25000元、公分石款93065元、砂款150597.3元及机械台班费11999元。三、张粤伦应在本案中一次性向第七公司支付设备和建筑材料的租金以及不能归还的设备和建筑材料的折价赔偿款合计人民币396563元。上述款项应与总工程款予以抵扣。

至于第七公司主张张粤伦在施工及工程结算过程中还应按约向其支付其他费用并抵扣总工程款的问题：

一、工程造价4%的优惠问题。《建设工程内部施工合同书》约定，张粤伦与第七公司之间的工程结算及付款等，一律以主合同（即与业主方订立的合同）条款执行。为此，根据主合同关于合同价款按"云南省98定额计取相关费用后优惠4%，增减变更工程按实结算优惠4%作为结算价。材料按同期市场价经监理、发包方和承包方共同确认"的约定，第七公司关于本案在计算应付工程价款的过程中应参照上述合同约定扣除工程总造价4%作为优惠的主张具有事实和法律依据，即：按照本案工程总造价5620959.41元的4%计算所得224838.38元，应作为结算优惠从总工程款中予以扣除。

二、管理费问题。虽然本案双方当事人对管理费的计取数额达成一致意见，但根据《最高人民法院关于审理建设工程施工合同纠纷案件适用法律问题的解释》第四条关于"承包人非法转包、违法分包建设工程或者没有资质的实际施工人借用有资质的建筑施工企业名义与他人签订建设工程施工合同的行为无效。人民法院可以根据民法通则第一百三十四条规定，收缴当事人已经取得的非法所得"的规定，由于本案所涉分包合同无效，第七公司不能依据合同约定取得相应的管理费用，故其要求张粤伦向其支付管理费并用于抵扣总工程款的主张不能成立，法院不予支持。

三、税金问题。虽然双方内部承包合同约定，税款由发包方代扣代交，但由于第七公司对其已为分包人张粤伦代缴了工程税金的事实不能提交证据证实。同时，对于本案所涉工程税金的计征数额亦不能提交证据证实。为此，就本案所涉工程税金缴纳问题，可在相关事实明确之后，当事人另案解决。

四、关于质量检测费及差旅费问题。由于本案第七公司所提交的《楼板裂缝检测报告》系复印件且不完整，对该份证据的真实性，张粤伦不予认可，故第七公司在不能提交其他充分证据佐证的情况下，法院对该份检测报告的真实性不予确认。同时，就第七公司基于该份检测报告所主张的质量检测费收据的真实性，法院亦不予确认。至于其他差旅费用，由于第七公司不能提交充分证据证实该差旅费用的发生与本案存在必然的关联性，故法院对相应的差旅费发票不予确认。因此，对于第七公司所主张的张粤伦应当向其支付检测费及差旅费，并直接抵扣总工程款的理由不能成立，法院不予支持。

综上所述，本案在扣除前述工程进度款及相关费用之后，第七公司还应支付张粤伦工程款1328896.73元。同时，第七公司关于其多付工程款并要求返还的主张不能成立，法院不予支持。

关于张粤伦主张的逾期付款利息问题。《最高人民法院关于审理建设工程施工合同纠纷案件适用法律问题的解释》第十七条规定，当事人对欠付工程价款利息计付标准有约定，按照约定处理；没有约定的，按照中国人民银行发布的同期同类贷款利率计息。第十八条规定，利息从应付工程价款之日计付。本案中，《建设工程内部施工合同书》约定张粤伦与第七公司之间的工程结算及付款等，一律以主合同（即与业主方订立的合同）条款执行。根据主合同约定，工程尾款于发包方收到结算书之日起90日内经审定结算后支付。现业主方与第七公司就本案所涉工程价款结算的时间为2006年12月27日，故从该日起第七公司即有义务向张粤伦支付工程尾款。由于第七公司至今未支付上述款项，根据前述司法解释的规定，现张粤伦要求第七公司支付自2007年1月27日起至判决确定的给付之日止的逾期付款利息的诉讼请求具有事实和法律依据，应予支持。至于计息利率，因双方并无约定，故应按中国人民银行同期流动资金贷款利率计算。

关于第七公司主张张粤伦存在工期延误且至今没有交付工程的违约行为，其应当承担违约责任的问题。由于张粤伦所承建的天鸿湾小区二期第5、6、14、15幢商品房施工工程，其中第14、15幢房屋已经实际交付使用，第5、6幢房屋的土建工程虽系未完工工程，但所涉工程价款已由业主方与第七公司进行结算，故第七公司在无充分证据证实张粤伦确实存在工期延误且至今未进行工程交付的情况下，其要求张粤伦承担违约责任并按每天1万元的标准支付违约金的诉请无相应的事实依据，法院不予支持。

关于竣工资料的交付及验收的问题。本案中，张粤伦作为实际施工人，其在工程竣工之后，即负有交付工程竣工资料及配合验收的相应义务，现张粤伦对于之前事实认定部分关于本案所涉工程竣工后应当交付工程资料的具体明细并无异议，其虽然主张已向第七公司交付了上述工程资料，但并未提交证据证实，故本案张粤伦仍应根据前述工程资料的具体明细履行相应的交付义务并配合第七公司进行相应的工程验收。对于第七公司的相应诉请，法院予以支持。

[裁判结果]

一、被告（反诉原告）云南磊舜建设工程集团第七建筑有限公司于本判决生效之日起十日内支付原告（反诉被告）张粤伦工程欠款1328896.73元及该款自2007年1月27日起至判决确认的给付之日止的利息（利率按中国人民银行同期流动资金贷款利率计）。二、原告（反诉被告）张粤伦于本判决生效之日起十日内向被告（反诉原告）云南磊舜建设工程集团第七建筑有限公司交付本案所涉镇康县天鸿湾小区二期第5、6幢商品房施工工程的实际施工资料以及第14、15幢商品房施工工程的竣工资料（以事实部分确认的工程资料的明细为准）。三、驳回原告（反诉被告）张粤伦的其他诉讼请求。四、驳回被告（反诉原告）云南磊舜建设工程集团第七建筑有限公司的其他反诉请求。……

[法律评析] 法院裁决结果是正确的。但是不足之处在于对无效的工程施工合同是否存在工期延误违约金问题未能正面回答。

判例 24 合同无效、工期延误违约金不支持

[基本案情]

原告：河南省科伦铝业集团有限公司（以下简称科伦铝业集团）

被告：重庆富龙钢结构有限公司商丘分公司（以下简称富龙钢结构分公司）

被告：重庆富龙钢结构有限公司（以下简称富龙钢结构公司）

1. 原告起诉被告答辩

原告科伦铝业集团诉称：2007年10月8日原告河南省科伦铝业集团有限公司与被告重庆富龙钢结构有限公司商丘分公司签订纸厂主厂房钢结构设计、制作及安装等工程，合同总金额99万元。合同约定竣工时间为2007年11月15日前；第一被告如推迟工期，每延迟一日扣罚合同总金额的1‰；若因服务问题每延误一天，第一被告支付该项目合同总价的1‰违约金，且承担由于技术服务错误或违约给原告造成的一切经济损失。质保期内出现质量问题第一被告免费修理和更换，并承担由此而发生的一切费用。但事实上，约定的竣工时间届满后，第一被告迟迟不予交工，直至2007年12月16日才提交验收报告，逾期31天；屋顶漏雨问题一直存在，第一被告至今拒绝维修；2009年6月份，屋面彩瓦损坏，第一被告也拒绝维修。综上，第一被告存在种种违约行为，应当承担违约责任。因第一被告不具备法人资格，其民事责任应由第二被告承担。虽经原告多次交涉，但被告拒绝承担责任。要求：①依法判令两被告支付原告违约金297000元并赔偿原告损失。②判令被告承担全部诉讼费用。

被告富龙钢结构分公司辩称：原告所述的第一被告迟迟不予交工，逾期31天；屋顶漏雨问题、层面彩瓦损坏拒绝维修，缺乏客观依据。具体理由如下：

工期延误固然是事实，但延误工期完全是原告的原因引起的，并不能证明答辩人违约。合同签订后，答辩人按照约定及时组织施工技术人员进驻施工场地，安排业务人员采购建筑材料和设备，并委托徐州市银筑钢结构有限公司加工制作了钢梁。在施工正常进行期间，当建筑工程即将封顶时，原告于 2007 年 10 月召集由施工监理单位和答辩人参加的协调会，并在会上要求答辩人暂停施工，理由是：答辩人施工的房屋封顶后，将导致应安装在该房屋的行吊无法吊装。答辩人为配合原告的工作，被迫停工 40 余天。答辩人停工期间的工期，依法应当顺延，因此，工期延误是原告的原因造成的，原告指责答辩人违约（逾期交工），没有事实依据。按照合同约定的付款方式，原告应分 5 次向答辩人支付工程价款。原告除第一笔工程款按期支付外，其他 4 笔工程款均未按合同约定的时间支付，其中第 4 笔工程款逾期 140 天，第 5 笔工程款已逾期 17 个月，至今仍未付清。原告的违约行为不仅体现在逾期付款方面，而且还存在不适当履行合同义务的情况。按照合同约定和交易习惯，原告应以现金方式支付工程款，但原告已支付的 4 笔工程款中，有 3 笔是用提示付款期为 6 个月的承兑汇票支付的。因原告逾期付款，按照合同第 7 条甲方责任的第 5 项"甲方应按合同规定付款，若付款延期，经双方签字认可后工期顺延"之规定，施工工期应按逾期付款的时间予以顺延。在诉状中，原告指责答辩人违约，没有事实依据。在保修期内，答辩人全面地履行了合同约定的保修义务，原告所谓的"屋顶漏雨问题一直存在，被告拒绝维修"的主张，缺乏事实依据。屋面彩瓦损坏（屋顶被风吹掉）是 2009 年 6 月 3 日的风灾造成的，属意外事件，不属保修范围，且发生风灾时，答辩人承建的建筑工程已过了保修期，由此引起的损失应由房屋的所有人（原告）承担。综上所述，答辩人全面地履行了合同约定的义务，原告要求答辩人支付违约金、赔偿损失的诉讼请求，没有事实和法律依据，人民法院依法应判决驳回原告的诉讼请求。

被告富龙钢结构公司辩称：①答辩人系 2004 年 8 月申请注册的具有独立法人资格的有限公司，属重庆富龙集团有限责任公司全资子公司。②我公司从未在河南省商丘市设立重庆富龙钢结构有限公司商丘分公司及其他任何机构。③经查我公司也从未与原告签订任何工程合同。请法庭查明真相，依法驳回原告起诉。

2. 举证质证

原告为支持其主张向法院提交如下证据：

（1）主厂房钢结构设计、制作安装合同一份，据此证明：①合同价款 99 万元，且为不变价格；②被告逾期交工、质量问题、服务不及时的违约责任；③合同效力条款，所有对原告产生权利义务的承诺等文件必须经原告法定代表人授权代表签字并加盖公章方可生效。

（2）验收报告，据此证明被告逾期交工 31 天。

（3）技术协议，据此证明屋顶质保五年及被告的维修义务。

（4）使用单位关于屋顶漏雨的报告、照片 8 张。据此证明被告承包的该工程屋顶存在漏雨，天沟面板严重锈蚀等质量问题及屋顶损坏情况。

（5）屋顶维修合同、买卖合同，据此证明屋顶损坏给原告造成的直接损失情况。

(6) 被告投标资质文件，据此证明被告诉讼主体适合。

被告富龙钢结构分公司对上述证据的质证意见：对证据1、2的真实性无异议，对关联性有异议，认为：与待证事实不具有关联性，无法证明被告逾期交工或存在其他违约的事实。对证据3无异议；对证据4的客观性有异议，反映报告及说明系原告单方出具，且原告未通知被告对屋面漏雨问题进行现场勘查，该证据不具有客观性，屋面漏雨是风灾引起的，损坏事实不能证明被告施工质量有问题。对证据5的客观性、关联性有异议，维修合同的当事人均属原告的分支机构，与原告有利害关系，合同不具有客观性，损失是意外事件造成的，彩瓦损坏不属于保修范围，损坏与被告无关联。该风险应由产权人承担。对证据6无异议。

被告富龙钢结构公司对上述证据的质证意见：对证据1、2、3、4、5的关联性有异议，富龙钢结构公司从未在商丘市设立分公司，与富龙钢结构公司无关。对证据6的合法性、客观性、关联性有异议，富龙钢结构公司从未在商丘市设立分公司；投标人法定代表人授权书不是富龙钢结构公司出具的。

被告富龙钢结构分公司向法院提交如下证据：

(1) 合同一份，据此证明工程款的支付方式为分期分批付款及每次付款的时间及数额。合同约定甲方延期付款工期顺延的事实。

(2) 申请延期的报告，据此证明因原告的原因导致被告无法正常施工的事实。

(3) 焊缝探伤报告，据此证明钢梁的加工制作于2007年10月21日完成，并且进行了检验。

(4) 材料验收表，据此证明2007年11月9日屋面彩瓦已运至施工现场，经原告及监理工程师验收。

(5) 承兑汇票，据此证明原告支付工程款的时间。

(6) 商丘市气象局服务中心证明一份，据此证明2009年6月商丘出现灾害天气，屋面彩瓦损坏是意外事件（不可抗力）造成的。

(7) 证人李某某证言证明工程进行到上大梁顶板时因为甲方要自行安装行吊，甲方的工程师、监理都说先停止施工，待行吊安装后再施工，大概影响施工一个月。

(8) 对王某某的调查笔录一份，据此证明申请延期报告是王某某所签，延误工期的原因是甲方所致，是因安装行吊延误工期达一个月。

原告科伦铝业集团对上述证据的质证意见：对证据1的合法性无异议，对客观性、关联性有异议认为不能证明原告延期付款、工期顺延的事实。根据合同约定，付款延期应由双方签字认可，但被告无相关证据，且设计图纸未变更，不能证明工期顺延责任在原告。对证据2的合法性、客观性、关联性提出异议，证据不合法，原告从未收到。不客观，内容失实，无原告法定代表人签字并加盖公章，对原告不具有法律效力。来源不合法，不能证明原告存在责任。对证据3的合法性、客观性提出异议，证据不合法、不客观，该证据能证明原告付款不存在延期问题，符合合同约定。对证据4的合法性、客观性提出异议，证据不合法、不客观，不能证明材料内在质量符合工程要求及合同约定。对证据5的合法性无异议，对客观性提出异议，客观但不完整，同时能够证明原告付款时间符合合同约定，未影响工程进度。对证据6的合法性、客观性有异议，证据不合法，非法定部门出具。不客观，不能证明工程所在地的风力情况及屋顶受损之间的因果关系。该证据能够证明被告已经知道原告工程受损的事实。对证据7的合法性、客观性有异议，证人是被告富龙钢结构分公司手下员工，与其有利害关系，其证言应不予采信。行吊仅20～30米长，而本工程长达数百米，即便存在安装行吊的情形，也不会影响被告的施工。对证据8的合法性有异议，根据法律规定，证人应当出庭作证，证人无资格签申请书，甲方法定代表人和委托人签字才生效，王某某无权签此文件。

被告富龙钢结构公司对上述证据的质证意见：对证据1、2、3、4、5、6、7、8的关联性提出异议，富龙钢结构公司从未在商丘市设立分公司，上述证据与富龙钢结构公司无关。

被告富龙钢结构分公司向法院提交如下证据：

（1）富龙钢结构分公司的分公司设立登记申请书，据此证明：富龙钢结构公司从未在商丘市设立分公司，商丘分公司设立不是公司所为。分公司设立登记申请书资料中公司用印、法定代表人用印、签名、章程、格式、股东构成与富龙钢结构公司真实客观情况有着巨大差异，一目了然即可判定重庆富龙钢结构有限公司商丘分公司不是富龙钢结构公司设立的。

（2）富龙钢结构分公司的企业分支机构、其他经营单位年检报告书，据此证明富龙钢结构公司从未在商丘市设立分公司，年检不是富龙钢结构公司的行为。

原告科伦铝业集团对上述证据的质证意见：对证据1、2的合法性、客观性、关联性无异议，对被告富龙钢结构公司的证明目的有异议，能够证明富龙钢结构分公司是富龙钢结构公司设立的。

被告富龙钢结构分公司对上述证据的质证意见：对证据1、2的合法性、客观性无异议，对关联性有异议，与本案不具有关联性。

根据被告富龙钢结构公司的申请，法院依职权调取了被告富龙钢结构分公司工商注册登记档案中的分公司登记申请表、指定代表或者共同委托代理人的证明、关于对王宇晨同志的任职决定、重庆富龙钢结构有限公司企业法人营业执照副本复印件、重庆富龙钢结构有限公司企业章程以及重庆富龙钢结构有限公司企业档案。

原告科伦铝业集团，被告富龙钢结构分公司、富龙钢结构公司对法院调取的上述材料均无异议。

经质证，对当事人无异议的证据，法院予以采信。对当事人有异议的证据，结合当事人的质辩理由，法院综合分析认证如下：

对原告提交的证据认证：两被告均对证据1、2、3、的真实性均无异议，法院认可其证据效力；对证据4、5由于没有相关鉴定机构出具的鉴定结论，不能证明损坏事实的原因及损失大小，故均不能单独作为认定案件事实的依据。证据6因没有其他证据证明投标人法定代表人授权书及相关材料是富龙钢结构公司出具，对该证据的证明力法院不予确认。

对被告富龙钢结构分公司提交的证据认证：原告对证据1、5的真实性均无异议，法院认可其证据效力；证据2、8由于证人没有到庭接受质询，法院无法确认真伪，故法院不予采信；证据3、4、6由于没有鉴定机构结论，故均不能单独作为认定案件事实的依据；证据7，对证人证明工期延误此节证言法院予以采信，延误工期的原因双方各执一词，且皆无其他有效证据佐证，故法院对证言的其他部分的证明力不作评判。

对被告富龙钢结构公司提交的证据认证：证据1、2与法院调取的富龙钢结构分公司企业注册登记材料相同，法院认可其证据效力。

3. 法院认定事实

根据以上有效证据及当事人陈述，法院确认如下事实：

原告科伦铝业集团（甲方）与被告富龙钢结构分公司（乙方）经协商，于2007年10月8日签订《主厂房钢结构设计、制作、安装合同》一份（编号为ZY20071006—06），合同主要约定：乙方以总价格990000元整承包甲方纸厂主厂房钢结构设计、制作、安装等工程；付款方式为甲方应在合同签订生效且乙方将施工图纸和设计计算书交付甲方后五个工作日内支付合同总金额的10％，即人民币99000元整；甲方应在钢结构材料到甲方院内验收合格后五个工作日内支付合同总额的40％，即人民币396000元整；乙方彩瓦进场并安装完成2/3时，甲方在五个工作日内支付合同总金额的30％，即人民币297000元整；总工程安装完毕并经甲方验收合格后五个工作日内支付合同总额的15％，即人民币148500元整；余款合同总额的5％，即人民币49500元，自安装验收完毕后六个月后支付；在合同签订后，由于甲方原因造成的设计方案变更，乙方可将竣工时间顺延，由此引起的直接费用由甲方负担；竣工时间为2007年11月15日前；乙方保证按合同工期内将该项目竣工，若推迟工期，乙方每迟延一日扣罚合同总金额的1％；乙方保证按合同和技术协议的要求搞好服务，如因乙方服务问题每迟延1天，乙方向甲方支付该项目合同总价的1％违约金，且承担由于乙方技术错误或违约给甲方造成一切经济损失等条款。合同签订后，被告富龙钢结构分公司即进行了施工。工程完工交工后，被告富龙钢结构分公司因原告科伦铝业集团拖延偿付剩余工程款，向法院起诉原告科伦铝业集团要求其支付剩余工程款（该案已另案审理）。原告科伦铝业集团于2009年8月27日起诉至法院，要求两被告支付原告违约金297000元并赔偿原告损失。

另查明：因被告富龙钢结构公司否认被告富龙钢结构分公司是其设立的分公司。法院依职权调取了被告富龙钢结构分公司登记注册时使用的"重庆富龙钢结构有限公司"的印鉴及被告富龙钢结构公司在重庆市工商部门登记备案的印鉴，经比对两者的印鉴明显不一致。在诉讼中被告富龙钢结构分公司没有提交有效证据证明被告富龙钢结构分公司是被告富龙钢结构公司设立的分公司，也没有提交有效证据证明被告富龙钢结构分公司具有钢结构设计、安装的资质以及被告富龙钢结构公司授权被告富龙钢结构分公司使用其资质。

[裁判理由及结果]

裁判理由

法院认为：《中华人民共和国建筑法》第十三条明确规定，建筑施工企业只有在取得相应等级的资质证书后，方可在其资质等级许可的范围内从事建筑活动。原告将工程承包给无相应资质的被告富龙钢结构分公司的行为，违反了《中华人民共和国建筑法》第二十二条的规定。被告富龙钢结构分公司无相应资质而承包原告的钢构工程，违反了《中华人民共和国建筑法》第二十六条的禁止性规定，由于双方的行为均违反了法律的禁止性规定，故所签订的《主厂房钢结构设计、制作、安装合同》应为无效合同。合同无效双方均有过错，依法应承担相应的过错责任。无效合同自始就没有法律约束力，其法律后果是返还财产及赔偿损失，故原告科伦铝业集团要求被告富龙钢结构分公司承担违约责任支付违约金297000元的请求，不符合法律规定，法院不予支持。

关于原告科伦铝业集团主张赔偿损失的诉请，在诉讼中没有提交有效证据予以佐证，属举证不能，法院也不予支持。因无有效证据证明被告富龙钢结构分公司是被告富龙钢结构公司设立的分支机构，故原告要求被告富龙钢结构公司承担违约、赔偿责任的请求无法律依据和事实依据，法院不予支持。

裁判结果

一、河南省科伦铝业集团有限公司与重庆富龙钢结构有限公司商丘分公司于2007年10月8日签订的《主厂房钢结构设计、制作、安装合同》为无效合同。二、驳回原告河南省科伦铝业集团有限公司的诉讼请求。……

[法律评析]

法院对此案的审判结果是正确的。同时法院面对无效工程施工合同的处理问题进行正面阐述是难能可贵的。此案原告的诉讼失误在于未能提交有关损失的证据。证明因工期延误而受到损失的证据总会存在。原告之所以未提交主要在于法院可能的判决结果缺乏起码的预测，不具备专业诉讼技巧。

判例 25

业主方主张300余万元工期延误经济损失未获支持

[基本案情]

上诉人（原审被告、反诉原告）：上海江顺拉链制造有限公司

被上诉人（原审原告、反诉被告）：上海信达建设集团有限公司

1. 一审法院认定

原审法院经审理查明，2002年12月12日，上海江顺拉链制造有限公司（甲方）与上海信诚达工业园区建设有限公司（后更名为上海信达建设集团有限公司，以下简称信达公司，乙方）签订《建设工程施工合同协议》一份，约定工程名称优创公司第一期工程，建筑面积49285平方米，钢筋混凝土框架结构、钢结构、混合结构，承包范围包括：漂染车间、主厂房（1—9/10轴）、食堂宿舍楼、户外设施（门卫围墙、厂区道路、篮球场等），即施工图所记载的全部工程内容。开工日期2003年1月10日（以开工报告为准），第一期工程总竣工日期2004年1月25日。其中：漂染车间竣工日期2003年9月30日；主厂房（1—9/10轴）竣工日期2003年11月30日；食堂宿舍楼竣工日期2003年10月31日；户外设施竣工日期2003年12月31日；合同工期总日历天数380天。竣工验收获甲方批准，则工程竣工，乙方在建筑工程和厂区配套工程通过甲方、监理、设计单位及政府部门竣工验收后15天内提交建筑工程的完整资料、竣工图和验收报告，工程竣工日为竣工验收日。合同总价款4,600万元，本合同价款包括了合同附件上所有变更项目和内容。本合同采用固定价格，乙方包工包料。如市场变化，合同价款不再调整，上述合同价款为合同总价款，除甲方另有书面说明外，此合同价款包括甲方为了实施本合同工程所支付的所有款项和费用，包括办理建设工程规划许可证和施工许可证所需

一切费用以及在施工过程中所发生的规费,即工程项目政府职能部门所收取费用。若甲方要求对工程设计内容进行变更,乙方认为工程款与预算有差别,则必须在收到施工详图或甲方指令后的第七天中午12点前向甲方提出,经甲方确认后,方可对工程款进行调整,超过上述时限,则不予调整。调整方式,以合同原报价单费率和18.4‰下浮率作为计算方式。实际竣工时间迟于合同竣工日期,即为工期延误,因甲方原因造成的工期延误,合同工期可以顺延。因乙方原因造成的工期延误,乙方按每天10,000元支付违约金,该违约金直接从工程款中抵扣,违约金的抵扣上限为合同总价款的千分之五。若逾期超过30天,则甲方有权终止工程承包合同。由于双方确定的工期已考虑到天气因素,若遇自然现象影响施工的,经甲方确认后最多给予乙方不超过20天的延期,超过20天以上的甲方不再给予确认。除不可抗力外,其延期需经甲方代表签字认可。工期提前,不予奖励,甲方签署提前竣工协议要求提前竣工的除外。漂染车间、主厂房(1-9/10轴)的质量等级为优质结构,综合宿舍楼的质量等级为青浦杯,三项均达到上述质量等级视为本工程优质结构,若上述三项中一项没有达到上述等级,则视为整个工程没有达到质量等级要求。户外设施质量等级为合格。若达不到约定质量优良等级,则乙方承担违约责任,乙方负责返工直至达到合同要求,还须赔偿调整后合同总价款的0.5‰。材料采购、使用和安装必须按照甲方要求和报价书、合同补充说明中的附件执行,变更须经甲方同意,若变更后的材料价格低于原报价和合同补充说明附件,乙方应按差价退还给甲方,并从工程价款中扣除该差价。由甲方要求更换的材料品牌、价格高于原报价和合同补充说明附件,则甲方须按差价补贴给乙方。屋面、墙面保修期限为五年,其他部分为二年。甲方按调整后合同总价款的3‰扣留保修金二年,二年后扣留15万元作为屋面和墙面保修金,如保修期内未发生保修事项,则保修期后一次性付给乙方,保修期内发生维修事项和费用由乙方负责承担,否则甲方可以在保修金额内直接抵扣相应费用,若此金额不足抵扣,乙方应另行支付超出部分的费用。

2003年9月1日,信达公司和江顺公司分别作为乙方和甲方签订《建设工程施工合同补充协议(一)》,约定甲方补贴乙方40万元,补贴采用固定形式,如市场变化,价格补贴不再调整。主厂房11-18/19轴付款方式,根据《建设工程合同补充说明》第三条第五款的主厂房11-18/19轴工程预留价款900万元整,加上补贴40万元,合计940万元。施工日期:总工期210天,从2003年9月3日至2004年4月3日竣工,因乙方原因造成工期延误的,乙方按每天2,500元支付违约金,其他按照《建设工程施工合同协议》条款第12条执行。

原审法院另查明,系争工程于2003年2月开工,江顺公司已支付工程款项4,775万元。

2008年2月,信达公司向原审法院提起诉讼,称江顺公司尚欠信达公司工程款2,854,375元,故请求判令江顺公司支付工程款2,854,375元及利息(从2007年1月1日起至本判决生效之日止,按中国人民银行同期贷款利率计算)。

原审审理中,江顺公司辩称,双方签订的是闭口合同,总造价4,600万元。

2003年9月和2004年3月，江顺公司两次同意补偿信达公司190万元，目的在于尽快完成系争工程，信达公司也保证在2004年4月3日竣工。然工程进展缓慢，直至2004年12月底才竣工。由于信达公司违约，造成江顺公司多支付租赁费近65万元，故不同意信达公司的诉讼请求，并提起反诉，请求判令：信达公司支付因延期竣工而使江顺公司多支付的厂房租赁费约65万元、赔偿直接损失249.2万元，并承担延期交房违约金52.5万元。

原审审理中，江顺公司提供《单位工程竣工交付移交单》一份，该移交单明确："由上海信诚达工业园区建设有限公司承建的主厂房一期二期、漂染车间、食堂宿舍楼、门卫A工程，在2004年12月20日，经建设单位、设计单位、监理单位竣工验收合格，于同日移交给建设单位。"双方当事人分别于施工单位和建设单位处签章。对该移交单的真实性，信达公司无异议。

本案审理中，信达公司申请对系争增加工程进行审价。经委托上海恒飞建设咨询有限公司对相关工程进行审价，结论为：增加变更工程总造价为937,445元。

2. 原审裁判理由及结果

原审裁判理由

原审法院归纳本案的争议焦点如下：

(1) 关于未付款金额。信达公司主张未付工程款由增加工程的工程款和闭口工程的余款15万元组成，江顺公司认为15万元系系争工程保修金，支付条件尚未成就。

就此原审法院认为，对于增加的工程款，已委托上海恒飞建设咨询有限公司进行审价，程序合法，对审价金额予以确认。对于工程余款15万元，双方均认可是工程质量保证书中约定的款项。因该15万元为系争工程的保修金，而双方约定的工程保修期至庭审辩论结束尚未届满，故信达公司对该15万元的主张，不予支持。

(2) 江顺公司主张因信达公司延期竣工，致使其多支付房屋租赁费65万元，其中支付给案外人上海德润（集团）有限公司10个月租金730,512元，主张7个月计51万元；支付案外人上海运虹印染厂厂房及设备租金，主张7个月计14万元。为此，江顺公司提供了收款人为上海德润（集团）有限公司，时间为2004年5月26日，金额为30.34万元；时间为2004年10月11日，金额为427,112元支票存根复印件以及案外人上海运虹印染厂于2008年3月2日出具的证明，载明："上海江顺拉链有限公司在2000年开始租赁本公司厂房用于拉链漂染，原合同于2003年年底结束，后由于江顺公司新厂房未建好，延续至2004年10月结束。2004年1月至10月的租金为每月2万元，合计贰拾万元整，后以设备予以冲抵"。信达公司认为江顺公司上述房租的证据无法证明与本案有关，不予认可。

就此原审法院认为，江顺公司仅提供其相应的财务支出凭证，未能提供其与案外人上海德润（集团）有限公司和上海运虹印染厂房屋的租赁合同，亦无法证明其房屋租赁与本案系争工程的迟延交付之关联。同时对于案外人上海运虹印染厂出具的证明，因上海运虹印染厂未出庭作证，亦未说明原因，故不符合证人证言形式，故江顺公司提供的证据不足以证明其房屋租赁行为系因系争工程迟延交付而致损失，对该项主张不予支持。

（3）江顺公司主张因信达公司迟延交付系争工程致其直接经济损失249.2万元，其中根据双方签订的协议，竣工日期为2004年4月3日，而双方工程实际竣工验收日期为2004年12月20日，故主张7个月损失，每月35.6万元，计249.2万元。江顺公司为此提供了上海纳兰会计事务所对江顺公司2004年度和2005年度利润审计报告表，其中2004年度未分配利润6,948,636.34元，2005年度未分配利润13,989,517.43元。信达公司认为审计报告与本案无关，不予确认。

就此原审法院认为，江顺公司提供的证据仅表明其运营盈余，与其所主张的因信达公司逾期交房所致的损失间缺乏关联性，故对该项请求不予支持。

（4）江顺公司主张按2003年9月1日双方签订的补充协议的约定，主厂房11-18/19轴总工期210天，从2003年9月3日至2004年4月3日竣工，因信达公司原因造成工期延误的，按每天2,500元支付违约金。现信达公司实际交接工程的日期为2004年12月20日，故主张7个月违约金，计52.5万元。信达公司认为，其于2004年4月3日已竣工并将工程全部移交江顺公司使用。因工程量变更和增加工程量，信达公司实际提前完工，江顺公司没有证据证明信达公司延误工期。且江顺公司提出的延期违约金的请求与延期竣工造成的损失请求是重叠的。

就此原审法院认为，双方对《单位工程竣工交付移交单》的真实性一致确认，信达公司认为移交的仅是系争工程的档案，工程于2004年4月3日已移交江顺公司使用，但信达公司未提供相应的证据予以证明，对信达公司的主张不予采信。信达公司于2004年12月20日将工程移交江顺公司使用，迟于双方约定的2004年4月3日，故信达公司存在迟延竣工行为，应承担相应的违约责任。但因系争工程存在大量工程量变更和增加情形，且从双方确认的增加工程联络函、签证单时间来看，大多变更和增加工程情形亦发生于双方签订补充协议之后，故应由江顺公司对迟延竣工承担主要责任。

综上所述，原审法院认为，依法成立的合同，对当事人具有约束力。双方约定的施工合同，应为有效。信达公司组织施工，系争工程也已经过江顺公司竣工验收，江顺公司理应按照合同约定，支付相应的工程价款。对于相应的工程价款，对鉴定机构出具的鉴定报告的证据效力予以确认。对于工程款违约利息，根据双方的约定，工程项目剩余款项自验收通过之日起二年内分二期付清。本案中，信达公司于2004年12月20日向江顺公司交付工程，江顺公司理应于2006年12月19日前支付剩余工程款项。现信达公司主张自2007年1月1日起至判决生效之日止的剩余工程款违约利息，于法无悖。

原审裁判结果

原审法院据此作出判决：一、江顺公司应于判决生效之日起十日内支付信达公司工程款937,445元；二、江顺公司应于判决生效之日起十日内支付信达公司逾期付款利息（以937,445元为本金，自2007年1月1日计算至判决生效之日止，按中国人民银行同期贷款利率计算）；三、信达公司应于判决生效之日起十日内支付江顺公司逾期违约金104,000元……

原审判决后，上诉人江顺公司不服，向二审法院提起上诉称：双方签订的是闭口合同，所有附加协议都从属于双方签订的闭口合同。合同中，对价款的增加所必须具备的条件作了明确约定。原审判决依照的审计报告是在原价格的基础上下调了18.4%，间接证明了增加的工程量是在原减少的工程量的基础上增加的，属原合同范围，原审法院判决江顺公司再支付不合理。且工程款已过追诉时效。信达公司延期交付房屋对江顺公司造成巨大损失，原审法院对江顺公司要求的租赁费不予支持，有失公正，对反诉部分的违约金的认定也不合理。据此，请求判令撤销原审法院的判决，支持江顺公司要求信达公司支付因房屋延期交付造成的租赁房屋费用及其他损失。

被上诉人信达公司答辩称：原审法院判决正确，要求维持原判。增加的工程是客观存在的，而且经过审价，金额已按合同下调了18.4%。关于诉讼时效，一审时江顺公司从未提起，现在二审中再提无意义。工程从时间看确有延期，但是是有原因的，一来江顺公司多次进行变更设计，二来工程量有所增加，且施工过程中，还遭遇了"非典"，工期顺延是江顺公司造成的。原审法院认为信达公司也有责任，信达公司对此有异议，但未上诉。至于违约金和损失，由于延期的责任不在信达公司，不应由信达公司承担。

二审法院经审理查明，原审查明事实属实，二审法院予以确认。

[二审裁判理由及结果]

二审裁判理由

二审法院认为，依法成立的合同，受法律保护。信达公司与江顺公司之间签订的涉案建设工程施工合同及补充合同，是双方当事人真实意思之表示，且未违反法律、行政法规的强制性规定，应为合法有效，双方均有义务恪守。现信达公司已按约完成了施工，江顺公司作为建设方，有义务支付相应的对价。江顺公司主张增加的工程量应已包含在原工程范围内，是在原有工程减少的基础上所作的增加，对此信达公司予以否认，而江顺公司并未能提供相应的确凿的证据证明自己的主张，故对江顺公司该主张，二审法院难以采纳，原审法院依据查明的事实判令江顺公司支付增加的工程款项，该判决并无不当，二审法院予以维持。至于江顺公司反诉称信达公司违约，延期完工并造成江顺公司损失，要求信达公司承担违约责任并赔偿损失，因工程确实存在工程变更和增加的情形，故对于工程延期，江顺公司也有责任。原审法院依据查明的事实，判令信达公司承担部分延期责任尚属合理，对于该判决，二审法院一并予以维持。综上所述，江顺公司的上诉请求，缺乏相应的事实及法律依据，二审法院不予支持。对原审法院的判决，二审法院予以维持。

二审裁判结果

判决如下：驳回上诉，维持原判。……

[法律评析]

1. 双方当事人在合同中约定"实际竣工时间迟于合同竣工日期，即为工期延误，因甲方原因造成的工期延误，合同工期可以顺延"。在这里，对于工期应顺延的情况发生时，双方应依照何种程序和期限解决工期顺延事宜没有具体规定。这种约定对于承包商是有利的。在发生工程变更和增加后，即使承包商未及时提出工期顺延申请，它也并未丧失相应权利，在诉讼中它仍有权以此对业主方的反诉进行抗辩。两审法院认定双方共同对工期延误承担责任也正是基于此。

2. 江顺公司主张因工期延误而造成经济损失未获支持的原因在于其未能掌握相应的诉讼技巧：

双方在合同中约定的工期延误违约责任为"实际竣工时间迟于合同竣工日期，即为工期延误，因甲方原因造成的工期延误，合同工期可以顺延。因乙方原因造成的工期延误，乙方按每天 10,000 元支付违约金，该违约金直接从工程款中抵扣，违约金的抵扣上限为合同总价款的千分之五"，在补充协议中约定的工期延误违约责任为"施工日期：总工期210天，从2003年9月3日至2004年4月3日竣工，因乙方原因造成工期延误的，乙方按每天 2,500 元支付违约金"。在这些约定中，都表明发生工期延误时，承包商承担违约责任方式为支付违约金，没有赔偿损失的内容。《合同法》第一百一十四条约定："当事人可以约定一方违约时应当根据违约情况向对方支付一定数额的违约金，也可以约定因违约产生的损失赔偿额的计算方法。约定的违约金低于造成的损失的，当事人可以请求人民法院或者仲裁机构予以增加；约定的违约金过分高于造成的损失的，当事人可以请求人民法院或者仲裁机构予以适当减少。"根据上述规定，违约金与赔偿损失不能并存。当实际损失大于违约金时，当事人的救济途径是要求增加违约金，而不是再另行主张赔偿损失。作为例外，如果当事人在合同中明确约定，当实际损失大于违约金时，守约方还有权要求赔偿损失。则当事人除违约金之外，还可要求赔偿损失。本案中，双方在合同中并未进行类似的约定，因此江顺公司既要求违约金，又要求赔偿损失，没有法律依据和合同依据。江顺公司的正确做法是要求增加违约金，而不是除违约金之外还要求赔偿损失。

判例 26

因装修装饰施工影响空调施工

[基本案情]

原审原告(反诉被告、二审上诉人):河南伊芙中央空调有限公司

原审被告(反诉原告、二审被上诉人):河南诺思顿饭店有限公司

原审法院认定

原审法院查明:2004年7月21日,原、被告签订了一份《中央空调系统工程承包协议》,约定:"由乙方(河南伊芙中央空调有限公司)为甲方(河南诺思顿饭店有限公司)安装中央空调主机及末端设备的系统安装工程。工程总包。工程名称:河南诺思顿度假村中央空调系统工程。""工程总额为人民币75万元。付款方式为:合同签订之日起三日内甲方向乙方支付总额的10%作为预付款,收到此款后乙方即安排主机及末端设备的生产并派施工人员进驻现场进行施工;甲方接到乙方风机盘管后,即日内向乙方支付合同总额的40%;甲方接到乙方主机后,向乙方支付合同总额的10%;主机调试合格完毕后七日内甲方向乙方支付合同总额的34%;合同总额的6%作为质保金,于主机调试合格之日起一年内甲方一次性全部支付给乙方。""工程全部竣工后,乙方应向甲方提交竣工验收报告;甲方在接到报告后应派工作人员到场进行验收;七日内,甲乙双方代表应对整个系统的运行状况进行客观评价、检测,并在验收报告上签字,逾期不进行验收即视为验收合格。""任何一方不能单方面解除合同,一方擅自不履行或不完全履行合同义务,应向对方偿付合同价款1%的违约金,并赔偿对方遭受的合同损失。""本工程施工工期为50天,工期自乙方施工人员进场之日计;如因甲方原因增加工作量或停工、误工以及因不可抗拒因素(如自然因素、社会因素等)致使停工、误工,工期顺延。如因

甲方不能及时付款或不能提供施工条件致使工期延误，耽误乙方施工超过10个工作日，甲方每日应支付乙方总造价0.1％的误工费（日期自误工之日计），同时工期顺延。如乙方在甲方满足全部条件下，造成工期的延误，乙方应每日支付甲方总造价0.1％的误工费（日期自误工之日计）。"合同签订后，原告于2004年9月10日依约定进行施工，并于2005年5月20日竣工、工期为251天。被告依约定偿付了大部分工程款，至原告起诉时尚有27万元工程款未付。该工程未经验收，被告至迟已于2005年6、7月份使用该空调系统工程。在使用过程中，因中央空调管道安装质量问题，导致漏水等，原告派人进行过几次维修，但未修好，造成梅园中餐厅及宾馆中部分吊顶、墙纸发霉、变形，木地板、地毯等损坏。2005年8月底，平顶山市春鹏装饰工程有限责任公司为梅园上述损坏的地方进行修理，2005年10月份完工。被告支付工程修理款四次共计128000元。

另查明：梅园即河南诺思顿度假村，全称是河南诺思顿饭店有限公司梅园，属河南诺思顿饭店有限公司开办的二级机构。

[一审裁判理由及结果]

一审裁判理由

原一审法院认为，原、被告双方签订的《中央空调系统工程承包协议》合法有效，双方当事人均应依照合同全面履行自己的义务。该建设工程虽未经被告验收，但被告已使用该工程，视为其对该工程是认可的。被告应依照合同约定支付工程款，至于该工程存在质量问题是需另外解决的问题，被告以此拒绝支付剩余工程款已构成违约。根据双方所签《中央空调系统工程承包协议》第三条第二款之规定，合同总额的34％为255000元，合同总额的6％为45000元；270000元减去45000元，余款为225000元；说明被告实际已履行一部分，下余225000元未付，依据该条规定，被告应予偿付。关于原告请求的违约金，根据双方所签的协议第五条第一款的约定，被告应支付给原告违约金7500元（750000元×1％）。关于质保金45000元，因为原告所建该工程存在质量问题，并造成被告损失，该款应用于赔偿被告损失，故原告此部分请求，一审法院不予支持。双方合同约定工程施工工期为50天，但实际施工工期为251天，工期延误201天。庭审中原告（反诉被告）承认工期延误，但辩称原因在被告（反诉原告）不能提供施工条件，因未提供有效证据予以证实，故其辩称不承担违约责任的理由不能成立。根据双方所签合同第七条之规定，原告（反诉被告）应支付被告（反诉原告）违约金（即双方约定的误工费）：750000元×0.1％×201＝150750元。被告（反诉原告）由于原告（反诉被告）所建工程存在质量问题（中央空调管道漏水等）造成的损失即支付的修理费为128000元，减去质保金45000元万，余83000元，根据《中华人民共和国合同法》第二百八十二条之规定，原告（反诉被告）应予支付。被告（反诉原告）要求原告（反诉被告）承担维修责任，因未在合理期限内要求，现依法不应支持。

一审裁判结果

判决如下：一、被告河南诺思顿饭店有限公司支付原告河南伊芙中央空调有限公司工程款225000元、违约金7500元，共计232500元。二、驳回原告河南伊芙中央空调有限公司的其他诉讼请求。三、原告（反诉被告）河南伊芙中央空调有限公司支付被告（反诉原告）河南诺思顿饭店有限公司违约金150750元、修理费83000元，共计233750元。四、驳回反诉原告河南诺思顿饭店有限公司的其他反诉请求。上述一、三项于本判决生效之日起五日内履行完毕。……

二审法院经审理查明的事实与原审法院判决认定的事实相一致。

另查明：在二审诉讼中，上诉人河南伊芙中央空调有限公司提供平顶山市卉美装饰有限责任公司诉平顶山市春葵园林绿化有限公司工程款纠纷一案，一审卷中的平顶山市装修装饰行业管理办公室稽查队马晨证明及庭审证言各一份，其中证明的主要内容为：平顶山市卉美装饰有限责任公司于2004年11月16日在位于叶县梅园进行装饰施工，主要是天棚吊顶、隔墙、窗套、门套等工程。该公司并于同年12月1日补办了有关许可证。有关庭审证言对以上证明内容予以确认。上诉人以此认为工期延长系由上诉人有关装修装饰工程所造成的。

[二审裁判理由及结果]

二审裁判理由

二审法院认为，本案双方当事人之间所签订的《中央空调系统工程承包协议》意思表示真实，内容合法，依法应确认有效。双方均应按约履行。有关建设工程未经验收系事实，但相关原因不明。然而河南诺思顿饭店有限公司已事实上使用该系统工程，该行为应视为其对该工程的认可。据此，有关工程的主机调试也应视为合格，河南诺思顿饭店有限公司应按承包协议第三条的有关约定支付合同总额34%的工程款及合同总额6%的质保金，亦即下欠的总计270000元工程款。因有关工程工期延长，有关建设工程存在漏水等质量问题，致使双方发生纠纷，也使得河南诺思顿饭有限公司拒付下欠工程款，因而被上诉人拖欠工程款的行为不属主观故意，上诉人以此主张违约金的理由不能成立。

关于工期延长的问题，河南诺思顿饭店有限公司在一审时提供的证人冯庆霞证明：本案被上诉人有关工程主楼装修完工时间为2005年6月份；平顶山市装修装饰行业管理办公室稽查队马晨证明：平顶山市卉美装饰有限责任公司于2004年11月被上诉人有关工程进行过装修施工，并于同年12月补办了"室内装饰工程施工许可证"。冯庆霞系被上诉人方提供的证人，与马晨所证明的内容基本一致，可印证出一个基本的事实，即被上诉人有关装修装饰工程在2004年底和2005年初仍在进行中。因此该事实对有关中央空调安装的影响也是必然的。考虑到装修装饰工程及中央空调的安装均为系统工程，相互之间的影响不可避免，仅简单地从时间上计算认定有关工期是不妥当的，因而认定上诉人有关工程误工的理由不足。上诉人对其所安装的中央空调存在漏水的事实不持异议，也认可为此曾多次进行修理，二审中也同意对被上诉人原审反诉主张的有关修理费作出适当的考虑。综合以上因素可认定，因中央空调漏水，损坏了被上诉人的相关设施，被上诉人对此进行了修理。被上诉人对被损设施进行修理，并支付共计128000元费用的事实，有被上诉人与施工单位平顶山市春鹏装饰工程有限公司签订的"梅园返修工程协议"和交收款票据等予以佐证，对该事实应予确认，上诉人河南伊芙中央空调有限公司对此应承担责任。

综上所述，原审法院判决认定部分事实不清，部分实体处理不当，河南伊芙中央空调有限公司的部分上诉理由成立，对此予以支持。

二审裁判结果

判决如下：一、维持叶县人民法院（2006）叶民一初字第1251号民事判决第二项，即：驳回原告河南伊芙中央空调有限公司的其他诉讼请求；第四项，即：驳回反诉原告河南诺思顿饭店有限公司的其他反诉请求。二、河南诺思顿饭店有限公司于本判决发生效力之日起十日内支付河南伊芙中央空调有限公司工程款（含质保金45000元）270000元整。三、河南伊芙中央空调有限公司于本判决发生效力之日起十日内支付河南诺思顿饭店有限公司修理费128000元整。如果未按本判决指定的期间履行给付金钱义务的，应当依照《中华人民共和国民事诉讼法》第二百三十二条之规定，加倍支付迟延履行期间的债务利息。……

[析请再审]

申请人河南诺思顿饭店有限公司申请再审称：1. 平顶山市中院判决认定事实错误，根据合同被申请人应承担维护义务；2. 被申请人承揽的工程质量不合格，应当承担违约金7500元；3. 被申请人拖延工期，应当承担违约金150750元。

被申请人河南伊芙中央空调有限公司答辩称：1. 中院二审判决正确，请求维持。2. 被申请人工程完工后，申请人拒不进行验收而强行使用，且拒不支付剩余工程款，我公司不再承担维修义务；3. 我方未按期完工是由于申请人自身装修工程没有完成，至使我方无法进行收尾工作，故工程延期是由于对方原因造成，我方不应承担违约责任。

再审法院审理查明事实与原二审查明事实相一致。

[再审裁判理由及结果]

再审裁判理由

再审法院认为，双方当事人之间所签订的《中央空调系统工程承包协议》意思表示真实，内容合法，依法应确认有效，双方均应按约履行。有关建设工程虽未经验收但再审申请人河南诺思顿饭店有限公司已事实上使用该系统工程，其行为应视为其对该工程的认可。河南诺思顿饭店有限公司应按承包协议有关约定支付剩余工程款225000元。关于质保金45000元，因为被申请人所建该工程存在一定质量问题，并造成再审申请人损失，该款应用于赔偿再审申请人损失，故河南伊芙中央空调有限公司要求支付质保金的请求，再审法院不予支持。因中央空调漏水，损坏了申请人的相关设施，申请人对此进行了修理并支付共计128000元费用，减去质保金45000元，余83000元，河南伊芙中央空调有限公司应予支付。关于再审申请人申请称被申请人工期延长违约的问题，证据不足，理由不充分，再审法院无法支持。综上，原二审判决认定事实清楚，但处理不当，应予改判。

再审裁判结果

判决如下：

一、维持二审法院（2007）平民终二字第313号民事判决第一项：维持叶县人民法院（2006）叶民一初字第1251号民事判决第二项，即：驳回原告河南伊芙中央空调有限公司的其他诉讼请求；第四项，即：驳回反诉原告河南诺思顿饭店有限公司的其他反诉请求。

二、撤销二审法院（2007）平民终二字第313号民事判决第二、三项，即：河南诺思顿饭店有限公司于本判决发生效力之日起十日内支付河南伊芙中央空调有限公司工程款（含质保金45000元）270000元整；河南伊芙中央空调有限公司于本判决发生效力之日起十日内支付河南诺思顿饭店有限公司修理费128000元整。

三、河南诺思顿饭店有限公司于本判决发生效力之日起十日内支付河南伊芙中央空调有限公司工程款225000元整。

四、河南伊芙中央空调有限公司于本判决发生效力之日起十日内支付河南诺思顿饭店有限公司修理费83000元整。

如果未按本判决指定的期间履行给付金钱义务的，应当依照《中华人民共和国民事诉讼法》第二百三十二条之规定，加倍支付迟延履行期间的债务利息。……

[法律评析]

二审法院及再审法院均认定装修装饰工程施工影响了河南伊芙中央空调有限公司的中央空调施工，河南诺思顿饭店有限公司主张河南伊芙中央空调有限公司违约造成工期延误不成立。这里涉及工期延误中的因果关系问题。在建设工程中，有些因果关系是显而易见的，如地基未完成，主体结构就无法施工，这是显而易见的。《最高人民法院关于民事诉讼证据的若干规定》第九条规定："下列事实，当事人无需举证证明：（一）众所周知的事实；（二）自然规律及定理；（三）根据法律规定或者已知事实和日常生活经验法则，能推定出的另一事实；……"因此，当事人对于地基工程未完成主体结构无法施工这一事实无需举证。但是，有些分部工程之间是否相互影响，影响到什么程度，不是常人根据一般生活经验就能够知道的。在本案中，装修装饰工程施工与中央空调施工之间是如何相互影响的，影响的具体时间是多少，就属于类似问题。对此，应当通过专门机构通过专业鉴定予以解决。二审法院及再审法院未经过专业鉴定，直接认定因果关系的存在，在法律上存在瑕疵。

判例 27

延期有多个原因、反诉超时效

[基本案情]

上诉人（原审被告、反诉原告）：甘肃省荣欣大酒店有限公司

上诉人（原审第三人）：中国微露戴斯设计研究院

被上诉人（原审原告、反诉被告）：甘肃省潇工建筑工程公司

原审第三人：甘肃省金辉勘察检验中心

经审理查明：1993年5月8日，荣欣大酒店筹建处与潇工建筑公司签订《建设工程施工合同》，约定：潇工建筑公司承包建设荣欣大酒店的全部建筑安装工程、室外配套设施及附属工程等，1993年5月8日开工，1994年8月1日竣工；合同价款暂定人民币1200万元（以中国建设银行审定价为准），工程款委托建设银行按工程进度贷款支付；工程质量等级达到省优，奖励5万元。工程如期开工后，因在组织验槽钎探中发现地质资料与实际不符，需修改设计，于同年6月1日停工，直至10月下旬恢复施工。工程施工过程中，荣欣大酒店未能及时按约定拨付工程款，加之多次变更局部设计造成反复施工，工期受到严重影响。

1995年4月28日，荣欣大酒店筹建处与潇工建筑公司六分公司签订《建设工程施工合同》，荣欣大酒店以一次性包死价456.4万元将客房部分的装潢工程承包给潇工建筑公司六分公司，自合同签订之日起开工，同年7月31日竣工，保修期限三个月。同年8月29日，荣欣大酒店筹建处与潇工建筑公司六分公司签订《装修工程合同书》，荣欣大酒店以一次性包死价400万元将客房以外的装修工程承包给潇工建筑公司六分公司，工程于同年9月1日开工，1996年1月28日竣工，保修期一年。同年10月10日，荣

欣大酒店又与潇工建筑公司六分公司签订《协议书》,将从原预算中剔除的部分项目以10万元包死价交回潇工建筑公司施工,室外竖向工程按现有的马路、围墙、场地、大门一次性70万元包死。

1996年1月,上述各项工程全部完工。荣欣大酒店和潇工建筑公司根据合同的约定,经荣欣大酒店委托,由中国建设银行敦煌市支行于1995年1月18日和1996年8月19日对建筑安装工程造价进行结算,经会同潇工建筑公司、荣欣大酒店三方工程技术人员现场丈量核实,确认工程造价为31,075,464元,并由三方共同签字盖章。同时荣欣大酒店和潇工建筑公司双方于1996年1月6日和29日签字确认原预算中剔除部分及室外工程造价为800,095元,装潢工程造价为5,070,139元;装修工程造价按合同约定为400万元。以上合计荣欣大酒店工程总造价为40,945,698元。同年4月17日,潇工建筑公司与荣欣大酒店双方财务人员对已付工程款、欠款进行核对,确认荣欣大酒店已付工程款35,144,392.40元(其中包括设备款1,674,553元),尚欠5,801,305.60元,其中潇工建筑公司未做工程造价为24,826元。

此前,荣欣大酒店于1995年12月26日对土建安装工程组织了竣工验收,意见是"符合设计要求,充分体现了设计意图,工程质量优良"。1996年1月18日,该工程经敦煌市上元质量监督检测中心核验为优良工程,后又经甘肃省龙文工程质量检测中心复验,被甘肃省建设委员会评定为省优质样板工程。同年1月29日,荣欣大酒店对装修工程进行了验收,意见是"符合设计要求,主要项目质量优良,设备及家具完好无损,同意验收";同月31日,荣欣大酒店对装潢工程进行了验收,意见为"平整洁净,整洁完好"。对验收中提出的问题,潇工建筑公司均做了维修整改。同年6月4日,荣欣大酒店监理工程师李成在潇工建筑公司关于《荣欣大酒店回访和质量问题整改工作报告》上签署了"以上问题作了认真整改"的意见,并加盖了荣欣大酒店的公章;同日荣欣大酒店接管整个工程;7月11日,荣欣大酒店向敦煌市城建局递交了《竣工验收报告》,请求对荣欣大酒店工程给予验收,后因荣欣大酒店未交纳相关费用,验收工作未能如期进行。此间,荣欣大酒店又多次要求潇工建筑公司对竣工工程中存在的问题进行维修整改,潇工建筑公司依合同约定的保修条款多次派人对排水、客房家具、装修等方面存在的问题进行了整改。1997年1月22日,荣欣大酒店原工程部负责人林建伟签认"维修整改完毕"。

1997年3月,荣欣大酒店开始试营业。潇工建筑公司为此于同年3月26日、4月2日、4月3日先后三次致函荣欣大酒店,告知该工程未经国家工程质量监督部门验收,不得投入使用,并督促其尽快与质检部门联系组织验收。但荣欣大酒店仍将未经验收的工程全面投入经营、使用至今。

1997年6月,荣欣大酒店主楼客房部一楼非承重墙局部开始出现裂缝。同年7月21日,甘肃省龙文工程质量检测中心针对荣欣大酒店工程质量问题,召集各有关部门在现场勘验调查的基础上,形成了《关于荣欣大酒店工程质量问题会议纪要》(以下简称《纪要》),认定一楼非承重墙裂缝是由于地基不均匀压缩变形和湿陷下沉引起的,同时认为设计单位、施工单位、勘察单位、建设单位均存在问题,并提出了处理意见。潇工建筑公司对该《纪要》中与其有关的责任表示认可和愿意执行，但因设计单位微露戴斯设计院提出异议，问题未能得到解决。

1997年10月18日，潇工建筑公司以拖欠工程款为由向法院提起诉讼，请求荣欣大酒店支付拖欠工程款5,801,305.60元及滞纳金等。1998年12月7日，荣欣大酒店以潇工建筑公司为被告，微露戴斯设计院、金辉勘察检验中心为第三人提起反诉，请求赔偿因一楼工程质量问题造成的损失5,355,640元及工期延误违约金等。

本案一审中，一审法院根据荣欣大酒店的请求，委托甘肃省龙文工程质量检测中心对荣欣大酒店工程质量进行鉴定和复核，结论认为造成一楼非承重墙体裂缝的主要原因是：微露戴斯设计院的设计一层自承重的内纵横墙（240、120厚砖墙）均没有设置基础梁，外墙（370厚砖墙）虽原设计有基础梁，后又同意取消；排水管道埋设标准偏低（室内直埋排水管）；设计4.2m厚的回填垫层且又用作自重墙地基；内纵墙基础与地沟墙之间的间隙小于10cm等问题与国家颁布的标准不符；"对此质量问题的产生应负重要责任"。潇工建筑公司在施工时对回填土夯压不密实和自己订购使用的排水铸铁管个别管壁厚度偏薄，使用不久出现破裂跑水，是造成墙体严重开裂的直接原因；框架柱与隔墙、内纵墙与隔墙拉结质量差，是造成隔墙与框架之间竖向裂缝和卫生间隔墙裂缝的原因之一，"对此质量问题的产生应负直接责任"。荣欣大酒店在大楼散水坡旁边没有防水措施，将楼前楼后草坪花池土层进行翻松处理、浇水，使部分土层处于饱和状态，导致部分水侵入墙基、软化基土，加快基土沉陷；未经设计单位同意，擅自决定取消客房壁柜砖隔墙，造成部分走廊纵墙内倾斜，顶棚受压拱形变位；"对墙体裂缝负有一定责任"。金辉勘察检验中心在该大楼的地基勘探中对地基土工程性质未作全面试验与深入的评价，给设计、施工对回填土的质量控制造成模糊概念，"对墙体裂缝原因负有一定责任"。对此鉴定意见，荣欣大酒店、微露戴斯设计院、金辉勘察检验中心均认为荣欣大酒店的工程质量问题与己无关；潇工建筑公司对与其有关的部分责任予以认可。

1999年8月5日，甘肃省建设委员会因潇工建筑公司对荣欣大酒店主楼一层非承重墙体裂缝负有直接责任，撤销了荣欣大酒店为省优质样板工程称号的决定。

二审法院审理期间，合议庭会同荣欣大酒店、潇工建筑公司、微露戴斯设计院三方一同查看了荣欣大酒店一楼工程质量情况。由于基土下沉，一楼客房部部分内隔墙出现倾斜，荣欣大酒店已将一层客房关闭，二层以上继续营业。另据三方介绍，荣欣大酒店工程采用的是框架结构，因地面下沉，一楼非承重墙出现裂缝、倾斜，不至影响二层以上的使用。

[原审裁判理由及结果]

原审裁判理由

一审法院经审理认为，潇工建筑公司与荣欣大酒店签订的四份合同（协议）均合法、有效，双方的合法权益理应受到法律的保护。潇工建筑公司请求荣欣大酒店偿还工程欠款和赔偿银行利息的诉讼请求，有双方签订的合同（协议）、工程竣工验收单、双方签字盖章认可的由敦煌市建设银行审计核定的工程价款结算书和1996年4月17日双方财务人员核对工程已付款、欠款的材料等证据所证实，依法应予支持。但对未施工项目的工程款应从工程欠款额中予以扣除。荣欣大酒店辩称的建设银行审计核定的工程结算款不实，应以其委托审计的工程结算款作为工程款结算的惟一、合法、有效凭据，并以此为由认为超付了工程款，要求潇工建筑公司返还，因大酒店单方委托审计，违背了双方所签订合同的约定条款，理由不能成立，不予采信。潇工建筑公司要求荣欣大酒店支付省优工程奖的诉讼主张，虽然有合同约定，但因甘肃省建设委员会已于1999年8月5日撤销了荣欣大酒店工程为1995年度省优一级样板工程，因此，这一诉讼请求不予支持。潇工建筑公司要求荣欣大酒店支付催要欠款人员差旅费的诉讼主张，因双方合同中没有约定，不予支持。

荣欣大酒店反诉要求潇工建筑公司对土建工程施工中未按设计图和设计要求施工的四处工程返工重作的主张，质证中未能举出相关的直接证据，而潇工建筑公司在质证中提供了与此反诉请求相关的、由荣欣大酒店下达的变更施工通知、变更施工会议纪要、设计变更图纸等证据，因此其反诉请求不予支持。荣欣大酒店要求潇工建筑公司对一楼客房、冷冻机房、厨房等处墙体下沉、倾斜、裂缝等重大质量问题从基础予以彻底排除的反诉主张，根据其申请，为了查明荣欣大酒店工程一楼非承重墙墙体产生裂缝的原因和有关当事人的责任，法院依法委托甘肃省龙文工程质量检测中心对荣欣大酒店工程质量进行鉴定。依据该站作出的鉴定意见及各方当事人提出的意见和相关证据说明：荣欣大酒店工程在建设单位投入使用15个月就发生一楼非承重墙体下沉裂缝，不是施工单位潇工建筑公司一方造成的。首先，设计单位微露戴斯设计院对该工程的个别部位设计违反了国家颁布实施的规范标准，而且对甘肃省建设委员会1993年1月31日甘建发（1992）441号《关于荣欣大酒店工程初步设计审查的批复》中第三个问题曾明确指出设计"应考虑不均匀沉降对建筑物的影响"的批复意见，未给予足够的重视如一楼墙体应设计基础梁而未设计，将砌墙体直接坐落在回填土薄厚不等的垫层上，一楼地基下直埋管道而不设置检漏地沟等，因而未能有效解决地基的"不均匀沉降对建筑的影响"，为一楼墙体下沉裂缝埋下了无法回避的隐患；回填土夯压不实和地表水的渗漏等，只是加速了问题的暴露；因此，设计单位对此质量问题应承担重要的责任。施工单位潇工建筑公司在施工过程中，回填土的压实系数未达到设计要求；自购的排水管个别管壁厚度偏薄，加之个别地段管道埋置的设计违反规范标准，导致使用不久出现破裂、跑水等原因，对造成地基不沉，墙体开裂应负直接责任。建设单位荣欣大酒店违反国家有关规范标准，在未采取任何防水措施的情况下，在大楼周围6m内种植草坪、花坛，并采用漫灌式浇水，致使大量排水渗入楼体地基下；由于一楼未设计基础地梁，加速了地基下沉，恶化了一楼墙体的裂缝；对此质量问题负有不可推卸的责任。地质勘察单位金辉勘察检验中心提供的地质勘探报告虽然存在着几处资料不完善的地方，而作为使用该勘探资料的设计单位，并未对勘察报告提出任何异议，反诉原告也未提出赔偿请求，因此金辉勘察检验中心对荣欣大酒店工程一楼部分墙体下沉裂缝不应承担责任。这一反诉请求根据有关法律规定已超过诉讼时效，但鉴于潇工建筑公司已认可，并经有关部门鉴定，要求尽快加固整改，根据实际情况，微露戴斯设计院、潇工建筑公司、荣欣大酒店均应承担相应责任。荣欣大酒店要求潇工建筑公司对客房装潢质量和两项未完工程完成整改的反诉请求，因潇工建筑公司均已作了维修整改，并有荣欣大酒店相关人员签验的证据证实，且根据双方合同约定和法律规定的工程质量保修期限均已超过；同时荣欣大酒店在工程未经国家职能部门验收的情况下即投入使用，违反了有关法律规定。关于两项未完工程中的发电机房隔音板未施工，是因当初约定由荣欣大酒店负责购回材料后通知施工单位施工，但是至今未接到购回材料并进行施工的通知；院内喷水池喷砂未做，是因为荣欣大酒店决定喷砂改贴瓷砖，但对贴什么规格和颜色的瓷砖，荣欣大酒店领导意见不一致，至今施工单位未接到通知，对这两项未施工的项目有潇工建筑公司在庭审中当庭递交的未完工程项目款24,826元的退款结算书所证实。荣欣大酒店对退款结算书既未举出反证，也未提出异议，该未完工程款应从工程欠款中扣除。荣欣大酒店要求潇工建筑公司赔偿工程质量未达优良的违约金9万元的反诉请求，因造成一楼墙体工程质量问题的责任不是潇工建筑公司一方所为，故这一反诉主张不予支持；荣欣大酒店要求潇工建筑公司赔偿工期延误违约金7,932,494元的反诉请求，由于其多次修改设计、工程款未按合同约定及时拨付，造成停工，使工程不能按期竣工，责任不在潇工建筑公司；且工程已投入使用近三年才提出反诉，已超过法律规定的诉讼时效，该反诉请求不予支持；荣欣大酒店要求潇工建筑公司赔偿因工程质量造成的损失5,355,640元的反诉请求，因其未提供造成损失的具体构成和相关合法证据，且该工程未经国家职能部门验收就投入使用，根据《中华人民共和国经济合同法》第三十四条第二款第4项和国务院《建筑安装工程承包合同条例》第十三条第二款第3项的规定，其责任应由自己承担，该反诉请求不予支持；荣欣大酒店要求确认1995年10月10日与潇工建筑公司签订的80万元《协议书》为无效合同，因该协议符合1993年5月双方签订的第一份合同的精神范围，是双方自愿基础上达成的，应认定合法有效，对这一反诉请求不予支持；荣欣大酒店要求潇工建筑公司返还已超付的工程款771,359元及利息231,408元、保修金1,550,815元的反诉请求，因中国建设银行敦煌市支行的结算书由三方共同签字盖章给予了认可，而且工程款结算审核单位是大酒店自己委托的，该反诉理由不能成立；荣欣大酒店要求潇工建筑公司赔偿审计支出682,995元的反诉请求，因荣欣大酒店未向法庭提供支出审计费的任何票据，且该项工程价款已由建行审计核定，荣欣大酒店单方再审计，违反双方合同约定的有关条款，其审计费用应自己承担。

原审裁判结果

据此判决：一、潇工建筑公司与荣欣大酒店所签订的《建设工程施工合同协议条款》、《装修工程施工合同》、《建设工程施工合同》及《协议书》均为有效；二、荣欣大酒店给付潇工建筑公司工程款5,776,479.60元及利息（按银行同期同类贷款利率计算至付清之日止），于判决生效十日内付清；三、潇工建筑公司的其他诉讼请求予以驳回；四、荣欣大酒店工程一楼非承重墙体裂缝问题，应增设墙基地梁，进行加固，在判决生效二十日内，潇工建筑公司做好加固维修施工的准备工作，承担全部加固费用的30％；荣欣大酒店做好施工队伍进场前的有关准备工作，承担全部加固费用的30％；第三人微露戴斯设计院拿出加固整改设计图，承担全部加固费用的40％；五、荣欣大酒店其他反诉请求予以驳回。……

[当事人上诉]

荣欣大酒店和微露戴斯设计院均不服一审判决，向二审法院提起上诉。荣欣大酒店上诉称：荣欣大酒店主楼一楼墙体出现变形、开裂、地基下陷等严重质量问题完全是由潇工建筑公司施工造成的；一审法院委托的鉴定人甘肃省龙文工程质量检测中心与潇工建筑公司共同属于甘肃省建设委员会，荣欣大酒店工程是经其复验、推荐，才被评为省优质工程的，其与本案有直接的利害关系，请求对工程的质量问题和责任重新委托中国质量检测中心予以鉴定；一审法院对工程重大质量问题最重要、最直接的原因予以回避，依据甘肃省龙文工程质量检测中心的错误鉴定结论由相关各方分摊责任，违背事实和法律；根据甘肃省审计事务所的审计报告，证明建设银行的工程款结算违背客观事实，是虚假的，请求重新委托有关部门据实进行结算；一审判决主文的第四项缺乏可执行性。

微露戴斯设计院上诉称：甘肃省龙文工程质量检测中心与本案有直接的利害关系，其鉴定内容不真实；荣欣大酒店质量事故的真正原因是潇工建筑公司施工质量达不到设计要求，并使用了不合格产品造成的，与设计无关，一审判决对于设计部门责任的认定和判决是错误的；一审判决适用法律错误，既然认定荣欣大酒店的反诉请求已超过诉讼时效，又基于潇工建筑公司的认可，由相关各方承担责任，不但相互矛盾，而且潇工建筑公司的认可不能表明微露戴斯设计院也认可；荣欣大酒店工程未经验收即投入使用，根据相关法律法规的规定，发现质量问题，责任应由荣欣大酒店自行承担；荣欣大酒店与微露戴斯设计院之间是委托设计合同关系，应依设计合同约定。

潇工建筑公司答辩称：潇工建筑公司依据合理、合法的结算向荣欣大酒店索要工程款是正当的；甘肃省建设委员会、甘肃省龙文工程质量检测中心与潇工建筑公司属于不同的政府部门、职能机构和企业，没有任何隶属关系；根据《经济合同法》和国务院《建筑安装条例》的规定，荣欣大酒店将未经验收的工程投入使用，质量责任应由自己承担；鉴定意见是甘肃省龙文工程质量检测中心根据一审法院的依法委托，组织在甘肃的建筑行业的专家、学者、工程技术权威人士，依照建筑设计规范及法规，通过实地检测、分析论证后得出的科学结论；荣欣大酒店要求潇工建筑公司赔偿22,613,105元损失的上诉请求没有事实和法律依据；潇工建筑公司对于鉴定结论中自身责任的认可与荣欣大酒店反诉请求超过诉讼时效是两回事；请求维持一审判决。

[二审裁判理由及结果]

二审裁判理由

二审法院认为：潇工建筑公司与荣欣大酒店签订的四份合同（协议）均是双方真实意思表示，不违反法律，应认定有效；荣欣大酒店主张双方于1995年10月10日签订的协议书无效，没有依据。根据双方1993年5月8日签订的《建设工程施工合同》，工程款结算以建设银行审定价为准；中国建设银行敦煌市支行会同潇工建筑公司、荣欣大酒店对建筑安装工程造价所作的结算符合双方合同的约定，应认定有效；荣欣大酒店应按双方合同约定及签字认可的工程款额支付拖欠工程款5,776,479.60元及利息；荣欣大酒店以自己单方委托甘肃省审计事务所的审计报告为依据，主张建设银行的工程款结算是虚假的，证据不足，重新委托结算的请求违反双方合同约定，不予支持。

潇工建筑公司将荣欣大酒店工程交付后，荣欣大酒店应依法履行其申请验收义务，但由于其不交纳相关费用，致使工程未能验收，对此荣欣大酒店应负完全责任。

由于荣欣大酒店采用框架结构，目前出现的质量问题仅限于一楼，对此荣欣大酒店、潇工建筑公司、微露戴斯设计院均予以认可。荣欣大酒店请求潇工建筑公司、微露戴斯设计院、金辉勘察检验中心赔偿因严重工程质量特别是一楼客房部非承重墙裂缝问题造成的损失等，由于荣欣大酒店工程未经验收即投入使用至今，根据《中华人民共和国经济合同法》"工程未经验收，提前使用，发现质量问题，自己承担责任"和国务院《建筑安装条例》"工程未验收，发包方提前使用或擅自动用，由此而发生的质量或其他问题，由发包方承担责任"的规定，荣欣大酒店工程出现的质量问题应由发包方和使用方荣欣大酒店自行承担责任。但鉴于潇工建筑公司对于甘肃省龙文工程质量检测中心鉴定结论中属于自己的部分责任予以认可，且对于一审判决其承担荣欣大酒店工程一楼非承重墙体裂缝加固费用的30%未予上诉，可准予潇工建筑公司对于荣欣大酒店一楼的整改工作承担相应的费用。

荣欣大酒店一审中以潇工建筑公司为被告，微露戴斯设计院、金辉勘察检验中心为第三人提起的反诉，因其与微露戴斯设计院、金辉勘察检验中心属另外的法律关系，其对微露戴斯设计院、金辉勘察检验中心的诉讼请求超出本案的反诉范围，一审法院将其作为反诉一并审理不当，荣欣大酒店可依据委托设计合同和委托勘探合同另行对微露戴斯设计院、金辉勘察检验中心提起诉讼。

二审裁判结果：一、维持甘肃省高级人民法院（1998）甘民初字第22号民事判决第一项、第二项、第三项、第五项；二、变更甘肃省高级人民法院（1998）甘民初字第22号民事判决第四项为：荣欣大酒店自行承担一楼非承重墙体裂缝的整改加固，潇工建筑公司承担其费用的30%；……

[法律评析]

1996年1月，上述各项工程全部完工，荣欣大酒店主张工期延误违约金最迟也应该从此开始起算诉讼时效期间。诉讼时效期间为两年，按照对荣欣大酒店最宽容的计算方式，其应在1998年1月对于工期延误违约金主张权利。而实际上荣欣大酒店于1998年12月7日提起反诉，请求赔偿因一楼工程质量问题造成的损失5,355,640元及工期延误违约金等，已超过了两年的诉讼时效期间。

判例 28 承包商支付违约金及赔偿业主方向小业主支付的违约金

[基本案情]

上诉人（原审原告、反诉被告）：福建省民创建筑工程有限公司（以下简称民创公司）

上诉人（原审被告、反诉原告）：厦门寰宇房地产开发有限公司（以下简称寰宇公司）

原告起诉、被告答辩、反诉

原审原告民创公司诉称：由其施工的厦门寰宇大厦土建及水电工程，总造价为 39776673 元，被告仅支付工程款 32808038 元，尚欠原告工程款 6968635 元。请求：1. 判令被告立即支付工程款 6968635 元；2. 判令被告支付拖欠工程款利息 404180 元（自 1999 年 2 月 1 日至 1999 年 12 月 31 日，以月息 5.8％计算）；3. 被告承担工地误工、设备停滞费 2620000 元和本案的诉讼费用。原审被告寰宇公司辩称：依合同约定支付工程款 90％作为工程进度款，10％为尾款，由于原告的原因，工程款尚未结算，不具备支付工程款的条件，我公司已支付工程款 33070087 元。

寰宇公司反诉称：双方签订的合同和《会议纪要》约定工程应于 1998 年 7 月 25 日前全部完工，民创公司却于 1999 年 7 月 2 日才竣工验收，拖延工期 342 天，且工程还存在质量问题，至今未能整改。请求判令：1. 民创公司支付工程延期交付的违约金 1026000 元；2. 赔偿因延误工期造成逾期向业主交房的损失 1584490.5 元；3. 寰宇大厦需要整改的工程应予整改；4. 民创公司承担诉讼费用。民创公司辩称：竣工日期应认定为 1999 年 1 月 31 日，寰宇大厦主体设计变更、寰宇公司自行发包的消防工程延误和冷却塔甩项验收导致综合评定表未能及时取得，责任应由寰宇公司承担，我公司不承担逾期交房的责任。寰宇公司提出工程延期交付的违约金没有事实依据；其与业主的售楼合同关系，与本案没有关联，属另一个法律关系,请求驳回其反诉请求。

[原审裁判理由及结果]

原审裁判理由

原审法院认为,双方当事人签订的《建设工程施工合同》为有效合同。民创公司请求支付尚欠的工程款应予支持。由于民创公司未按合同约定提交完整的工程决算书,且双方在诉讼其间才将工程款结算清楚,故民创公司要求支付拖欠工程款的利息没有事实依据,不予支持。民创公司提出钟楼设计更改造成塔吊设备停滞费、误工费共计262000元,应由建设单位承担。但民创公司在此之后未向寰宇公司主张赔偿,庭审中也未进一步举证该损失的相关证据,故民创公司要求寰宇公司赔偿该项损失,不予支持。双方以《会议纪要》形式重新约定竣工时间为1998年7月30日。1999年7月2日寰宇大厦通过质监部门核验合格并取得《单位工程质量综合评定表》。寰宇公司反诉主张应以评定表上的时间为竣工日期支付延误工期的违约金。根据有关部门的规定,竣工验收日期应以监理或建设单位签署盖章的《单位工程竣工验评纪要》的日期为准。寰宇公司反诉要求以每日3000元计算逾期竣工的违约金,可部分支持。逾期违约金自1998年8月1日起至1999年2月5日止计算。由于1998年5月10日双方达成的《会议纪要》所约定的逾期罚款违约金按每日3000元递进的计算方式过高,寰宇公司要求以每日3000元计算违约金的请求合理有据,予以采纳。对于寰宇公司反诉提出因逾期交付工程造成其赔偿业主损失,在违约金不足以赔偿寰宇公司逾期交房所造成的损失,民创公司还应当赔偿该损失。寰宇公司与业主签订《预售商品房合同》约定交房时间在双方约定竣工日期之前的,该责任应由寰宇公司自己承担;在双方约定的竣工日期之后的,所造成的损失应当由民创公司承担。属于后者的合同有7份,违约金58.8万元,由于民创公司支付的违约金仍不足赔偿寰宇公司的实际损失,民创公司仍应赔偿寰宇公司的实际损失。

原审裁判结果: 判决:1. 寰宇公司应于本判决生效之日起一个月内支付民创公司工程款人民币2391698.68元;2. 驳回民创公司的其他诉讼请求;3. 民创公司应于本判决生效之日起一个月内支付寰宇公司逾期支付工程的违约金人民币552000元(从1998年8月1日计至1999年2月5日止,以每日3000元计算);4. 民创公司应于本判决生效之日起一个月内赔偿寰宇公司逾期交房的损失31000元(583000~552000元);5. 以上一、三、四项对抵后,寰宇公司应于本判决生效之日起一个月内支付民创公司工程款人民币1808698.68万元;……

当事人双方上诉

宣判后,双方当事人均不服,提出上诉。民创公司上诉称:第一、工期延误的原因是由寰宇公司造成,一审判决由民创公司承担是不当的。理由是:寰宇公司几十次变更设计,导致施工计划打乱,无法正常施工。会议纪要之后,寰宇公司施工工程变更50多次,按建筑法的规定导致延误工期的责任完全应由寰宇公司承担。

寰宇公司将一楼装修、空调、消防、电梯安装进行分包，造成工程施工脱节，延误工期，其责任应全部由寰宇公司承担；第二、寰宇公司应赔偿上诉人的误工、设备停滞费262000元。原审法院却以上诉人没有向寰宇公司主张赔偿，没有进一步举证为由而不予支持是不当的，依照合同条件第32条第三款的约定，应视为该项索赔已经批准。寰宇公司于1997年10月10日收到索赔通知后，对数额和理由均无异议，而一审法院却予以否认，导致应该顺延的工期和应该赔偿的损失没有得到支持；第三、支付拖欠工程款利息是正当合法。原审法院以民创公司未按合同提交完整的工程结算书，工程款在诉讼中才结算清楚，因此主张拖欠工程款的利息没有事实依据。根据协议条款28.3、28.5、31.4条的规定，寰宇公司应支付自收到结算报告30天后不按时付款的利息，该欠款最低应从竣工之日起计算利息。请求：1. 撤销一审判决第2～5项的判决；2. 判令寰宇公司支付工程款2391698.68元及利息（1999年5月25日起至还款之日止按银行同期同类贷款利率计算）；3. 寰宇公司支付误工、设备停滞费262000元，并承担一、二审诉讼费用。

寰宇公司辩称：其还应支付工程款2391698.68元，没有异议。民创公司未按时提交完整的结算资料，且冒估工程款6968653元，至一审诉讼期间才结算清楚，造成没能按期结算的原因在于民创公司，结算时其已多付款1147264元，故民创公司主张支付逾期付款的利息缺乏事实依据；民创公司无法证明误工、机械设备停滞损失已经发生，且在四个月后提出，与合同约定不符；民创公司不存在合同约定的四种允许顺延工期的情形，应承担延误工期的违约责任。

上诉人寰宇公司上诉称：第一、原审判决《单位工程竣工验评纪要》签署盖章作为竣工验收日期不符合双方签署的合同约定，也没有法律依据。其理由：1. 一审认定的事实与合同约定不符，合同约定竣工日期为1997年5月11日，而质监单位的盖章是1999年7月2日，一审以1999年2月5日为竣工日期，认定不当；2. 一审认定1999年2月5日为竣工日期是以有关部门的规定推翻合同，是不当的，应以1999年7月2日作为竣工日期，并以此计付民创公司的违约金和赔偿经济损失。第二、一审法院认为，"寰宇公司与业主签订的《商品房售房合同》约定交房时间在双方约定竣工日期之前的，该责任应当由寰宇公司自己承担"这种认定没有任何的法律依据。在民创公司延期完工的情况下，导致寰宇公司逾期交房蒙受的经济损失。寰宇公司在约定的竣工日期到实际竣工日期这一段时间产生的经济损失，完全是由民创公司的违约造成的，应当由民创公司承担。请求：1. 撤销一审判决3—6项；2. 请求判令民创公司向寰宇公司偿付工程延误违约金人民币1011000元和赔偿经济损失286999.50元；3. 判令民创公司立即完成尚未完成的整改工作的赔偿金12万元；4. 承担一、二审的全部诉讼费用。

民创公司辩称：民创公司不应承担延误工期的违约责任，也不应承担赔偿寰宇公司的逾期交房的损失。寰宇公司请求判令民创公司承担整改费用12万元，不属于二审的审理范围。

经审理查明：双方当事人除拖欠工程款的利息计算、误工设备停滞损失和延误工期及违约责任、赔偿经济损失、寰宇大厦整改工程等方面的事实争议外，对原审查明的其他事实没有异议，二审法院予以确认。

[二审裁判理由及结果]

二审裁判理由

1. 二审法院对拖欠工程款等的认定

现就本案本诉部分中拖欠工程款的利息计算和误工、机械设备停滞损失的事实分析并认定如下：

（一）民创公司提供《施工合同》第28.2条中的约定：乙方竣工验收后10天内提交结算报告；甲方接到结算报告后30天内审定，审定批准后3天内送厦门造价站审核之后付款；提供1999年4月21日报送给寰宇房地产工程部的《工程结算书》及由李浩签收的记录，证明按双方合同约定，寰宇公司应当自收到结算报告30天后付款，寰宇公司未按约定付款，应支付从1999年5月25日起支付拖欠工程款的利息。寰宇公司提供2000年3月17日《关于寰宇大厦单位工程竣工决算的会议纪要》、1999年12月13日《关于邀请省民创对寰宇大厦项目工程决算对账及竣工总验收的通知》、1999年12月29日《关于寰宇大厦单位工程竣工决算的通知》，证明4月21日民创公司报送的结算资料不完整。民创公司认为寰宇公司收到报送的结算报告时，其没有要求补充资料，二份通知书只能证明寰宇公司通知其办理结算。民创公司提起诉讼时，工程款尚未结算清楚，诉讼中（2000年8月17日）双方进行审核，确认工程总造价为35389624元，尚欠工程款2391698.68元。该事实，双方当事人没有争议。寰宇公司还提供了《施工合同》第22.2条的约定：工程款按双方确认的金额和时间支付，甲方付款数按甲、乙双方核定的90%，余下10%待竣工决算时付清；证明按约定工程款应余下10%待竣工决算后付清，其不存在逾期支付工程款的事实。

二审法院认为，双方当事人对合同中关于支付工程款的约定没有争议。截止到1999年5月25日，寰宇公司所支付的工程款已超过约定的额度，在此之前民创公司不存在拖欠工程款的事实。民创公司主张从1999年5月25日起计算工程款的利息，由于民创公司报送的工程决算书资料不完整，且寰宇大厦尚未取得《单位工程质量综合评定表》，工程尚未竣工，工程造价也未进行决算，付款条件不具备，故其主张支付工程款的利息不予支持。2000年8月17日工程款决算清楚，寰宇大厦也过了保修期，支付工程尾款的条件已经成就，故寰宇公司应支付全部的工程款，寰宇公司尚未支付，为此寰宇公司应从该时间起按银行同类同期贷款利率支付利息至还款之日止。

（二）民创公司认为，寰宇大厦主体增加一层、钟楼增加一座造成工地误工、设备停滞费262000元，应由寰宇公司赔偿，为此提供了1997年10月10日民创公司给寰宇公司的《关于寰宇大厦工期延误的报告》第四条，证明其已向寰宇公司提出报告塔吊损失11.2万元、误工和机械损失15万元；寰宇公司给民创公司的《关于寰宇大厦工期延误的回复》中对其主张没有提出任何意见，故依《施工合同》第

32条第3款的约定，其赔偿请求已得到寰宇公司的默认。寰宇公司对报告及复函的真实性没有异议，但其认为，双方在《施工合同》第32条中已明确约定索赔不采用合同条件。寰宇大厦加层定额计算表是民创公司自行编制的，不具有证明效力，故民创公司没有证据证明损失实际出发，应驳回其诉讼请求。

二审法院认为，民创公司在《报告》中虽有主张工地误工、设备停滞的损失。但寰宇公司在回复函中未予认可，且诉讼中民创公司一直未能提供其他证据印证其主张，缺乏证据，此外，由于合同第32条中约定索赔事项不适用合同条件，因此民创公司主张寰宇公司默认其索赔请求，没有依据。民创公司主张工地误工、设备停滞的经济损失未经寰宇公司确认，诉讼中又无其他证据证明该损失的实际发生，故其主张赔偿经济损失不予支持。

2. 二审法院对反诉的审理

反诉部分：

（一）关于寰宇大厦施工工期及违约责任的承担承担问题。

寰宇公司主张民创公司未按期完成寰宇大厦工程，从1998年7月25日起至取得《综合评定表》止。民创公司逾期337天，每天按3000元计算，应赔偿101.1万元，并提供《施工合同》中关于开、竣工的约定：开工日期为1995年11月18日，竣工日期为1997年5月11日（以质监站核定质量等级的单位工程评定表盖公章为准），总日历天为540天；合同中的第12条约定：对以下造成竣工工期推迟的延误，经甲方代表确认，工期相应顺延：①工程量变化和设计变更；②一周内，非乙方原因停水、停电、停气造成停工累计超过8小时；③不可抗力；④合同中约定或甲方代表同意给予顺延的其他情况；乙方在以上情况发生后5日内，就延误的内容和因此发生的经济支出向甲方代表提出报告，甲方代表在收到报告5日内予以确认、答复，逾期不予答复，乙方即可视为延期要求已被确认；非上述原因，工程不能按合同工期竣工，乙方承担违约责任。寰宇公司还提供了：①1998年5月10日《关于寰宇大厦工程扫尾工作的有关问题会议纪要》；纪要约定：乙方在1998年7月25日前，全部完工，每拖延一天罚款1000元整，超过5天每天罚款2000元（即6天罚款12000元）超过10天每天罚款3000元（即11天33000元）以此类推。②1998年6月25日《会议纪要》中约定工期再顺延5天；③1999年7月2日，寰宇大厦取得厦门质监站核发的《单位工程质量综合评定表》为合格工程。上述证据证明民创公司没有按双方约定的竣工期限和条件履行合同，应按双方约定的违约金计算方法承担违约责任。民创公司对合同的约定和会议纪要的内容及综合评定表真实性均无异议。但其认为，1998年5月10日会议纪要后，寰宇公司就变更工程设计50多次，导致延误工期的原因完全是寰宇公司造成，责任也应由寰宇公司承担，为此提供了以下证据：①1996年3月8日，寰宇公司取得厦门市建设工程质量安全监督站核发的《开工报告书》；②1997年10月10日。民创公司向厦门寰宇房地产开发有限公司工程部提交《关于寰宇大厦工期延误的报告》，提出工程项目变更情况、工期延误的经济损失、大厦设计变更抓紧办理审批手续等内容；③1997年10月25日，寰宇公司对该《报告》的《复函》；1998年6月26日至同年

11月14日，由寰宇公司工地代表李浩签发的《工程联系单》37份，证明工程多次多项设计变更；④1998年7月20日，寰宇公司取得厦门规划局《建设工程规划许可证》（加层、钟楼）；⑤1998年9月28日，厦门计划委员会《关于同意"寰宇"商品房项目调整建设规模的批复》；⑥1998年10月14日寰宇公司工地代表李浩与民创公司王一民双方确认："1998年11月1日完成屋面及其他项目"；⑦1998年11月22日，寰宇公司的负责人付佳与民创公司的工地代表王一民签字的《扫尾工程日程安排》，付佳在安排表上签字，"双方密切配合，坚决要如期完成"，按安排表上的计划应于1998年12月1日完工；⑧1998年11月6日，寰宇公司与民创公司签署《交接纪录》，将163套房屋的钥匙交付寰宇公司；⑨1998年11月21日，民创公司向寰宇公司提交《竣工验收报告》；⑩1998年12月8日。民创公司提交寰宇公司的"竣工图"，寰宇公司的代表在该图纸上签字；⑪1999年1月8日，寰宇公司与设计院又签订新的设计更改图，对结构顶板面道路作法的设计更改；⑫1999年2月5日，寰宇公司、民创公司、设计院三方签署《单位工程竣工验评纪要》，确认寰宇大厦于1999年1月31日竣工，评价意见为："已达到设计要求、完成合同中约定的施工项目、范围"；⑬1999年3月9日，厦门公安局消防处出具《关于寰宇大厦（不含裙楼房）消防意见》；证实1999年5月11日，寰宇大厦才通过消防验收（该工程由其他队施工）；⑭1999年6月17日，寰宇公司向厦门建委报告要求冷却塔甩项验收，6月23日通过甩项验收；⑮2000年5月19日，厦门质监站出具《证明》，证实1998年9月28日加层才开始施工，可以顺延工期。民创公司的上述证据证明，寰宇大厦不能按时完工是由于寰宇公司设计变更造成的，大厦增加楼层和钟楼的工程量及审批手续、冷却塔甩项验收、消防工程滞后等原因造成综合评定推迟核验，应以三方在《单位工程竣工验评纪要》确认的1999年1月31日为竣工日期。寰宇公司对上述的证据真实性均无异议，但其认为，民创公司延误工期原因，不属于合同约定的情形，不能免除责任。工程联系单不能作为顺延工期的理由，很多不属于设计变更，况且设计变更不一定导致工期延误。工期顺延应按合同第12条、第25条的约定办理。主体工程于1997年10月就完工，审批手续滞后并不影响工期。总之，民创公司所提供的证据不足以证明可以工期顺延，工期顺延应按合同的约定进行。

二审法院认为，双方当事人在合同中明确约定竣工应以"质监站核定质量等级的单位工程评定表盖公章为准"，故双方应严格按照合同约定的时间和条件执行，故应认定寰宇大厦竣工日期为1999年7月2日。双方当事人签署的两份《会议纪要》，对寰宇大厦工期作了重新约定，双方同意工期顺延至1998年7月30日，民创公司未能在此期限内完工，至1999年7月2日寰宇大厦工程逾期332天。寰宇大厦工程迟延开工、主体工程增加楼层和钟楼均发生在会议纪要之前，双方当事人对此已达成共识，并以会议纪要的形式予以确认，《会议纪要》之前的工期问题已经得到解决，再行主张顺延工期，不予支持；在《会议纪要》之后虽发生多次设计更改等情况，民创公司应按《施工合同》中关于工期顺延的约定，进行报告审核。由于民创公司没有按照合同的约定在规定的时间内向寰宇公司提交工期顺延的报告；故民创公司主张延误工期的原因是寰宇公司造成的，应顺延工期的主张，缺乏证据和理由，二审法院不予支持。依双方当事人的约定每逾期一天罚款3000元，民创公司应支付违约金99.6万元。

（二）关于赔偿经济损失的问题

寰宇公司认为，民创公司延误工期，导致寰宇公司与购房业主签订的19份《商品房预售合同》不能按期交付，造成的经济损失应由民创公司承担赔偿责任，寰宇公司提供的证据有预售合同和支付违约金的协议书及付款凭证：①合同约定房屋交付时间在1998年7月30日之前，从1998年7月30日至1999年7月2日止按寰宇公司已实际赔偿的总额扣除寰宇公司应承担的金额以外，应由民创公司承担的天数和金额有（10份）：合同0035578、0035579号，逾期338天，违约金48148元；0035580号，逾期338天，违约金126859元；0035586号，逾期337天，违约金30802元；0035587号，逾期337天，违约金80105元；0035591号，逾期337天，违约金89983.5元；0035594号，逾期337天，违约金88684元；0035596号，逾期337天，违约金44342元，0035597号，逾期337天，违约金44342元；0035689号，逾期337天，违约金61609元，合计614874.5元及赔偿收据。②合同约定房屋交付在1998年7月30之后的合同及实际赔偿的收据（2份）：0035611、0035616号合同，交房日期为1998年10月19日和12月3日，赔偿金为30000元和70125元，两份合同合计100125元及付款凭证。③交房日期在1998年7月30日之后的合同及实际赔偿的收据有（7份）：0035601、0035602、0035606、0035604、0035607、0035685、0035684号，所支付的违约金为583000元及付款凭证，上述三项合计1297999.5元。证明由于延期交付房屋所实际付出的赔偿金，在违约金不足以弥补经济损失的部分应由民创公司承担。民创公司对寰宇公司的上述证据的真实性没有异议，但其认为，工期延误是寰宇公司设计变更等原因造成的；寰宇公司支付业主的违约金是另一个法律关系与其无关。

二审法院认为，由于民创公司延误工期，寰宇公司逾期交房，为此实际支付的赔偿金有售房合同和实际支出的凭证为据。其中：0035611、0035616、0035601、0035602、0035606、0035604、0035607、0035685、0035684号等9份合同，约定交房日期在1998年7月30之后的赔偿金为683125元，应全部由民创公司承担；0035578、0035579、0035580、0035586、0035587、0035591、0035594、0035596、0035597、0035689号等10份合同，因约定交房时间在双方约定的竣工日期之前的违约责任由寰宇公司承担，以后逾期332天，应由寰宇公司承担，按寰宇公司实际支出的金额除以总违约天数，以每天应负的违约金乘以民创公司延误工期的天数，合计602870.74元。寰宇公司的实际损失为1285995.74元，该经济损失是由于民创公司未能按期完成寰宇大厦造成的，与民创公司有直接的因果关系。寰宇公司的实际损失超过违约金，故民创公司除支付违约金外还应承担违约金不足部分的经济损失。

此外，寰宇公司还主张民创公司应赔偿完成寰宇大厦整改工程费用12万元。由于整改工程应由民创公司完成，寰宇公司未经民创公司同意将整改工程交付其他建筑公司施工，其支付的费用应自行承担，其上诉请求不予支持。

综上，二审法院认为，双方当事人签订的《建设工程施工合同》符合法律规定，应为有效合同。双方应当按照合同的约定履行各自的义务，民创公司诉请支付尚欠工程款应予支持；诉请支付从1999年5月25日起尚欠工程款的利息不予支持，但寰宇公司应承担从工程款决算后尚欠工程款的利息。民创公司要求赔偿因误工、设备停滞费的诉讼请求，不适用"合同条件"的约定，对其主张赔偿经济损失应当举证，因其缺乏实际经济损失的证据，故不予支持。《会议纪要》重新确定竣工日期，《会议纪要》之后，虽有项目设计变更和施工更改，但民创公司没有按合同约定办理工期顺延的签证，其主张顺延工期，不予支持。原审法院根据有关部门的规定，以监理或建设单位签署盖章的《单位工程竣工验评纪要》的日期为竣工日期不当，与双方当事人的约定不符，应当充分尊重当事人的意思表示，应予纠正。寰宇公司反诉请求按延误工期的天数，每日3000元计算违约金和赔偿经济损失，应予支持。原审法院认定寰宇公司与业主签订的《商品房预售合同》约定的交房时间在双方重新约定的竣工日期之前的经济损失，由寰宇公司自行承担是正确的，但双方重新约定的竣工日期之后的经济损失应由民创公司承担。寰宇大厦整改工程的费用由寰宇公司自行承担。

二审裁判结果

①维持厦门市中级人民法院（2000）厦房初字第6号民事判决第一项、第二项、第六项；②寰宇公司应于本判决生效之日起一个月内支付尚欠工程款人民币2391698.68元的利息（自2000年8月18日起至付款之日止按中国人民银行同类同期贷款利率计算）；③撤销厦门市中级人民法院（2000）厦房初字第6号民事判决的第五项；④变更厦门市中级人民法院（2000）厦房初字第6号民事判决的第三项为：上诉人民创公司应于本判决生效之日起一个月内支付寰宇公司逾期交付工程的违约金人民币996000元（从1998年7月31日至1999年7月2日止332天，每天以3000元计算）；⑤变更厦门市中级人民法院（2000）厦房初字第6号民事判决的第四项为：上诉人民创公司应于本判决生效之日起一个月内赔偿寰宇公司逾期交付房屋的经济损失289995.74元（1285995.74元－996000元）；……

[法律评析]

1. 关于竣工时间：双方在合同中约定的竣工时间标准为："质监站核定质量等级的单位工程评定表盖公章为准"，对此，双方显然应该严格遵守。1999年2月5日，寰宇公司、民创公司、设计院三方签署《单位工程竣工验评纪要》，确认寰宇大厦于1999年1月31日竣工，评价意见为："已达到设计要求、完成合同中约定的施工项目、范围"。这一约定并未改变原合同中约定的竣工时间标准。因此，不应以《单位工程竣工验评纪要》的作出时间1999年2月5日作为竣工日。

2. 双方的1998年5月10日《关于寰宇大厦工程扫尾工作的有关问题会议纪要》、1998年6月25日《会议纪要》重新约定了竣工时间和责任，这就意味着在此之前的一切工期延误责任已经得到解决。如果双方对于对方在此之前的工期延误责任保留追索的权利，应在会议纪要中予以明确。这是在工程实践中需要特别注意的。

3. 本案中，违约金与赔偿损失并存，应当是基于合同中有相应的约定。否则，根据一般的理解，违约金与赔偿损失不应并存。当实际损失高于违约金时，守约方可以要求调高违约金标准。

判例 29

承包商以工程款支付延迟抗辩工期延误而未获法院支持

[基本案情]

上诉人（原审被告、反诉原告）：昆明安佰建设（集团）有限公司

被上诉人（原审原告、反诉被告）：涿州攀高网架有限公司

原审法院认定事实

原审法院经审理确认的本案事实是：被告安佰公司承建了昆城女子学院会堂及大学生活动中心工程。2004年11月19日原告网架公司授权职工李凤琪参加"昆城女子学院会堂网架"工程的投标等活动，同年12月15日被告将其承建的昆城女子学院会堂及大学生活动中心所包含的屋顶网架及网架附属钢结构、整个屋面铝板，侧面围护铝板的设计制作运输及安装工作分包给原告承建。原、被告于同日订立《建设工程施工合同》。该合同对工程项目、工程的开工时间（2004年12月15日，后变更为2004年12月26日）、竣工时间（2005年1月18日，后变更为2005年1月30日）、工程质量、合同价款等作出约定。2004年12月25日双方签订《房屋建筑工程质量保修书》，其中对于工程质量保修范围、保修期限等作出约定。合同履行过程中，原告分别于2005年1月12日、2月2日、2月4日、2月6日及5月17日向被告承建的工程项目监理机构即云南顺领工程监理有限责任公司提交《工程材料\构配件\报审表》、《网架结构安装报验申请表》和《屋面铝合金板的安装报验申请表》等审验表，要求确认：原告于2005年1月6日网架材料进场、屋顶网架安装，1月31日屋面铝合金屋面板的现场压制安装，2月4日网架结构安装申请审查和验收，2月5日进行钢网架及次钢构件表面涂刷防火涂料的施工，5月17日完成了屋面铝合金板的现场安装并请求审查和验收。该项目监理机构分

别于 2005 年 2 月 20 日和 5 月 17 日对原告的上述工程项目进行了审查和验收。被告分别于 2004 年 12 月 29 日支付工程预付款 17 万元、2005 年 1 月 20 日支付工程进度款 68 万元、2005 年 3 月 21 日支付工程进度款 34 万元、2005 年 5 月 13 日支付工程进度款 17 万元、2005 年 10 月 28 日支付工程款 8 万元、2006 年 1 月 26 日支付工程款 3 万元，共计 147 万元。

2005 年 4 月 30 日原、被告双方对会堂屋面铝板安装完工进行检查验收，双方制作了《会堂屋面铝板安装完工检查记录》，记录要求原告在 5 月 3 日全部整改完毕。2005 年 5 月 17 日原告将工程交付被告审查验收，被告验收后已将部分承建成的工程交发包方使用。原告曾向被告及项目部发出《致安佰建设项目部的函》（该函作出时间为 2006 年 1 月 28 日，但无送达时间记录），该函的主要内容为：工程已完工半年，请求被告办理工程交工结算、及时拨付工程款。李凤琪不是原告职工，未经原告书面许可，不能以原告名义到被告处收取任何工程款。2007 年 1 月 15 日被告通知原告"工程已完工，但业主还未做最后终验，原告至 2007 年 1 月 13 日才送给被告《结算单》和《致安佰建设项目部的函》，并发现贵公司结算书中所列工程量与实际不符……"。2007 年 2 月 6 日原、被告签订《涿州攀高网架有限公司昆城女院学生会堂屋面网架工程结算单》，双方实际结算的工程款为人民币 1738792.48 元。

[原审裁判理由及结果]

原审裁判理由

原审法院认为：首先，被告未按期支付工程预付款、工程进度款等义务和原告未按期履行安装、竣工及交付等义务时，双方均未按合同约定向对方提出违约和工期顺延等要求和通知，并且在工程施工和竣工验收期间，双方来往的信函中，亦未就此提出异议，故导致工期延误的责任在双方，其责任应由原、被告双方共同承担。其次，李凤琪无代理网架公司向安佰建设公司收取工程款的授权，且被告无充分证据证实李凤琪收到其工程款 50000 元的事实，故该款不能从工程款中予以扣除。第三，被告不能举证证实其代原告向税务机关缴纳税款的事实，故该款不能从工程款中予以扣除。最后，本案所涉工程已过约定保修期，故所涉保修金应当予以退还。综上所述，本案原告要求支付工程款及利息的诉请具有事实和法律依据，应予支持。被告反诉请求不能成立，依法不予支持。

原审裁判结果

判决如下：一、由被告（反诉原告）昆明安佰建设（集团）有限公司于判决生效后十五日内支付原告（反诉被告）涿州攀高网架有限公司工程款 268792.48 元，并承担自 2007 年 3 月 6 日起至付清时止同期银行贷款利息（按中国人民银行公布的同期银行贷款利率计算）；二、驳回被告（反诉原告）昆明安佰建设（集团）有限公司的反诉请求……

当事人上诉及答辩

原审判决宣判后，安佰公司不服，向二审法院提起上诉，请求：一、依法撤销原审判决第一项，改判上诉人仅应当支付被上诉人108730.48元。二、依法撤销原审判决第二项，改判被上诉人支付上诉人违约金180000元。其主要上诉理由是：①上诉人实欠被上诉人工程款108730.48元。本案中，上诉人实际支付被上诉人工程款152万元（其中包括付给被上诉人工作人员李凤琪的5万元）。同时，上诉人作为被上诉人的税款扣缴义务人，有权从工程尾款中将被上诉人应当缴纳的各项税款合计57899予以扣除。此外，由于工程未经竣工验收，故所涉工程造价3%的质保金52163元不能支付。综上，扣除上述三笔款项之后，上诉人现只应支付被上诉人工程款108730.48元。②上诉人不应向被上诉人支付工程款利息。本案中，所涉工程未经竣工验收，虽然作出结算，但上诉人继续支付工程款的条件尚不具备，故不应承担逾期付款的违约责任，即不应支付相应利息。3.被上诉人逾期完工的事实客观存在，其应当按约支付违约金18万元。被上诉人关于上诉人逾期支付工程进度款导致其工程逾期完工的抗辩理由无充分证据证实，且被上诉人在工程施工过程中亦从未提出工期顺延报告，故上诉人的一审反诉请求成立，依法应当得到支持。

被上诉人网架公司答辩称：原审判决认定事实清楚，适用法律正确，应予维持。针对上诉人的各项上诉理由，被上诉人认为：①李凤琪领走5万元款项的事实不能成立。该款不能作为已付工程款从应付工程款中予以扣除。②关于税金问题，虽然上诉人对本案所涉工程税款有代扣代缴的义务，但不能确定上诉人已经实施了代扣代缴的行为，故所涉税金不能先期从应付工程款中予以扣除。③关于质保金问题，因本案所涉工程自2005年5月17日竣工后，上诉人一直不进行验收，且部分工程已经交付建设方使用，故上诉人继续扣留质保金无事实和法律依据。④因上诉人未按约支付工程尾款，故应当承担逾期付款的相应利息。⑤关于逾期完工违约金的问题。上诉人在双方工程结算过程中，并未要求对工程逾期问题作出处理，且工程逾期完工确系上诉人延期支付工程进度款所致，故上诉人要求被上诉人支付逾期付款违约金无事实和法律依据。

质证及审理

二审中，上诉人安佰公司主张一审判决确认事实部分关于被上诉人网架公司工程材料进场时间的认定有误，具体而言，即：工程材料报审表中所载明的网架公司自己书写的进场时间仅系其单方陈述，无充分证据证实。该材料进场时间应以监理公司最终确认时间为准。为此，其二审提交（包括一审网架公司所提交的三份材料报审表在内）的八份全部工程材料报审表（原件）予以证实。经质证，被上诉人网架公司对该八份工程材料报审表及《屋面铝合金板的安装报验申请表》的真实性予以认可，但认为根据施工惯例工程材料进场后至监理工程师审查时应有一段时间，故监理工程师对施工材料进行审查的时间不是工程材料实际的进场时间，应以被上诉人网架公司在报审表中注明的材料进场时间为准。

[二审裁判理由及结果]

二审裁判理由

对此，二审法院认为：本案合同约定工程所需材料全部由网架公司采购，故工程材料进场时间的举证责任在网架公司。现网架公司证明该事实的证据材料仅为三份《工程材料报审表》，而根据该三份材料报审表以及上诉人二审提交的其他五份材料报审表的记载，该八份材料报审表的内容形式相同，每份报审表的上半部分为网架公司自行打印的各项工程材料何时进场以及拟用于具体施工部位等相关内容，该部分由网架公司派驻工地的项目经理签字并加盖网架公司印章。同时，每份材料报审表的下半部分的内容一致，均为"审查意见：经检查上述工程材料，符合设计文件和规范的要求，准许进场，同意使用于拟定部位，并由监理工程师王磊签字及加盖云南顺领工程监理有限责任公司监理专用章"。对此，鉴于上述八份工程材料报审表中关于网架公司自行打印的工程材料进场时间的相关内容，从该证据类型而言仍属网架公司的单方书证。在网架公司对此无其他充分证据证实且安佰公司亦不予认可的情况下，上述内容不能作为本案认定案件事实的依据。同时，报审表下半部分关于监理工程师签字认可的审查意见亦仅只是对已经进场的工程材料符合设计规范要求，同意使用于拟定部位的审查认定，其并非对所涉工程材料实际进场时间的认可，故本案所涉工程材料报审表中监理工程师审查同意并签字的时间亦不能视为工程材料的实际进场时间。

综上所述，因本案网架公司对其所主张的工程材料进场时间的事实不能提交充分证据证实，故二审法院对其相应主张依法不予确认。一审判决对上述事实的确认有误，二审法院予以纠正。除此之外，其余一审判决确认事实与二审查明事实一致，二审法院予以确认。另，本案经二审审理，二审法院补充确认如下案件事实：一、根据2004年11月19日涿州攀高网架厂（现涿州攀高网架有限公司）法人授权委托书的记载，李凤琪同志作为涿州攀高网架厂的代理人，以该单位名义参加昆城女子学院会堂网架工程的投标活动，其在开标、评标、合同谈判过程中所签署的一切文件和处理与之有关的一切事务，网架公司均予承认。二、2004年12月15日《建设工程施工合同》补充条款约定，承包人违约应承担的违约责任：工期每逾期一天按2000元受罚，累计计算，提前不奖。三、2004年12月15日《建设工程施工合同》关于工期延误按该合同通用条款第13条执行的约定，即：发包人未能按约定日期支付工程预付款、进度款，致使施工不能正常进行的，经工程师确认，工期相应顺延，但承包人应在该情况发生后14天内，就延误的工期以书面形式向工程师提出报告。工程师在收到报告后14天内予以确认。逾期不予确认也不提出修改意见，视为同意顺延工期。四、合同通用条款第十四条约定：承包人必须按照协议书约定的竣工工期或者工程师同意顺延的工期竣工。因承包人原因不能按照协议书约定的竣工日期或工程师同意顺延的工期竣工的，承包人承担违约责任。五、2004年12月15日《建设工程施工合同》关于工程款预付款及进度款支付的约定，即：合同签订后，由发包人在一周内向承包人支付合同价款总额的10%，网架材料进场3日内支付合同总价的40%，网架安装完成、屋面铝板进场3日内支付合同总价的20%，屋面铝板安装完3日内支付合同总价的10%，其余20%待本工程完工后28天内支付。六、云南顺领工程监理有限责任公司监理工程师王磊对本案所涉屋面铝合金屋面板检查后，于2005年2月20日签字同意该工程材料进场并使用于拟定部位。

归纳各方当事人的诉辩主张，本案争议的焦点在于：一、被上诉人工作人员李凤琪是否收到上诉人支付的工程款5万元，该款是否应当从应付工程款中扣除？二、本案是否存在被上诉人应缴税金应从上诉人应付工程款中扣除的问题？三、上诉人是否有权继续扣留被上诉人相应的工程质量保修金？四、上诉人是否应向被上诉人承担逾期付款的违约责任？五、被上诉人是否应向上诉人承担逾期竣工的违约责任？

针对第一个争议焦点

二审法院认为：本案中，根据上诉人安佰公司所持有的关于被上诉人网架公司代理人李凤琪授权委托书的记载，李凤琪的授权范围是以网架公司（原涿州攀高网架厂）的名义参加昆城女子学院会堂网架工程的投标活动，其在开标、评标、合同谈判过程中所签署的一切文件和处理与之有关的一切事务，网架公司均予承认。为此，安佰公司在无其他充分证据证据证实其有理由相信李凤琪有权代理网架公司收取工程款的情况下，本案网架公司代理人李凤琪无权向安佰公司收取相应工程款。此外，本案安佰公司主张李凤琪向其收取工程款的证据材料仅是其所持有的《建设工程施工合同》封面上关于"2006.10.10收5万 李凤琪"的相应记载，现网架公司对该记载的真实性不予认可，而安佰公司不能提交充分证据证实上述内容确系李凤琪本人书写以及李凤琪确实向其收取5万元工程款，故本案安佰公司关于李凤琪收到其工程款5万元，而该款应作为安佰公司已付工程款（从工程总款中扣除）的主张不能成立，二审法院不予支持。

针对第二个争议焦点

二审法院认为：根据《中华人民共和国合同法》第九十九条规定，当事人互负到期债务，该债务的标的物种类、品质相同的，任何一方可以将自己的债务与对方的债务抵消，但依照法律规定或者按照合同性质不得抵消的除外。本案中，工程税金与工程款的支付均属金钱给付性质。如互负上述到期债务，依法可以抵消。对此，现工程总承包人安佰公司虽然主张其作为本案所涉分包工程的税金扣缴义务人，其已为分包人网架公司代扣代缴了相应工程税金，但并未提交充分证据予以证实。同时，安佰公司在二审询问过程中明确表示其并未代网架公司缴清全部税款，而已代缴的税款数额及名目在依据现有证据材料无法作出明确的情况下，安佰公司主张其已代缴了网架公司所负税金债务的事实亦无法在本案中予以确定。对于本案安佰公司所主张的代缴税金问题因该事实尚不明确，当事人可待明确后另案予以解决。

针对第三个争议焦点

二审法院认为：根据双方《房屋建筑工程质量保修书》第五条约定，本工程双方约定的工程质量保修金为合同价款的 3%，发包人在工程完工验收后一年内返还承包人保修金。本案中，所涉工程系分包工程已由监理公司分项验收，并于 2005 年 5 月 17 日向安佰公司予以交付。故在所涉部分工程已交付建设方实际使用的情况下，网架公司一审起诉之日已超过合同约定一年的质量保修期，故本案安佰公司仍以工程未经验收继续扣留保修金的主张无事实和法律依据，二审法院不予支持。

针对第四个争议焦点

二审法院认为：根据双方《建设工程施工合同》关于工程款（进度款）支付的约定，即：合同签订后，由发包人在一周内向承包人支付合同价款总额的 10%，网架材料进场 3 日内支付合同总价的 40%，网架安装完成、屋面铝板进场 3 日内支付合同总价的 20%，屋面铝板安装完 3 日内支付合同总价的 10%，其余 20% 待本工程完工后 28 天内支付。本案中，分包工程完工的时间是 2005 年 5 月 17 日，故工程尾款按约应在此后的 28 天内即要支付完毕。但基于双方工程价款最终结算的时间是 2007 年 2 月 6 日，现网架公司认为从该日起并给予安佰公司 28 天合理付款期限后，安佰公司仍不支付工程尾款已构成违约的主张更符合本案实际，并具有相应法律依据，故安佰公司应当承担逾期付款的违约责任，即：根据网架公司诉请，除支付工程尾款本金之外，还应承担该款自 2007 年 3 月 6 日起至付清款项之日止的同期中国人民银行同期流动资金贷款利息。

针对第五个争议焦点

二审法院认为：根据双方《建设工程施工合同》补充条款的约定，承包人违约应承担的违约责任：工期每逾期一天按 2000 元受罚，累计计算，提前不奖。开工日期定为 2004 年 12 月 26 日，竣工日期定为 2005 年 1 月 30 日。本案中，承包人网架公司工程实际竣工时间为 2005 年 5 月 17 日（逾期竣工 107 天），该情形已构成违约，应当按约向安佰公司承担逾期竣工的违约责任，即按每天 2000 元向安佰公司支付罚款。现安佰公司仅要求网架公司支付 90 天合计 180000 元的罚款具有事实和法律依据，二审法院予以支持。至于网架公司主张其逾期竣工系安佰公司未按约支付工程预付款及进度款所致的抗辩理由是否成立的问题。本案中，根据现有证据材料能够认定安佰公司在所涉工程施工过程中确实存在两次逾期付款违约事实：其一，逾期（7 天）支付工程预付款。其二，根据合同关于屋面铝板进场 3 日内支付合同总价 20%工程进度款的约定。本案所涉屋面铝板进场之后，即便以监理工程师于 2005 年 2 月 20 日对该进场材料的检验时间为参照，安佰公司于 2005 年 3 月 21 日支付该期工程进度款 34 万元的付款行为亦构成违约。但对于上述违约行为是否必然导致网架公司工期延误并最终导致其逾期竣工的相应事实，网架公司未提交证据予以证实。相反，根据双方合同《通用条款》第 13 条及第 14 条关于"发包人未能按约定日期支付工程预付款、进度款，致使施工不能正常进行的，承包人应提交书面报告，并经工程师确认后工期相应顺延以及承包人必须按照协议书约定的竣工工期或者工程师同意顺延的工期竣工。因承包人原因不能按照协议书约定的竣工日期或工程师同意顺延的工期竣工的，承包人承担违约责任"的约定，因网架公司不能举证证实安佰公司的前述逾期付款行为客观上已导致其工期延误，其已按约要求工期顺延并得到确认的情况下，网架公司认为其工期合理延误的主张亦不成立，所涉工程仍应在合同约定期限内竣工。综上所述，本案网架公司主张安佰公司未按约支付工程预付款及进度款导致其工期延误，并拒绝承担逾期竣工违约责任的抗辩理由不能成立，二审法院不予支持。

二审裁判结果

一、维持昆明市官渡区人民法院（2007）官民一初字第1970号民事判决第一项，即：一、由被告（反诉原告）昆明安佰建设（集团）有限公司于判决生效后十五日内支付原告（反诉被告）涿州攀高网架有限公司工程款268792.48元，并承担自2007年3月6日起至付清时止同期银行贷款利息（按中国人民银行公布的同期银行贷款利率计算）；二、撤销昆明市官渡区人民法院（2007）官民一初字第1970号民事判决第二项，即：二、驳回被告（反诉原告）昆明安佰建设（集团）有限公司的反诉请求；三、被上诉人涿州攀高网架有限公司于本判决生效之日起十五日内支付上诉人昆明安佰建设（集团）有限公司逾期竣工违约金人民币180000元。

[法律评析]

此案中，承包商以工程款支付延迟抗辩工期延误而未获法院支持，这在司法实践中非常普遍。合同中约定："发包人未能按约定日期支付工程预付款、进度款，致使施工不能正常进行的，经工程师确认，工期相应顺延，但承包人应在该情况发生后14天内，就延误的工期以书面形式向工程师提出报告。工程师在收到报告后14天内予以确认。逾期不予确认也不提出修改意见，视为同意顺延工期。"既然合同中约定了严格的程序，承包商就应当按照约定进行索赔，对此应毫无异议。但是，另一方面，合同中并未约定，如果承包商未按照合同约定程序索赔就视为放弃权利。因此当承包商未及时提出索赔是否就意味着丧失权利，对此也存在争议。急需制定统一的裁判准则。